Mark Häberlein

Die Fugger
Geschichte einer Augsburger Familie

(1367–1650)

Verlag W. Kohlhammer

Umschlag: Thomas Burgkmair, Bildnis Jakob Fuggers und seiner Frau Sibylla Artzt, wohl anlässlich der Hochzeit des Paares im Jahr 1498 entstanden.

Alle Rechte vorbehalten
© 2006 W. Kohlhammer GmbH Stuttgart
Umschlag: Data Images GmbH Stuttgart
Gesamtherstellung:
W. Kohlhammer Druckerei GmbH + Co. KG, Stuttgart
Printed in Germany

ISBN-10: 3-17-018472-5
ISBN-13: 978-3-17-018472-5

Kohlhammer

Danksagung

Die Anregung, diese neue Geschichte der Fugger zu schreiben, ging vom wissenschaftlichen Leiter des Fuggerarchivs, Prof. Dr. Johannes Burkhardt, aus. Dass er dieses Projekt in die Hände eines jüngeren Kollegen gelegt hat, der sich vorher vor allem mit den oberdeutschen Konkurrenten der Fugger beschäftigt hatte, betrachte ich als besonderen Vertrauensbeweis. Frau Monica Wejwar vom Kohlhammer Verlag hat das Vorhaben von Anfang an mit großem Engagement begleitet. Dr. des. Regina Dauser und Dr. Barbara Staudinger stellten mir freundlicherweise unveröffentlichte Manuskripte zur Verfügung. Zahllose Gespräche mit Dr. Peter Geffcken haben meinen Blick für Probleme der Augsburger Wirtschafts- und Sozialgeschichte geschärft. Meinem Mitarbeiter Heinrich Lang M.A. danke ich für die kritische Lektüre des Manuskripts. Auf die fachliche Kompetenz, Geduld und Nachsicht meiner Frau Dr. Michaela Schmölz-Häberlein war – wie stets – Verlass.

Bamberg, im Juni 2006   Mark Häberlein

Inhalt

Einleitung 11

Kapitel 1
Die Fugger im spätmittelalterlichen Augsburg 17

Kapitel 2
Jakob Fugger der Reiche:
Der Aufbau eines Großunternehmens 1485–1525 36

Kapitel 3
Anton Fugger, das Haus Habsburg und die europäische
Weltwirtschaft 1525–1560 69

Kapitel 4
Niedergang oder Neuorientierung?
Die Fuggerfirmen von 1560 bis 1650 97

Kapitel 5
Diener und Herren: Das Personal der Fugger'schen
Handelsgesellschaften 120

Kapitel 6
Mäzenatentum und Repräsentation 142

Kapitel 7
Die Fugger in der reichsstädtischen Gesellschaft des 16. Jahrhunderts 164

Kapitel 8
Zwischen Bürgertum und Adel: Investitionsstrategien,
Karrieremuster und Lebensstile 186

Schlussbemerkung 204
Anmerkungen 207
Quellen- und Literaturverzeichnis 229
Genealogie der Fugger 242
Ortsregister 245
Personenregister 250

Abbildungs- und Kartenverzeichnis

Abbildungen

Abb. 1:	»Fucker advenit« Die Erwähnung der Niederlassung des Webers Hans Fugger im Steuerbuch von 1367	18
Abb. 2:	Die älteste Ansicht Augsburgs aus der Meisterlin-Chronik, 1457	29
Abb. 3:	Porträt Jakob Fuggers des Reichen von Albrecht Dürer 1518/20	37
Abb. 4:	Porträt Anton Fuggers von Hans Maler von Schwaz	70
Abb. 5:	Die Antwerpener Börse 1581	73
Abb. 6:	Porträt Marx Fugger, Ölbild von Antonis Mor	99
Abb. 7:	Porträt Hans Fugger	100
Abb. 8:	Jakob Fugger und Matthäus Schwarz im Fuggerkontor	129
Abb. 9:	Porträt Pompejus Occo von Dirck Jacobsz	134
Abb. 10:	Die Fuggerhäuser am Weinmarkt in Augsburg, 1655	144
Abb. 11:	Grabkapelle der Fugger in der St.-Anna-Kirche in Augsburg	147
Abb. 12a:	Die Augsburger Fuggerei, 1626	149
Abb. 12b:	Die Fuggerei in Augsburg heute	150
Abb. 13:	Porträt Hans Jakob Fugger von Christoph Amberger	155
Abb. 14:	Porträt Christoph Fugger von Christoph Amberger	156
Abb. 15:	Abbildung aus dem »Geheim Ehrenbuch des Fuggerschen Geschlechts«	162
Abb. 16:	Stadtplan von Augsburg um 1570	165
Abb. 17:	Stiftskirche St. Moritz von Westen	169
Abb. 18:	Das Jesuitenkolleg St. Salvator in Augsburg	181
Abb. 19:	Schloss Oberndorf	189
Abb. 20:	Kassettendecke des großen Festsaals in Schloss Kirchheim	195

Karten

Karte 1:	Wichtige Bergbaugebiete und Niederlassungen im Alpengebiet zur Zeit von Jakob und Anton Fugger	43
Karte 2:	Die Hauptbergbaugebiete der Fugger in Schlesien, der Slowakei und in Siebenbürgen	45
Karte 3:	Die wichtigsten Gebiete der spanischen Ritterorden	79
Karte 4:	Niederlassungen und Transportwege im Unternehmen Anton Fuggers	81
Karte 5:	Grundherrschaften in Schwaben in Besitz der Fugger 1560	192
Karte 6:	Grundherrschaften in Schwaben in Besitz der Fugger 1618	197

Abbildungsnachweis
Umschlag: Aus: Martha Schad, Die Frauen des Hauses Fugger von der Lilie (J.C.B. Mohr/Siebeck Verlag Tübingen, 1989)

Abbildungen
Abb. **1, 2, 17, 18** (Staats- und Stadtbibliothek Augsburg), **3** (Bayerische Staatsgemälde-Sammlungen, Staatsgalerie Augsburg), **4** (Staatliche Kunsthalle, Karlsruhe), 5 (Stedelijk Prentenkabinett, Antwerpen), **6** (Privatbesitz), **7** (Aus: Dominicus Custos, Atrium heroicum Caesarum, regum, Datenbank Universität Mannheim), **8** (Herzog Anton-Ulrich-Museum, Braunschweig), **9** (Reichsmuseum, Amsterdam), **10, 16** (Städtische Kunstsammlungen, Augsburg), **11** (Stadtarchiv Augsburg), **12a** (Aus: N. Lieb, Die Fugger und die Kunst, Band 2: Im Zeitalter der Hohen Renaissance, München 1958),**12b, 20** (Concret Werbeagentur, Augsburg), **13** (County Museum of Art, Los Angeles), **14** (Bayerische Staatsgemäldesammlungen, Alte Pinakothek, München),**15** (Fuggermuseum Babenhausen), **19** (Bayerische Staatsbibliothek, München)

Karten
Karte **1, 2, 4** (Aus: Götz Freiherr von Pölnitz/Hermann Kellenbenz, Anton Fugger, 3. Band 1548-1560, Teil II 1555-1560, J.C.B. Mohr/Siebeck Verlag, Tübingen 1986), **3** (Aus: H. Kellenbenz, Die Fugger in Spanien und Portugal bis 1560, Band 1, Ernst Vögel Druck und Verlag, Stamsried), **5,6** (Max-Planck-Institut für Geschichte, Göttingen; Aus: Robert Mandrou, Die Fugger als Grundbesitzer in Schwaben 1560-1618, Vandenhoeck & Ruprecht 1997),

Genealogie
Peter Palm, Berlin

Einleitung

Der Name Fugger hat einen guten Klang. Zugreisende werden am Augsburger Bahnhof in der »Fuggerstadt« Augsburg willkommen geheißen, und Augsburg-Touristen können in der Fuggerei – der ältesten noch heute bestehenden Sozialsiedlung der Welt –, in der Fuggerkapelle der Kirche St. Anna und vor Albrecht Dürers eindrucksvollem Porträt Jakob Fuggers des Reichen in der Augsburger Staatsgalerie auf den Spuren der berühmtesten Kaufmannsfamilie der Lechstadt wandeln. Die Fugger begegnen als literarische Figuren in viel gelesenen historischen Romanen und sind sogar Gegenstand eines Kartenspiels, in dem sich die Spieler durch geschickte Spekulation mit Handelswaren auszeichnen können.

Schon seit langem ist die Geschichte dieser Familie auch Gegenstand historischer Forschung. Die Anfänge der Fuggergeschichtsschreibung liegen bereits im 16. Jahrhundert, als das »Geheime Ehrenbuch« und die »Fuggerchronik« zum Zwecke der familiären Traditionsbildung und der Erinnerung an frühere Generationen angelegt wurden. Entscheidend für die weitere wissenschaftliche Erforschung wurde allerdings die Gründung des Fürstlich und Gräflich Fugger'schen Familien- und Stiftungsarchivs im Jahre 1877. Mit der Bestellung eines wissenschaftlichen Leiters (1902) und eines hauptamtlichen Archivars (1949) sowie mit einer eigenen Schriftenreihe, den »Studien zur Fuggergeschichte«, trug das Haus Fugger maßgeblich zur wissenschaftlichen Aufarbeitung der eigenen Familiengeschichte bei. Die 1907 begründeten »Studien zur Fuggergeschichte« sind bis heute auf 40 Bände angewachsen.[1]

Die seit dem späten 19. Jahrhundert intensiv betriebene Fuggerforschung hat die faktische Kenntnis der wirtschaftlichen Unternehmungen und sozialen Stellung, der mäzenatischen Aktivitäten und des stifterischen Engagements der Familie sukzessive erweitert. Doch Forschung spiegelt darüber hinaus stets auch die Interessen, Weltbilder und Vorannahmen der Forscher und ihrer Zeit wider. Für die Wissenschaftler, die sich zwischen den 1870er und den 1920er Jahren mit der Geschichte der Fugger beschäftigten, stand der phänomenale wirtschaftliche Aufstieg der Familie im Vordergrund. »Wie reizvoll ist es,« schrieb Max Jansen im Jahre 1907, »die Entwickelung eines Geschlechtes zu verfolgen aus der Werkstatt eines Webers durch das weltumfassende Kontor zweier Kaufleute bis zum Palaste des Fürsten.«[2] Richard Ehrenberg und Jakob Strieder charakterisierten das 16. Jahrhundert als eine der großen Epochen der deutschen Wirtschaftsgeschichte und sahen in den Fuggern vor allem Vorläufer der »großen Wirtschaftsführer« und »Industriekapitäne« ihrer eigenen Zeit. Im »Zeitalter des Frühkapitalismus« an der Wende vom Mittelalter zur Neuzeit erblicken sie die Wurzeln des industriellen Kapitalismus. »In schnellem Tempo verbreitete sich im 15. und 16. Jahrhundert der kapitalistische Geist,« schrieb Jakob Strieder 1925, »der Geist eines konsequenten, rastlosen, ungehemmten, mit keinem Erfolg zufriedenen Erwerbsstrebens über eine breitere, wirtschaftlich tätige Oberschicht des deutschen Volkes.«[3] Als Exponent dieses »rastlosen, ungehemmten« Gewinnstrebens galt Jakob Fugger, in dem Strieder den Träger einer neuen, zunächst in Italien entwickelten wirtschaftsliberalen kapitalistischen Gesinnung sah. Fuggers Äußerung, er wolle »gewinnen, dieweil er könne,« wurde aus ihrem historischen Entstehungskontext (der spezifischen Situation des Ungarischen Handels am Beginn der 1520er Jahre) isoliert und zum Lebensmotto eines Kaufmanns stilisiert, für den der Gelderwerb zum Selbstzweck geworden war. Bis heute ist das Bild der Fugger, insbesondere Jakobs des Reichen, stark von dieser Perspektive des Wilhelminischen Zeitalters und der Hochindustrialisierung geprägt.[4] Die ebenfalls weit verbreitete Sicht der Fugger als skrupellose Großkapitalisten und politische Strippenzieher, die durch das Buch »Kauf dir einen Kaiser« des Wirtschaftsjournalisten Günter Ogger popularisiert wurde, ist im Grunde nichts anderes als die Negativfolie des Bildes von den großen Wirtschaftsführern.[5]

In der Mitte des 20. Jahrhunderts, von den 1930er bis in die 1960er Jahre, hat vor allem ein Mann die Fuggerforschung geprägt: Götz Freiherr von Pölnitz, der langjährige wissenschaftliche Leiter des Fuggerarchivs und spätere Ordinarius für Wirtschafts- und Sozialgeschichte an der Universität Erlangen-Nürnberg. Pölnitz' Verdienste um die Fuggerforschung sind kaum zu überschätzen: Er machte neben Jakob Fugger, dem bis dahin hauptsächlich das Augenmerk der Historiker galt, auch dessen Neffen und Nachfolger Anton Fugger zum Thema und arbeitete sein Leben umfassend auf. In seinen voluminösen Biographien Jakob und Anton Fuggers verwertete Pölnitz nicht nur die gesamte ältere Literatur, sondern auch archivalische Quellen aus ganz Europa, die in dieser Vollständigkeit von keinem anderen Historiker berücksichtigt wurden. Und er überwand die bis dahin dominante wirtschaftsgeschichtliche Perspektive zugunsten einer integralen Sicht auf Politik, Gesellschaft und Kultur des 16. Jahrhunderts.

Doch Pölnitz hat der Fuggerforschung nicht nur ein reiches, sondern auch ein problematisches Erbe hinterlassen. Als Wissenschaftler war er von der historistischen Tradition der deutschen Geschichtsschreibung des 19. und frühen 20. Jahrhunderts geprägt. Ihm ging es darum, durch die Biographien großer Männer die gestaltenden Kräfte und Ideen seiner Epoche, im Falle Jakob Fuggers besonders das »zwiespältige Ringen einer zerrissenen Generation« sichtbar zu machen. Diese Zerrissenheit kam für ihn im Gegensatz zwischen Kaiser Maximilian, den er als »Traumfürst« und »planungsfrohe(n) Träumer auf dem Kaiserthron« charakterisierte,[6] und Jakob Fugger zum Ausdruck, den er als Inbegriff kaufmännischer Rationalität und Nüchternheit sah. Pölnitz porträtierte Jakob Fugger als »Kaufmann mit jeder Fiber seines Wesens«, der »erfüllt mit durchsichtig kühler Klarheit« gewesen sei und »seine Zahlen mit der gleichen Inbrunst« geliebt habe »wie andere ihre Klassiker«. Dieser Mann »wußte seine ökonomisch-politische Welt so genial zu berechnen und mit ihnen (den Zahlen) zu bauen wie irgendein echter Könner unter den großen Architekten.« »Auf rationaler Durchdringung der Welt und Meisterung ihrer Probleme aus nüchternen Einsichten beruhte« für Pölnitz »ein Gutteil dieser kaufmännischen Genialität«. Da Jakob Fugger indessen nur wenige Selbstzeugnisse hinterlassen hat, blieb Pölnitz darauf angewiesen, seinen Charakter aus verstreuten Äußerungen, bildlichen Repräsentationen und in den Quellen belegten Handlungen herauszulesen. Die moderne historische Forschung steht einer solchen Gleichsetzung von Handlungen und Repräsentationen mit individuellen Charakterzügen und Persönlichkeitsmerkmalen sehr skeptisch gegenüber.

Aber nicht nur in methodischer Hinsicht erscheint Pölnitz' Verfahrensweise problematisch, sondern auch wegen der »nationalen« Kategorien, die ihr zugrunde liegen. Pölnitz sah in Jakob Fugger den »kühlen Geist romanischer Rationalisten« verkörpert, der »sonder (ohne) Ehrfurcht vor Tradition und Glauben in italienischen Kontoren herrschte«. Als Vertreter dieses »italienischen« Geistes drohten Jakob Fugger »gewisse imponderable Werte des Lebens verloren« zu gehen, »die sonst in den reichsstädtischen Gemeinwesen Deutschlands liebevoll behütet wurden.« In die »zarte Welt« der altdeutschen Gotik habe Fugger von außen eine neue Geisteshaltung importiert, die sich gegen Ende seines Lebens zu einem »Geist rastlosen Wirkens und Kämpfens« radikalisierte. Kurz nach dem Ende des Zweiten Weltkriegs, den Pölnitz im Vorwort seiner Biographie als traumatische Lebenserfahrung schildert, hatte diese Argumentation offensichtlich eine psychologische Entlastungsfunktion.[7] Dass sie letztlich mehr über den Autor verrät als über den Gegenstand seiner Biographie, bestätigt ein Blick in den Aufsatz »Fugger und Medici«, den Pölnitz 1942 in der *Historischen Zeitschrift* publizierte. In diesem Artikel, der auf eine Vortragsreise im faschistischen Italien zurückging, wurde die Kooperation der beiden berühmten Handelshäuser noch unverhohlen für die Traditionsbildung der damaligen Achsenmächte in Anspruch genommen.[8] Erst unter dem Eindruck der militärischen Niederlage des nationalsozialistischen Deutschland gelangte Pölnitz offensichtlich zu einer kritischeren Einschätzung der »italienischen« Prägung Jakob Fuggers. Diesem Transformationsprozess einmal eingehender nachzugehen, wäre eine lohnende Aufgabe.

Und noch in einer dritten Hinsicht hat Pölnitz der Fuggerforschung ein problematisches Erbe hinterlassen: in der Konzentration auf zwei Generationen der Familien- und Firmengeschichte. Wie bereits Ehrenberg und Strieder sah Pölnitz in der Ära Jakob und Anton Fuggers die große Zeit der Familie, in der sich ihr Aufstieg in engem Zusammenhang mit dem Geldbedarf der europäischen Fürsten, insbesondere der Habsburgerkaiser Maximilian I. und Karl V., vollzog. In den Nachfolgern Anton Fuggers, die sich für das Unternehmen ihrer Vorfahren nicht mehr interessiert und auf der Basis des ererbten Reichtums einen »signorilen« Lebensstil gepflegt hätten, erblickte er hingegen lediglich Epigonen »eines Geschlechts, das mehr von seinem Ruhm als für neue Taten lebte«. In Pölnitz' in den 1950er Jahren erschienener und seither immer wieder aufgelegter Geschichte der Fugger werden den Generationen nach Anton Fugger gerade einmal zwanzig der über 300 Textseiten eingeräumt.[9] Das Desinteresse an der Geschichte der Familie im späteren 16. Jahrhundert prägt auch das Werk des Wirtschaftshistorikers Hermann Kellenbenz, der in seinen zahlreichen Arbeiten zu den spanischen Geschäften der Fugger kaum über 1560, das Todesjahr Anton Fuggers, hinausblickte.[10] Dieses Defizit ist durch neuere Arbeiten bislang nur teilweise behoben worden.

In den 1960er und 70er Jahren wurde die bis dahin dominante historistische Perspektive auf große Persönlichkeiten, prägende Ereignisse und leitende Ideen zunehmend durch eine strukturgeschichtliche Betrachtungsweise ersetzt, die weniger an der Individualität von Personen und Familien interessiert war als an wirtschaftlichen und gesellschaftlichen Entwicklungsprozessen. Auch die Fuggerforschung hat von dieser veränderten Perspektive profitiert: So untersuchte der französische Historiker Robert Mandrou die Rolle der Fugger als Grundbesitzer in Schwaben und setzte sich kritisch mit der These auseinander, die Fugger hätten sich im späten 16. Jahrhundert vom städtischen Leben abgewandt und seien im Landadel aufgegangen. Reinhard Hildebrandt ging in einer Studie zu den »Georg Fuggerischen Erben« – eines Familienzweigs, der 1578 aus der Fugger'schen Handelsgesellschaft ausgeschieden war und eine eigene Firma betrieb – der Frage nach, wie sich veränderte gesellschaftliche Leitbilder auf die unternehmerische Tätigkeit und den sozialen Status der Familie auswirkten. Katarina Sieh-Burens schließlich interpretierte in einer Untersuchung der politischen Führungsschicht der Reichsstadt Augsburg die Fugger als eigenständigen Typus einer städtischen Führungsgruppe.[11]

Inzwischen vermag viele Historikerinnen und Historiker jedoch weder die historistische noch die strukturgeschichtliche Perspektive völlig zu befriedigen. Zunehmend wurde die Frage laut, wie sich Individuum und Struktur, historische Persönlichkeit und langfristige Entwicklungsprozesse in Wirtschaft, Gesellschaft und Kultur sinnvoll aufeinander beziehen lassen. Sozialwissenschaften und Kulturanthropologie stellten dazu neue Interpretationsangebote bereit: Individuen handeln demnach nie autonom, sondern reflektieren in ihrem Handeln und Verhalten stets auch gesellschaftliche Rollenerwartungen und kulturelle Leitbilder. Dem französischen Soziologen Pierre Bourdieu zufolge kommt im Habitus und in den Praktiken des Individuums zum Ausdruck, wie gesellschaftliche Strukturen und Erwartungen der Umwelt individuell angeeignet und verarbeitet werden.[12]

Dass eine solche Perspektive neue Sichtweisen auf die Geschichte der Fugger eröffnen kann, zeigen mehrere aktuelle Dissertationen, die die Fugger weder als große Individuen noch als bloße Repräsentanten eines gesellschaftlichen Typus sehen, sondern ihre Handlungsfelder und Praktiken untersuchen. So verortet Benjamin Scheller die Stiftungen Jakob Fuggers des Reichen im Spannungsfeld von Stifterwillen, Stiftungsempfängern und den am Vollzug der Stiftungen beteiligten Personen. Gregor Rohmann demonstriert am Beispiel des »Geheimen Ehrenbuchs« der Fugger, wie die Familie ihren eigenen Aufstieg interpretierte und familiäre Traditionsbildung betrieb. Stephanie Haberer zeigt in einer Biographie Ott Heinrich Fuggers, eines Urenkels Anton Fuggers, wie dieser auf verschiedenen Handlungsfeldern und in unterschiedlichen Rollen – als Fürstendiener, Offizier, Leiter der Handelsgesellschaft, Grundbesitzer und Mäzen – agierte. Regina Dauser analysiert den Transfer von Gütern, Informationen und Gefälligkeiten im Korrespondenznetz Hans Fuggers.[13]

Für eine neue Geschichte der Familie Fugger von ihrem ersten Auftreten in der Reichsstadt Augsburg im Jahre 1367 bis zum Ende des Dreißigjährigen Krieges, an dem mit der Auflösung der Fugger'schen Handelsgesellschaft eine wichtige Zäsur steht, ergeben sich daraus mehrere Schlussfolgerungen. Zunächst einmal gilt es, die zeitliche und personelle Verengung auf die beiden großen Firmenleiter Jakob und Anton Fugger zugunsten einer stärkeren Beachtung der nachfolgenden Generationen und ihres personellen Umfelds zu überwinden. Auch die Söhne, Neffen und Enkel Anton Fuggers, die das Unternehmen unter veränderten wirtschaftlichen und gesellschaftlichen Rahmenbedingungen fortführten, sowie die große Gruppe der Angestellten, die die personelle Infrastruktur der Firma bildeten, sind dabei angemessen zu berücksichtigen. Zweitens gilt es, teleologische Sichtweisen zu vermeiden: Der Weg der Fugger führte keineswegs geradlinig vom zünftigen Weberhandwerk über das kaufmännische Unternehmertum in den Reichsadel. Bemerkenswert ist vielmehr, dass die Angehörigen der Familie im 16. und frühen 17. Jahrhundert *gleichzeitig* auf unterschiedlichen Handlungsfeldern – im Fernhandel, in der Stadt- und Reichspolitik, im Fürstendienst, als Großgrundbesitzer, in der Kunstpatronage, in kirchlichen und militärischen Laufbahnen – agierten.

Drittens sollte eine Darstellung der Fuggergeschichte die sozialen Leitbilder beachten, die in der ständischen Gesellschaft des späten Mittelalters und der Frühen Neuzeit von fundamentaler Bedeutung waren und die auch den Fuggern immer wieder als Richtschnur dienten. Ungehemmtes Gewinnstreben war ganz gewiss kein solches Leitbild. Vielmehr vertritt diese Darstellung die These, dass die Fugger Handel trieben, ein europäisches Großunternehmen aufbauten, Kunstwerke sammelten, Stiftungen tätigten, Grundbesitz und Adelprivilegien erwarben, um den Nutzen und die Reputation der Familie zu mehren. In der ständischen Gesellschaft war es durchaus legitim, dass Individuen und Familien ihren Nutzen förderten – durch harte Arbeit, rechtschaffenen Handel und mit dem Segen Gottes Vermögen erwarben und an ihre Nachkommen transferierten. Im Normensystem dieser Gesellschaft blieb der Nutzen des Individuums und seiner Familie – der Eigennutz – aber stets dem Gemeinen Nutzen, also dem Wohl der Allgemeinheit untergeordnet. Den Fuggern wurde immer wieder der Vorwurf gemacht, sie würden auf Kosten des Gemeinen Nutzens Handel treiben und Reichtümer anhäufen. Umgekehrt waren die Fugger bestrebt, die Vereinbarkeit ihrer Geschäfte mit dem Gemeinwohl zu beweisen: Sie gaben dazu Gutachten bei Juristen und Theologen in Auftrag, tätigten große Stiftungen und unterstützten Künstler und Gelehrte.

Wie der Gemeine Nutzen war die Ehre ein grundlegender Wert in der spätmittelalterlichen und frühneuzeitlichen Gesellschaft. Personen wurde entsprechend ihrem Stand, Geschlecht, Vermögen, Bildung und Charakter ein bestimmtes Maß an Ehre – ein Ehrvermögen – zugeschrieben. Die Reputation von Familien, Gruppen, Korporationen und Gemeinwesen bemaß sich nach derjenigen ihrer Mitglieder. Die Zuschreibung von Ehre war jedoch nie fest und unveränderlich: Vielmehr konnte Ehrvermögen durch steigenden Wohlstand, kirchliches und soziales Engagement, Repräsentation und politische Ämter gemehrt werden oder durch geschäftliches Scheitern, nonkonformes Verhalten und persönliche Fehltritte wieder verloren gehen. Ehre war in dieser Gesellschaft ein Feld fortwährender Rangkonflikte und Auseinandersetzungen.[14] Gerade am Beispiel der Fugger lässt sich zeigen, wie Ansehen und Reputation der Familie auf ganz unterschiedlichen Handlungsfeldern erworben, gemehrt und gefestigt werden konnte. Nimmt man diese handlungsleitenden Normen und Werte ernst – so die Überzeugung des Verfassers –, dann lassen sich die wirtschaftlichen, sozialen und kulturellen Aktivitäten der Fugger besser verstehen, als wenn moderne Vorstellungen von kapitalistischen Unternehmern und sozialen Aufsteigern auf sie projiziert werden. Dass dennoch jede historische Darstellung die persönlichen Standpunkte des Autors und seine Wahrnehmung auch der eigenen Zeit widerspiegelt, dessen ist sich der Verfasser bewusst.

Kapitel 1

Die Fugger im spätmittelalterlichen Augsburg

Fucker advenit

Im Jahre 1367 wurde im Augsburger Steuerbuch die Ankunft des Webers Hans Fugger vermerkt. Der Zuwanderer zahlte eine Vermögenssteuer von 44 Pfennigen, die auf ein nicht unbeträchtliches Vermögen von 22 Pfund schließen lässt. Hans Fugger wohnte zunächst zur Miete in einem Haus nahe der Heilig-Kreuz-Kirche, konnte aber bis spätestens 1378 dieses käuflich erwerben. Ein Jahr nach Hans ist im Augsburger Achtbuch sein Bruder Ulin (Ulrich) Fugger als Knecht eines Webers erwähnt. Seit 1382 bewohnte auch Ulin ein eigenes Haus. Der im 16. Jahrhundert verfassten Familienchronik der Fugger zufolge stammten die Brüder aus Graben, einem Dorf auf dem südlich der Reichsstadt gelegenen Lechfeld.[1] Nachdem Ulin 1394 einem Totschlag zum Opfer gefallen war, lassen sich seine Nachkommen noch etwa 50 Jahre lang in Augsburg nachweisen, ehe sich ihre Spuren verlieren. Es sind die Nachkommen des Hans Fugger, die auf Dauer eine wichtige Rolle in der Reichstadt spielen sollten.[2]

Der lapidare erste Eintrag im Steuerbuch – *Fucker advenit* – markiert den Beginn der Geschichte der Familie in der Lechmetropole, und die Fuggergeschichtsschreibung hat Hans Fugger, den »Stammvater« der später so erfolgreichen Generationen, zu einer geradezu mythischen Figur verklärt, die die Geschicke der Familie in neue Bahnen gelenkt habe. Tatsächlich war der Umzug vom Land in die Stadt nichts Ungewöhnliches, denn Textilgewerbe und Fernhandel Augsburgs befanden sich damals im Aufschwung, und die günstige konjunkturelle Entwicklung zog zahlreiche Landweber an. Bereits das Augsburger Stadtrecht von 1276 belegt eine etablierte Leinwandproduktion für den Export, die das Umland mit einbezogen haben dürfte, und die um 1300 errichtete städtische Leinwandschau diente auch der Qualitätskontrolle von Tuchen, die vom Land geliefert wurden.[3]

Wichtige Anhaltspunkte für Hans Fuggers weiteren Lebensweg bietet die familiäre Überlieferung, insbesondere das Fugger'sche Ehrenbuch, das der Augsburger Ratsdiener Clemens Jäger in den 1540er Jahren im Auftrag Hans Jakob Fuggers anfertigte, und die Fuggerchronik aus der zweiten Hälfte des 16. Jahrhunderts. Demnach heiratete er 1370 Klara Widolf, möglicherweise eine

Abb. 1: »Fucker advenit«: die Erwähnung der Niederlassung des Webers Hans Fugger im Steuerbuch von 1367

Tochter des Oswald Widolf, der 1371 Zunftmeister der Weber wurde, und hatte mit ihr zwei Töchter. Spätestens mit dieser Heirat dürfte er das Augsburger Bürgerrecht erworben haben. Archivalisch gesichert ist, dass er 1380 mit der Webertochter Elisabeth Gefattermann verheiratet war. Sein Schwiegervater wurde 1386 Zunftmeister der Weber und Hans Fugger im selben Jahr zum Zwölfer der Zunft, also in deren erweiterten Vorstand, gewählt und gehörte damit auch dem Großen Rat der Reichsstadt Augsburg an. Steigendes soziales Ansehen dokumentiert auch die 1389 urkundlich belegte Übernahme der Vormundschaft für die Kinder des Kaufmanns Konrad Meuting. Im Januar 1397 kauften Hans und Elisabeth Fugger von Heinrich Grau und dessen Ehefrau für den stattlichen Betrag von 500 ungarischen Gulden ein Haus im zentral gelegenen Augsburger Steuerbezirk »vom Ror«. Einige Jahre später erwarben die Eheleute auch ländlichen Grundbesitz: 1403 gaben sie 200 Gulden für einen Hof und eine halbe Hufe im westlich von Augsburg gelegenen Dorf Scheppach aus, und zwei Jahre später kauften sie für 240 Gulden einen Hof, vier Sölden und ein Grundstück im Dorf Burtenbach. Auch das Haus des verstorbenen Bruders Ulin in der Augsburger Klebesattlergasse scheint an Hans übergegangen zu sein.[4]

Die seit 1389 nahezu lückenlos überlieferten Augsburger Steuerbücher, die eine herausragende Quelle zur städtischen Sozialgeschichte des ausgehenden Mittelalters darstellen, erlauben uns, die Entwicklung von Hans Fuggers Vermögen genauer zu verfolgen. Spätmittelalterliche Steuerbücher sind eine spröde und schwer zu interpretierende Quelle, doch dank der mühevollen Rekonstruktionsarbeit von Sozialhistorikern wissen wir, wie sie funktionierten. Grundsätzlich hatte jeder Augsburger Bürger sein Vermögen zu deklarieren, wobei das Steuersystem zwischen *liegend gut* – Haus- und Grundbesitz sowie Ewigrenten und Leibgedingen – und *fahrend gut* – der beweglichen Habe außer den Dingen des täglichen Gebrauchs, die steuerfrei waren – unterschied. *Liegend gut* wurde nur halb so hoch belastet wie bewegliche Habe. Bürger, die über kein nennenswertes Vermögen verfügten – in der spätmittelalterlichen Stadt stets eine große Gruppe – zahlten die so genannte *Habnit*-Steuer. Der Steuerfuß wurde jedes Jahr vom Großen Rat der Stadt beschlossen und schwankte vor 1472 meist zwischen 1/60 und 1/240 des deklarierten Vermögens, danach zwischen einem halben und einem Prozent. Die Bürger mussten ihr Vermögen allerdings nicht jedes Jahr neu deklarieren, sondern nur alle drei bis sieben Jahre, in den so genannten Schwörsteuerjahren. Geschäftliche Erfolge von Kaufleuten äußern sich daher nicht in einem allmählichen Anstieg der Steuersumme, sondern in kräftigen »Sprüngen« von einem Schwörsteuerjahr zum nächsten. Da die Steuerbücher die Steuerzahlung lediglich summarisch vermerken, liegende und fahrende Habe aber unterschiedlich veranlagt wurden, lässt sich aus den Zahlungen das Vermögen nur ungefähr eingrenzen, doch hat die Forschung herausgefunden, dass die städtischen Steuermeister aus dem fahrenden Gut und dem halben Wert der Liegenschaften eine Rechengröße, das »Anschlagvermögen«, ermittelten. Dieses Anschlagvermögen bildet den wichtigsten Indikator für die Rekonstruktion des wirtschaftlichen Aufstiegs der Fugger.[5] Die Steuerbücher wurden übrigens bereits um die Mitte des 16. Jahrhunderts von Clemens Jäger als Quelle herangezogen, als er das Ehrenbuch der Fugger erstellte: »Vnd wirt jnn alten Steurbuechern warhaft Zu vilmalen befunden,« schrieb Jäger über Hans Fugger, den Zuwanderer aus Graben, »das er vber Dreitausent guldin, welchs dann derselben zeit, für ein gar grosse hab geschetzt worden, reich gewesen ist.«[6]

Die Ergebnisse der modernen Forschung kommen der Angabe Jägers recht nahe. Sie zeigen, dass Hans Fugger weniger als drei Jahrzehnte nach seinem ersten Auftreten in Augsburg sein Startkapital beträchtlich vermehrt hatte. Dem Steuerbuch von 1396 zufolge lag sein Anschlagvermögen damals bei 1806 Gulden; er rangierte damit in der Hierarchie der städtischen Steuerzahler an 40. Stelle. Von der reichsten Augsburgerin, der Witwe Dachs, die über 20 000 Gulden versteuerte, trennten ihn zwar noch Welten, doch gehörte der eingewanderte Weber bereits zum reichsten Prozent der Augsburger und konnte sich finanziell mit Angehörigen der alteingesessenen Patrizierfamilien Portner, Langenmantel und Ilsung messen.[7]

Wie kam Hans Fugger zu diesem Vermögen? Der Nationalökonom Werner Sombart vertrat vor einem Jahrhundert die Ansicht, er sei bereits mit einem »beträchtlichen Vermögen« vom Lande in die Stadt gekommen. Der Wirtschaftshistoriker Jakob Strieder widersprach ihm jedoch heftig: Seiner Meinung nach hatte Hans Fuggers Vermögen erst in Augsburg »eine ganz eminente Steigerung erfahren«, und dieser Zuwachs konnte nur auf eine erfolgreiche Handelstätigkeit zurückzuführen sein.[8] Wir besitzen zwar keine Belege für Aktivitäten Hans Fuggers im Fernhandel, doch erscheint es ausgeschlossen, dass er sein Vermögen am eigenen Webstuhl verdiente. In den folgenden Jahren bis zu seinem Tod (1408/9) verlief Hans Fuggers Vermögensentwicklung hingegen eher unspektakulär. Sein Anschlagvermögen sank bis 1399 auf 1560 Gulden und stieg bis 1408 wieder auf 2020 Gulden an.[9]

Nach 1408 entrichtete Hans Fuggers Witwe Elisabeth die Vermögenssteuern. Diese Witwe, heißt es in der älteren Literatur, »hielt bis 1436 das Vermögen, also das Geschäft zusammen«.[10] Dies ist allerdings eine starke Untertreibung, denn die Steuerbücher belegen, dass ihr Anschlagvermögen von einem Schwörsteuerjahr zum nächsten kontinuierlich wuchs (vgl. die folgende Tabelle). Bis 1434 hatte Elisabeth Gefattermann das Vermögen ihres verstorbenen Mannes bereits mehr als verdoppelt und stand nun an 27. Stelle der Augsburger Vermögenshierarchie. Auch wenn konkrete Nachrichten über ihre wirtschaftlichen Aktivitäten fehlen und die erwachsenen Söhne Andreas (Endres) und Jakob, die im Steuerbuch von 1434 zusammen mit der Mutter veranschlagt wurden, ihr tatkräftig zur Seite standen, muss Hans Fuggers Witwe eine überaus geschäftstüchtige Frau gewesen sein. Sie steht damit beispielhaft für ein häufig zu beobachtendes, von der Forschung aber lange Zeit ignoriertes Phänomen: Im spätmittelalterlichen und frühneuzeitlichen Handel standen auch Frauen ihren Mann.[11]

Vermögensentwicklung von Hans Fuggers Witwe Elisabeth

Jahr	Anschlagvermögen[12]
1413	2 860 Gulden
1418	3 240 Gulden
1422	3 960 Gulden
1428	4 200 Gulden
1434	4 980 Gulden

Quelle: Geffcken, Soziale Schichtung, Anhang, S. 82 (Tabelle XI), 91 (Tabelle XII).

Im Jahr 1441, dem ersten Schwörsteuerjahr nach dem Tod der Mutter, versteuerten die Brüder Andreas und Jakob, die zunächst bei Goldschmieden in die Lehre gegangen waren, zusammen ein Vermögen von 7260 Gulden. Die gemeinsame Veranlagung ist ein sicheres Zeichen dafür, dass die Brüder geschäftlich zusammenarbeiteten. Aus der Tatsache, dass die Steuerbücher wiederholt Jakobs Abwesenheit verzeichnen, kann außerdem geschlossen werden, dass er die Firma an auswärtigen Orten vertrat. Auf den Fernhandel der Brüder weist auch der Umstand hin, dass sie zu einer Gruppe von Kaufleuten gehörten, die der Rat im Jahre 1442 verwarnte, weil sie eine durch das Territorium Herzog Ottos von Bayern führende Straße umgangen und dadurch keinen Zoll entrichtet hatten. Ihre Vermögensentwicklung zeigt überdies, dass die Geschäfte gut liefen. Im Jahre 1448 verfügten die Brüder mit 10 800 Gulden bereits über das fünftgrößte Vermögen der Reichsstadt. Nur der mächtige Peter von Argon, die Erben Hans Meutings sowie die Witwen Hans Laugingers und Ulrich Meutings waren ihnen damals an Kapitalkraft überlegen.[13] Doch dann trennten sich die geschäftlichen Wege der Brüder. Im Steuerbuch von 1455 sind sie erstmals separat veranlagt: Andreas mit 4440 und Jakob mit 5697 Gulden. Auf diese Trennung gehen die beiden Linien der »Fugger vom Reh« – nach einem der Überlieferung zufolge 1462 verliehenen Wappenbrief – und der »Fugger von der Lilie« zurück.[14]

Aufstieg und Fall der Fugger vom Reh

Andreas Fugger starb bereits 1457, und seine Witwe Barbara, eine Tochter des Kaufmanns Ulrich Stammler, konnte das Vermögen im folgenden Jahrzehnt erhalten, wenn auch nicht vermehren.[15] Peter Geffcken, der beste Kenner der Augsburger Wirtschaftsgeschichte dieser Zeit, vermutet, dass sich Barbara Fugger an der Handelsgesellschaft ihres Schwiegersohns Thoman Grander beteiligte und auch ihr Sohn Lukas für die Grander-Firma arbeitete. Darauf deutet vor allem der Umstand hin, dass Lukas Fugger erstmals 1469, kurz nach dem Tod des Schwagers (1467/68), als selbstständiger Kaufmann belegt ist. Möglicherweise war es sogar Lukas Fugger, der die Grander-Gesellschaft weiterführte. Der erwähnte Thoman Grander hatte seine kaufmännische Laufbahn als Faktor (Angestellter) der bedeutenden Meuting-Gesellschaft begonnen und 1449 durch seine Heirat mit einer Tochter Hans Meutings des Jüngeren Eingang in die Augsburger Kaufleutezunft gefunden. Nach dem Tod seiner ersten Frau hatte er 1453/54 Barbara Fugger, eine Tochter des Andreas Fugger geheiratet. Um 1460 ist eine Niederlassung von Thoman Granders Firma in Nürnberg belegt. Dem Fugger'schen Ehrenbuch zufolge war er »ein gwaltiger Kaufman zu Augspurg.«[16] Granders Schwager und mutmaßlicher Nachfolger Lukas Fugger erscheint erstmals 1472 als selbstständiger Steuerzahler im Augsburger Steuerbuch. In den folgenden beiden Jahrzehnten nahm sein Vermögen stetig zu.

Vermögensentwicklung Lukas Fuggers 1472–1492

Jahr	Anschlagvermögen[17]
1472	2 588 Gulden
1475	3 748 Gulden
1480	7 733 Gulden
1486	8 638 Gulden
1492	17 200 Gulden

Quelle: Geffcken, Soziale Schichtung, Anhang, S. 130 (Tabelle XVI), 138, 140 (Tabelle XVII), 147 (Tabelle XVIII), 157 (Tabelle XIX), 166 (Tabelle XX).

In der Entwicklung von Lukas Fuggers Vermögen spiegelt sich der Erfolg seiner Handelsgesellschaft wider, deren Teilhaber seine jüngeren Brüder Matthäus, Hans und Jakob waren. Dem Ehrenbuch der Fugger zufolge führte er einen »gewaltigen handel mit Specerien, Seiden, vnd wullin gewand«.[18] Die Grundlage dieses »gewaltigen« Handels bildete das Textilgeschäft. In den Augsburger Stadtgerichtsbüchern sind zahlreiche Klagen verzeichnet, die seine Vertreter Stephan Krumbein, Bernhard Kag und Hans Stauch gegen Weber führten, die Baumwolle oder Wolle erhalten hatten und die nun mit der Lieferung der fertigen Tücher in Verzug waren. Große Bedeutung hatten ferner die Geschäftsbeziehungen nach Italien: Für den Handel mit Mailand, einem Produktions- und Handelszentrum für hochwertige Stoffe und Luxuswaren, erhielten die Brüder Lukas und Matthäus Fugger 1475 einen Geleitbrief des Herzogs. Der im 16. Jahrhundert entstandenen Fuggerchronik zufolge starb Matthäus um 1490 auf einer Reise nach Mailand. In Venedig, dem wichtigsten Einkaufsort für Baumwolle aus dem östlichen Mittelmeerraum, waren die Söhne seines Onkels Jakob Fugger zeitweilig für Lukas Fugger und seine Firma tätig. Max Jansen zufolge herrschte zwischen Lukas Fugger und seinen Brüdern »eine Art Arbeitsteilung«, bei der Lukas in der Augsburger Firmenzentrale »die Fäden zusammenhielt«, Matthäus für die Beziehungen nach Mailand zuständig war, Markus die Verbindung nach Venedig pflegte und Hans auf der Achse Nürnberg – Frankfurt an der Oder tätig war. Die Interessen der Firma in den Niederlanden wurden von Lukas Fuggers Schwiegersohn Christoph Müller wahrgenommen.[19] Hans Fugger siedelte 1481 nach Nürnberg über und erwarb dort 1484 ein Haus. Im folgenden Jahr lieh er – wahrscheinlich im Auftrag der Handelsgesellschaft – einem Rat Erzherzog Sigismunds von Tirol 8000 rheinische Gulden und erhielt dafür eine Anweisung auf Tiroler Silber. Geschäftliche Verbindungen nach Frankfurt an der Oder sind für das Jahr 1486 belegt. Die Klage eines »Thomann Tonnstedt von Lunden uss Engelland« gegen Lukas Fugger, die 1495 im Augsburger Stadtgerichtsbuch verzeichnet ist, unterstreicht die Reichweite der Geschäftsbeziehungen.[20]

Das Rückgrat dieser weit gespannten Handelsbeziehungen bildeten familiäre und verwandtschaftliche Verbindungen. So war Christoph Müller, der Schwiegersohn Lukas Fuggers, in Antwerpen für die Firma tätig, und auch mit seinem Schwager Gastel Haug, einem reichen Augsburger Kaufmann und Ratsherrn, arbeitete Lukas Fugger eng zusammen. Im Jahre 1484 stellten sich die beiden gegenseitig Generalvollmachten »von ihrer Gesellschaft wegen« aus. Enge Beziehungen bestanden auch zu den Gebrüdern Stammler, die ebenfalls zum engeren verwandtschaftlichen Umfeld gehörten.[21] Im Jahre 1490 wurde im Valsugana im Trentino ein Warentransport von Lukas Fugger, Ulrich Stammler, dem Augsburger Balthasar Wolf und einem Kölner Kaufmann beraubt.[22] Bei der Aufnahme von Fremdkapital zur Finanzierung der Geschäfte waren verwandtschaftliche Beziehungen ebenfalls von Vorteil. Lukas Fugger und Gastel Haug legten 2705 Gulden, die sie seit 1488 als Vormünder der Kinder des reichen Patriziers Bernhard Rehlinger verwalteten, in Lukas Fuggers Firma an.[23]

Neben den Warenhandel trat in den 1480er Jahren das Finanzgeschäft. 1482 transferierte Lukas Fugger im Auftrag der Stadt Augsburg 1000 Dukaten nach Venedig, und für die Jahre 1484/85 sind Überweisungen nach Rom belegt, die Lukas Fugger während eines Rechtsstreits der Stadt Augsburg mit dem Domkapitel tätigte. Seit Ende der 1480er Jahre rückten dann die Niederlande, wo König Maximilian um das burgundische Erbe seiner ersten Frau kämpfte, in den Mittelpunkt der Finanzgeschäfte der Fugger vom Reh. Lukas Fuggers Gesellschaft transferierte Gelder, die für die Bezahlung der Söldner Maximilians bestimmt waren, und übermittelte 1489 für den König den Betrag von 6700 Gulden von Antwerpen nach Innsbruck. Im Kontext der Auseinandersetzungen um das burgundische Erbe stand auch ein Darlehen über 9600 Goldgulden, für das die Stadt Löwen in der niederländischen Provinz Brabant die Garantie übernahm. Dieses Darlehen wurde Lukas Fugger zum Verhängnis, denn die Stadt, die dafür ihre Einkünfte verpfändet hatte, verweigerte die Rückzahlung. Die Fugger vom Reh strengten vor dem Rat von Brabant, später auch am Reichskammergericht einen

Prozess gegen die Stadt Löwen an. Obwohl ihnen das Reichskammergericht 1497 Recht gab, erfolgte weiterhin keine Zahlung. Selbst die Erklärung der Reichsacht über Löwen im Jahre 1499 blieb ohne Wirkung. 1504 schlug König Maximilian den Prozess schließlich nieder, doch zu diesem Zeitpunkt waren die Fugger vom Reh bereits bankrott.[24]

Aufgrund massiver Zahlungsschwierigkeiten setzte sich Lukas Fuggers Sohn Markus 1494 aus Venedig ab. Nachdem 25 der 30 venezianischen Gläubiger ihre Bereitschaft signalisiert hatten, mit ihren Schuldnern zu verhandeln, erhielten Lukas und Markus Fugger für drei Monate freies Geleit zugesichert, d. h. sie durften mit ihren Gläubigern verhandeln, ohne befürchten zu müssen, in Schuldhaft genommen zu werden. Das Geleit wurde 1497/98 erneuert, und es gelang Lukas und Markus, einen Vergleich mit ihren Gläubigern herbeizuführen. Auch in Augsburg, wo sich zwei Schwäger der Fugger, Andreas Lang und Georg Mülich, als Vermittler betätigten, standen die Chancen für einen Ausgleich zunächst nicht schlecht. Die Lage spitzte sich jedoch zu, als auch die Handelsfirma von Martin Winter und Gotthard Stammler den Offenbarungseid leisten musste, denn Lukas Fugger schuldete dieser Firma noch Geld und hatte nun auch ihre Gläubiger am Hals. Im Jahre 1501 eskalierten die Auseinandersetzungen: Der Nürnberger Christoph Scheurl forderte den Augsburger Rat auf, das Vermögen der Fugger vom Reh zu beschlagnahmen, und Georg Mülich bedrohte Lukas Fugger auf dem Heimweg vom Augsburger Perlach mit einem Messer und beschimpfte ihn als »besswicht« (Bösewicht), dem er am liebsten »den kopf abhauen« würde. Nun machten auch Familienmitglieder und nahe Verwandte ihre Forderungen geltend. Die Kinder Lukas Fuggers aus seiner ersten Ehe forderten die Auszahlung ihres Erbes, und seine zweite Frau Klara Konzelmann konnte laut ihrem Heiratsbrief 1500 Gulden beanspruchen, die Lukas Fugger als Widerlegung und Morgengabe in die Ehe eingebracht hatte. Auch die Witwe Matthäus Fuggers, Helena Mülich, ließ durch ihren Bruder ihre Forderungen vortragen. Von seinen Gläubigern bedrängt, zog sich Lukas Fugger nach Graben zurück – in das Dorf auf dem Lechfeld, aus dem seine Vorfahren einst nach Augsburg gekommen waren. Im Jahre 1504 erlangte eine Gruppe von Gläubigern, zu der die Brüder Bernhard, Hans und Christoph Rehlinger gehörten, die Rechte an Lukas Fuggers Vermögen. Sein Vetter Jakob Fugger, inzwischen zum reichsten Mann Augsburgs aufgestiegen, übernahm 1511/12 Lukas Fuggers Güter in Graben und Burtenbach und zahlte dafür dessen Kindern ihr Erbe aus. Kurz darauf starb Lukas.[25]

Für einen Kaufmann des 15. und 16. Jahrhunderts hatte ein Bankrott nicht nur wirtschaftliche Folgen, sondern auch erhebliche soziale Konsequenzen: Er führte zum Entzug der Stubenfähigkeit, also des Zugangsrechts zur sozial exklusiven Kaufleute- bzw. Herrentrinkstube, und damit zu einem erheblichen Ansehensverlust. Bankrotteure wie Lukas Fugger hatten »glaub[e]n vnd vertrawung« verwirkt, sie genossen also bei anderen Kaufleuten keinen Kredit mehr und konnten daher nur schwer wieder im Handel Fuß fassen. Als selbstständige Kaufleute spielten die Fugger vom Reh nach dem Konkurs des Lukas in Augsburg keine Rolle mehr. Sie arbeiteten fortan als Goldschmiede, Handwerker oder als Handelsdiener bei ihren reichen Vettern. Schließlich warf ein Bankrott auch einen Schatten auf den Familiennamen. Dies zeigt noch das um die Mitte des 16. Jahrhunderts verfasste Ehrenbuch der Fugger von der Lilie, das den Bankrott der verarmten Vettern zu rechtfertigen versuchte. Lukas Fugger, heißt es dort, sei ein »gar Schwerer vnfall« zugestoßen, als die Stadt Löwen die Rückzahlung des Darlehens verweigerte. Außerdem hätten ihm etliche Personen »zu vast zugesetzt, vnd nach seinem verderben getrachtet«,[26] und sein Sohn und Mitarbeiter Matthäus sei im Gardasee ertrunken. Diese Rechtfertigung ist deshalb von Interesse, weil in Bankrottverfahren des 15. und 16. Jahrhunderts sorgfältig zwischen unverschuldeten Konkursen, die auf Unglücksfälle und Missgeschicke zurückzuführen waren, und selbstverschuldeten, vielleicht sogar betrügerischen Fallimenten unterschieden wurde.[27] Während es Lukas Fugger in Schutz nahm, unterstellte das Fugger'sche Ehrenbuch seinem Bruder Matthäus, er sei »ein hinlessiger kaufman gewesen«, der durch seine eigene Nachlässigkeit »Jm handel verarmet« sei.[28]

Darüber hinaus ist vermutet worden, dass »sich die Fugger vom Reh in allzu gewagte Unternehmungen« eingelassen hätten und Lukas, der auch zahlreiche städtische Ämter bekleidete, möglicherweise »den Überblick« über seine Geschäfte verloren habe.[29] Wir werden jedoch später sehen, dass auch seine Vettern, die Fugger von der Lilie, hohe Risiken eingingen. Eine entscheidende Schwachstelle der Gesellschaft Lukas Fuggers scheint allerdings das Verhältnis von Eigenkapital und Fremdkapital gewesen zu sein. Die Expansion seiner Geschäfte wurde offenbar vor allem mit Depositen finanziert, die wohlhabende Augsburger und Nürnberger Bürger gegen feste Verzinsung in der Handelsgesellschaft angelegt hatten. Neben Christoph Scheurl und den Brüdern Rehlinger werden in den Quellen auch die Witwen Wieland und Wägeler genannt. Auch das Vermögen von Lukas Fuggers Ehefrauen war in der Firma angelegt. In der 1494 einsetzenden Krise seiner Firma gelang es Lukas Fugger offenbar nicht, die Gläubiger dazu zu bringen, still zu halten und abzuwarten, bis sich seine Lage wieder verbesserte. Mit ähnlichen Problemen waren auch in der Blütezeit der Augsburger Wirtschaft im 16. Jahrhundert zahlreiche prominente Firmen konfrontiert.[30]

Wirtschaftlicher Aufstieg und soziale Verflechtung der Fugger von der Lilie

Der ältere Jakob Fugger, auf den die Linie der Fugger von der Lilie zurückgeht, hatte 1441 Barbara Bäsinger, eine Tochter des Goldschmieds und Münzmeisters Franz Bäsinger, geheiratet. Bäsinger war durch Fernhandel und Münzprägung zu einem der reichsten Einwohner Augsburgs aufgestiegen, hatte dabei aber auch hohe Schulden gemacht; der Chronist Burkhard Zink spricht von 24 000 Gulden. Im Jahre 1444 musste er seine Zahlungen einstellen und löste dadurch dem Chronisten zufolge »ain groß geschrei und murmelen« in der Stadt aus. Obwohl sich Bäsinger beim Kaiser um einen Zahlungsaufschub bemühte, wurde er vom Augsburger Rat inhaftiert – der erste bekannt gewordene Bankrott im Umfeld der Fugger! Ein Teil seiner Schulden wurde Bäsinger allerdings erlassen, und für die Bezahlung der Restsumme verbürgte sich eine Gruppe von Verwandten, zu der offenbar auch Jakob Fugger gehörte. Der ehemalige Münzmeister ging später nach Schwaz in Tirol; über einen Zusammenhang dieses Schritts mit dem späteren Engagement der Fugger im Tiroler Montangeschäft ist öfters spekuliert worden, aber sichere Belege dafür fehlen.[31]

Für die Rekonstruktion von Jakob Fuggers Karriere sind wir einerseits wieder auf die spröden Daten der Augsburger Steuerbücher, andererseits auf einige Sätze im Fugger'schen Ehrenbuch angewiesen. Dem Ehrenbuch zufolge war er ein »Reicher vnd wolhabender Herr, vnd ein Vorgeer der Erbern Zunft von Webern, dartzu auch ein handelsman.« Es gäbe »etliche Historien, wie es Jm durch Kriegsleufft Jnn dem Kaufmanshandel ergangen, zumelden«, doch diese »Historien« wurden leider nicht aufgeschrieben. Dafür wird in knappen Strichen ein allgemeines Charakterbild des Mannes gezeichnet: »aufrecht, redlich, gegen den guten milt vnnd freuntlich, Aber den Jhenigen, so die billichait gehasset, vnd hochmut gegen Jme geubet, seer hert vnd streng ist Er gewesen«. Außerdem habe er »die fuggerischen Gueter wol beyeinander gehalten«.[32]

Die Steuerbücher ermöglichen es, dieses Bild zu präzisieren. Vor allem zeigen sie, dass nicht nur Jakob, sondern auch seine Witwe den Besitz der Familie »wol beyeinander gehalten« und sogar beträchtlich vermehrt haben. Zwischen 1472 und 1486 verdoppelte sich ihr versteuertes Vermögen, und bei ihrem Tod im Jahre 1497 hinterließ Barbara Bäsinger ein Vermögen von 23 293 Gulden.[33]

Vermögensentwicklung Jakob Fuggers d.Ä. und seiner Witwe Barbara 1462–1492

Jahr	Vermögen	Rang
1462	6 600 fl.	10
1466	7 350 fl.	7
1472 Witwe	6 471 fl.	16
1475	7 971 fl.	13
1480	10 000 fl.	11
1486	13 200 fl.	13
1492	15 971 fl.	12

Quelle: Geffcken, Soziale Schichtung, Anhang, S. 110 (Tabelle XIV), 120 (Tab. XV), 128 (Tab. XVI), 136 (Tab. XVII), 147 (Tab. XVIII), 156 (Tab. XIX), 166 (Tab. XX).

Im Steuerbuch von 1480 erscheint auch Ulrich Fugger, der 1441 geborene älteste Sohn Jakobs und der Barbara Bäsinger, mit einem Anschlagvermögen von 5067 Gulden; sechs Jahre später hatte sich dieses auf 9300 Gulden erhöht. Im Jahr 1492 begegnen dann die drei Brüder Ulrich, Georg und Jakob Fugger im Steuerbuch, wobei Ulrich 16 971 Gulden, Georg 13 971 und Jakob 11 971 Gulden versteuerte.[34] Diese Angaben machen zweierlei deutlich: Zum einen zeigen sie, dass der Zweig der Fugger von der Lilie bereits vor dem Bankrott Lukas Fuggers über ein größeres Vermögen verfügte als die Fugger vom Reh. Die Behauptung im Fugger'schen Ehrenbuch, dass Lukas und seine Brüder »als die Reichisten fugger von menigclich beschrait vnd beruft gewesen sein«, ist also nicht für

25

bare Münze zu nehmen.[35] Zum anderen zeigen die Steuerbücher, dass die Witwe des älteren Jakob auch dann noch die Kontrolle über einen großen Teil des Familienvermögens behielt, als ihre Söhne bereits längst erwachsen waren. Die Söhne haben zweifellos bei der Fortführung des Handelsgeschäfts mitgeholfen. So erhielt Ulrich der familiären Überlieferung zufolge während des Aufenthalts von Kaiser Friedrich III. in Augsburg im Jahre 1473 das Wappen mit der Lilie verliehen, nachdem er das Gefolge des Kaisers mit Tuch und Seidenstoffen ausgestattet hatte. Außerdem traten die Brüder der Kaufleutezunft bei und erwarben Immobilienbesitz. Ulrich und Jakob kauften im Jahre 1488 für 2032 Gulden ein Haus am Augsburger Rindermarkt.[36] Die vollständige Verfügungsgewalt über das Familienvermögen erlangten sie jedoch erst nach dem Tod der Mutter im Jahre 1497. Die wichtige Rolle Barbara Bäsingers wird im Fugger'schen Ehrenbuch aus den 1540er Jahren jedoch – wahrscheinlich bewusst – verschwiegen. Da die Frauen der Fugger im 16. Jahrhundert aus der Leitung der Handelsgesellschaft kategorisch ausgeschlossen waren, hatten auch geschäftstüchtige Frauen in der familiären Erinnerung keinen Platz mehr.[37]

Auch die Fugger von der Lilie betätigten sich zunächst im klassischen Warenhandel. Im Entwurf zum Fugger'schen Ehrenbuch heißt es, Ulrich Fugger habe »sich mit seinen Bruedern Jn ein geselschafft, den handel zufieren, zusamen gethon, Vnd fiengent an mit Seidin, Specerey, vnd wullin gewand zu handlen, welches der Zeit der gröst handel gewesen« sei. Wie sein Vetter Lukas brachte auch Ulrich Fugger in den 1480er Jahren vor dem Augsburger Stadtgericht mehrfach Klagen gegen Weber vor, die Barchenttuche, ein Mischgewebe aus einheimischem Leinengarn und importierter Baumwolle, nicht vereinbarungsgemäß geliefert hatten.[38] Und ähnlich wie bei Lukas Fugger und seinen Brüdern ist auch in der Handelsgesellschaft der Fugger von der Lilie eine innerfamiliäre Arbeitsteilung zu beobachten. Während Ulrich Fugger in der Augsburger Zentrale die Geschäfte koordinierte, kümmerte sich sein Bruder Georg von Nürnberg aus um die Handelsbeziehungen im mittel- und ostdeutschen Raum. Bis 1486 arbeiteten die Brüder eng mit dem Nürnberger Kaufmann Hans Kramer zusammen; 1493 kauften die Fugger in Nürnberg ein eigenes Haus. Die Achse Augsburg – Innsbruck – Venedig hingegen war das Ressort Jakob Fuggers. Im Jahre 1484 wurde der Gesellschaft die Kammer der Stadt Judenburg (Steiermark) im Haus der deutschen Kaufleute in Venedig, dem *Fondaco dei Tedeschi*, übertragen, und 1490 erlangten die Brüder einen Geleitbrief für den Handel mit Mailand.[39] Aus den frühen 1490er Jahren sind eine Reihe von Handelsdienern und Faktoren namentlich bekannt: Hans Suiter und Konrad Meuting vertraten die Firma in Tirol, Hans Mairhofer in Salzburg, Wolfgang Hofmann in Nürnberg, Sebastian Rem und Hans Keller in Venedig, Onophrius Varnbühl in Antwerpen, Otto Russwurm und Hans Metzler in Breslau.[40]

Neben dem Warenhandel spielten Geldgeschäfte eine zunehmend wichtige Rolle. Für das Jahr 1476 ist eine erste Überweisung von 706 Gulden an die Kurie belegt.[41] Die Anknüpfung geschäftlicher Verbindungen nach Rom wurde vor allem durch den Umstand begünstigt, dass Marx Fugger, ein 1448 geborener Bruder von Ulrich, Georg und Jakob Fugger, seit 1471 eine Stelle als Schreiber in der päpstlichen Registratur bekleidete, bei der die Bittgesuche an die Kurie verzeichnet wurden. Von dieser Position aus konnte er die römischen Geschäftsinteressen seiner Familie wirkungsvoll fördern. Daneben sammelte Marx geistliche Pfründen ein und erlangte Propsteien in Regensburg (1475) und Freising (1477). Bereits 1474 war ihm auch eine Domherrenstelle in Augsburg verliehen worden, doch verweigerte ihm das von Adeligen dominierte Domkapitel die Aufnahme unter Berufung auf ein päpstliches Privileg, dem zufolge Söhne Augsburger Bürger ausgeschlossen waren. Obwohl die Fugger im Streit mit dem Domkapitel vom Augsburger Rat unterstützt wurden und ihre Beziehungen an der Kurie spielen ließen, bestätigte der Papst das Statut des Domkapitels. Der frühzeitige Tod Marx Fuggers im Jahre 1478 beendete den Rechtsstreit, der allerdings in den folgenden Jahrzehnten in ähnlich gelagerten Fällen immer wieder aufflammte.[42] Auch nach dem Tod von Marx konnten seine Brüder ihre Geschäftsbeziehungen zur Kurie weiter intensivieren. So erstattete der Erzbischof von Mainz 1485/86 Ulrich Fugger mehrere Beträge zurück, die dieser ihm vorgestreckt hatte. Zwischen 1485 und 1489 transferierte Ulrich Fugger im Auftrag der Reichsstadt Augsburg Gelder nach Rom, und 1490 war ihm der Bischof von Kammin (Pommern) 1675 Gulden schuldig.[43]

Wie im Falle der Fugger vom Reh war auch der wirtschaftliche Aufstieg der Fugger von der Lilie von einer zunehmend engeren familiären Verflechtung mit anderen Familien der Augsburger Oberschicht begleitet. Handelstätigkeit, sozialer Status und Heiratspraxis bedingten und verstärkten sich wechselseitig. Ulrich Fugger hatte 1479 Veronika Lauginger, eine Tochter des langjährigen Zunftmeisters der Salzfertiger[44] Hans Lauginger und der Margaretha Ridler, geheiratet. Georg Fugger ehelichte 1486 Regina Imhof, eine Tochter des erfolgreichen Kaufmanns Peter Imhof und der Regina Walther. Auch die Schwestern heirateten in angesehene Familien ein: Anna wurde 1468 die Frau des Hektor Mülich, Barbara heiratete Konrad Meuting, und Walburga wurde 1484 die Frau Wilhelm Rems.[45] Durch diese Eheschließungen hatten die Fugger Allianzen mit politisch einflussreichen und gesellschaftlich hoch angesehenen Familien geschmiedet. Neben ihrem Sozialprestige mehrten sie auch ihr ökonomisches Kapital, denn das Vermögen ihrer Ehefrauen konnten Ulrich und Georg Fugger in der Handelsgesellschaft der Familie anlegen, und die Schwäger Konrad Meuting und Wilhelm Rem arbeiteten zeitweilig in der Firma mit. Nicht zuletzt prägten die mit den Fuggern verschwägerten Familien auch das kulturelle Leben der Stadt. Der Kaufmann Hektor Mülich, der in zweiter Ehe mit Anna Fugger verheiratet war, spielte als langjähriger Zunftmeister der Kramer nicht nur eine Rolle in der Stadtpolitik, sondern war auch ein weit gereister Mann, der 1450 eine Pilgerfahrt ins Heilige Land unternommen hatte, und ein bedeutender Vertreter der reichsstädtischen Geschichtsschreibung. Nachdem er zunächst die ältere Chronik des Sigmund Meisterlin fortgesetzt hatte, verfasste er eine eigene Stadtchronik der Jahre 1348–1487. Im Gegensatz zu den Reichs- und Weltchroniken des 15. Jahrhunderts stellte Mülich darin die innere Entwicklung der Stadt in den Mittelpunkt.[46] Als sich die Fugger später selbst literarischen und gelehrten Interessen zuwandten und Autoren und Geschichtsschreiber förderten, dürften ihnen nicht zuletzt gebildete Mitbürger und Verwandte wie Hektor Mülich als Vorbild gedient haben.

Barchentkonjunktur und Fernhandel – der ökonomische Hintergrund

Der Aufstieg der beiden Fugger'schen Linien und ihrer Handelsgesellschaften im 15. Jahrhundert vollzog sich vor dem Hintergrund einer allgemeinen demographischen und wirtschaftlichen Expansion. Die Bevölkerung Augsburgs, die nach der großen Pestepidemie um die Mitte des 14. Jahrhunderts stark dezimiert war, nahm in der ersten Hälfte des 15. Jahrhunderts wieder deutlich zu: Die Zahl der Steuerzahler stieg von 2957 im Jahre 1408 auf 4798 im Jahre 1461. Nach einer Phase der Stagnation, die bis in die 1480er Jahre anhielt, setzte gegen Ende des Jahrhunderts eine stürmische Aufwärtsbewegung ein, und im Jahre 1498 zählte die Stadt 5351 Steuerzahler. Von etwa 12 000 Einwohnern am Beginn des 15. Jahrhunderts stieg die Bevölkerung der Reichsstadt auf etwa 19 000 Menschen an der Wende vom 15. zum 16. Jahrhundert.[47]

Den Motor der Augsburger Wirtschaft bildete das Textilgewerbe und vor allem die Herstellung von Barchent. Die historische Forschung sieht in der Einführung der Barchentweberei einen »grundlegenden Innovationsvorgang der zweiten Hälfte des 14. Jahrhunderts«. Kaufleute in den schwäbischen Reichsstädten Nördlingen, Ulm, Ravensburg, Memmingen, Biberach, Konstanz und Kaufbeuren nutzten ihre Handelsbeziehungen nach Venedig, um Baumwolle einzuführen, und organisierten über Rohstoffverkäufe, Kreditvergaben und die Vermarktung des Endprodukts die regionale Textilproduktion. Zwischen Bodensee, Donau und Lech erstreckte sich im Spätmittelalter eine der großen europäischen Gewerberegionen. Im Verlauf des 15. Jahrhunderts kristallisierten sich aus der Vielzahl der Städte jedoch Augsburg und Ulm mehr und mehr als Zentren der Textilproduktion und des Fernhandels heraus. Der Durchbruch des Barchentgewerbes in Augsburg erfolgte in den 1370er Jahren. Auf der Grundlage der Ungeldeinnahmen, also der von der Stadt erhobenen indirekten Steuern, lässt sich für das Jahr 1385 bereits eine Produktion von fast 12 000 Tuchen und für 1410 eine Produktion von über 85 000 Tuchen ermitteln. Der Kauf eines eigenen Zunfthauses durch die Weberzunft im Jahre 1389 kann als Indiz für die günstige Konjunktur angesehen werden. Seit 1395 wurde Augsburger Barchent auf den Frankfurter Messen vertrieben, an der Wende vom 14. zum 15. Jahrhundert auch in Köln, Prag, Breslau, Krakau und Wien. Die so genannten Ungeldunruhen von 1397/98, in denen ärmere Weber gegen eine indirekte Steuer protestierten, zeigen allerdings auch, dass die Barchentkonjunktur mit wachsenden sozialen Spannungen zwischen erfolgreichen Fernhändlern und ärmeren Handwerkern einherging.[48]

Auch im 15. Jahrhundert blieb der Textilsektor nicht von Krisen verschont. In den Jahren 1412, 1418–1428 und 1431–1433 beeinträchtigten Handelssperren Kaiser Sigismunds gegen die Republik Venedig die Baumwolleinfuhren. Der Zweite Städtekrieg von 1449/50 und der Krieg von Kaiser und Reich gegen Herzog Ludwig von Bayern-Landshut in den Jahren 1462–1466 zogen die schwäbische Wirtschaft wiederum in Mitleidenschaft, und die Entwicklung der Ungeldeinnahmen deutet auf eine schwere Krise des städtischen Gewerbes zwischen 1450 und 1480 hin. In diesen Zeitraum fallen auch die Ungeldunruhen der Jahre 1466/67, in denen sich der Unmut der Bevölkerung über hohe Abga-

Abb. 2: Die älteste Ansicht Augsburgs aus der Meisterlin-Chronik, 1457

benbelastungen entlud. Im Jahre 1475, also noch mitten in der Wirtschaftskrise, brachten 550 Weber 43 400 Stück Barchent auf die städtische Bleiche. Einschließlich der schlechteren Tuchsorten, die nicht gebleicht, sondern gefärbt wurden, dürfte sich die Gesamtproduktion auf etwa 65 000 Tuche belaufen haben. Ein Viertel aller Augsburger Zunftmitglieder war damals in der Barchentherstellung tätig.[49]

Krisen und Konjunkturen des Gewerbes spiegeln sich auch in der Aufnahme von Neubürgern. Während das Augsburger Bürgerbuch nach 1390 eine Zunahme der Einbürgerungen fremder Weber verzeichnete, gingen die Bürgeraufnahmen nach der Verhängung der Handelssperre gegen Venedig 1410 deutlich zurück. Seit den 1430er Jahren stiegen die Einbürgerungen dann wieder sprunghaft an; neben Zuwanderern aus dem Augsburger Umland wurden nun auch Weber aus Städten wie Günzburg und Weißenburg ins Bürgerrecht aufgenommen. Auf dem Höhepunkt der Wirtschaftskrise in den 1460er Jahren sind überhaupt keine Einbürgerungen verzeichnet, doch seit den späten 1480er nahm der Zuzug von Webern nach Augsburg wieder deutlich zu.[50]

Das Phänomen der Bürgeraufnahmen verweist zugleich darauf, dass sich die wirtschaftliche Entwicklung in einem dynamischen Wechselspiel zwischen städtischem und ländlichem Textilgewerbe vollzog. Um 1400 hatte sich im östlichen Schwaben ein Verlagssystem entwickelt, in dem städtische Kaufleute Baumwolle an ländliche Weber lieferten und diesen die Fertigwaren abnahmen. Augsburger Kaufleute lassen sich auch in Nördlingen und im Raum Memmingen als Verleger nachweisen. Nach Protesten städtischer Weber gegen die ländliche Konkurrenz verbot Augsburg im Jahre 1411 den Textilverlag in einem Umkreis von drei Meilen (ca. 20 km) um die Stadt. Dieses Verbot wurde in den folgenden Jahrzehnten mehrfach wiederholt.[51] Von großer Bedeutung für die städtische Barchentproduktion blieb hingegen die Herstellung von Flachsgarn und Wepfen, einem Halbfabrikat, im Umland. Im Jahre 1443 wurde eine Wepfenschau in der Reichsstadt eingerichtet. Die Schau wurde zwar bereits nach kurzer Zeit wieder verboten und jeglicher Zwischenhandel mit Garn untersagt, doch in der zweiten Hälfte des 15. Jahrhunderts waren Garn- und Wepfenimporte aus dem Umland eine gängige Praxis; das Einzugsgebiet der Stadt Augsburg reichte bis ins Allgäu und nach Bayern. Die seit Mitte der 1480er Jahren belegten Garnimporte aus Mitteldeutschland und Schlesien lösten wiederum heftige Auseinandersetzungen aus, die sich von 1494 bis 1501 hinzogen. Ärmere, ausschließlich handwerklich tätige Weber betonten, dass die Garnimporte zu einer stärkeren Abhängigkeit von den Kaufleuten führen würden. Außerdem befürchteten sie einen Verfall der Tuchpreise infolge einer verschärften Konkurrenz zwischen den Produzenten und nachteilige Folgen für Flachsanbau und Garnspinnerei im Augsburger Umland. Die Befürworter der Garnimporte – zu denen neben anderen Fernhandelskaufleuten auch Lukas Fugger gehörte – wiesen hingegen auf Rohstoffengpässe im Textilgewerbe, die bessere Qualität des mitteldeutschen Garns sowie auf die Aussicht auf eine Steigerung der Produktion und damit auch auf höhere Ungeldeinnahmen der Stadt hin. Der Rat folgte zunächst der Argumentation der Kaufleute, schränkte im Jahre 1501 allerdings die Garneinfuhr ein und erließ eine detaillierte Schauordnung.[52]

Viele der reichsten Augsburger Familien des 15. Jahrhunderts waren im Barchentverlag tätig. Einige Familien, wie die Artzt, Hämmerlin und Kramer, waren selbst »Aufsteiger« aus der Weberzunft. Verstärkt wurden die Reihen der Augsburger Kaufmannschaft durch Zuwanderer aus anderen schwäbischen Textilstädten wie Lauingen, Nördlingen und Donauwörth.[53] Auf der Nördlinger Pfingstmesse, einem wichtigen Umschlagplatz des süddeutschen Fernhandels, sind zwischen 1393 und 1440 insgesamt 36 Augsburger Kaufleute nachweisbar, die »nahezu alle im Tuchhandel tätig« waren. In den 1390er Jahren kamen Karl Egen, Hans Rem und Hans Prun mit Tüchern nach Nördlingen, 1434 brachte Hans Meuting weiße Barchenttücher auf die Messe, 1468/69 die mit den Fuggern vom Reh verschwägerten Brüder Ulrich und Wolfgang Stammler. Auch Hektor Mülich, der in zweiter Ehe Anna Fugger heiratete, ist als Tuchhändler in Nördlingen belegt.[54] Das früheste nachweisbare Barchentgeschäft eines – namentlich nicht näher identifizierten – »Füker von Augsburg« datiert vom Januar 1440: Dieser »Füker« verkaufte dem Sohn des Kaufmanns Marquard II. Mendel in Nürnberg 102 schwarze Barchenttuche für 137 Goldgulden. Anlässlich dieses Geschäfts ist auch die Fugger'sche Handelsmarke, der Dreizack, erstmals urkundlich dokumentiert.[55]

Die wirtschaftliche Leistungsfähigkeit der Reichsstadt Augsburg beruhte indessen nicht nur auf der Barchentproduktion. Bereits um die Mitte des 15. Jahrhunderts konnte das städtische Gewerbe mit einem vielfältigen Sortiment an Textilien und einer hoch entwickelten Textilveredelung aufwarten. Auch Kürschner und Leder verarbeitende Gewerbe spielten eine wichtige Rolle, und gegen Ende des 15. Jahrhunderts entstand ein differenziertes Metallgewerbe.[56] Auf dem Finanzsektor dominierten um 1400 noch Nürnberger Firmen, aber auch Augsburger Gesellschaften tätigten um diese Zeit bereits Finanzgeschäfte mit dem bayerischen und dem französischen Hof und überwiesen Servitiengelder aus deutschen Bistümern nach Rom. Als dynamischste Augsburger Handelsfirma um die Mitte des 15. Jahrhunderts stellte sich die Meuting-Gesellschaft dar. Sie unterhielt enge Geschäftsbeziehungen nach Venedig, Genua und Brügge und gewährte 1456 Herzog Sigismund von Tirol ein Darlehen von 35 000 Gulden, für das ihr Silber aus den Tiroler Bergwerken verschrieben wurde.[57] Diese Verbindung von Krediten und Edelmetallhandel wurde drei Jahrzehnte später eine tragende Säule des Fugger'schen Handels. Der Aufschwung des Augsburger Fernhandels ging mit einer starken Vermögenskonzentration einher. Die 22 Personen, die 1492 Vermögen von über 10 000 Gulden versteuerten, besaßen 30 Prozent des Gesamtvermögens der Stadt.[58]

Die Kenntnis dieser wirtschaftlichen Zusammenhänge und Hintergründe ist auch für das Verständnis des Aufstiegs der Fugger wichtig. Als Hans Fugger von Graben nach Augsburg zog, stand der Barchentboom noch ganz am Anfang, und dank eines gewissen Startkapitals und zweier vorteilhafter Heiraten konnte er von der günstigen Konjunktur des späten 14. und beginnenden 15. Jahrhunderts profitieren. Die Klagen Lukas und Ulrich Fuggers gegen Augsburger Weber vor dem Stadtgericht sowie ihre intensiven Handelsbeziehungen nach Venedig im späten 15. Jahrhundert deuten darauf hin, dass sie sich im Textilverlag betätigten. Die positive Vermögensentwicklung während der Krisenjahre zwischen 1410 und 1430 sowie zwischen 1450 und 1480 macht aber auch die Fähigkeit der ersten Generationen der Augsburger Fugger deutlich, wirtschaftlich schwierige Zeiten erfolgreich zu überstehen. Als gegen Ende des 15. Jahrhunderts ein erneuter konjunktureller Aufschwung einsetzte, waren die Fugger dafür personell, finanziell und organisatorisch gut gerüstet.

Politische Ämter und soziale Stellung

Seit einem Aufstand unzufriedener Handwerker im Oktober 1368 hatte Augsburg eine von den Zünften beherrschte Stadtverfassung. Die zunächst 18, seit 1397 dann 17 Zünfte als Zusammenschlüsse der Gewerbetreibenden waren die »Grundeinheiten für die politische Partizipation der Bürger«. Das wichtigste politische Gremium bildete der aus 44 Mitgliedern bestehende Kleine Rat, der sich aus den 17 Zunftmeistern, 12 weiteren Vertretern der großen und besonders angesehenen Zünfte sowie 15 »Herren« – Mitgliedern des Patriziats – zusammensetzte. Das Patriziat, das bis 1368 die Stadt allein regiert hatte, nahm nach 1383 keine neuen Mitglieder mehr auf. Bis zum Ende des 15. Jahrhunderts veränderte sich die Zusammensetzung des Kleinen Rates nochmals leicht: Er bestand nun aus jeweils zwei Vertretern der 17 Zünfte sowie acht Patriziern, hatte also insgesamt 42 Mitglieder. Der Große Rat, in dem neben den Zunftmeistern auch die so genannten Zwölfer der Zünfte und acht »Herren« saßen, umfasste Ende des 15. Jahrhunderts 229 Mitglieder. In der Tagespolitik spielte dieses Gremium indessen kaum eine Rolle; seine Bedeutung als Organ der Meinungsbildung und der Vermittlung zwischen Stadtregiment und Bürgerschaft ist allerdings nicht zu unterschätzen. An der Spitze der Stadtregierung standen je ein patrizischer und ein zünftiger Bürgermeister. Gemeinsam mit den drei Baumeistern, die für die städtischen Ausgaben zuständig waren, drei Einnehmern, zwei Sieglern und drei weiteren Ratsherren bildeten sie den Dreizehnerausschuss, der sich bis zum Ende des 15. Jahrhunderts zum eigentlichen politischen Entscheidungszentrum entwickelt hatte. Im Dreizehnergremium wurden die Ratsbeschlüsse vorbereitet und viele Fragen des politischen Tagesgeschäfts erledigt. Der sukzessive Ausbau der städtischen Verwaltung brachte bis 1500 etwa 40 weitere Ämter hervor, die alle mit Ratsmitgliedern besetzt wurden. Dazu gehörten beispielsweise die städtischen Oberpfleger, die Schaumeister, die Hochzeits- und Bußmeister sowie die Richter am Stadtgericht.[59]

In der Reichsstadt des 15. Jahrhunderts bestand ein enger Zusammenhang zwischen politischem Einfluss und wirtschaftlicher Potenz: Von 1396 bis 1516 kamen 94 Prozent der Inhaber der vier wichtigsten städtischen Ämter aus der Gruppe der reichsten drei Prozent der Augsburger Steuerzahler. Die kaufmännische Oberschicht dominierte nahezu unangefochten die wichtigsten Ämter. Ein wichtiger Grund für diese Dominanz der Oberschicht war die Tatsache, dass Ratsmitglieder keine Besoldung, sondern lediglich eine geringe Aufwandsentschädigung erhielten. Sie mussten abkömmlich sein, also sich die Ausübung politischer Ämter finanziell leisten können. Darüber hinaus spielte in der politischen Kultur der Reichsstadt die Überzeugung eine Rolle, dass Ratsämter von den tugendhaftesten und angesehensten Männern ausgeübt werden sollten, und als solche galten vorrangig die großen Kaufleute und die erfolgreichsten Gewerbetreibenden. Die jährlich stattfindenden Wahlen waren daher auch keine demokratischen Abstimmungen, sondern Bestätigungswahlen, bei denen die Amtsinhaber fast immer wiedergewählt wurden.[60]

Welche Rolle spielten nun die frühen Fugger, die durch ihren ökonomischen Erfolg in die Gruppe der reichsten Augsburger Bürger vorstießen, innerhalb dieses oligarchischen Stadtregiments? Hans Fugger, der Einwanderer aus Graben, saß als Zwölfer der Weberzunft im Großen Rat und ist für das Jahr 1398 als Einnehmer des Weinungelts belegt.[61] Für die erste Hälfte des 15. Jahrhunderts fehlen jegliche Hinweise auf eine politische Betätigung. Um die Jahrhundertmitte erscheint Jakob Fugger der Ältere als Zwölfer der Weberzunft und Mitglied des Großen Rates. Außerdem übernahm er die Ämter eines Leinwandungelters, Leinwandschauers und Richters am Stadtgericht. Diese Ämter zeugen von einem gewissen Ansehen innerhalb der Augsburger Bürgerschaft, sie gehörten jedoch nicht zu den höchsten Ratsämtern, die ausschließlich von den Angehörigen des innersten Machtzirkels besetzt wurden.[62] Höher als Jakob Fugger stieg sein Neffe Lukas Fugger vom Reh in der städtischen Ämterhierarchie auf. Er gehörte seit 1474 als Zwölfer der Weberzunft dem Großen Rat an und bekleidete in den 1480er Jahren eine ganze Reihe von Rats- und Pflegämtern – Seelhauspfleger, Einunger, Wollschauer, Heringsschauer, Findelhauspfleger, Barchent- und Weinungelter. Von 1484 bis 1494 hatte er das wichtige Amt des Steuermeisters inne, und von 1490 bis 1494 gehörte er als Einnehmer zum eigentlichen Führungsgremium, dem Dreizehnerausschuss. In dem langwierigen Streit zwischen dem Rat und dem Domkapitel um die Aufnahme Augsburger Bürger engagierte er sich um 1485 als Vermittler, und 1489 war er als Zunftmeister der Weber beim Empfang König Maximilians vor den Toren der Stadt zugegen. Über seine zweite Frau Klara Konzelmann und seine Schwiegertochter Justina Riedler verfügte Lukas Fugger zudem über familiäre Verbindungen zu anderen politisch sehr einflussreichen Familien. Möglicherweise hat sein Bankrott seine Wahl zum Bürgermeister verhindert.[63]

Obwohl Lukas Fugger es fast bis an die Spitze der städtischen Ämterhierarchie geschafft hatte, spielten die Fugger insgesamt gegenüber Patrizierfamilien wie den Rehlinger, Langenmantel und Welser, aber auch im Vergleich mit Kaufmannsfamilien wie den Riedler, Walther und Hörnlin nur eine untergeordnete Rolle in der Stadtpolitik des 15. Jahrhunderts.[64] Wichtiger als die Übernahme politischer Ämter dürfte die Tatsache gewesen sein, dass die Familie im Verlauf des 15. Jahrhunderts systematisch ihr Ansehen mehrte, modern gesprochen: soziales Kapital akkumulierte. Dazu trugen nicht zuletzt ihre Heiratsbeziehungen bei: Lukas Fuggers Söhne Matthäus und Jakob erlangten durch ihre Eheschließungen mit Helena Mülich (1478) und Ursula Rem (1480) Zutritt zur Herrentrinkstube, einem exklusiven Zusammenschluss des Patriziats mit angesehenen Zunftmitgliedern. Die Stubenfähigkeit konnte nur durch Geburt oder Heirat mit einer Person aus einer stubenfähigen Familie erlangt werden.[65] Zu dieser Herrentrinkstube, die als »gesellschaftliche(r) Mittelpunkt der wirtschaftlichen und politischen Oberschicht« und zugleich als »wirtschaftliches Kommunikationszentrum« der reichen Kaufleute fungierte,[66] erlangte auch Lukas Fugger durch seine zweite Ehe mit Klara Konzelmann im Jahre 1488 Zutritt.[67] Zu diesem Zeitpunkt hatten auch die Fugger von der Lilie durch ihre Heiratsverbindungen mit den Lauginger, Imhof, Rem und Mülich bereits Aufnahme in den Kreis der stubenfähigen Familien gefunden. Dass der Familie diese Stubenfähigkeit sehr wichtig war, unterstreicht ein Eintrag im Fugger'schen Ehrenbuch. Dort heißt es, dass Jakob Fugger angeboten habe, das Haus auf dem Augsburger Perlach, in dem sich die Herrentrinkstube befand, auf eigene Kosten neu errichten zu lassen, wenn die Stubengesellschaft ihm bewilligt hätte, »der herren fugger Wappen von der Lilien, zu ainer danckbarkeit vnd Eer dem fuggerischen Namen« darin anzubringen. Die Stubengesellschaft habe dies abgelehnt, doch ihre Entscheidung habe »sie hernach zu mermalen seer gerewet«.[68]

Neben dem Rat als politischer und der Herrenstube als geselliger Institution fungierten die Pfarrkirchen als Foren der Zuschreibung von sozialem Ansehen. Auch dieses Forum nutzten die Fugger im späten 15. Jahrhunderts gezielt. Im Jahre 1479 kaufte die Witwe Jakobs des Älteren, 1485 ihr Sohn Ulrich einen Kirchenstuhl in der Stiftskirche St. Moritz, zu deren Pfarrgemeinde zahlreiche Mitglieder der Oberschicht gehörten. Den Schwerpunkt des Engagements der Fugger bildete zu dieser Zeit allerdings die Abteikirche St. Ulrich und Afra, die damals im spätgotischen Stil ausgestaltet wurde. Im Jahre 1478 übernahmen die Brüder Ulrich, Georg und Jakob Fugger die Bezahlung von zwei Gewölbebögen und erklärten ihren Willen, ein Altarbild malen und ein Fenster verglasen zu lassen. Dafür erhielten sie das Recht, ihr Wappen am Altar anzubringen. Zwei Jahre später ließen sie ein Gestühl für zwei Kapellen errichten und an einem ihr Wappen anbringen. 1485 erging der Auftrag an den Ulmer Bildhauer Michel Erhart, »eine rohe geschnittene Tafel von Holzwerk« anzufertigen, die zwischen 40 und 60 Gulden kosten durfte. Mit der Bemalung dieses Altars wurde 1490 der Maler Gumpold Gültlinger beauftragt, der dafür bis zu 200 Gulden erhalten sollte.[69] Auch wenn die Stiftungen und das Mäzenatentum der Fugger im 16. Jahrhundert ganz andere Dimensionen erreichen sollten, zeigen bereits diese frühen Aktivitäten, dass die Familie bestrebt war, ihr Ansehen durch die Mitgestaltung öffentlicher Räume zu mehren.

Die Anfänge Jakob Fuggers des Reichen

Zu den wiederkehrenden Topoi jeder Geschichte der Fugger gehört die Feststellung, dass ihr bedeutendster Kaufmann, der am 6. März 1459 als zehntes von elf Kindern Jakob Fuggers des Älteren und der Barbara Bäsinger in Augsburg geborene Jakob, zunächst für den geistlichen Stand bestimmt gewesen sei. »Jakob hatte bereits die niederen Weihen und war Kanonikus in Herrieden,« so Max Jansen, da »gewann Ulrich seinen Bruder Jakob 1478 dem weltlichen Leben zurück und in ihm dem Fuggerischen Handel den genialsten Vertreter.«[70] »Der Theologe wurde zum Kaufmann,« schrieb Jakob Strieder. Und auch Götz Freiherr von Pölnitz stellte fest, dass »man des Jüngsten zum Handel nicht bedurfte« und es daher nahe gelegen habe, »ihn für die geistliche Laufbahn zu bestimmen.«[71] Eine Kette von Schicksalsschlägen – der Tod des Vaters im Jahre 1469, das frühe Ableben der Brüder Hans und Andreas während der kaufmännischen Lehrzeit in Venedig, der Tod des Bruders Peter 1473 in Nürnberg und schließlich Marx' Ableben 1478 in Rom – habe den überlebenden Brüdern Ulrich und Georg schließlich nur die Wahl gelassen, den Jüngsten in das Geschäft zu holen und als Vertreter der Firma nach Venedig zu schicken.[72] Diese Version wird nicht zuletzt durch das Ehrenbuch der Familie gestützt, in dem es heißt: »Als aber aus gotlichen genadenn der fuggerisch handel sich gemeret vnd Zugenomen, vnd Jre vier gebrueder mit tod abgangen, habent die Zwen gebruder, Vlrich vnd Jorg, disen herren Jacoben fugger, die Thumbherren Pfriend renunciern vnd aufgeben, vnd Jn Zu sich den handel zufieren, beruffen lassen, des Er gethon, vnd Jnen gehorsam gewesen ist.«[73]

Unstrittig ist, dass die Familie für Jakob Fugger bereits in jungen Jahren ein Kanonikat im fränkischen Stift Herrieden erworben hatte; 1479 hat Jakob Fugger diese Pfründe in Rom persönlich resigniert. Bereits Max Jansen hat allerdings festgestellt, dass Jakob Fugger anscheinend nie eine Universität besuchte – eine Beobachtung, die schlecht zu einer systematischen Vorbereitung auf eine geistliche Laufbahn zu passen scheint. Götz Freiherr von Pölnitz gelangte sogar zu der bemerkenswerten Feststellung, dass Jakobs Aufenthalt in Herrieden wahrscheinlich nur wenige Monate dauerte. Ihm zufolge war Jakob Fugger »niemals Geistlicher«, sondern »blieb von Jugend an dem Geschäfte nahe«.[74] Peter Geffcken hat diese Auffassung untermauert, indem er Hinweisen nachgegangen ist, dass Jakob sich bereits 1473 in Venedig aufhielt. Er hätte seine kaufmännische Lehrzeit demnach in einem vergleichbaren Alter aufgenommen wie andere süddeutsche Kaufmannssöhne.[75] Dies würde bedeuten, dass die Fugger sich von Anfang an mehrere Optionen offen hielten: Der jüngste Sohn war mit einer geistlichen Pfründe versorgt, falls er in der Handelsgesellschaft nicht benötigt wurde, aber der Erwerb einer solchen Pfründe bedeutete keineswegs den Ausschluss anderer Alternativen. Angesichts der Unsicherheit des Lebens und der Gegenwärtigkeit des Todes im späten Mittelalter war es für eine Kaufmannsfamilie schlicht unabdingbar, solche Alternativen zu haben.

Kapitel 2

Jakob Fugger der Reiche: Der Aufbau eines Großunternehmens 1485–1525

Die Ordnung des Handels

Am 18. August 1494 schlossen die Brüder Ulrich, Georg und Jakob Fugger einen Vertrag, in dem sie ihren Willen bekundeten, ihren bereits bestehenden »gemainen bruderlichen handel« fortzuführen. Der Gesellschaftsvertrag der Firma »Ulrich Fugker und gebrudere von Augspurg« hatte eine Laufzeit von sechs Jahren. Das von den Teilhabern eingelegte Kapital und der erzielte Gewinn sollten in dieser Zeit in der Gesellschaft liegen bleiben, und die Brüder verpflichteten sich, während der Laufzeit des Vertrags keinen Handel auf eigene Rechnung zu treiben. Jeder Teilhaber hatte das gleiche Recht, die Gesellschaft nach außen zu vertreten, für sie Handel zu treiben, Handelsdiener einzustellen oder zu entlassen. Außerdem regelte der Vertrag die Entnahme von Kapital zum persönlichen Gebrauch und die Schlichtung von Streitfragen durch Mehrheitsentscheidung. Verstarb einer der Teilhaber innerhalb der sechs Jahre, so sollte sein Kapital noch drei Jahre im Handel liegen bleiben und danach den Erben in Raten ausbezahlt werden.[1] Während die ältere Forschung in diesem Vertrag eine »unbarmherzige Zurücksetzung sämtlicher Erben« zu erkennen meinte, in der sich »die innere Größe, das Herrenmäßige, ja auch Herrische dieses Grundgesetzes Fuggerschen Handels«[2] manifestiert habe, zeigen vergleichende Forschungen, dass die Bestimmungen dieser Vereinbarung von 1494 durchaus nichts Ungewöhnliches waren. Auch die meisten anderen süddeutschen Handelsgesellschaften um 1500 waren Zusammenschlüsse einer kleinen Zahl naher Verwandter; auch andere Gesellschaften unterschieden klar zwischen stimm- und gewinnberechtigten Teilhabern und anderen Familienmitgliedern, die ihr Geld lediglich als fest verzinsliche Depositen einlegen konnten; und auch andere Gesellschaftsverträge trafen klare Regelungen für den Fall des Ablebens eines oder mehrerer Teilhaber, die den Fortbestand des Unternehmens sichern sollten.[3]

Dass Ulrich Fugger im Gesellschaftsvertrag von 1494 als namensgebender Teilhaber erscheint, weist zum einen darauf hin, dass er der älteste Bruder war. Die Tatsache, dass der jüngste der Brüder die Expansion des Unternehmens maßgeblich vorangetrieben hatte, tritt hinter das Prinzip der Anciennität zu-

Abb. 3: Porträt Jakob Fuggers des Reichen von Albrecht Dürer 1518/20

rück.[4] Zum anderen spiegelt sich in der Namensgebung wohl auch der Umstand, dass Ulrich nach Ausweis der Steuerbücher damals über ein größeres Vermögen verfügte als Georg und der noch unverheiratete Jakob. Die in der folgenden Tabelle zusammengestellten Steuerdaten zeigen außerdem, dass das veranschlagte Vermögen der drei Brüder und ihrer verwitweten Mutter seit 1486 stark angestiegen war. Gemeinsam versteuerten die Fugger von Lilie über 20 000 Gulden mehr als die damals reichste Augsburgerin, die Witwe des Lukas Herwart. 1504 wurde das Vermögen der Brüder pauschal auf 100 000 Gulden veranschlagt, und sechs Jahre später, nach dem Tod von Georg (1506) und Ulrich (1510), versteuerte Jakob für sich und seine Verwandten ein Vermögen von 258 400 Gulden. Obwohl sich die Steuerleistungen der Fugger innerhalb von 24 Jahren mehr als verzehnfacht hatten, spiegelt sich ihre tatsächliche Vermögensentwicklung darin nur unzureichend wider, denn die Veranlagung erfasste sicherlich nur einen kleinen Teil der Investitionen außerhalb Augsburgs. Mehr noch: 1516 schloss Jakob Fugger mit der Stadt Augsburg einen Vertrag, der ihn und seine Familie gegen die Zahlung einer Pauschale von der Pflicht entband, ihr Vermögen zu deklarieren. Durch diesen Präzedenzfall der steuerlichen Sonderbehandlung einer vermögenden Familie blieb der wahre Reichtum der Fugger den städtischen Steuermeistern künftig verborgen.[5]

Steuerleistungen der Fugger von der Lilie

	1486	1492	1498	1504	1510
Ulrich	9300	16 971	22 771		
Georg	–	13 971	18 971	100 000	258 400
Jakob	–	11 971	15 971		
Jakobs d.Ä. Witwe	13 200	15 971	22 971 (Gut)		
Gesamt	22 500	58 884	80 684	100 000	258 400

Quelle: Geffcken, Soziale Schichtung, Anhang, S. 156f. (Tab. XIX), 166f. (Tab. XX), 176f. (Tab. XXI), 186 (Tab. XXII).

Obwohl der 1494 geschlossene Vertrag bereits im Jahr 1500 auslief, kam erst am 23. Dezember 1502 ein neuer Vertrag zustande, der wiederum eine Laufzeit von sechs Jahren hatte, aber stillschweigend weiterlaufen sollte, wenn er von den Teilhabern nicht gekündigt wurde. Im Wesentlichen bestätigte dieses Dokument die Bestimmungen von 1494, doch wurde gleichzeitig ein gesonderter Vertrag über den Ungarischen Handel geschlossen, den die Fugger gemeinsam mit Hans Thurzo und seinen Söhnen betrieben. Auch die Bergbau- und Handelsaktivitäten dieses gesonderten Unternehmens sollten zu gemeinsamem Gewinn und Verlust erfolgen. Dieser Sondervertrag hielt explizit fest, dass weibliche Nachkommen und Familienangehörige im geistlichen Stand von den Bergwerks- und Hüttenbesitzungen ausgeschlossen waren; sie sollten »zu einem vorauss bei unsern männlichen ehelichen leibs erben und bey unserm namen und stammen« verbleiben. Starb einer der Brüder, sollten die Überlebenden

den Handel weiterführen, die weiblichen und geistlichen Nachkommen des Verstorbenen ausbezahlen und den tauglichsten unter ihren männlichen Söhnen auf die künftige Mitwirkung in der Geschäftsführung vorbereiten. Die Leitung des Ungarischen Handels sollte in der Regel bei zwei Verwaltern liegen. In einem weiteren Zusatzvertrag regelten die Brüder den gemeinsamen Besitz und die Erbfolge für ihre Immobilien in und um Augsburg sowie für ihre Wertgegenstände.[6]

Durch den Tod Georg Fuggers am 14. März 1506 und Ulrich Fuggers am 19. April 1510 schieden in den folgenden Jahren zwei der drei Gesellschafter aus. Jakob Fugger war als letzter verbleibender Teilhaber nach den Verträgen von 1502 zur alleinigen Fortführung der Gesellschaft berechtigt, und seine Neffen Ulrich d.J. und Hieronymus, Söhne des Ulrich Fugger, sowie Marx, Raymund und Anton, Söhne des Georg Fugger, erteilten am 3. August 1510 auch formal ihre Zustimmung zur Fortsetzung der Gesellschaft unter der Leitung ihres Onkels, der 1498 geheiratet hatte, aber kinderlos geblieben war. Daraufhin nahm Jakob Fugger eine Generalrechnung vor und zahlte die Töchter seiner Brüder und Marx, der Geistlicher geworden war, aus. Daraufhin beurkundete er 1512, dass er die Gesellschaft mit seinen vier Neffen Ulrich, Hieronymus, Raymund und Anton Fugger unter dem Namen »Jacob Fugger und seiner gebrueder süne« fortführen wolle. Die Neffen beließen ihr gesamtes Vermögen in der Gesellschaft, verpflichteten sich zu unbedingtem Gehorsam gegenüber den Weisungen des Onkels und zu absoluter Verschwiegenheit nach außen. Jakob Fugger bezeichnete sich nun als »hauptherrn dises meines handels« und behielt sich das Recht vor, Gewinnanteile festzusetzen, Teilhaber auszuschließen und die Firma aufzulösen. Im Falle von Jakobs Ableben sollten Ulrich und Raymund die Geschäftsführung übernehmen; einer der beiden sollte neben Jakob auch in die Verwaltung des Ungarischen Handels eintreten. In Zusatzbestimmungen regelte Jakob Fugger die Erbfolge der gemeinsamen Liegenschaften und die Nutzungsrechte seiner Frau Sibylla während ihres Witwenstands.[7]

Die Verträge der Jahre 1494 bis 1512 dokumentieren einerseits die Machtverschiebung innerhalb der Gesellschaft von den formal gleichberechtigten drei Brüdern hin zur alleinigen Verfügungsgewalt Jakob Fuggers. Zum anderen tritt in ihnen das Bestreben zutage, den Teilhaberkreis auf die männliche Nachkommenschaft zu beschränken. Im Vertrag über den Ungarischen Handel von 1502 wird erstmals explizit das Ziel formuliert, dass »unser name und stamme und unser männlich erben und nachkomen in bestendigern wesen« erhalten werden sollten, und auch in den Verfügungen, die er 1512 über die Zukunft des Ungarischen Handels und der liegenden Güter traf, berief sich Jakob Fugger auf »eren nutz und aufnemen unsers sonderlich mannlichs ehelichs und weltlichs nammens und stammens«.[8] Zwar hatten auch die meisten anderen Handelsgesellschaften in dieser Zeit ausschließlich männliche Teilhaber, aber eine explizite Beschränkung auf den »Mannesstamm« der eigenen Familie war tatsächlich ein Novum. Zugleich vollzogen die Fugger damit auch einen Bruch mit der eigenen Familiengeschichte, denn im 15. Jahrhundert waren es ja gerade die Frauen gewesen, die die Kontinuität des Fugger'schen Handels gesichert hatten.

Die Montanunternehmungen in Tirol und Ungarn

Eine entscheidende Weichenstellung für die weitere Entwicklung des Fugger'schen Unternehmens war 1485 erfolgt, als die Brüder Ulrich, Georg und Jakob Fugger dem stets geldbedürftigen Erzherzog Sigismund von Tirol 3000 Gulden liehen. Damit gehörten sie noch nicht zu den Großgläubigern des Erzherzogs, der damals der Kufsteiner Handels- und Bergbaugesellschaft Baumgartner 10 000 Gulden und dem Höfling, Bergwerksunternehmer und Leiter der Tiroler Finanzverwaltung Antonio Cavalli (Anton vom Ross) sogar mehr als 60 000 Gulden schuldete. Aber bereits dieser erste 3000-Gulden-Kredit weist die typischen Merkmale der Tiroler Geschäfte der Fugger auf, denn die Darlehen wurden nicht verzinst, sondern durch Silberlieferungen getilgt. Tiroler Bergbauunternehmer – die »Gewerken« – waren verpflichtet, das von ihnen geförderte Metall dem Landesherrn zu einem festen Preis zu verkaufen, und dieser trat sein Vorkaufsrecht an seine Kreditgeber ab, die das Silber zu einem Fixpreis übernahmen. Da die Bergwerke im Inntal und insbesondere die Schwazer Stollen damals die ergiebigsten in ganz Europa waren, ermöglichten diese Verträge den Fuggern den Einstieg in den Metallgroßhandel. So wurde 1485 der Tiroler Gewerke Christian Tänzl angewiesen, den Fuggern 1000 Mark (281 kg) Silber zu liefern.[9]

Einen starken Impuls erhielten die Beziehungen der Fugger zu Sigismund von Tirol durch den Krieg, den der Erzherzog 1487/88 gegen die Republik Venedig führte. Dieser Krieg führte einerseits zur Verdrängung venezianischer Kaufleute und Investoren aus Tirol; andererseits schossen die Fugger neben Antonio Cavalli einen Teil der Gelder vor, die Sigismund nach dem Friedensschluss an Venedig zahlen musste, und wurden dafür erneut auf Silber verwiesen. Für die Rückzahlung der Darlehen bürgten die Tiroler Landstände. Im Herbst 1487 streckten die Fugger dem Erzherzog in mehreren Posten 14 500 Gulden vor, im folgenden Frühjahr rund 8000 Gulden. Ein Geschäft von ganz anderer Größenordnung folgte am 9. Juni 1488: Gegen einen Vorschuss von 150 000 Gulden, der in monatlichen Raten zu entrichten war, sicherten sich die Fugger die gesamte Ausbeute des Schwazer Silbers zum Preis von 8 Gulden je Mark. Davon waren 5 Gulden an die Schmelzer zu entrichten, der »Vorteil« des Landesherrn in Höhe von 3 Gulden je Mark diente der Rückzahlung des Darlehens. Die Fugger verpflichteten sich, wöchentlich 200 Mark Silber an die landesherrliche Münze in Hall zu liefern. Im Jahre 1489 zahlten die Fugger annähernd 122 000 Gulden an Sigismund und lieferten 12 785 Mark Silber in die Haller Münze ein. Überschüsse durften sie als so genanntes Gnadsilber auf dem freien Markt verkaufen. Der Gewinn für das Unternehmen lag vor allem in der Differenz zwischen dem Abnahmepreis, zu dem sie das Silber in Tirol erwarben, und dessen Marktwert. Gegen weitere Kredite konnten sich die Fugger neben dem Schwazer Silber auch Silber aus der landesherrlichen Schmelzhütte in Innsbruck, aus der Haller Münze und aus Primör sichern. Bis Ende 1489 summierten sich die Darlehen an Sigismund bereits auf über 268 000 Gulden. Binnen weniger Jahre hatte die Augsburger Firma damit die Baumgartner von Kufstein aus ihrer Rolle als wichtigste Geschäftspartner des Erzherzogs verdrängt. Da Kufstein damals zum Herzogtum Bayern-Landshut gehörte und eine Übernahme Tirols durch den bayerischen Nachbarn nach dem Tod des kinderlosen Sigismund im Bereich des Möglichen lag, wurde die Verdrängung des Kufsteiner Hauses von den Tiroler Ständen zunächst durchaus begrüßt.[10]

Als der völlig überschuldete Tiroler Erzherzog im März 1490 auf Druck der Landstände hin auf seinen Thron verzichtete und sein Verwandter König Maximilian die Herrschaft über Tirol und Vorderösterreich übernahm, sollte es sich für die Fugger auszahlen, dass sie bereits gute Beziehungen zum neuen Herrscher aufgebaut und Gelder für ihn nach Flandern transferiert hatten. Maximilian erkannte die laufenden Tiroler Verträge der Fugger an und übernahm Verbindlichkeiten seines Vorgängers in Höhe von 46 000 Gulden, die mit wöchentlichen Lieferungen von 125 Mark Silber aus der Haller Münze getilgt werden sollten. Im März 1491 nahm Maximilian selbst ein erstes großes Darlehen bei den Fuggern auf. Gegen einen Vorschuss von 120 000 Gulden erhielten die Fugger in diesem Jahr fast 30 000 Mark Silber. Auch 1492 schoss die Augsburger Gesellschaft dem König monatlich 10 000 Gulden vor und bezog dafür über 44 000 Mark Silber.[11]

In diesen Jahren waren die Fugger stets zur Stelle, wenn der König Geld benötigte, und machten sich durch ihre finanziellen Dienste unentbehrlich. So lösten sie die verpfändete Markgrafschaft Burgau, eine habsburgische Herrschaft im Gebiet zwischen Augsburg und Ulm, wieder aus, beglichen Schulden Maximilians, finanzierten diplomatische Gesandtschaften und zahlten Besoldungen an Beamte und Heerführer aus. Als Maximilian 1493 gegen den französischen König Karl VIII. Krieg um das burgundische Erbe seiner ersten Frau führte, leisteten die Fugger Zahlungen an die Delegierten, die im Namen Maximilians den Frieden von Senlis aushandelten. Als der Habsburger seine zweite Ehe mit Bianca Maria Sforza, der Nichte des mailändischen Herrschers Lodovico il Moro schloss, unterstützten die italienischen Niederlassungen der Fugger die Hochzeitsvorbereitungen durch Kredite und die Beschaffung kostbarer Samtstoffe. Auch der Transfer der beträchtlichen Mitgift der Braut an ihren Gatten erfolgte über die Fugger. 1494 gewährte die Firma Maximilian drei größere Darlehen über insgesamt 80 000 Gulden und zahlte ihm »Monatsgelder« in Höhe von 6600 Gulden aus. Für das Jahr 1495 verzeichnen die Tiroler Raitbücher (Rechnungsbücher) Vorschüsse der Fugger in Höhe von 101 213 Gulden, für die sie 41 503 Mark Silber erhielten. Max Jansen zufolge addieren sich die Vorschüsse der Fugger an Erzherzog Sigismund und König Maximilian in den Jahren 1485 bis 1494 auf über 624 000 Gulden. Jansen berechnete eine Abnahmemenge von 200 000 Mark Silber und schätzte den Gewinn, den die Augsburger Firma aus diesen Transaktionen zog, auf 400 000 Gulden. Auch wenn die letztere Schätzung wahrscheinlich zu hoch angesetzt ist, verdeutlicht sie, welch große Mengen an Edelmetall die europäischen Märkte binnen weniger Jahre absorbierten.[12]

Hatten sich die Fugger zunächst ganz auf das Silbergeschäft konzentriert, so dehnten sie ihre Aktivitäten nach 1490 auch auf den Handel mit Kupfer aus, das sich in der Herstellung von Gebrauchsgütern einschließlich der Waffen- und Geschützproduktion steigender Nachfrage erfreute. Als König Maximilian den

Baumgartner von Kufstein 1492 befahl, einen Teil ihrer Kupfervorräte an ihn zu verkaufen, veräußerten die Fugger dieses Kupfer im Auftrag des Königs in Venedig gewinnbringend weiter. Im Mai 1494 kaufte die Firma erstmals selbst Tiroler Kupfer, nahm damals aber nur einen relativ geringen Teil der Gesamtproduktion ab.[13] Darüber hinaus investierten die Fugger auch in den Salzburger Bergbaurevieren von Gastein und Rauris, wo sie selbst Grubenanteile übernahmen, sowie in der Steiermark, doch diese Aktivitäten erreichten nicht die Größenordnung ihrer Tiroler Geschäfte.[14]

In der Folgezeit waren die Beziehungen zwischen den Fuggern und der Tiroler Regierung nicht immer ungetrübt, und zeitweilig hielt sich das Unternehmen bei der Gewährung neuer Darlehen zurück. Auf längere Sicht aber kam die Innsbrucker Regierung nicht mehr ohne Fugger'sche Kredite aus. Ob es um die Repräsentation auf Reichstagen ging, um die Finanzierung von militärischen Aktionen wie den Schweizerkrieg von 1499 und die Feldzüge Maximilians gegen Frankreich und Venedig, um die Kaiserproklamation in Trient im Jahre 1508, um die Bezahlung von Gesandtschaftsreisen oder die Gehälter an Hofbedienstete und Regierungsmitglieder – immer wieder wurden die Fugger um neue Vorschüsse gebeten.[15] Neben zahlreichen kleineren Darlehen bildeten die Silber- und Kupferkäufe nach wie vor das Rückgrat der finanziellen Beziehungen zwischen Krone und Handelshaus. Im Oktober 1508 beispielsweise wurde ein Metallkontrakt mit einem Volumen von 300 000 Gulden geschlossen, in dem sich die Fugger zur Abnahme von 30 000 Mark Silber aus der Haller Münze und 15 000 Zentner Kupfer verpflichteten.[16]

Wie erklärt sich dieser kometenhafte Aufstieg eines Unternehmens, das bis 1485 zwar zu den erfolgreichen, aber noch keineswegs zu den herausragenden süddeutschen Handelshäusern zählte? Die Antwort der Biographen Jakob Fuggers auf diese Frage ist eindeutig: Es war das Genie des großen Kaufmanns, seine enorme Tatkraft und sein Blick für neue geschäftliche Möglichkeiten. Aber auch die strukturellen und konjunkturellen Rahmenbedingungen waren in den letzten Jahrzehnten des 15. Jahrhunderts ausgesprochen günstig. Eine dieser Rahmenbedingungen war der Aufschwung des Tiroler Bergbaus, der sich an der Silberproduktion des wichtigsten Abbaugebiets, des Falkensteins bei Schwaz, ablesen lässt. Zwischen 1470 und 1490 verdreifachte sich die Ausbeute von 73 113 Mark im Zeitraum 1470–1474 über 173 260 Mark im Zeitraum 1480–1484 auf 226 691 Mark in der zweiten Hälfte der 1480er Jahre.[17] Mit dem Aufschwung der Silberproduktion, die im Kontext eines allgemeinen demographischen und ökonomischen Expansionsprozesses und einer damit verbundenen steigenden Nachfrage der europäischen Wirtschaft nach Edelmetall zu sehen ist, ging ein wachsender Kapitalbedarf der Gewerken einher. Schächte und Stollen mussten tiefer gegraben und aufwändiger unterhalten werden, und technische Innovationen wie die Einführung neuer Schmelzverfahren erforderten Investitionen, die die Tiroler Gewerken selbst nicht aufbringen konnten. Dies eröffnete kapitalkräftigen süddeutschen Handelshäusern die Möglichkeit, in den lukrativen Montanhandel einzusteigen, indem sie Darlehensgeschäfte mit dem Vertrieb von Edelmetallen kombinierten.[18]

Karte 1: Wichtige Bergbaugebiete und Niederlassungen im Alpengebiet zur Zeit von Jakob und Anton Fugger

Darüber hinaus verfügten süddeutsche Handelsgesellschaften, deren Aktivitäten im Spätmittelalter stark nach Italien hin ausgerichtet waren, traditionell über gute Beziehungen nach Tirol. In den 80er und 90er Jahren des 15. Jahrhunderts investierten auch die Augsburger Herwart und Gossembrot sowie die Memminger Vöhlin im Tiroler Metallgeschäft.[19] Georg Gossembrot, der aus einer auch kaufmännisch sehr aktiven Augsburger Patrizierfamilie stammte, war 1477 Pfleger der an der Fernstraße zwischen Augsburg und Innsbruck gelegenen Herrschaft Ehrenberg geworden und hatte 1483 mit Erzherzog Sigismund einen ersten Vertrag über die Lieferung von 1000 Zentnern Kupfer abgeschlossen. Er trat später in die Dienste des Innsbrucker Hofes und war in den 1490er Jahren als Hofkammerrat ein führendes Mitglied der Tiroler Finanzverwaltung. Weitere Stationen seines sozialen Aufstiegs waren der Erwerb der Herrschaft Hohenfreiberg, die Einheirat seiner Tochter in die adelige Familie Freiberg, der Bau eines Hauses und einer Grabkapelle beim Füssener Kloster St. Mang und die um 1500 erfolgte Erhebung in den Adelsstand. 1501 lancierte Gossembrot das ambitionierte Vorhaben, die gesamten Einkünfte der österreichischen Erblande zu pachten, doch starb er bereits im folgenden Jahr.[20] Als Mitglied der Tiroler Regierung förderte Gossembrot naturgemäß die Interessen der Handelsgesellschaft, die er selbst zusammen mit seinem Bruder Sigmund betrieb. Im Dezember 1492 vermittelte er aber auch einen Darlehensvertrag zwischen den Fuggern und der Tiroler Regierung, und in den folgenden Jahren tätigte er eine Reihe von Transaktionen mit ihnen. 1495 liehen die Gesellschaften der Fugger, Gossembrot und Herwart König Maximilian gemeinsam 64 000 Gulden für einen Feldzug und erhielten dafür 48 000 Mark Tiroler Silber; und 1496/97 schlossen die drei Firmen zusammen mit den Kufsteiner Baumgartner Tiroler Silberkäufe ab.[21] Auch der Augsburger Hans von Stetten, der die Interessen der Baumgartner in Tirol vertrat, erscheint in diesen Jahren wiederholt als Geschäftspartner der Fugger.[22]

Doch trotz dieser guten Verbindungen zwischen Augsburg und Tirol wären die Fugger aus eigener Kraft wohl nicht in der Lage gewesen, die gewaltigen Summen aufzubringen, die ihre fürstlichen Geschäftspartner benötigten. Einen großen Teil der Summen, die sie Sigismund und Maximilian vorstreckten, mussten sie selbst als Fremdkapital zu einem festen Zinssatz aufnehmen; der Gesellschaftsvertrag von 1494 sah diese Möglichkeit ausdrücklich vor. Über die Kapitalaufnahme der Fugger in dieser Aufbauphase besitzen wir leider nur wenige Nachrichten. Einen Betrag von 4607 Gulden hatten sie 1488 von den Kindern des Augsburger Patriziers Bernhard Rehlinger als Einlage angenommen, und 1495 hatten der Kaufmann Georg Grander und seine Frau Kapital bei den Fuggern angelegt.[23] Darüber hinaus wissen wir, dass Augsburger Handelsgesellschaften bevorzugt Depositen von Familienangehörigen und Verwandten aufnahmen. Wir können also davon ausgehen, dass über die Heiratsverbindungen zu den reichen Familien Lauginger, Imhof, Meuting, Mülich und Rem Kapital mobilisiert wurde. Denkbar ist schließlich, dass die Fugger bereits in dieser frühen Zeit Gelder von einflussreichen Beamten und Räten am Innsbrucker Hof annahmen; der Brixener Fürstbischof und Innsbrucker Rat Melchior von Meckau wurde später einer ihrer wichtigsten Geldgeber. Auf jeden Fall dürften sie von dem Umstand profitiert haben, dass die Zinsen für städtische Leib- und Ewigrenten, in denen viele wohlhabende Bürger ihr Kapital angelegt hatten, in der zweiten Hälfte des 15. Jahrhunderts gefallen waren; in Augsburg betrugen sie lediglich vier Prozent. Dies machte die Einlage von Depositen in Handelsgesellschaften zu einer attraktiven Anlageform und erlaubte es den Firmen, ihre Geschäfte auszudehnen.[24]

Am 15. November 1494 erfolgte eine weitere wichtige Weichenstellung: die Gründung des »Gemeinen Ungarischen Handels«. Der Breslauer Bürger Kilian Auer schloss an diesem Tag im Namen der Brüder Fugger einen Vertrag mit dem Krakauer Bergbauingenieur Hans Thurzo, der kurz zuvor Bergwerke in Neusohl (Banská Bystrica) in der heutigen Slowakei gepachtet hatte, und dessen Sohn Georg. Die Fugger und Thurzo vereinbarten den gemeinsamen Betrieb dieser Gruben über 16 Jahre und den Bau einer Schmelzhütte. Während Thurzo seinen Bergwerksbesitz und sein technisches Know-how in die Partnerschaft einbrachte, übernahmen die Fugger die Vorfinanzierung aller Aktivitäten. Die Vereinbarung erfolgte unter günstigen politischen Umständen, denn nach dem Frieden von Preßburg zwischen dem Reich und Ungarn im Jahre 1491 näherte sich

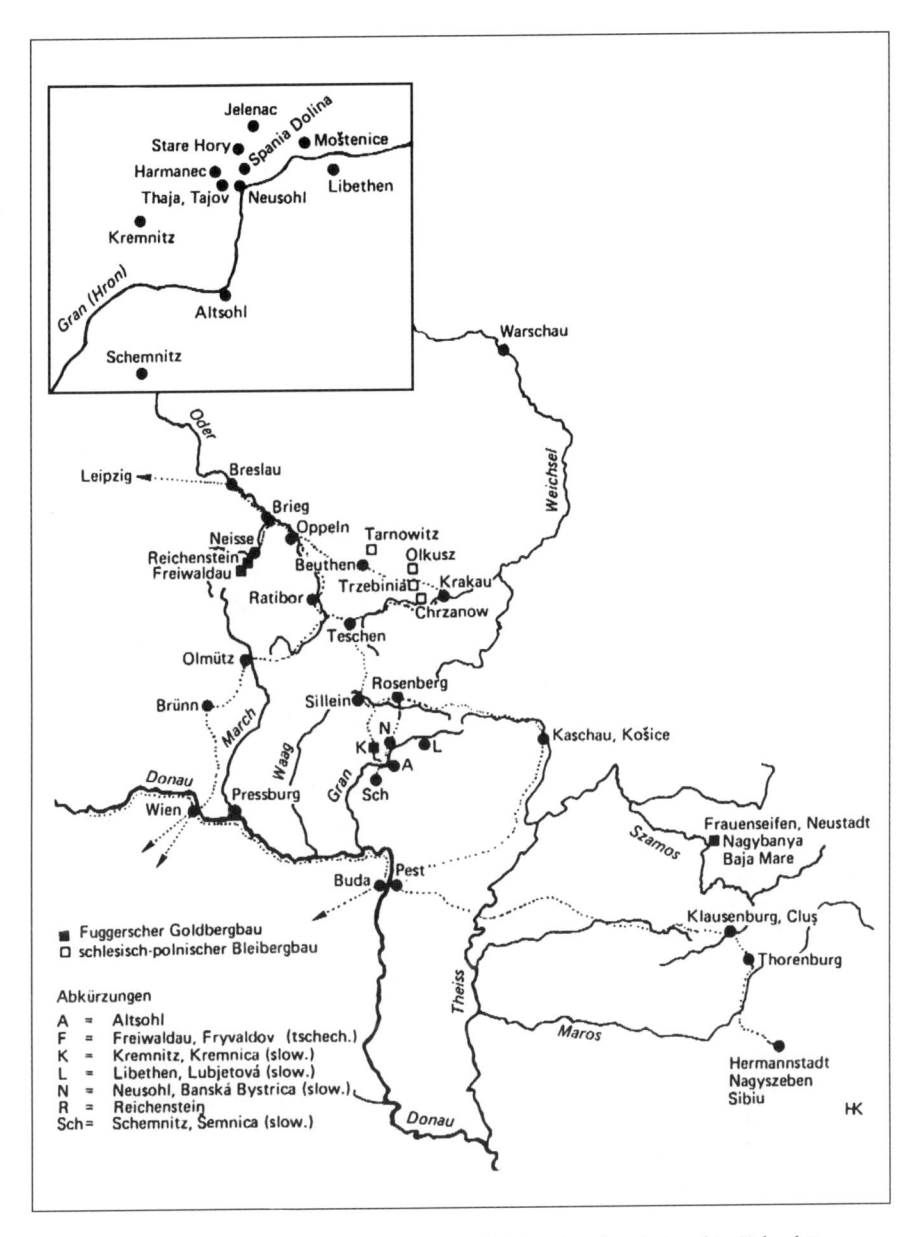

Karte 2: Die Hauptbergbaugebiete der Fugger in Schlesien, der Slowakei und in Siebenbürgen

König Maximilian dynastisch an den neuen ungarischen König Wladislaw II. an, der die Habsburger als Mitkönige und Nachfolger im Falle seines kinderlosen Todes anerkannte. Der Bischof von Fünfkirchen (Pécs), der eigene Ansprüche auf die Neusohler Gruben anmeldete, wurde von Maximilian unter Druck gesetzt und schloss Ende Dezember mit Hans Thurzo einen Vertrag, in dem er ihm seine Neusohler Besitzungen auf zehn Jahre verpachtete. Im März 1495 erteilte auch König Wladislaw seine Zustimmung, und die Fugger und Thurzo erneuerten ihren Vertrag vom Vorjahr. Das von den Neusohler Gewerken gewonnene Erz wurde in der von Hans Thurzo errichteten Neusohler Schmelzhütte einem Saigerprozess, d. h. einer Scheidung von Kupfer und Silber durch den Zusatz von Blei, unterzogen. Im April 1496 gestattete der ungarische König den Thurzo nicht nur den Bau weiterer Saigerhütten, sondern räumte ihnen auch das Recht ein, einen Teil des dabei gewonnenen Silbers frei zu verkaufen.[25]

Der Gesellschaft eröffneten sich damit enorme Gewinnchancen. Bereits 1495 erwarb sie ein Bleibergwerk bei Villach in Kärnten und errichtete auf dem Gebiet des Klosters Arnoldstein, das zu den Kärntner Besitzungen des Fürstbischofs von Bamberg gehörte, die Saigerhütte Fuggerau. Das Kupfer wurde in der Regel in Venedig auf den Markt gebracht. Kurze Zeit später erfolgte die Errichtung einer Saigerhütte zu Hohenkirchen in Thüringen, die ebenfalls auf dem Gebiet eines Klosters, des Zisterzienserkonvents St. Georgenthal, lag. Von Hohenkirchen aus wurde vor allem der deutsche Markt über Nürnberg und Frankfurt am Main mit Kupfer versorgt. Da in Hohenkirchen nicht wie in Kärnten auf lokale Bleivorkommen zurückgegriffen werden konnte, wurde Blei aus Goslar und dem Rheinland zur Thüringer Hütte gebracht. Mit Hilfe technischer Experten aus Tirol und der Slowakei wurden Fuggerau und Hohenkirchen zu überaus leistungsfähigen Betrieben ausgebaut: Aus Fuggerau wurden zwischen 1495 und 1504 rund 50 000 Zentner Kupfer und fast 22 000 Mark Silber allein nach Venedig geliefert. Hohenkirchen verarbeitete im selben Zeitraum 54 000 Zentner Kupfer und gewann über 30 000 Mark Silber. Eine dritte Saigerhütte wurde im 30 Kilometer nordwestlich von Neusohl gelegenen Moschnitz (Moštenice) errichtet; in Neusohl selbst entstanden Schmelzhütten und Hammerwerke. Der Neusohler Immobilien-, Hütten- und Grubenbesitz wurde planmäßig erweitert, und durch Kredite an das ungarische Königspaar sicherten sich die Fugger zusätzliche Rechte und Privilegien. Bis 1504 addierten sich die Investitionen in den Ungarischen Handel auf über eine Million ungarische Gulden.[26]

Zur Vermarktung des Kupfers aus der Slowakei errichteten die Fugger eine europaweite Vertriebsorganisation. Sie bauten eine neue Straße über den Jablonka-Pass von Neusohl nach Teschen, über die allein zwischen 1500 und 1504 mehr als 40 000 Zentner Kupfer transportiert wurden, sowie eine Verbindung über den Stubener-Wald-Pass nach Rosenberg.[27] Außerdem gründeten sie eine Reihe von Faktoreien. Breslau, wo sie zunächst durch ihren Geschäftspartner Kilian Auer, spätestens seit 1498 aber durch eigene Faktoren vertreten waren, fungierte als Verteilerzentrum im nordöstlichen Mitteleuropa; der größte Teil des dort eintreffenden Kupfers wurde nach Leipzig und Hohenkirchen weiter transportiert. Von Breslau aus erfolgte 1502 auch der Einstieg in den Goldbergbau am Reichenstein, wo die Firma innerhalb von zehn Jahren 1138 Mark Gold gewann und dafür rund 66 000 ungarische Gulden erlöste. Die seit 1496 bestehende Faktorei in Leipzig empfing zwischen 1507 und 1526 rund 200 000 Zentner ungarisches Kupfer; der größte Teil gelangte von dort aus nach Hohenkirchen. Im Königreich Polen wurde die Faktorei Krakau errichtet, und spätestens 1504 bestand auch eine Niederlassung im ungarischen Ofen, im heutigen Budapest. Über dieses Faktoreinetz organisierten die Fugger den Transport ungarischen Kupfers zu den Ostseehäfen Danzig, Stettin und Lübeck, von wo aus das Metall durch den dänischen Sund nach Antwerpen verfrachtet wurde. Über Wiener Neustadt sowie auf dem Seeweg über die Adriahäfen Triest und Zengg wurde ungarisches Kupfer auf den venezianischen Kupfermarkt gebracht. Ein System von Zoll- und Geleitverträgen sicherte die Transportwege und begrenzte die Abgabenbelastung.[28]

Nach den Berechnungen Léon Schicks wurden in den drei Saigerhütten des Ungarischen Handels zwischen 1494 und 1526 insgesamt 316 832 Mark Silber mit einem Marktwert von zwei Millionen Gulden gewonnen. Davon entfielen 174 907 Mark auf Moschnitz, 116 192 Mark auf Hohenkirchen und 25 643 Mark auf Fuggerau, das nach dem Verbot des Saigerns, das König Maximilian zum Schutz der Tiroler Silberproduktion 1504 erlassen hatte, in eine Messinghütte umgewandelt wurde.[29] Im selben Zeitraum wurden im Neusohler Revier über 800 000 Zentner Kupfer gefördert; davon dürften rund 700 000 Zentner von den Fuggern auf eigene Rechnung verkauft worden sein. Den Berechnungen Reinhard Hildebrandts zufolge machte die slowakische Förderung 37 % der europäischen Kupferproduktion im ersten Jahrzehnt des 16. Jahrhunderts und 40 % im zweiten Jahrzehnt aus. Berücksichtigt man die Rolle der Fugger im Handel mit alpenländischem Kupfer, auf das im gleichen Zeitraum etwa 40 % der europäischen Produktion entfielen, so wird die dominante Stellung der Firma auf dem europäischen Kupfermarkt offensichtlich.[30] Eine Berechnung der Gewinne, die die Fugger im Handel mit ungarischem Kupfer erzielten, gestaltet sich aufgrund der Quellenlage schwierig. Die Forschung geht von einem Reingewinn zwischen eineinhalb und zwei Millionen Gulden in den Jahren 1494 bis 1525 aus, doch ist auch darauf hingewiesen worden, dass die Firma in dieser Zeit keine Abschreibungen und Wertberichtigungen vornahm.[31]

Der starke Aufschwung des Ungarischen Handels setzte allerdings auch die Preise auf den internationalen Kupfermärkten unter Druck. Zur Stützung des Preises für Tiroler Kupfer auf dem venezianischen Markt bildeten die Fugger 1498 mit drei weiteren Firmen – den Augsburger Gossembrot und Herwart und den Kufsteiner Baumgartner – ein Syndikat, für das der Faktor der Fugger den Kupferverkauf am Rialto übernahm. Fugger sprengte dieses Syndikat freilich durch Dumpingverkäufe ungarischen Kupfers unter dem Namen der Thurzo bereits im Herbst 1499. Die Ressentiments der Konkurrenten, die er damit auslöste, manifestierten sich in den folgenden Jahren in einer dezidiert »anti-fuggerischen« Politik, die Georg Gossembrot am Innsbrucker Hof verfolgte.[32] Ein Gutachten zu diesem Kupfersyndikat, das der Augsburger Stadtschreiber Dr. Conrad Peutinger für die Konkurrenten der Fugger verfasste, bewertete einen solchen Zusammenschluss als prinzipiell mit dem Grundsatz des gemeinen Nutzens vereinbar, kritisierte die Fugger aber scharf wegen ihrer Verstöße gegen Treu und Glauben. Peutinger war der Auffassung, dass »solch geselschaft als ain bruderschaft geacht ist und sy sich undereinander mit lieb und treu mainen und halten sollen wie geprieder.« Mit der Rückbindung geschäftlichen Handelns an ethische Normen hatte Peutinger ein Thema angesprochen, mit dem die Fugger auch in den folgenden Jahrzehnten immer wieder konfrontiert wurden.[33]

Die Präsenz der Fugger in den Ostseehäfen Danzig und Stettin rief den Widerstand der Hansestädte hervor. Insbesondere Lübeck befürchtete ein Ausgreifen der süddeutschen Konkurrenz nach Riga und Nowgorod und die Verdrängung der Hansekaufleute von den wichtigen Märkten im Baltikum und in Russland. Die Kaperung von mit ungarischem Kupfer beladenen Schiffen durch Lübeck zog langwierige Auseinandersetzungen nach sich, in denen Jakob Fugger den Kaiser und die römische Kurie einschaltete. Maximilian drohte Lübeck mit der Reichsacht und wies den Vorwurf der Hansestädte zurück, dass die Fugger einen monopolistischen Handel mit Kupfer betrieben. Der Streit konnte zwar vertraglich beigelegt werden, doch blieb das Verhältnis zwischen der Hansestadt und der süddeutschen Gesellschaft gespannt.[34]

Die großbetriebliche Organisation des Bergbaus im Neusohler Revier führte auch zu Konflikten mit der lokalen Bevölkerung, insbesondere mit der privilegierten Einwohnerschaft der Bergstädte, den so genannten Waldbürgern, die um ihre wirtschaftliche Stellung fürchteten. Vorher unabhängige Gewerken gerieten in Abhängigkeit von den Fugger-Thurzo, und einheimische Händler sahen im Pfennwerthandel der Gesellschaft, der die Berg- und Hüttenarbeiter mit Lebensmitteln und anderen Gütern des täglichen Bedarfs versorgte, eine unerwünschte Konkurrenz. Der hohe Holzbedarf des Ungarischen Handels führte zu Auseinandersetzungen um Waldnutzungsrechte, und die Befreiung der Fugger und Thurzo von kommunalen Abgaben trug zu einer Finanzkrise der Bergstädte bei. Bereits um 1500 kam es zu ersten Konflikten zwischen Hans Thurzo und den Waldbürgern um die Qualität von Silberlieferungen und deren Bezahlung. Im Jahre 1508 versuchte ein gewisser Hieronymus Tischler, der bei den Thurzo verschuldet war, anscheinend einen Aufstand anzuzetteln und wurde als Aufwiegler zum Tode verurteilt. Unzufriedenheit mit der Verwaltung des Kammergrafenamts, das eine weitgehende Kontrolle der slowakischen Bergwerksproduktion implizierte, durch die Thurzo manifestierte sich 1515 in Abgabenverweigerungen. Nach dem Tod König Wladislaws im Jahre 1516 gewann zudem am ungarischen Hof die Adelsopposition an Einfluss, die sich gegen eine habsburgische Thronfolge wandte und der die enge Verbindung der Fugger zum Haus Habsburg sowie die wachsende Verschuldung der Krone bei den Teilhabern des Ungarischen Handels verdächtig waren. Mit der Übergabe der slowakischen Bergstädte durch den neuen ungarischen König Ludwig II. an seine Gemahlin Maria im Jahre 1522 und die Ernennung ihres Vertrauten Bernhard Behaim zum neuen Kammergrafen im Jahre 1524 zeichnete sich eine weitere Machtverschiebung zu Ungunsten der Fugger-Thurzo ab, denn Behaim unterstützte die Beschwerden der Bergstädte gegen den Ungarischen Handel.[35] Im Todesjahr Jakob Fuggers brach sich der aufgestaute Unmut in einem offenen Aufstand Bahn, von dem im nächsten Kapitel noch ausführlicher die Rede sein wird.

Die Geschäfte mit der römischen Kurie

Die Vergabe von Ämtern und Pfründen war in der spätmittelalterlichen Kirche in hohem Maße fiskalisiert, und die Überweisung kirchlicher Abgaben machte Rom zu einem wichtigen europäischen Finanzplatz. Die Bankiers übermittelten der Kurie vor allem Servitien, die bei der Bestätigung eines neu gewählten Bischofs oder Abts durch den Papst anfielen, und Annaten, Abgaben von durch die Kurie vergebenen Ämtern bzw. Pfründen. Daneben fielen Kreuzzugssteuern und Ablassgelder sowie in einigen Regionen der so genannte Peterspfennig an. Die Überweisung dieser Gelder an die Kurie lag im 14. und 15. Jahrhundert zunächst weitgehend in den Händen Luccheser, dann vor allem Florentiner und anderer toskanischer Bankiers. Die Fugger waren erstmals 1476 mit der Transferierung von Servitien aus Skandinavien nach Rom befasst gewesen und 1488 mit ihrem Breslauer Geschäftspartner Kilian Auer auch an Überweisungen aus Schlesien nach Rom beteiligt. 1495 transferierten sie das Servitium des neu gewählten Würzburger Bischofs Lorenz von Bibra an die Kurie, doch spielten sie um diese Zeit im kurialen Zahlungsverkehr gegenüber den Medici, Strozzi und anderen Florentiner Bankhäusern noch eine sekundäre Rolle. In den nächsten beiden Jahren stieg das Volumen ihrer römischen Geldgeschäfte jedoch stark an. Im Rechnungszeitraum 1496/97 übermittelten die Fugger bereits Gelder in einer Gesamthöhe von über 7000 Gulden, darunter Servitien aus fünf Bistümern: Bremen, Münster, Osnabrück, Samland (Ostpreußen) und Utrecht.[36]

In der Folgezeit überwiesen die Fugger vorübergehend auch Gelder aus mehreren französischen Bistümern. Vor allem aber bauten sie ihre Beziehungen nach Norden und Osten hin – also nach Schweden, Dänemark, Polen und Ungarn – aus. Die Transaktionen des Rechnungsjahres 1502/3 beliefen sich auf insgesamt 9370 Gulden und umfassten neben Zahlungen aus einer Reihe von mitteleuropäischen Bistümern auch Überweisungen aus Glasgow, Krakau und Gran (Ungarn). Um dieselbe Zeit waren sie erstmals mit der Überweisung von Ablassgeldern aus Lothringen befasst. Daneben etablierten sich die Fugger nun auch als Geldgeber der Kurie. Nachdem der Papst 1501 mit Ungarn und Venedig ein Bündnis gegen die Osmanen geschlossen und dem ungarischen König jährliche Subsidien von 40 000 Dukaten zugesichert hatte, übernahmen die Fugger über ihre venezianische Faktorei nicht nur die Auszahlung der Subsidien, sondern leisteten darauf auch beträchtliche Vorschüsse. Nachdem der aus Eichstätt stammende Georg Schwab in der Aufbauphase der römischen Niederlassung zunächst eine zentrale Rolle gespielt hatte,[37] wurde der Ausbau der Geschäfte mit der Kurie um 1500 von Johann Zink planmäßig vorangetrieben. Der gebürtige Augsburger, der seit 1501 die römische Faktorei der Fugger leitete, förderte dort nicht nur die Interessen seiner Dienstherren, sondern auch seine eigenen. Nach seinem Eintritt in den Klerikerstand akkumulierte er mindestens 32 Pfründen in verschiedenen deutschen Diözesen sowie die kurialen Ämter und Würden eines Pfalzgrafen, Ritters, Notars, Skriptors und päpstlichen Familiaren.[38]

Götz Freiherr von Pölnitz hat nachdrücklich betont, dass die wirtschaftliche Bedeutung der Fugger'schen Transaktionen mit der Kurie nicht überschätzt werden dürfe: Die Einnahmen aus Kursgewinnen bei Wechselgeschäften, die bei Überweisungen anfallenden Gebühren und Provisionen sowie die aufgrund des kanonischen Zinsverbots zum Teil als »Geschenke« des Papstes deklarierten Darlehenszinsen dürften für die Firma im Vergleich mit den Gewinnspannen im Tiroler und ungarischen Montangeschäft in der Tat nur von untergeordneter Bedeutung gewesen sein.[39] Doch damit waren die Vorteile, die enge Geschäftsbeziehungen zur Kurie mit sich brachten, noch keineswegs erschöpft. Als einer der mächtigsten mittelitalienischen Staaten mit einer für die damalige Zeit hoch entwickelten Verwaltung war der Kirchenstaat auch ein wichtiger Abnehmer Fugger'scher Kupfer- und Silberlieferungen. Als Akteur in der europäischen Politik berührten Entscheidungen der Kurie geschäftliche Interessen der Fugger, beispielsweise im Handelsverkehr mit Mailand und Venedig. Als Zentrum des kirchlichen Pfründenwesens schließlich bot Rom auch Mitgliedern der Familie Fugger Versorgungs- und Aufstiegsmöglichkeiten, die durch geschäftliche Verbindungen zur Kurie gefördert werden konnten. Der 1488 geborene Marx Fugger der Jüngere, ein Sohn Georg Fuggers, sammelte bereits in jungen Jahren kirchliche Pfründen: 1503 erwarb seine Familie für ihn ein Kanonikat in Würzburg und eine Dompropstei in Passau, und bei seinem frühen Tod im Jahre 1511 besaß er Propsteien in Passau, Speyer, Bamberg, Regensburg und Augsburg, ein Archidiakonat zu Liegnitz im Bistum Breslau sowie die päpstlichen Ämter eines Protonotars und Skriptors.[40]

Nach dem Tod Papst Alexanders VI. im August 1503 und dem nur wenige Wochen dauernden Pontifikat Pius' III. arbeitete Johann Zink auch unter Julius II. (1503–1513) energisch und erfolgreich am Ausbau der Stellung der Fugger an der Kurie. Die Firma überwies weiterhin die Servitien und Annaten aus zahlreichen deutschen, polnischen, ungarischen, niederländischen und skandinavischen Bistümern. Überdies finanzierte sie päpstliche Gesandtschaften und die Anwerbung von 150 Schweizer Söldnern. Diese Soldaten, die im Januar 1506 in Rom eintrafen und ihren ersten Monatssold von den Fuggern erhielten, bilden den Ursprung der noch heute bestehenden Schweizergarde des Papstes. Die Firma lieferte dem Kirchenstaat Kupfer und Zinn nach Civitavecchia und konnte um 1509 die päpstliche Münze, die *Zecca*, pachten. In den folgenden Jahren wurde in der *Zecca* eine Reihe von Münzen geprägt, die das Fugger'sche Handelszeichen – Dreizack und Ring – trugen. Auch Geschäfte mit päpstlichen Ablässen gewannen in dieser Zeit an Bedeutung: Die Fugger transferierten einen Teil der Ablassgelder, die der Kardinal von Gurk, Raymond Peraudi, bis zu seinem Tod im Jahr 1505 für einen geplanten (aber nie zustande gekommenen) Kreuzzug gegen die Türken im Reich gesammelt hatte. Als Papst Julius II. 1507 einen Ablass zur Finanzierung des Baus der Peterskirche in Rom verkündete, übernahmen die Fugger den Einzug der Ablassgelder in Böhmen, Schlesien, Ungarn und Polen.[41]

Unter Julius' Nachfolger Leo X. aus dem Hause Medici (1513–1521) rückte das Ablassgeschäft noch weiter in den Mittelpunkt der römischen Geschäfte der Fugger. Beim Ablass handelt es sich um eine durch päpstliche Autorität sanktionierte Ersetzung einer Kirchenbuße durch andere Werke der Frömmigkeit und Wohltätigkeit. Die mittelalterliche Kirche hatte die Lehre vom Fegefeuer als einem »dritten Ort« zwischen Himmel und Hölle entwickelt, um die schroffe Alternative zwischen Erlösung und Verdammnis für die Gläubigen abzumildern. Zur Verkürzung des Fegefeuers konnten gute Werke wie Pilgerreisen und fromme Stiftungen unternommen oder eben Ablassbriefe erworben werden, die die Päpste zu besonderen Gelegenheiten wie kirchlichen Jubeljahren ausstellten. Dahinter stand der Gedanke, dass die Kirche aufgrund der Verdienste Christi und der Heiligen einen Gnadenschatz verwaltet, aus dem sie den Gläubigen ihre Sündenstrafen nachlassen kann. Seit dem 15. Jahrhundert sorgte ein wachsendes Bedürfnis der Menschen nach der Sicherung ihres Seelenheils für eine starke Nachfrage nach Ablassbriefen, während die Kirche darin ein willkommenes Instrument sah, um Wohlfahrtseinrichtungen, Kirchenbauten und andere Aufgaben zu finanzieren. Die Stadt Nürnberg beispielsweise wandte sich 1516 an Engelhard Schauer, der neben Johann Zink die Interessen der Fugger in Rom vertrat, mit der Bitte, einen päpstlichen Ablass für das neue städtische Spital zu erwirken. Im folgenden Jahr übernahmen die Fugger für einen Ablass, der der Fertigstellung der Kirche in der sächsischen Bergbaustadt Annaberg dienen sollte, die Garantie, dass ein Drittel der Gelder an die Kurie überwiesen wurde. Auch an der Organisation von Ablässen für das nach einem Brand im Jahre 1511 beschädigte Konstanzer Münster und für die Augsburger Dominikanerkirche war die Firma beteiligt.[42]

Im Jahre 1514 erließ Papst Leo X. zur Finanzierung des Baus des Petersdoms einen neuen Ablass für die Kirchenprovinzen Mainz und Magdeburg, die Hochstifte Mainz, Magdeburg und Halberstadt sowie die Markgrafschaft Brandenburg. Dieser Ablass ging auf die Initiative Albrechts von Brandenburg zurück, der auch mit der Durchführung beauftragt wurde und dem die Hälfte der dabei erlösten Gelder zufallen sollte. Albrecht, ein Bruder des brandenburgischen Kurfürsten, war 1513 zum Erzbischof von Magdeburg und Administrator von Halberstadt und 1514 auch zum Erzbischof von Mainz gewählt worden. Da diese Ämter nicht nur der päpstlichen Bestätigung bedurften, sondern auch Dispense für die Kumulation mehrerer Bistümer und das jugendliche Alter des 1490 geborenen Hohenzollern erforderlich waren, hatte Albrecht erhebliche Summen aufbringen müssen und sich 21 000 Dukaten von den Fuggern geliehen. Im Laufe der langwierigen Verhandlungen in Rom wuchsen diese Schulden auf über 48 000 Gulden an. Der Ablass sollte der Abtragung dieser Schulden dienen, und bis 1518 konnten immerhin 42 000 Gulden zurückgezahlt werden.[43] Die Predigten, in denen der Dominikanermönch Johann Tetzel für diesen Ablass warb, bildeten den konkreten Anlass für die 95 Thesen, die der Wittenberger Universitätsprofessor Martin Luther im Oktober 1517 publizierte. Die geschäftlichen Verbindungen zwischen dem Erzbischof und dem Handelshaus waren Luther allerdings nicht bekannt. Ihm ging es vielmehr um eine theologische Klärung der Legitimität solcher Ablasskäufe, die nicht zuletzt deshalb fragwürdig erschien, weil es mittlerweile üblich geworden war, auch Ablässe für die Sünden bereits Verstorbener zu erwirken.[44]

Daneben überwiesen die Fugger unter dem Pontifikat Leos X. weiterhin einen großen Teil der Servitien aus deutschen und skandinavischen Bistümern und gewährten der Kurie Darlehen. Sie zahlten Pensionen der Kurie an Schweizer Orte und Kardinäle aus und belieferten die päpstliche Artillerie mit Kupfer. Die Pacht der päpstlichen Münze wurde 1515 von Leo X. gekündigt, doch zwischen 1519 und 1521 erscheinen die Fugger erneut als Münzpächter. Für den Krieg von Kaiser und Papst gegen Frankreich gaben die Fugger 1521 beträchtliche Vorschüsse zur Anwerbung Schweizer Söldner. Als Leo X. im selben Jahr starb, blieb er der Firma 27 684 Dukaten schuldig. Papst Hadrian VI.

(1522–1523) gewährte dem Fuggerfaktor Engelhard Schauer nochmals ein 15-jähriges Münzmonopol, das allerdings bereits im September 1524 von seinem Nachfolger Clemens VII. wieder gekündigt wurde. Unter diesem Medici-Papst lösten sich die engen Beziehungen zwischen den Fuggern und der Kurie zunehmend auf.[45]

Die Fugger in den Welthandelszentren der beginnenden Neuzeit

Um die großen Mengen an Tiroler und ungarischem Kupfer und Silber abzusetzen, war es für die Fugger unabdingbar, an den wichtigsten europäischen Warenumschlagplätzen präsent zu sein. Um 1500 spielten dabei vor allem drei Wirtschaftszentren eine zentrale Rolle: Venedig war das traditionelle Zentrum des oberdeutschen Italienhandels und wichtigstes Einfuhrzentrum für Waren aus dem östlichen Mittelmeerraum und aus Asien – Baumwolle, Südfrüchte, Seide, Gewürze und Luxuswaren aller Art. Lissabon bildete den Ausgangspunkt für die portugiesische Expansion nach Übersee – zunächst an die Westküste Afrikas, seit 1498 dann zu den Reichtümern Ostindiens. Antwerpen schließlich verdrängte um dieselbe Zeit Brügge als kommerzielles Zentrum im Nordwesten Europas.[46] An diesen Knotenpunkten des Handels, die sich wegen ihrer Bedeutung für den Warenverkehr mit der außereuropäischen Welt als frühe Welthandelszentren charakterisieren lassen, beschränkten sich die Fugger indessen nicht nur auf den Umschlag von Gütern, sondern wickelten auch zunehmend komplexere finanzielle Transaktionen ab.

Venedig war seit langem ein zentraler Bezugspunkt des Augsburger Handels. Sowohl die Fugger vom Reh als auch ihre Vettern von der Lilie lassen sich spätestens seit den 1470er Jahren am Rialto nachweisen. Jakob Fugger hatte hier seine kaufmännische Ausbildung absolviert und die hoch entwickelten Handels- und Buchführungstechniken der venezianischen Kaufleute kennen gelernt. Am 30. November 1489 bestätigte der venezianische Staatsrat die Fugger dauerhaft im Besitz ihrer Kammer im *Fondaco dei Tedeschi*, für deren Unterhalt und Ausstattung sie große Summen ausgegeben hätten. In den folgenden Jahren wickelten »Ulrich Fugger und Gebrüder« venezianische Wechselgeschäfte mit der Frankfurter Blum-Gesellschaft ab, und die Niederlassung der Firma am Rialto begegnet in den Quellen immer wieder als Absatzmarkt für Kupfer und Silber aus Tirol und der Slowakei, als Einkaufort für Luxuswaren sowie als »Clearingstelle« für Überweisungen an die römische Kurie.[47]

Um 1500 musste die Lagunenstadt eine Reihe von Rückschlägen verkraften: Das Vordringen der Osmanen im östlichen Mittelmeerraum bedrohte venezianische Handels- und Territorialinteressen, die Portugiesen durchbrachen mit der Entdeckung des Seewegs nach Indien das Einfuhrmonopol Venedigs für asiatische Gewürze, der *Fondaco dei Tedeschi* wurde 1505 durch einen Brand verwüstet, und Kaiser Maximilian führte zwischen 1508 und 1516 mehrmals Krieg gegen die Republik und untersagte seinen Untertanen den Handel mit Venedig. Dennoch hielten die Fugger an ihrer venezianischen Faktorei fest: Sie steuerten Mittel zum Wiederaufbau des Fondaco nach der Brandkatastrophe bei und setzten sich in enger Abstimmung mit anderen Augsburger Handelsfirmen für die Aufrechterhaltung des Venedighandels während der Kriegszüge Maximilians und der Liga von Cambrai gegen die Republik ein. Sowohl der Kaiser als auch die Republik gewährten ihnen dafür besondere Privilegien.[48] Als das venezianische Handels- und Bankhaus Agostini Bankrott machte, erwarben die Fugger, denen die insolvente Firma noch die Bezahlung für 500 000 Pfund Kupfer schuldete, 1509 aus deren Besitz einen Diamanten, dessen Wert auf 20 000 Dukaten veranschlagt wurde. Dieser wurde anschließend für 18 000 Dukaten an den Papst weiterverkauft. Diese Transaktion, die auf den ersten Blick ein Verlustgeschäft darstellte, hatte für die Fugger mehrere Vorteile: Sie setzten eine große Menge an Kupfer, dem nach dem Ausbruch des Krieges Maximilians gegen die Republik Venedig die Beschlagnahmung drohte, rechtzeitig ab, transferierten das Kapital sicher aus der Gefahrenzone heraus und empfahlen sich dem Papst obendrein als Lieferant begehrter Luxusgüter.[49]

Die detailliertesten Nachrichten für den Venedighandel Jakob Fuggers besitzen wir aus dem Jahre 1516. Matthäus Schwarz, der nach einer kaufmännischen Lehre in Venedig 1516 in seine Heimatstadt Augsburg zurückgekehrt war und von Jakob Fugger als Buchhalter in der Augsburger Firmenzentrale angestellt wurde, verfasste 1518 eine »Musterbuchhaltung«, in der er seine Kenntnisse des kaufmännischen Rechnungswesens demonstrierte. Wie Alfred Weitnauer plausibel dargestellt hat, legte Schwarz seinen Ausführungen die Rechnung der venezianischen Faktorei der Fugger aus dem Jahre 1516 zugrunde.[50] Dieser Quelle zufolge konzentrierte sich der Warenhandel der Fugger zu dieser Zeit auf den Absatz von Tiroler Silber und Kupfer und den Einkauf von hochwertigen Stoffen (Samt, Damast, Atlas, Kamelot) und Edelsteinen. Für den Einkauf von Baumwolle und Gewürzen bietet die »Musterbuchhaltung« hingegen keine Hinweise. Während sich der in der Quelle dokumentierte Warenumsatz auf 225 000 Dukaten belief, erreichten die Geldgeschäfte der venezianischen Faktorei im selben Zeitraum eine Größenordnung von rund 600 000 Dukaten. Allein der Wechselverkehr mit Antwerpen hatte einen Gesamtumfang von 100 000 Dukaten, und auch mit Lyon, Nürnberg und Rom tätigte die Faktorei zahlreiche finanzielle Transaktionen.[51]

Als die Nachrichten vom Erfolg der Expedition Vasco da Gamas nach Indien im Jahre 1499 Augsburg erreichten, stießen sie dort sofort auf lebhaftes Interesse und lenkten das Augenmerk der reichsstädtischen Kaufleute auf Lissabon. Der kosmographisch interessierte Augsburger Stadtschreiber Dr. Conrad Peutinger sammelte Berichte der portugiesischen Expeditionen und übersetzte gemeinsam mit seinem Schwager Christoph Welser einen Ostindienbericht ins Deutsche. Handschriftliche Berichte über die zweite Expedition Vasco da Gamas von 1502 haben ebenso Spekulationen über eine deutsche Beteiligung an dieser Ostindienfahrt genährt wie frühe Nachrichten über den Indienhandel in einer Sammlung von »Handelsbräuchen« im Archiv der Augsburger Kaufmannsfamilie Baumgartner. Das Eintreffen der ersten portugiesischen Gewürzladungen im Hafen von Antwerpen verlieh den Nachrichten über den Seeweg zu den Reichtümern Asiens zusätzlichen Nachdruck.[52] Als erste süddeutsche Firma ergriffen »Anton Welser, Konrad Vöhlin und Mitverwandte« im Spätjahr 1502 die Initiative zum Aufbau direkter Beziehungen nach Portugal. Drei ihrer Vertreter reisten nach

Lissabon, wo Simon Seitz im Februar 1503 einen Handelsvertrag mit dem portugiesischen König abschloss und Lukas Rem eine Faktorei aufbaute. Wie andere oberdeutsche Firmen beeilten sich nun auch die Fugger, eine eigene Vertretung am Tejo zu etablieren. Nach anfänglichen Schwierigkeiten wurde im August 1504 ein Vertrag über die Beteiligung italienischer und oberdeutscher Kaufleute an der Indienflotte Francisco d'Almeidas abgeschlossen, die im folgenden Jahr auslaufen sollte.[53]

Auf portugiesischer Seite bildete der Kapitalbedarf zur Finanzierung und Ausrüstung der kostspieligen Indienflotten, die weit über ein Jahr unterwegs waren, ehe Rückfrachten einliefen und Gewinne realisiert werden konnten, das Hauptmotiv für die Bereitschaft, ausländischen Kaufleuten die direkte Beteiligung am Indienhandel zu erlauben. Da Kupfer und Silber sich als begehrteste europäische Handelswaren im kommerziellen Austausch mit Indien erwiesen und die Oberdeutschen eine führende Stellung bei der Vermarktung der alpenländischen und ungarischen Montanproduktion erlangt hatten, waren sie für die portugiesische Krone als Vertragspartner besonders attraktiv. Für die Oberdeutschen dürfte neben den Nachrichten über die Gewinne der ersten Indienfahrten die Konkurrenz der Genuesen und Florentiner, die bereits seit 1501 in den Asienhandel investierten, ein wichtiger Faktor gewesen sein. Zudem kannten die Fugger und ihre süddeutschen Konkurrenten aus eigener Anschauung die politischen und wirtschaftlichen Probleme, in die Venedig durch seine Auseinandersetzungen mit den Türken und dem Kaiser geraten war. Auch aus dieser Perspektive erschien die Erschließung eines alternativen Absatzmarkts für Kupfer und Silber und eines neuen Einkaufsorts für Gewürze und andere orientalische Waren sinnvoll.[54]

Der Anteil der Augsburger und Nürnberger Kaufleute, die gemeinsam mit den Italienern drei Schiffe der Flotte d'Ameidas ausrüsteten, belief sich auf insgesamt 36 000 portugiesische Dukaten, von denen die Welser-Vöhlin mit 20 000 Dukaten den größten Teil aufbrachten. Die Fugger steuerten 4000 Dukaten bei, und die übrigen 12 000 Dukaten entfielen auf die Augsburger Gossembrot und Höchstetter sowie die Nürnberger Imhof und Hirschvogel. Im Gegensatz zu den Welser-Vöhlin und Imhof schickten die Fugger offenbar keinen eigenen Faktor nach Indien. Nach der Rückkehr der Schiffe im Jahr 1506 untersagte König Manuel I., der ein Überangebot und einen Preisverfall portugiesischen Pfeffers auf den europäischen Märkten befürchtete, den ausländischen Kaufleuten zunächst den Verkauf ihrer Ladungen, was jahrelange rechtliche Auseinandersetzungen nach sich zog. Als die Waren schließlich doch zum Verkauf freigegeben wurden, erzielten die Oberdeutschen zeitgenössischen Quellen zufolge 150 bis 175 Prozent Gewinn.[55]

Nachdem der König 1506 den portugiesischen Indienhandel zum Kronmonopol erklärt hatte, war eine direkte Beteiligung Augsburger und Nürnberger Kaufleute künftig allerdings nicht mehr möglich. Zudem erwies sich die im selben Jahr ausgelaufene Flotte, an der sich die Welser-Vöhlin mit 3430 Dukaten beteiligt hatten, als verlustreicher Fehlschlag. Trotz dieser Rückschläge und einer hohen Sterblichkeit unter den Deutschen in Lissabon hielten sowohl die Welser-Vöhlin als auch die Fugger an ihren Faktoreien in Lissabon fest. Als die Fugger

1511 Hans von Schüren als neuen Vertreter nach Lissabon entsandten, löste dessen selbstherrliches Auftreten heftige Konflikte innerhalb der Fugger-Vertretung am Tejo wie auch innerhalb der deutschen Bartholomäus-Bruderschaft aus.[56]

Für Jakob Fugger verlor der portugiesische Gewürzhandel nach 1510 allerdings zunehmend an Bedeutung. Wenn die Faktoren der portugiesischen Krone in Antwerpen, Tomé Lopes und Rui Fernandes, 1515 bzw. 1519 in Augsburg mit ihm über Lieferverträge für Kupfer und Pfeffer verhandelten, so stand dabei der Bedarf an Kupfer für den Indienhandel im Vordergrund. Die Fugger schienen aufgrund ihrer überragenden Stellung auf dem europäischen Kupfermarkt als einzige in der Lage, die gewünschten Mengen zu liefern, und die Stockung des Venedighandels aufgrund der Kriege Kaiser Maximilians gegen die Serenissima ließen die Erschließung eines neuen festen Absatzmarktes auch aus Sicht der Fugger attraktiv erscheinen. Folglich scheiterten die Verhandlungen zwischen Lopes und Fugger 1515 nicht an den Bedingungen des Kupfergeschäfts, sondern an Jakob Fuggers Weigerung, die von portugiesischer Seite angebotenen Pfeffermengen abzunehmen. Rui Fernandes konnte bis 1521 hingegen einen dreijährigen Kupferlieferungsvertrag mit Fugger abschließen.[57]

Das nachlassende Interesse Jakob Fuggers an Lissabon hatte indessen nicht nur mit den Schwierigkeiten vor Ort zu tun, sondern spiegelte vor allem die Tatsache wider, dass nicht Lissabon, sondern das niederländische Antwerpen infolge der portugiesischen Expansion zur wirtschaftlichen Metropole Westeuropas aufstieg. Die um 1500 ca. 40 000 Einwohner zählende Stadt hatte sich im 15. Jahrhundert zunächst zu einem Distributionszentrum für englische Wolltuche auf dem europäischen Kontinent entwickelt. Der Wollhandel sowie der Transithandel mit holländischen Waren lockten eine wachsende Zahl italienischer, spanischer und deutscher Kaufleute nach Antwerpen; seit etwa 1480 werden unter anderem die Augsburger Meuting, die Höchstetter und die Fugger vom Reh hier fassbar. Der eigentliche Boom der Stadt begann jedoch, als sich die portugiesische Krone entschloss, den aus Asien importierten Pfeffer über Antwerpen auf die westeuropäischen Märkte zu bringen. Im August 1501 trafen die ersten mit Pfeffer beladenen Karavellen im Hafen ein, und 1508 wurde eine königliche Handelsniederlassung, die *Feitoria de Flandes*, eingerichtet. Da die Portugiesen für ihren Afrika- und Asienhandel in erster Linie Silber und Kupfer benötigten, wurden die süddeutschen Kaufleute ihre wichtigsten Handelspartner. Die Augsburger und Nürnberger Firmen, die Silber und Kupfer nach Antwerpen lieferten, konnten sich dort ihrerseits mit Gewürzen und englischen Tuchen eindecken, so dass Antwerpen zum zentralen Umschlagplatz Nordwesteuropas wurde.[58]

Eine Niederlassung der Fugger an der Schelde ist seit 1493 nachweisbar. Als Vertreter der Firma erscheint dort zunächst Konrad Meuting, ein Verwandter der Fugger, ab 1494 dann Onophrius Varnbühl, der in diesem Jahr eine Zahlung an König Maximilian leistete.[59] Die Bedeutung Antwerpens für die Gesellschaft wuchs mit ihrer Rolle als Umschlagplatz für Kupfer aus dem Ungarischen Handel. Im Jahre 1503 liefen bereits 41 mit Kupfer beladene Schiffe aus Danzig im Antwerpener Hafen ein. Zwischen 1507 und 1526 kam etwa die Hälfte des ungarischen Kupfers auf den Antwerpener Markt.[60] Der Rang der Fuggerfirma an der Schelde wurde durch den Kauf und die repräsentative Ausgestaltung eines Hauses in der *Steenhouwersveste* unterstrichen, das sie 1508 von dem Kaufmann Nicolaus (Claus) von Richterghem erwarb. Albrecht Dürer, der das Fugger'sche Faktoreigebäude während seines Aufenthalts in Antwerpen im Jahre 1520 besuchte, schrieb, dass es »gar neu köstlich mit eim sondern Thurn, weit und groß, mit ein schönen Garten gebauet« sei.[61]

Da die wichtigsten Waren des Antwerpener Handels, ungarisches Kupfer und portugiesischer Pfeffer, auf dem Seeweg transportiert wurden, wurden die Vertreter der Firma wiederholt mit den Risiken des Seehandels konfrontiert. Korsarenüberfälle und Kriege bedrohten ihre Transporte. Im Jahre 1507 bemühten sich die Fugger und einige ihrer süddeutschen Konkurrenten – die Imhof, Hirschvogel, Rehlinger, Höchstetter und Welser-Vöhlin – gemeinsam, die Ladung eines Schiffes zurückzuerhalten, das ein französischer Seeräuber auf dem Weg von Antwerpen nach Lissabon gekapert hatte.[62] 1510 und 1513 hingegen fielen Schiffe, die mit Pfeffer für die Fugger beladen waren, auf dem Weg von Lissabon nach Antwerpen in die Hände von Seeräubern.[63] In den Bereich des Luxuswarenhandels gehören die Beziehungen zu dem Brüsseler Bildteppichweber Pieter van Aelst, der den Fuggern 1522 einen Betrag von 2686 flämischen Pfund schuldete. Einen Teilbetrag konnte er auf dem Antwerpener Pfingstmarkt des Jahres 1523 zurückzahlen, für die Restsumme verpfändete er den Fuggern sieben kostbare Gobelins. Da van Aelst die Restschuld nicht abtragen konnte, waren die Fugger berechtigt, diese Bildteppiche 1525 nach Spanien auszuführen und sie dort dem Kaiser zum Kauf anzubieten.[64]

Neben seiner Funktion als Warenumschlagplatz entwickelte sich Antwerpen im frühen 16. Jahrhundert zu einem wichtigen Finanzplatz. Auch dieser Aufstieg zur Finanzmetropole spiegelt sich in den Geschäften der Fugger'schen Niederlassung wider. Nachdem sich Maximilian I. mit dem englischen König Heinrich VIII. verbündet hatte, überwies sie 1516 englische Subsidien an den Kaiser. Außerdem übernahm sie Soldzahlungen an kaiserliche Truppen in den Niederlanden und schaltete sich in die Finanzbeziehungen des Kaisers zu Spanien und den Eidgenossen ein. Ebenfalls im Jahre 1516 gewährte der Antwerpener Fuggerfaktor Bernhard Stecher dem niederländischen Hof gegen eine Bürgschaft der Stadt Antwerpen ein Darlehen von 27 000 flämischen Pfund. Im Jahre 1518 beliefen sich die in den Niederlanden gewährten Darlehen auf 38 000 Pfund.[65] In den folgenden Jahrzehnten sollte Antwerpen als Banken- und Finanzzentrum für die europäische Wirtschaft im Allgemeinen wie für die Fugger im Besonderen noch erheblich an Bedeutung gewinnen.

Geschäftspartner und Konkurrenten

Der Aufstieg der Fugger zur führenden süddeutschen Handelsgesellschaft an der Wende vom 15. zum 16. Jahrhundert vollzog sich im Kontext eines allgemeinen Aufschwungs des Fernhandels. Bereits im Verlauf der bisherigen Darstellung sind eine Reihe von Firmen begegnet, die mit den Fuggern auf den internationalen Märkten rivalisierten, aber auch immer wieder mit ihnen kooperierten: die Gossembrot, Baumgartner, Welser, Vöhlin, Höchstetter, Rehlinger, Imhof und

Hirschvogel. Die Rolle dieser Firmen im internationalen Handel und ihr Verhältnis zu den Fuggern soll im Folgenden an einigen besonders markanten Beispielen näher erörtert werden.

Die 1496 gegründete Welser-Vöhlin-Gesellschaft, die sich zu einer der bedeutendsten Konkurrentinnen der Fuggerfirma entwickeln sollte, war aus der Memminger Handelsgesellschaft der Vöhlin hervorgegangen. Der Augsburger Patrizier Anton Welser (1451–1518) hatte 1479 in die Memminger Familie Vöhlin eingeheiratet und in der Firma seines Schwiegervaters Hans Vöhlin allmählich die Rolle eines Juniorchefs eingenommen. Sein Schwager Konrad Vöhlin war seinerseits mit einer Welser verheiratet, so dass die beiden Familien eng miteinander verflochten waren. 1498 verlagerten die Welser-Vöhlin den Firmensitz von Memmingen nach Augsburg – eine Entscheidung, die auch das wachsende Gefälle zwischen dem Wirtschaftszentrum Augsburg und anderen schwäbischen Reichsstädten widerspiegelt.[66] Während sich der Teilhaberkreis der Fugger auf die engste Gruppe der männlichen Familienmitglieder beschränkte, hatte die Welser-Vöhlin-Gesellschaft im Jahre 1508 nicht weniger als 18 Teilhaber, die alle untereinander verwandt waren und von denen 14 in Augsburg, zwei in Nürnberg und je einer in Memmingen und Antwerpen ansässig waren. Dieser große Gesellschafterstamm stärkte einerseits die Kapitalbasis der Welser-Vöhlin, erschwerte andererseits aber geschäftliche Entscheidungen, da die Beteiligten zum Teil unterschiedliche Interessen verfolgten. Im Jahre 1517 schied ein Teil der Gesellschafter im Streit über die Höhe der Gewinnbeteiligung aus. Darunter befand sich auch Anton Welsers Bruder Jakob, der in Nürnberg eine eigenständige Firma gründete.[67]

Ein weiterer Unterschied zu den Fuggern besteht darin, dass die Welser-Vöhlin keine vergleichbare Rolle im Montangeschäft spielten, sondern stärker im traditionellen Massengüterhandel mit Textilien, Seidenwaren, Gewürzen und Farbstoffen engagiert waren. Im Gegensatz zu den Fuggern blieben die Welser-Vöhlin mit einer Reihe von Faktoreien im oberdeutsch-schweizerischen Raum verankert. In Kaufbeuren, Mindelheim, Ulm und Biberach kauften sie Leinwand und Barchent ein, die sie zum Teil im Verlagssystem produzieren ließen, in Freiburg im Uechtland nahmen sie mehr als drei Jahrzehnte lang die gesamte Produktion des städtischen Tuchgewerbes ab, und am Comer und Luganer See organisierten sie das Wollgewerbe. Über die wichtige Faktorei in Nürnberg liefen ihre Beziehungen nach Böhmen, Schlesien und Polen. Aus Mailand wurden italienische Luxusstoffe sowie Gold- und Silberfäden bezogen, über Genua spanische Wolle importiert. In der französischen Messestadt Lyon bezog die Firma feine Stoffe, Wolle, Safran und Pastell. Für den Einkauf von Safran unterhielten die Welser-Vöhlin zudem Niederlassungen in Aquila in den Abruzzen, Toulouse und Saragossa. Pfeffer und andere exotische Gewürze erwarben sie sowohl in Venedig als auch in Lissabon, wo sie – wie erwähnt – 1503 als erstes süddeutsches Handelshaus eine eigene Faktorei errichteten. Die Welser-Vöhlin-Gesellschaft war auch in Venedig präsent, ihre Vertreter besuchten regelmäßig die Frankfurter und Leipziger Messen, und in Antwerpen kaufte sie 1506 ein eigenes Faktoreigebäude. Warentransporte aus Antwerpen nach Süddeutschland umfassten unter anderem Pfeffer, englische Tuche und Heringe. Erst unter der Leitung Bartholomäus Welsers stieg die Firma nach 1520 auch stärker in den Bergbau und Montanhandel ein, wobei sie sich vor allem im sächsischen und böhmischen Kupfer- und Zinnbergbau betätigte. Die hohe Beteiligung an der portugiesischen Ostindienflotte von 1505 schließlich ist ein Indiz für das starke Interesse der Firma an Handelsmöglichkeiten außerhalb Europas. Um 1510 hatte sie eine Vertretung auf Madeira und besaß eine Zuckerplantage auf der Kanareninsel La Palma.[68]

Die unterschiedliche Ausrichtung der beiden Firmen minimierte die Rivalität zwischen ihnen – als direkte Konkurrenten erscheinen Fugger und Welser vor allem im Verkehr mit der römischen Kurie – und begünstigte die sporadische Kooperation bei neuen geschäftlichen Unternehmungen wie den portugiesischen Asienfahrten.[69] Anders lagen die Dinge bei Firmen, die stark am Tiroler Montanhandel und Darlehensgeschäften mit der Innsbrucker Regierung interessiert waren. Indem Jakob Fugger 1499 das Kupfersyndikat mit den Gossembrot, Herwart und Baumgartner sprengte, demonstrierte er, dass er auf diesem Feld nicht an einer dauerhaften Kooperation interessiert war. Dennoch gelang es einigen Firmen, sich gegen die Fugger'sche Konkurrenz auf dem Tiroler Montan- und Anleihemarkt zu behaupten. Ein Beispiel dafür ist der aus Speyer stammende Philipp Adler, der sich Mitte der 1480er Jahre in Augsburg niedergelassen hatte. Adler war um 1490 im Venedighandel aktiv und gehörte um 1500 zu den zehn größten Steuerzahlern der Reichsstadt Augsburg, in der er als langjähriger Zunftmeister der Salzfertiger auch einigen politischen Einfluss besaß. 1509 war der Kaiser ihm über 26 000 Gulden schuldig. Sein Engagement im Tiroler Montangeschäft wurde zweifellos durch die Tatsache begünstigt, dass seine Tochter 1511 Jakob Villinger, den Schatzmeister Maximilians, geheiratet hatte. Bei seinen Anleiheverhandlungen in Augsburg wandte sich Villinger bevorzugt an seinen Schwiegervater.[70]

Die schärfsten Rivalen der Fugger in Tirol waren um diese Zeit aber zweifellos die Höchstetter. Die Brüder Georg, Ambrosius und Hans Höchstetter stammten aus dem Tuchhändlermilieu – ihr Vater Ulrich war Gewandschneider – und hatten durch einen ausgedehnten Warenhandel, der sie bereits 1486 nach Antwerpen, ferner auch nach Venedig, Mailand, Lyon und Lissabon führte, ein beträchtliches Vermögen akkumuliert. Wie im Falle der Welser-Vöhlin-Gesellschaft waren an der Höchstetter-Gesellschaft neben Mitgliedern der namensgebenden Familie auch weitere Verwandte beteiligt. Für ihre ausgedehnten Handelsgeschäfte und den Einstieg in den Tiroler, böhmischen und sächsischen Bergbau nahm die Firma in großem Umfang Fremdkapital auf. Ende 1509 erhielten die Höchstetter ein kaiserliches Privileg zur Errichtung einer Messinghütte am Stainenberg in Pflach bei Reutte, und durch Kredite an die Tiroler Regierung sicherten sie sich seit 1511 Kupfer aus Taufers im Ahrntal. Eine wichtige Rolle beim Aufbau des Tiroler Unternehmens der Höchstetter spielte ihr Nürnberger Faktor Stefan Gabler – ein ehemaliger Angestellter der Fugger, der sich mehrere Jahre in Lissabon aufgehalten hatte, bevor er in seine Heimatstadt Nürnberg zurückkehrte. Es erscheint plausibel, dass der portugiesische Bedarf an Kupfer und Messing für den Afrika- und Indienhandel, über den Gabler in Lissabon Informationen sammeln konnte, einen wichtigen – vielleicht sogar den entscheidenden – Impuls für den Aufbau der Tiroler Messinghütte gab.[71] Mit ihrem Einstieg in das Tiroler Geschäft machten die Höchstetter den Fuggern auf ihrem ureigensten Terrain Konkurrenz, doch da der stets geldbedürftige Habsburgerkaiser letztlich beide Gläubiger benötigte, waren die Konkurrenten schließlich zur Zusammenarbeit genötigt. 1515 musste Jakob Fugger dem Kaiser erneut 40 000 Gulden vorstrecken, obwohl sich seine Forderungen damals bereits auf 300 000 Gulden beliefen und ihm die gesamte Kupferproduktion der Jahre 1515 bis 1519 verpfändet war. An dem neuen Kredit beteiligten sich die Höchstetter und wurden dafür gemeinsam mit den Fuggern auf die Tiroler Kupferausbeute der Jahre 1520 bis 1523 verwiesen. Zudem lieferten die Fugger bereits von 1516 an jährlich 2500 Zentner Schwazer Kupfer in die Hütte von Pflach. Um einen Preiskampf zu vermeiden, vereinbarten Jakob Fugger und Ambrosius Höchstetter eine Aufteilung des europäischen Marktes für Tiroler und ungarisches Kupfer. Während in Süddeutschland und Italien nur Tiroler Kupfer verkauft werden sollte, blieben die Niederlande und Norddeutschland für das Neusohler Kupfer reserviert. In der europäischen Wirtschaftsgeschichte ist diese Vereinbarung als erstes Gebietskartell für Kupfer bekannt geworden.[72] Wie das folgende Kapitel zeigen wird, war diese Zusammenarbeit der beiden Firmen allerdings nur vorübergehender Natur: Nach dem Tod Jakob Fuggers prallten die unterschiedlichen Interessen der Fugger und Höchstetter in aller Schärfe aufeinander.

Kontrollieren, Schenken und Verhandeln: Die »Beziehungsarbeit« Jakob Fuggers

Von spätmittelalterlichen und frühneuzeitlichen Kaufleuten wurde erwartet, dass sie ihre Geschäfte mit »Fleiß« und Sorgfalt versahen, also hart arbeiteten und ihre Bücher und Rechnungen gewissenhaft führten. Lukas Rem, der für die Welser-Vöhlin-Gesellschaft unter anderem in Lissabon und Antwerpen tätig war, wies in seinen autobiographischen Aufzeichnungen immer wieder auf seinen Einsatz für die Firma hin: »het tag noch nacht weder ruo noch fried.« Sein eigenes Engagement kontrastierte er mit der Leichtlebigkeit und Nachlässigkeit anderer Firmenmitglieder, und er beklagte sich bitter darüber, wie wenig ihm die Gesellschaft die geleistete Arbeit dankte.[73] Jakob Fugger indessen scheint der Norm des hart arbeitenden Kaufmanns in hohem Maße entsprochen zu haben. Dafür spricht nicht nur die berühmte Miniatur im »Kostümbuch« des Buchhalters Matthäus Schwarz, die ihn gemeinsam mit Jakob Fugger bei der Arbeit im Kontor zeigt, sondern auch die Tatsache, dass Fugger häufig Reisen für die Gesellschaft unternahm. Zur Gründung des Ungarischen Handels reisten Ulrich und Jakob Fugger 1494 nach Wien, und in den folgenden Jahren ritt Jakob in geschäftlichen Angelegenheiten nach Füssen, Landshut, Innsbruck, Hall und Frankfurt. Eine geplante Reise nach Ungarn kam 1502 zwar nicht zustande, doch 1515 reiste der immerhin schon 56jährige anlässlich der habsburgisch-ungarischen Doppelhochzeit nochmals nach Wien.[74] Die Abrechnungen des Ungarischen Handels wurden regelmäßig vom Firmenleiter persönlich geprüft, der sich damit ein hohes Maß an Kontrolle über die Geschäfte bewahrte.[75]

In einer Gesellschaft, die in starkem Maße durch persönliche Beziehungen strukturiert war, kam darüber hinaus der »Beziehungsarbeit«, also der Pflege von

Kontakten zu einflussreichen Persönlichkeiten, ganz entscheidende Bedeutung zu. Für die Geschäfte der Fugger kam es vor allem darauf an, gute Verbindungen zu den Führungseliten an den Höfen der Habsburgermonarchie, am ungarischen Königshof, an der Kurie in Rom und an deutschen Fürstenhöfen zu unterhalten. In diesem Kontext sind auch die Geschenke zu sehen, die Jakob Fugger geistlichen und weltlichen Würdenträgern bei zahlreichen Anlässen machte. Solche Geschenke dienten nicht einfach der Bestechung, sondern waren an der Wende vom Mittelalter zur Neuzeit ein zentrales Medium der sozialen Interaktion, das Beziehungen herstellte, festigte und aktualisierte und das Ansehen der Schenkenden wie der Beschenkten mehrte.[76]

Jakob Fugger setzte dieses Medium jedenfalls äußerst wirkungsvoll ein. Den Rechnungen des Ungarischen Handels für die Jahre 1494 bis 1500 zufolge wurden für Geschenke an ungarische Prälaten und Diplomaten fast 10000 Gulden ausgegeben. Geld, golddurchwirkte Stoffe, Pelzwerk und kostbare Gegenstände halfen Widerstände gegen die Übernahme der Bergwerkspacht durch die Augsburger zu beseitigen. Dem Bischof von Fünfkirchen, der die Neusohler Unternehmungen der Fugger und Thurzo zunächst zu verhindern versucht hatte, reisten die Vertreter der Fugger nach und stimmten ihn mit Geschenken im Wert von fast 700 Dukaten um. Die Neusohler Rechnung der Jahre 1500 bis 1504 verzeichnet über 2000 Dukaten für verschenkte Pelze und weitere 1800 Dukaten für Präsente an geistliche und weltliche Würdenträger sowie hohe ungarische Beamte. Zu den frühesten spanischen Transaktionen der Fugger gehörte die Übermittlung von Geschenken König Maximilians an seine Schwiegertochter Juana zu ihrer Heirat mit Philipp dem Schönen und zur Geburt des Thronfolgers Karl. Eine ungarische Gesandtschaft, die im Herbst 1510 nach Augsburg kam, führte sechs reich geschmückte Pferde als repräsentative Geschenke für Jakob Fugger und Georg Thurzo mit sich. Die Gesandten wurden nicht nur festlich bewirtet, sondern auch mit reichen Gegengaben bedacht. Auf den Wiener Kongress von 1515 schließlich, der die habsburgisch-ungarische Doppelhochzeit besiegelte, reiste Jakob Fugger mit Truhen voller kostbarer Waren und Geschenken für hochrangige Persönlichkeiten, deren Protektion für das Unternehmen wichtig war. Die Rechnung des Ungarischen Handels verzeichnete 9946 Gulden für »die ausgab und schanckung durch herren Jacoben Fugger beschehen zu Wien als den herren bischoffen von Olmütz und Fünfkirchen, den herren Jörigen und Allexi Turso, dem hertzog Karel von Münsterberg, Dietrichstainer auf sein hochzeit, des königs von Poln dochter und herren Hans Ernst und seinem gemachel gen dem Zackaturn gesandt, als ettlich gulden ring mit edlem gestain, rubin, diemant, saphir, dürckas, halspand, perlen, seydin gewandt, samat, damast, schamelot und ander klainet«.[77]

Nicht nur Geschenke banden einflussreiche Personen an die Gesellschaft, sondern auch andere Transaktionen und Gefälligkeiten. Seit den 1490er Jahren erscheinen die Fugger regelmäßig als Hoflieferanten, die den Innsbrucker Hof mit Gewürzen, Südfrüchten, Pelzen, Stoffen, Juwelen und anderen Luxuswaren versorgten. Wenn der Landesherr so knapp bei Kasse war, dass er die Gehälter seiner Diener und Beamten nicht mehr auszahlen konnte, sprang die Firma ein. Sie löste außerdem versetzte Pfänder aus und beglich unbezahlte Rechnungen bei

Handwerkern und Gastwirten.[78] Ein Darlehen über 10 000 Gulden, das die Fugger dem Kaiser im März 1511 gewährten, setzte sich beispielsweise aus ungarischem Gold im Wert von 6331 Gulden, englischem Tuch für 2000 Gulden, Samt, Seide und Kamelot für 1000 Gulden und diversen Zahlungen an Hofbeamte und Handwerker zusammen. Im Januar 1518 sagte die Firma dem Kaiser 15 000 Gulden in bar sowie die Lieferung von Woll-, Seiden-, Damast-, Atlas- und Brokatstoffen im Wert von 8000 Gulden zu.[79] In einem Zeitalter, in dem Kriegführung ein integraler Bestandteil dynastischer Politik war, waren die Fugger dem König nicht nur durch Kredite zur Anwerbung und Bezahlung von Soldtruppen, sondern auch durch Waffenlieferungen behilflich.[80]

Zu den wertvollen Diensten, die die Firma ihren fürstlichen und adeligen Kunden anbieten konnte, gehörte auch die Übermittlung von Nachrichten. Städte wie Venedig und Antwerpen waren nicht nur wirtschaftliche Metropolen, sondern auch Informationszentren,[81] und die Fugger nutzten sowohl die bestehenden kaiserlichen und reichsstädtischen Botensysteme als auch eigene Boten zum Aufbau eines leistungsfähigen Systems der Informationsübermittlung, durch das sie über politische Entwicklungen, Kriegszüge und Herrscherwechsel stets gut informiert waren. Für den Kaiser, den Papst und die Republik Venedig betätigte sich die Firma als Übermittlerin von Informationen und erhöhte damit ihren Wert für fürstliche Kunden.[82] In seinen letzten Lebensjahren sandte Jakob Fugger häufig »neue Zeitungen« an Herzog Georg von Sachsen.[83] Von geistlichen Würdenträgern wie dem Bischof von Schleswig, dem italienischen Kardinal Fazio Santori und dem Erzbischof von Gran, Thomas Bakosz, nahm die Gesellschaft außerdem Depositenkapital an. Da die Depositäre angesichts des kanonischen Zinsverbots und der öffentlichen Kritik am kirchlichen Pfründenwesen daran interessiert sein mussten, dass diese Transaktionen nicht bekannt wurden, war in diesen Fällen absolute Diskretion gewährleistet.[84]

Durch ihre Beziehungsarbeit gelang es den Fuggern, eine Reihe von Personen längerfristig an sich zu binden, deren Bedeutung in einer Gesellschaft, in der persönlicher Einfluss, Patronage und Klientelismus sowie gegenseitiges Vertrauen eine enorme Rolle spielten und technisches wie administratives Wissen ein knappes Gut war, kaum überschätzt werden kann. Das Engagement im Montangeschäft erforderte einerseits gute Verbindungen zu den landesfürstlichen Verwaltungen in Tirol und Ungarn, andererseits technische und organisatorische Kenntnisse. Von entscheidender Bedeutung für die Fugger waren daher ihre Verbindungen zu Maklern, die Kontakte herstellten und Geschäftsabschlüsse einfädelten, sowie zu Experten, die über einschlägige Erfahrungen und Know-how in der Gewinnung und Verarbeitung von Montanerzeugnissen sowie über rechtliche und administrative Kenntnisse verfügten. Die Fugger verfügten über zahlreiche solcher Makler und Experten; besondere Bedeutung kam indessen ihren Beziehungen zu ihrem Geldgeber Melchior von Meckau, ihrem Tiroler Verbindungsmann Paul von Liechtenstein und ihrem Partner im Ungarischen Handel Hans Thurzo zu.

Der um 1440 geborene Melchior von Meckau, der aus einer sächsischen Adelsfamilie stammte, hatte nach dem Studium in Leipzig und Bologna eine steile geistliche und administrative Karriere durchlaufen. Um 1471 vertrat er den

Domdekan von Brixen während dessen Romaufenthalt, im folgenden Jahr wurde er selbst Domherr, und 1473 nahm ihn Erzherzog Sigismund von Tirol als Rat und Diener an. Bis 1480 hielt sich Meckau vorwiegend in Rom auf, wo er zum apostolischen Geheimsekretär und Skriptor in der päpstlichen Kanzlei aufstieg. In diesen Funktionen gewann er nicht nur tiefen Einblick in das kirchliche Pfründensystem, sondern verstand dieses auch für sich zu nutzen. So sicherte er sich Pfründen in den Bistümern Meißen, Brixen, Freising, Nürnberg und Magdeburg und führte in Rom einen aufwändigen Haushalt mit rund hundert Dienstboten. Nach Einschätzung eines Historikers entwickelte er sich »zu einem der großen Organisationstalente von Präbenden in der Reichskirche des 15. Jahrhunderts.« Im Jahre 1481 erscheint er als Kanzler der Innsbrucker Regierung, und im folgenden Jahr wurde er zum Koadjutor des Bistums Brixen gewählt. Damit war er designierter Nachfolger des Brixener Fürstbischofs und erlangte 1488 die Bischofswürde. Nach dem Thronverzicht Erzherzog Sigismunds im Jahre 1490 übernahm Meckau als Statthalter auch die Leitung der Tiroler Regierungsgeschäfte, und 1498 wurde er Vorsitzender der neu gegründeten Hofkammer.[85] Der sächsische Adelige hatte also eine eindrucksvolle »Doppelkarriere« als geistlicher Würdenträger und Mitglied der Tiroler Verwaltung gemacht, und in beiden Funktionen war er für die Fugger ein wichtiger Ansprechpartner. Darüber hinaus war er als erfolgreicher Pfründensammler und Reichsfürst auch ein wohlhabender Mann. Wann er erstmals nähere Bekanntschaft mit Jakob Fugger machte, ist nicht bekannt, doch dürften die Beziehungen um 1490 intensiviert worden sein. Im Dezember 1492 übernahm Meckau erstmals die Garantie für finanzielle Verpflichtungen der Tiroler Regierung gegenüber den Fuggern, und im folgenden Jahr erstatteten die Fugger Meckau einen Betrag von 2100 Gulden zurück, den dieser dem Kaiser vorgeschossen hatte. Zu dieser Zeit tätigte der Brixener Bischof seine Geldgeschäfte aber auch noch über andere Handelsgesellschaften wie die Nürnberger Hirschvogel und eine venezianische Firma. Dies änderte sich im Jahr 1496, als ein Darlehen über 20 000 Gulden, das Meckau der Tiroler Regierung gewährt hatte, in ein Depositum bei den Fuggern umgewandelt wurde. Ein Jahr später übernahm Meckau die Kreditbürgschaft bei einem Tiroler Silberkauf der Fugger.[86] Damit waren die Fugger und Meckau nicht mehr nur Verhandlungspartner in Tiroler Finanzangelegenheiten, sondern auch selbst finanziell miteinander verflochten.

In der Folgezeit wurden diese Verflechtungen zwischen Meckau, der seit 1503 auch die Kardinalswürde trug, und den Fuggern weiter intensiviert. Als 1506 Rückzahlungen von Darlehen des Brixener Bischofs an König Maximilian fällig wurden, beglich Jakob Fugger die Kreditsumme durch den Abschluss eines neuen Silber- und Kupferkaufs. Ein Betrag von 19 000 Gulden wurde dabei in ein Depositum Meckaus bei den Fuggern umgewandelt. Gegen Ende des Jahres 1507 legte Meckau nochmals 25 000 Gulden in die Gesellschaft ein. Als der Kardinal 1509 starb, hatte er mehr als 150 000 Gulden bei den Fuggern angelegt; dies entsprach etwa drei Vierteln des damaligen Gesellschaftskapitals der Firma.[87]

Während Georg Gossembrot, der wichtigste Finanzier des Innsbrucker Hofes um 1500, ungeachtet seiner Augsburger Herkunft ein distanziertes Verhältnis zu den Fuggern hatte, verfügte Jakob Fugger mit dem Südtiroler Adeligen Paul von

Liechtenstein, der nach Gossembrots Tod im Jahre 1502 für die Finanzierung der Tiroler Hofhaltung und Regierung verantwortlich war, wieder über einen zuverlässigen Verbindungsmann. Liechtenstein war durch Vermittlung einflussreicher Verwandter bereits unter Erzherzog Sigismund in den Dienst des Innsbrucker Hofes gekommen und wahrscheinlich schon 1486, spätestens aber 1490 zum Marschall ernannt worden. Sein enges Verhältnis zu Maximilian kommt unter anderem darin zum Ausdruck, dass der Herrscher 1498 die Patenschaft für einen seiner Söhne übernahm. Liechtenstein verfügte also über langjährige Erfahrungen bei Hofe und gehörte bis 1512 neben seinem Schwager Zyprian von Serntein und Kardinal Matthäus Lang – einem weiteren gebürtigen Augsburger – dem engsten Führungszirkel in Innsbruck an.[88] Im Verlauf seiner Tätigkeit am Innsbrucker Hof entwickelte sich offenbar ein Vertrauensverhältnis zwischen Liechtenstein und Jakob Fugger, aus dessen Kasse der Marschall wiederholt seine Besoldung empfing. In den zahllosen Anleiheverhandlungen, die er im Namen des Kaisers mit Jakob Fugger führte, bürgte Liechtenstein mehrmals persönlich für die Rückzahlung der Kredite. Kurz vor seinem Tod beliefen sich die kaiserlichen Schulden, für die er haftete, auf 16 000 Gulden. Bezeichnenderweise verstarb Liechtenstein 1513 in Augsburg, wo er sich einmal mehr zu Verhandlungen aufhielt. Sein Testament bezeugten Jakob Fugger und seine Augsburger Konkurrenten Hans Baumgartner und Ambrosius Höchstetter.[89]

Liechtenstein war zwischen 1502 und 1512 nicht nur der wichtigste Verbindungsmann der Tiroler Regierung zu Jakob Fugger bei Verhandlungen über Darlehen und Metallkäufe. Ihm fiel auch eine Schlüsselrolle zu, als die Fuggerfirma nach dem Tod Melchior von Meckaus in eine existentielle Krise geriet. Nachdem sowohl die römische Kurie als auch das Bistum Brixen Ansprüche auf den Nachlass Meckaus erhoben hatten, drohte der Firma der Bankrott, da sie nicht im Stande gewesen wäre, die gewaltige Einlage des verstorbenen Bischofs auf einmal zurückzuzahlen. In dieser kritischen Situation gelang es Jakob Fugger, den Kaiser in die Angelegenheit einzuschalten, und dass Liechtenstein als Unterhändler in die Verhandlungen eintrat, war insofern ein Glücksfall, als er auch ein Schwager von Meckaus Nachfolger Christoph von Schrofenstein war.[90] Die Krise, die der Tod des Kardinals ausgelöst hatte, bewältigte Jakob Fugger sowohl durch das Einschalten einflussreicher Fürsprecher als auch durch seine Fähigkeit, die Verhandlungen solange hinauszuzögern, bis das gewünschte Ergebnis erreicht war. Die Kurie überließ schließlich König Maximilian den Nachlass Meckaus, und dieser gab sich gegenüber den Fuggern mit Tuchlieferungen anstatt von Zinszahlungen zufrieden.[91]

Auch für sein vielleicht kühnstes Projekt bediente sich Maximilian Liechtensteins als Vermittler bei Jakob Fugger. Als Papst Julius II. 1511 lebensgefährlich erkrankte, erwog der Herrscher, sich in Personalunion auch zum Papst wählen zu lassen, und sandte Liechtenstein nach Augsburg, um über die Aufnahme eines Darlehens von bis zu 300 000 Gulden zu verhandeln. Maximilian stellte dafür die Verpfändung der Einkünfte des Reiches und der österreichischen Erblande, spanische Subsidienzahlungen und die Ernennung eines Vertrauten der Fugger zum Leiter der Apostolischen Kammer in Rom in Aussicht. Erneut zögerte Jakob Fugger die Verhandlungen hinaus, und auch in diesem Fall erwies sich die Verzögerungsstrategie als erfolgreich, denn Julius II. erholte sich wieder und Maximilians Plan war damit hinfällig.[92]

Der wichtigste Makler und Experte, mit dem Jakob Fugger zusammenarbeitete, war aber zweifellos Hans Thurzo. Der 1437 in Leutschau an der Zips geborene Kaufmannssohn hatte in Padua studiert und ursprünglich eine geistliche Laufbahn eingeschlagen, war jedoch nach dem Tod des Vaters ins Geschäftsleben zurückgekehrt. 1463 ließ er sich in Krakau nieder und erwarb dort das Bürgerrecht. Durch den Betrieb einer Saigerhütte bei Krakau und die Beteiligung am Goslarer Blei- und Kupferbergbau sammelte er wichtige Erfahrungen auf dem Montansektor. Im Jahre 1475 beauftragte ihn der ungarische König Matthias Corvinus mit der Instandsetzung und Verbesserung der Bergwerke in den slowakischen Bergstädten, die sich damals technisch und wirtschaftlich in einem schlechten Zustand befanden. Obwohl Thurzo Krakauer Bürger als Geldgeber gewinnen konnte, ging die Instandsetzung der slowakischen Gruben zunächst nur langsam voran. Seit 1491 kaufte Thurzo selbst Grubenanteile in Neusohl auf, und 1493 erhielt er königliche Privilegien für seinen Bergwerksbetrieb. Bereits einige Jahre zuvor dürfte über den Breslauer Geschäftspartner der Fugger, Kilian Auer, und dessen Schwiegersohn Hans Metzler die Kontaktaufnahme zu Jakob Fugger erfolgt sein. Möglicherweise wurde die Anbahnung dieser Geschäftsverbindung durch freundschaftliche Beziehungen zwischen Georg Fugger und Georg Thurzo begünstigt, die zeitweilig beide in Nürnberg lebten. Es ist jedenfalls wahrscheinlich, dass die Fugger sich schon vor Abschluss der Verträge über den Ungarischen Handel im Herbst 1494 an Hans Thurzos Investitionen in Neusohl beteiligten.[93]

Pölnitz zufolge wurden die Thurzo durch die Fugger schon nach wenigen Jahren beiseite geschoben und fanden sich fortan »nur mehr im Schlepptau« ihrer mächtigen Augsburger Partner. Diese Einschätzung übersieht allerdings, dass die Thurzo nicht nur als Bergbauexperten für den Ungarischen Handel wichtig blieben, sondern auch als Vermittler, die die Verbindungen zum polnischen und ungarischen Königshof und zum Adel der beiden Königreiche pflegten. Hans Thurzo erwarb 1498 mit der Würde eines Kammergrafen zu Kremnitz eine wichtige Kontrollfunktion über die slowakische Bergwerksproduktion; die Geschäfte der Kremnitzer Kammer wurden durch einen Vertrag mit den Fuggern in den Gemeinen Ungarischen Handel eingegliedert Um 1500 erwirkte Thurzo weitere Privilegien für den Ungarischen Handel. Sein Sohn Alexi ist bereits 1496 im Feldlager des ungarischen Königs bei Ofen nachweisbar.[94] Auch die Beziehungen der Königreiche Polen und Ungarn zur Kurie in Rom liefen vor allem über die Thurzo: Hans Thurzo der Jüngere wurde Kollektor der päpstlichen Einnahmen in Polen, Domdechant und Koadjutor in Breslau und schließlich selbst Fürstbischof. Außerdem amtierte er zeitweilig als schlesischer Oberlandeshauptmann. Sein Bruder Stanislaus wurde 1497 Bischof von Olmütz, und Alexi Thurzo, der sich in Ofen niederließ, machte im Dienst der ungarischen Krone Karriere als Kammergraf, Schatzmeister, Hofrichter und schließlich als königlicher Statthalter. Vom ungarischen König und der Kurie wurden die Bischöfe Hans und Stanislaus Thurzo zu Ablasskommissaren in Böhmen, Mähren und Schlesien ernannt.[95] Schließlich festigten zwei Heiratsverbindungen die Beziehungen zwischen den beiden Familien: Ulrich Fuggers Tochter Anna wurde 1497 mit Georg Thurzo verheiratet und Hans Thurzos Tochter Katharina 1513 mit Raymund Fugger vermählt. Georg Thurzo siedelte als Geschäftsführer des Ungarischen Handels nach Augsburg über.[96] Das Fugger'sche Ehrenbuch hob explizit hervor, dass die Thurzo dem Fugger'schen Handel »gegen Kaiserlichen vnd Königlichen Höfen mit grosser furderung gantz treffenlichen seer verholffen« hätten.[97]

Vor diesem Hintergrund stellt sich das Verhältnis zwischen den Fuggern und den Thurzo als eine enge Symbiose dar, in die beide Familien ein erhebliches Maß an Beziehungsarbeit investierten und die auch den Thurzo einen steilen gesellschaftlichen Aufstieg ermöglichte. Erst nach dem Tod Georg Thurzos und infolge einer wachsenden Verschuldung seiner Brüder beim Ungarischen Handel verschoben sich die Gewichte, und in einem 1521 geschlossenen Vertrag mussten die Thurzo auch formal die Führungsrolle der Fugger anerkennen.[98]

Weichenstellungen 1519–1525

Der Aufstieg der Fugger hatte sich seit den 1480er Jahren in engstem Zusammenhang mit der dynastischen Politik des Hauses Habsburg vollzogen. Im Jahre 1518 belief sich die Schuld Kaiser Maximilians I. aus Silber- und Kupferkäufen auf fast 350 000 Gulden, von denen über die Hälfte auf die Fugger entfiel.[99] Als Maximilian im Januar 1519 starb, lag es für Jakob Fugger daher nahe, die Thronkandidatur seines Enkels Karl, Herzog von Burgund und König von Spanien, zu unterstützen – dies umso mehr, als die Fugger bereits in den Jahren zuvor größere finanzielle Transaktionen für die spanische Krone getätigt hatten.[100] Da auch der französische König Franz I. und der englische König Heinrich VIII. ihre Kandidatur angemeldet hatten und Franz I. sich bereits die Wahlstimmen der Kurfürsten von Trier und von der Pfalz gesichert hatte, musste Karl erhebliche Anstrengungen unternehmen, um im Kurfürstenkollegium eine Mehrheit zu erringen. Dies bedeutete vor allem die Zahlung von Wahlgeldern an die Kurfürsten, die Letztere immer weiter in die Höhe trieben und die sich schließlich auf den enormen Betrag von 851 918 Gulden beliefen. In der angespannten Atmosphäre der Wahlverhandlungen auf dem Augsburger Reichstag von 1518 scheint Jakob Fugger zumindest vorübergehend die Unterstützung des französischen Königs erwogen zu haben, aber letztlich warf er sein finanzielles Gewicht zugunsten des habsburgischen Kandidaten in die Waagschale. Rund zwei Drittel der Wahlgelder – 543 585 Gulden – streckte er selbst vor, das übrige Drittel kam von den Augsburger Welsern und von drei italienischen Firmen. Die spanischen Wechsel dieser Gesellschaften wurden von Jakob Fugger in Frankfurt eingelöst. Auf dieser Grundlage konnte Karl am 28. Juni 1519 einstimmig zum römischen König gewählt und 1520 in Aachen gekrönt werden.[101] Noch im selben Jahr brachten die Fugger überdies 77 000 Gulden für den Feldzug des Schwäbischen Bundes gegen Ulrich von Württemberg auf, der zur Vertreibung des Herzogs und der Unterstellung seines Territoriums unter habsburgische Verwaltung führte.[102]

Nachdem der neue Herrscher selbst ins Reich gekommen war, wurde am 4. Mai 1521 ein Vertrag über die Tilgung der kaiserlichen Schulden geschlossen, die sich zu diesem Zeitpunkt auf rund 600 000 Gulden beliefen. Für zwei Drittel dieser Summe, insgesamt 415 000 Gulden, wurden die Fugger auf die Tiroler Silber- und Kupferproduktion verwiesen. Erzherzog Ferdinand, dem sein Bruder 1521/22 die Herrschaft über die österreichischen Erblande übertrug, erkannte diese Forderungen auf dem Nürnberger Reichstag von 1522 an.[103] Damit war eine wichtige Weichenstellung erfolgt: die Fugger blieben ein Hauptakteur im alpinen Montangeschäft. Da sich allerdings zu dieser Zeit bereits ein allmählicher Rückgang der Kupferproduktion abzeichnete, lag es nahe, die Interessen der Firma auch über den direkten Einstieg in die Produktion abzusichern. Den konkreten Anlass dazu bot der Bankrott eines langjährigen Konkurrenten, der Kufsteiner Firma Baumgartner. Aus der Konkursmasse übernahmen die Fugger gemeinsam mit dem Tiroler Hans Stöckl Bergwerksanteile in Schwaz, Rattenberg und Lienz sowie eine Schmelzhütte in Kundl. Damit waren die Fugger, die sich in Tirol über dreißig Jahre lang auf den Metallhandel und das Finanzgeschäft beschränkt hatten, selbst zu Bergwerks- und Hüttenunternehmern geworden, und sie bauten ihren Gruben- und Hüttenbesitz in der Folgezeit planmäßig aus.[104] Durch weitere Darlehen, Kupfer- und Silberlieferungsverträge festigte Jakob Fugger die Beziehungen zum neuen Herrscher der österreichischen Erblande. Er war dem Erzherzog bei der Abtragung seiner Schulden bei Herzog Georg von Sachsen behilflich, und 1525 unterstützte er Ferdinand und den Schwäbischen Bund mit namhaften Beträgen während des großen Bauern- und Bergarbeiteraufstands in Tirol und Süddeutschland.[105]

Auch in anderer Hinsicht bedeutete der Vertrag mit dem Kaiser vom Mai 1521 eine wichtige Weichenstellung, denn für den Rest der Schuldsumme wurden die Fugger auf spanische Einnahmequellen des Kaisers verwiesen. Dazu gehörten vorrangig die Einkünfte der spanischen Ritterorden, die in den Jahren zuvor an die Krone gefallen waren. Nach längeren Verhandlungen, während derer Jakob Fugger den Kaiser selbstbewusst daran erinnerte, wer ihm auf den Thron verholfen hatte, konnten die Fugger 1525 erstmals für drei Jahre die Pacht dieser Einkünfte, die so genannte Maestrazgopacht, übernehmen, von der in den nächsten beiden Kapiteln noch ausführlicher die Rede sein wird.[106] Die wachsende Bedeutung des spanischen Raums für die Fugger äußerte sich auch in ihrer Beteiligung an den Vorbereitungen der Expedition des Garcia de Loaysa zu den Molukken. Nachdem die Weltumseglung der Flotte Fernando Magellans die Existenz einer westlichen Route zu den Gewürzinseln bewiesen hatte, sollte Loaysas Expedition den spanischen Anspruch auf die Molukken bekräftigen. Die Verbindung zu den Fuggern stellte wahrscheinlich Cristóbal de Haro her, ein Kaufmann aus Burgos, der bereits bei der Vorbereitung der Magellan-Expedition eine führende Rolle gespielt hatte und sowohl in Lissabon als auch in den Niederlanden mit den Fuggern in geschäftlicher Verbindung stand. Jakob Fugger investierte 10 000 Dukaten in das Unternehmen; 4600 Dukaten brachte er aus eigenen Mitteln auf, der Rest kam von den Augsburger und Nürnberger Großkaufleuten Christoph Herwart, Konrad Rehlinger, Jörg Imhof, Hans Baumgartner und Hans Manlich. Die großen Erwartungen erfüllten sich jedoch nicht, denn die Expedition endete mit einem Debakel. Keines der sieben Schiffe, die im Juli 1525 von La Coruña aus in See stachen, kehrte nach Spanien zurück.[107]

Und noch in einer dritten Hinsicht sollte sich die Allianz zwischen dem Kaiser und seinen süddeutschen Bankiers als folgenreich erweisen. Bereits unter Karls Vorgänger Maximilian war auf den Reichstagen und den Tiroler Landtagen immer wieder Kritik an den Geschäftspraktiken der großen Handelsgesellschaften laut geworden. »Wucher« und »Fürkauf« der Handelsfirmen und ihre monopolistischen Praktiken wurden für hohe Preise und die Verarmung breiter Bevölkerungsgruppen verantwortlich gemacht. Diese Antimonopolbewegung, die durch die wirtschaftsethischen Schriften Martin Luthers und anderer früher Reformatoren zusätzliche Nahrung erhielt, fand vor allem unter der Reichsritterschaft, aber auch im Hochadel zahlreiche Anhänger. Auf dem Nürnberger Reichstag von 1522/23 berieten die Reichsstände über eine Begrenzung der Kapitaleinlagen der Handelsgesellschaften auf 50 000 Gulden und ein Verbot der Aufnahme von Fremdkapital, was für Firmen vom Kaliber der Fugger einer Zerschlagung gleichgekommen wäre. Der Augsburger Stadtschreiber Dr. Conrad Peutinger, der sich zu dieser Zeit als wichtigster Fürsprecher der großen Handelsgesellschaften profilierte, argumentierte dagegen, dass eine solche Maßnahme nur den ausländischen Kaufleuten nutzen würde. Die Aktivitäten der großen Gesellschaften im Montansektor hätten dem Bergbau überhaupt erst zu seiner Blüte verholfen, und die Konkurrenz der Handelsfirmen habe günstigere Preise für den »gemeinen Mann« zur Folge. Daher sollte »von Natur jeder Kaufmannshandel, wo der redlich geschieht, frei sein.« Der Eigennutz der Handelsfirmen war Peutingers Argumentation zufolge also mit dem Gemeinen Nutzen vereinbar. Der Reichstag verzichtete zwar auf die Festlegung einer Obergrenze für das Kapital von Handelsfirmen, beschloss aber einen vierprozentigen Einfuhrzoll, der für die Gesellschaften ebenfalls eine starke Belastung dargestellt hätte. Außerdem verklagte der Reichsfiskal 1523 die Fugger, Welser, Höchstetter und drei weitere Augsburger Firmen wegen Monopolvergehen. Die Reichsstädte schickten daraufhin eine Gesandtschaft zum Kaiser nach Spanien, und der Augsburger Gesandte erreichte, dass Karl V. den Reichszoll aufheben und die Monopolklagen gegen seine wichtigsten Finanziers niederschlagen ließ. In einem Edikt von 1525, in dem Karl V. die Monopolfrage zugunsten der Handelsgesellschaften entschied, machte er sich deren Argument der Vereinbarkeit von Eigennutz und Gemeinem Nutzen ausdrücklich zu Eigen. Der Bergbau wurde darin als »die größte Gabe und Nutzbarkeit« des Heiligen Römischen Reiches bezeichnet, und die großen Gesellschaften sicherten durch ihre Aktivitäten hunderttausenden von Menschen den Lebensunterhalt. Stabile Preise für Edelmetalle seien daher im Interesse der Allgemeinheit.[108]

Mit seinen beiden Testamenten von 1521 und 1525 stellte der alternde Jakob Fugger schließlich die Weichen für seine geschäftliche Nachfolge. Bereits in seiner eingangs dieses Kapitels behandelten Erklärung von 1512 hatte er vorgesehen, dass der Handel nach seinem Tod von zwei Geschäftsführern geleitet werden sollte, und 1521 ernannte er seine Neffen Ulrich den Jüngeren und Raymund zu Vollstreckern seines Testaments. Da Ulrich aber bereits 1525 starb und sein Bruder Hieronymus »bißher im hanndel nit sonnders brauchsam gewest, noch sich deß handels selbst vil angenommen hat«, rückte Raymunds Bruder Anton im zweiten Testament zum Vollstrecker und Geschäftsführer auf. Da

Raymund überdies »seins leibs halben außzuraisen unnd sonnst vil andere grosse müe unnd arbait zu thun nit wol vermüglich« war, sollte der Fugger'sche Handel von Anton »allain, doch mit rhat seines bruedern Raymunden unnd seins vettern Jheronymeen« geführt werden und Anton dazu dieselbe »macht unnd gwallt haben«, die Jakob Fugger selbst innegehabt hatte. Nach dem Tod des langjährigen »Regierers« sollte also auf Antons Schultern die »last, müe unnd arbait« und die Verantwortung für die Zukunft des Unternehmens ruhen.[109]

Am Weihnachtstag des Jahres 1525, als Jakob Fugger in seinem Haus am Augsburger Weinmarkt auf dem Sterbebett lag, hatten der Chronik Clemens Senders zufolge viele Einwohner der Reichsstadt einen schwarzen Regenbogen über der St. Annakirche gesehen, in der sich die Grabkapelle der Fugger befand. Wie die meisten seiner Zeitgenossen glaubte auch der fromme Benediktinermönch, dass Gott seinen Willen durch Zeichen der Vorsehung kundtat, und wenn der Tod des größten Kaufmanns seiner Zeit, dessen Handel sich »auff die 4 ort der gantzen welt« erstreckte, nahte, dann war dies für die Reichsstadt Augsburg, aber auch für die europäische Handels- und Finanzwelt ein einschneidendes Ereignis.[110]

Kapitel 3

Anton Fugger, das Haus Habsburg und die europäische Weltwirtschaft 1525–1560

Der neue »Regierer« 1525–1532

Während Jakob Fuggers Name mit dem Aufbau des Großunternehmens verbunden ist, steht Anton Fugger, der von 1525 bis 1560 die Geschäfte führte, für die Bewahrung des Erbes seines Onkels. Der Augsburger Historiker Johannes Burkhardt hat anlässlich des 500. Geburtstages Anton Fuggers im Jahre 1993 dessen Beiträge zur Familien- und Firmengeschichte als »Verstetigungsleistungen« charakterisiert. Im wirtschaftlichen Bereich sieht Burkhardt diese Leistungen in einer »Institutionalisierung der Finanzpolitik« sowie einer »Verselbstständigung der Firmenidee«. Durch seine enge Bindung an das Haus Habsburg, das seine Dienste regelmäßig in Anspruch nahm, sei Anton Fugger »gleichsam halboffizieller Kaiserfaktor« geworden, und durch eine Geschäftspolitik, die die Frage des Fortbestands der Firma von der Person des Firmenleiters trennte, habe er die Fuggergesellschaft quasi institutionalisiert. Wie sich im Verlauf dieses Kapitels zeigen wird, stießen allerdings beide »Verstetigungsleistungen« in Anton Fuggers letztem Lebensjahrzehnt an ihre Grenzen und wurden von ihm selbst in Frage gestellt.[1]

Der Familienchronik zufolge wurde der Sohn Georg Fuggers und der Regina Imhof in seiner Kindheit und frühen Jugend »in allen guten tugendlichen Ehren und Künsten« erzogen und verbrachte einige Zeit in Frankreich und Italien. Seit 1506, dem Todesjahr seines Vaters, ist er an den wichtigsten Handelsplätzen des Unternehmens nachweisbar: zunächst in Venedig, wo er sich gemeinsam mit seinem Vetter Ulrich aufhielt, dann 1510 in Nürnberg, von 1512 bis 1514 in Breslau, anschließend in Ofen, wo er erstmals die Leitung einer Faktorei übernahm, und seit Ende 1517 in Rom. Ein erstes Testament, das der 24jährige Anton Fugger vor seiner Reise nach Rom verfasste, spiegelt sowohl die vorreformatorische Frömmigkeit des späteren Firmenleiters als auch den dominanten Einfluss seines Onkels Jakob wider, der zum Testamentsvollstrecker ernannt wurde. Almosen und Messen sollten das Seelenheil des jungen Kaufmanns befördern, und falls er in Augsburg starb, wünschte er in der von seinem Vater und dessen Brüdern errichteten Grabkapelle bestattet zu werden. In Rom setzte sich Anton Fugger für

Abb. 4: Porträt Anton Fuggers von Hans Maler von Schwaz

eine Augsburger Prädikaturstiftung seines Onkels ein, von der später noch die Rede sein wird.[2] Außerdem war er mit Ablass- und anderen Geldgeschäften an der Kurie befasst und wurde 1519 zum päpstlichen Ritter, Hof- und Pfalzgrafen ernannt. 1523/24 hielt er sich in Tirol auf, reiste von dort aus gegen Ende des Jahres 1524 nochmals nach Rom und ging 1525 nach Nürnberg. Diese Stationen sprechen für eine gründliche Einarbeitung in die wichtigsten Geschäftsbereiche des Fugger'schen Unternehmens. Dennoch hatte Jakob Fugger lange auf seinen Neffen Ulrich als Nachfolger gesetzt; erst dessen Tod im Mai 1525, wenige Monate vor seinem Onkel, zwang den Firmenleiter zu einer Neudisposition.[3]

Gleich nach der Übernahme der Geschäftsführung musste Anton Fugger mehrere Schwierigkeiten meistern, die sich in den letzten Lebensmonaten seines Onkels gefährlich verschärft hatten. Besonders schwer wog die Krise des Ungarischen Handels, die sich seit dem Frühsommer 1525 in einem Bergarbeiteraufstand in den slowakischen Bergstädten und der Enteignung der Fugger durch die ungarische Krone manifestierte. Diese beiden räumlich und sachlich voneinander getrennten Phänomene hatten ihre gemeinsame Ursache in der Münzverschlechterung, die um 1521 einsetzte und zu steigenden Preisen führte. Während die Bergarbeiter um ihre Existenz fürchteten und höhere Löhne verlangten, machte die ungarische Adelsopposition die Fugger und Thurzo für die Teuerung verantwortlich. Nachdem es bereits zu Beginn des Jahres 1525 zu Unruhen in den Bergstädten gekommen war, zwang ein bewaffneter Aufstand der Bergknappen Anfang Juni den Fuggerfaktor Hans Ploss, der Forderung nach einer Verdoppelung der Löhne nachzugeben, die in neuer Münze auszuzahlen waren. Im selben Monat wurde in Ofen der Fuggerfaktor Hans Alber verhaftet und die Firmenvertretung beschlagnahmt. Dem Kassier Hans Dernschwam war es allerdings vorher noch gelungen, Bargeld und Wertgegenstände nach Neusohl abtransportieren zu lassen. Durch einen reitenden Boten warnte Dernschwam die Neusohler Faktorei, die ihre Bargeldbestände daraufhin nach Krakau schickte. Alexi Thurzo, der sowohl Teilhaber des Ungarischen Handels als auch Mitglied des ungarischen Hofstaats war und daher in diesem Konflikt zwischen allen Stühlen saß, stimmte der Auflösung des Vertrags über die Pacht der slowakischen Bergwerke zu. Die Kontrolle über die Berg- und Hüttenwerke übernahm nun Bernhard Behaim, ein enger Vertrauter der ungarischen Königin Maria, Kammergraf von Kremnitz und erklärter Gegner der Fugger. Da Behaim angesichts leerer Kassen nicht in der Lage war, die Arbeiter zu bezahlen, brachen im Neusohler Revier neue Unruhen aus. Die Abwanderung Fugger'scher Bergbauspezialisten und anhaltende Streiks – die sich nicht gegen die mittlerweile enteigneten Fugger, sondern gegen die neue Verwaltung und die lokale Elite der Waldbürger richteten – hatten einen dramatischen Produktionsrückgang zur Folge. Im Februar 1526 setzten aufständische Arbeiter Behaim neun Tage lang gefangen. Die Verlegung von Truppen in die Unruheregion und eine gerichtliche Untersuchung der Vorfälle konnten die Lage zunächst beruhigen. Als rückständige Löhne weiterhin unbezahlt blieben, kam es im August 1526 nochmals zum Aufstand einer radikalisierten Minderheit der Bergarbeiter, bei dem der Neusohler Pfarrhof und eine Reihe von Bürgerhäusern geplündert und in Brand gesteckt wurden.[4]

Unterdessen hatte Jakob Fugger seit Juli 1525 energische Gegenmaßnahmen eingeleitet, um eine Restitution des Ungarischen Handels zu erreichen. Über seine engen Kontakte zum Haus Habsburg, zum Herzog von Sachsen und zur römischen Kurie mobilisierte er politische Unterstützung; Kupfertransporte wurden blockiert und Führer der ungarischen Adelsopposition wie Johann Zápolya mit Geschenken beeinflusst.[5] Kurz nach Jahresbeginn 1526 reiste der neue Firmenleiter Anton Fugger nach Wien, um von dort aus die Verhandlungen mit der ungarischen Krone zu koordinieren. Im Februar traten die Thurzo ihre Anteile am Ungarischen Handel an die Fugger ab, und zwei Monate später wurden alle Strafmaßnahmen gegen die Gesellschaft aufgehoben. Die ungarische Krone, die wegen des Vordringens der Osmanen dringend Geld benötigte, verpachtete die slowakischen Bergwerke erneut für 15 Jahre an die Fugger, die sich verpflichteten, dafür jährlich 20 000 Gulden zu bezahlen und 7500 Mark Silber zu einem Festpreis an die königliche Kammer zu liefern. Außerdem akzeptierte die Krone eine Schuldforderung für den Schaden, der den Fuggern durch die Enteignung entstanden war, in Höhe von 206 741 Gulden und sicherte der Firma Entschädigung zu.[6]

Nicht nur in der Slowakei, auch in Tirol hatten sich 1525 die Bergknappen erhoben. Während es im Neusohler Revier vor allem um höhere Löhne ging, stand der Tiroler Aufstand im Kontext der großen Erhebung des »gemeinen Mannes«, die zumeist verkürzt als Bauernkrieg bezeichnet wird. Forderungen nach religiöser Erneuerung vermischten sich hier mit Klagen über die wirtschaftliche und soziale Lage. Neben dem Adel, der Geistlichkeit, dem Landesherrn und seinem Berater Gabriel Salamanca richtete sich die Kritik der Aufständischen auch gegen »wucherische« und »monopolistische« Praktiken der großen Handelsgesellschaften. In den Meraner Artikeln, die sie an Pfingsten 1525 verabschiedeten, forderten die Südtiroler Bauern, »dass solche Gesellschaften, es seien kleine oder große, abgestellt werden,« damit die Waren wieder »in einen rechten Pfennig kommen«, also die Preise fallen würden. Insbesondere sei »dem Fugger, Höchstetter, Welser und allen Gesellschaften im Lande kein Silberkauf zu gestatten, sondern dieselben (müssen) abgetan werden.« Auch der Innsbrucker Landtag brachte Beschwerden gegen die Fugger vor. In Hall wurde die Fuggerfaktorei geplündert, und in Südtirol waren die wichtigen Verkehrsverbindungen nach Süden blockiert.[7] Die Beschwerden der Bergleute, also derjenigen sozialen Gruppe, die am unmittelbarsten mit den großen Handelsgesellschaften zu tun hatte, richteten sich allerdings weniger gegen die »Kapitalisten« als gegen das lokale Versorgungsgewerbe.[8]

Für die römischen Geschäfte der Fugger schließlich bedeutete der *Sacco di Roma*, die Plünderung der Ewigen Stadt durch kaiserliche Soldaten im Jahre 1527, einen tiefen Einschnitt. Obwohl die römische Faktorei nicht nur verschont blieb, sondern durch die Transferierung von Kriegsbeute nach Deutschland sogar noch gute Geschäfte machte, verlor das Ablass- und Bankgeschäft mit der Kurie durch die Unruhen in Italien und das Vordringen der Reformation in Deutschland an Attraktivität. Ende der 1520er Jahre wurde die Faktorei in Rom daher geschlossen. Die verbleibenden finanziellen Aufgaben wurden künftig von Venedig und Neapel aus wahrgenommen.[9]

Nicht nur politische und soziale Unruhen sowie militärische Auseinandersetzungen erschwerten in den 1520er Jahren die Geschäfte der großen Handelsgesellschaften, sondern auch die instabile Lage auf den europäischen Märkten. Die aufstrebende Handelsmetropole Antwerpen erlitt einen empfindlichen Rückschlag, als sich der venezianische Gewürzmarkt wieder erholte und ein Preiskampf zwischen den portugiesischen und den venezianischen Anbietern ausbrach. Auch auf den europäischen Kupfermärkten herrschte zeitweilig ein

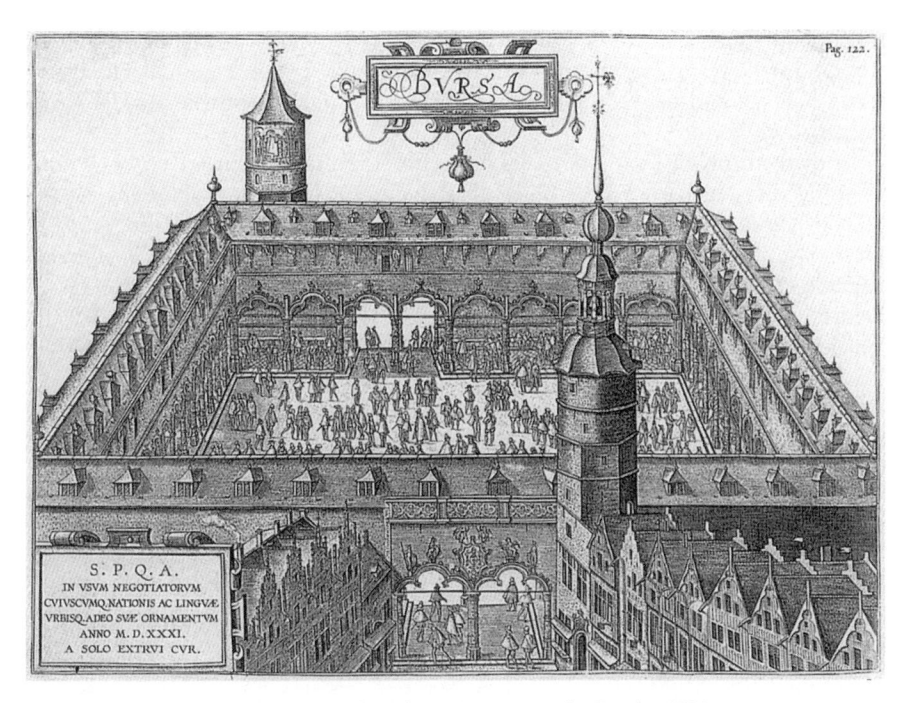

Abb. 5: Die Antwerpener Börse, Kupferstich von Petrus von der Borcht, 1581

Überangebot, das einen Preisverfall zur Folge hatte. Zu den großen Handelsfirmen, die in dieser schwierigen Konjunkturlage Bankrott machten, gehörte auch die Augsburger Höchstetter-Gesellschaft, die im Montangeschäft zeitweilig die schärfste Konkurrentin der Fugger gewesen war. Ambrosius Höchstetter hatte 1525 die Quecksilberausbeute des Bergwerks von Idria (Slowenien) für vier Jahre gepachtet und bis 1527 auch die böhmischen Quecksilbervorkommen unter seine Kontrolle gebracht. Zur Beherrschung des europäischen Marktes fehlte ihm nur noch das Bergwerk im spanischen Almadén, doch beim Griff danach übernahm er sich und musste die Quecksilbervorräte seiner Gesellschaft unter erheblichen Verlusten auf den Markt werfen, um seine Gläubiger zufrieden stellen zu können. Neben dem gescheiterten Versuch, ein Quecksilbermonopol zu errichten, trugen die zu geringe Eigenkapitalbasis der Firma, Verluste auf anderen Geschäftsfeldern und nicht zuletzt das Verhalten der Fugger'schen Konkurrenz zum Zusammenbruch der Höchstetter bei. Im Frühjahr 1528 streuten die Fugger in Antwerpen und Lyon Gerüchte über Zahlungsschwierigkeiten der Höchstetter. Gleichzeitig übernahmen sie Schuldforderungen des angeschlagenen Rivalen und zahlten einen Teil der Gläubiger aus, wodurch sich offenbar die Unruhe unter denjenigen Kreditoren vergrößerte, deren Forderungen noch nicht befriedigt waren. Als schließlich 1529 ein »Run« der Gläubiger auf die Firma einsetzte, verhallte ein dringender Hilferuf Ambrosius Höchstetters an seinen »lieben Herrn Vetter« Anton Fugger ungehört. Der einst mächtige Handelsherr, sein gleichnamiger Sohn und sein Neffe Joseph wurden in Augsburg in Haft genommen, während sich Anton Fugger mit dem Gut Burgwalden, dem Haus der Höchstetter in Schwaz und der Schmelzhütte in Jenbach einige Filetstücke aus der Konkursmasse sicherte.[10]

In diese turbulenten Zeiten fällt die erste Inventur der Firma unter Antons Leitung, die den besten Überblick über den Stand des Unternehmens in den 1520er Jahren gibt. Die zum 31. Dezember 1527 erstellte Bilanz weist Aktiva in Höhe von rund drei Millionen Gulden aus, denen Passiva von 870 000 Gulden gegenüberstanden. Von den Aktiva entfielen 270 000 Gulden auf den Bergwerksbesitz – 210 000 Gulden auf die slowakischen und 60 000 Gulden auf die Tiroler Berg- und Hüttenwerke – und 150 000 Gulden auf Immobilien. Die Häuser und Grundstücke in Augsburg und Umgebung wurden mit 57 000 Gulden, die von Jakob Fugger erworbenen Grundherrschaften mit 70 000 Gulden, das Antwerpener Faktoreigebäude mit 15 000 Gulden und die römische Faktorei mit 6000 Gulden bewertet. Die Warenlager, die vor allem aus Kupfer- und Silbervorräten, in geringerem Umfang aus Textilien bestanden, wurden auf 380 000 Gulden taxiert, und an Bargeld waren 50 000 Gulden vorhanden. Der größte Teil der Aktiva entfiel jedoch auf Schuldforderungen: König Ferdinand war den Fuggern über 651 000 Gulden schuldig, für welche die Firma auf die Saline von Hall, auf Tiroler Silber und Kupfer sowie auf Einkünfte des Habsburgers im Königreich Neapel verwiesen war. Die spanischen Außenstände beliefen sich auf über eine halbe Million Gulden, in Antwerpen bestand eine Forderung gegenüber dem König von Portugal über 18 000 flämische Pfund, und in Rom schuldete der Vizekönig von Neapel der Firma fast 15 000 Dukaten. Den Städten Augsburg und Ulm hatte die Gesellschaft jeweils 10 000 Gulden, Markgraf Kasimir von Brandenburg fast 2000 Gulden geliehen. Einige Außenstände wurden als zweifelhaft eingestuft: dazu gehörten die Forderung an die ungarische Krone, die aus der Enteignung des Jahres 1525 herrührte (206 741 Gulden), Schulden Alexi Thurzos (113 122 Gulden) und eine Schuld des verstorbenen Papstes Leo X. (20 958 Gulden).

Von den Passiva entfielen rund 340 000 Gulden auf Spanien und 290 000 Gulden auf Depositenschulden. Ein großer Teil der Depositeneinlagen kam von Verwandten und Angestellten der Fugger. So hatte Georg Fuggers Witwe Anna Thurzo fast 80 000 Gulden Kapital investiert, auf die mehr als 2000 Gulden an Zinsen aufgelaufen waren. Die Kinder des Hans Marx von Bubenhofen und der Sibylla Fugger hatten rund 30 000 Gulden Kapital und Zinsen in der Gesellschaft liegen, der Faktor Gastel Fugger aus der Linie vom Reh war mit 5000 Gulden Gläubiger, und selbst Anton Fuggers Hausknecht Martin Schmid hatte immerhin 160 Gulden investiert. Abzüglich der Passiva ergab sich ein Firmenvermögen von rund zwei Millionen Gulden. Da sich das Gesellschaftskapital im Jahre 1511 auf lediglich 197 000 Gulden belaufen hatte, ergab sich ein Zuwachs von über 1,8 Millionen Gulden innerhalb von 16 Jahren. Mit einem Stammkapital von 1,6 Millionen Gulden wurden die Geschäfte fortgeführt.[11]

Erst im September 1532, fast sieben Jahre nach dem Tod ihres Onkels Jakob, schlossen Raymund, Anton und Hieronymus Fugger einen neuen Gesellschaftsvertrag ab, der eine Laufzeit von sechs Jahren hatte. In diesem Dokument stellten sich die Teilhaber ausdrücklich in die Tradition Jakob Fuggers, mit dem sie in »so gutter bruderlicher und freuntlicher aynigkait« Handel getrieben hätten, dass sie aus »genaden gottes« zu Vermögen und »eerlichen wesen« gekommen seien. In seinem Testament habe Jakob Fugger ihnen ein stattliches Erbe vermacht und sie ermahnt, ihren »weltlichen stamen und namen, noch ferrer in erlichem und gutem wesen zu underhalten«. Ferner habe er seinem Neffen Anton die alleinige Geschäftsführung übertragen und dessen Bruder Raymund sowie seinem Vetter Hieronymus lediglich eine beratende Funktion eingeräumt. Gemäß diesem letzten Willen habe Anton Fugger 1527 auch die Generalrechnung durchgeführt. Die Handelsgesellschaft sollte künftig zwar den Namen »Raymundus Anthonius und Jheronimus die Fugger gebrueder« tragen, doch erkannten Raymund und Hieronymus ausdrücklich Anton als »ain obristen verwaltern und verwesern dieses unsers gemainen gesellschafft handels« an. Dokumente, die Anton Fugger für die Gesellschaft ausstellte, waren auch für die beiden anderen Teilhaber bindend. Er konnte alleine Handelsdiener einstellen oder entlassen, während Raymund und Hieronymus nur mit Zustimmung Antons für die Gesellschaft tätig werden durften. Ferner regelte der Vertrag die Entnahme von Kapital sowie die Fortführung der Geschäfte und die Auszahlung der Erben im Falle des Todes eines oder zweier Teilhaber. Überlebten Raymund und Hieronymus den Geschäftsführer Anton Fugger, dann sollten sie die Gesellschaft mit Hilfe eines oder zweier erfahrener Handelsdiener weiterführen.[12]

Tatsächlich verstarb jedoch Raymund Fugger 1535 als erster der Teilhaber. Sein Tod bildete den Anlass für eine neue Generalrechnung, mittels derer sich Anton Fugger 1536 einen aktuellen Überblick über den Stand des Unternehmens verschaffte. Die Aktiva betrugen zu diesem Zeitpunkt 3,8 Millionen Gulden, von denen 2,35 Millionen auf Außenstände des Unternehmens entfielen. Allein in Spanien standen damals bereits Forderungen über mehr als eine Million Gulden aus. »Das Anwachsen des spanischen Geschäfts,« schrieb Richard Ehrenberg, sei »die wichtigste Tatsache des ganzen Zeitraums« seit dem Tod Jakob Fuggers. Die Passiva beliefen sich auf 1,77 Millionen Gulden, waren also seit 1527 deutlich gewachsen. Die Depositen- und Wechselschulden der Firma summierten sich auf rund 700 000 Gulden. Die »Zunahme des Geschäfts seit 1527,« so nochmals Ehrenberg, war demnach »nur durch fremde Kapitalien ermöglicht worden.«[13]

Nachdem Anton Fugger im Oktober 1537 seinen Vetter Hieronymus ausgelöst hatte, nahm er nach dem Vorbild seines Onkels Jakob vier der Söhne Raymunds »auf ir vleissig ansuchen und bit« in die Gesellschaft auf. In einer Erklärung vom 5. Februar 1538 behielt sich Anton Fugger jedoch die alleinige Entscheidungsgewalt über alle Fragen des Geschäfts vor. Seine Neffen Hans Jakob, Christoph, Georg und Raymund sollten ihr ererbtes Kapital in der Gesellschaft belassen, ihren Onkel als deren »haubthrrn« anerkennen und seinen sämtlichen Anordnungen Folge leisten. Wenn sich einer der Neffen »ungeburlich« verhielt, hatte Anton Fugger das Recht, ihn zu entlassen. Gewinnberechnungen und Auszahlungen nahm der »Hauptherr« der Gesellschaft alleine vor. Sollte er während der sechsjährigen Laufzeit des Vertrags sterben, sollte sein Neffe Hans Jakob die Geschäftsführung zusammen mit einem erfahrenen Handelsdiener übernehmen, da er noch jung und in Handelsgeschäften »nit genugsam bericht und erfahren« war.[14] Damit nahm Anton Fugger dieselbe Kompetenzfülle für sich Anspruch, die sein verstorbener Onkel innegehabt hatte. Wie die folgende Darstellung der wichtigsten Tätigkeitsfelder des Unternehmens zeigen wird, weist seine Geschäftspolitik starke Kontinuitäten zu derjenigen Jakob Fuggers auf.

Kaiser Karl V., Spanien und die Neue Welt

Mit der Finanzierung der Wahl Karls V. im Jahre 1519 hatte Jakob Fugger die Weichen für enge Beziehungen zum Kaiser und spanischen König gestellt, und diese Verbindung blieb sowohl für den Monarchen als auch für das Fugger'sche Unternehmen bis in die 1550er Jahre hinein von zentraler Bedeutung. Der spanische Historiker Ramón Carande hat in einem großen Werk die Darlehensverträge (*Asientos*) der spanischen Krone zwischen 1521 und 1555 zusammengestellt, deren Rückzahlung durch das Königreich Kastilien garantiert wurde. Obwohl es schwierig ist, aus diesen Verträgen ein Gesamtbild zu erstellen, weil neue Kredite häufig auch zur Tilgung älterer Verbindlichkeiten verwendet wurden, vermag die nachfolgende Tabelle doch einen Eindruck von der relativen Bedeutung der Kreditgeber zu vermitteln. Demnach nahm die spanische Krone während der Herrschaft Karls V. insgesamt rund 28 Millionen Dukaten auf. Mehr als 10 Millionen – dies entspricht 36 % des gesamten Kreditvolumens – wurden von Augsburger Bankiers bereitgestellt, davon 5,5 Millionen von den Fuggern und 4,2 Millionen von den Welsern. Fast ein Fünftel der Kreditaufnahme der Krone entfiel also allein auf die Fugger. Vergleichbare Summen wie die Augsburger brachten die genuesischen Bankiers auf: Sie stellten der spanischen Krone mit über 9,6 Millionen Dukaten ebenfalls mehr als ein Drittel des gesamten Kreditvolumens zur Verfügung. Seit der Jahrhundertmitte spielten sie als Gläubiger des Königs eine wesentlich größere Rolle als die Oberdeutschen. Auch Antwerpener und spanische Finanziers sowie königliche Beamte liehen der Krone beträchtliche Summen, sie waren insgesamt aber weniger wichtig als die Augsburger und Genuesen. Sieben Bankhäuser gaben dem Kaiser fast zwei Drittel aller zwischen 1521 bis 1555 gewährten Darlehen: die Fugger und Welser, die Genueser Firmen Grimaldi, Spinola, Gentile und Centurione sowie die Antwerpener Schetz.[15]

Seit 1527 stellte die von Anton Fugger geleitete Firma dem Kaiser in einer langen Serie von *Asientos* Gelder für seine Reisen und Gesandtschaften, für habsburgische Heiratsprojekte, für die Kriege gegen Frankreich in Italien und den Niederlanden sowie für die Unterstützung seines Bruders Ferdinand im Kampf gegen die Türken zur Verfügung. Dabei arbeitete die Firma immer wieder mit den Augsburger und Nürnberger Welserfirmen, mit den Gebrüdern Rem in Augsburg, des Öfteren aber auch mit Genuesen und Bankiers aus Burgos zusammen. Aus der Serie dieser Anleihen seien hier nur einige der wichtigsten herausgegriffen. Im Vorfeld von Karls Kaiserkrönung in Bologna schlossen die Vertreter der Fugger und Welser in Spanien im Februar 1530 einen *Asiento* über einein-halb Millionen Dukaten ab. Weitere Darlehen flossen während Karls Aufenthal-

Kredite an die spanische Krone (rückzahlbar durch die Kammer Kastiliens) 1521–1555

Kreditgeber	Gesamtsumme der Darlehen	Zahl der Darlehen	Anteil an gesamter Kreditaufnahme
Augsburg	10 214 828	127	36,30 %
Fugger	5 499 516	74	19,54 %
Welser	4 223 822	41	15,01 %
Andere	491 490	12	1,74 %
Genua	9 649 790	285	34,29 %
Antwerpen	2 985 315	46	10,61 %
Spanien	5 048 432	150	17,94 %
Andere	240 001	13	0,85 %
Summe	28 138 393	621	100 %

Quelle: Tracy, Emperor Charles V, S. 101.

ten auf dem Augsburger Reichstag (1530), in den Niederlanden (1531) und auf dem Regensburger Reichstag (1532). 1535 erfolgte in Madrid der Abschluss eines *Asiento* über 600 000 Dukaten, mit dem laufende Regierungsaufgaben sowie der Unterhalt der spanischen Festungen im Rousillon und in Nordafrika bestritten werden sollten. Im März 1539 handelten die Vertreter der Fugger und Welser in Toledo ein Darlehen über 150 000 Dukaten aus, das im Reich ausbezahlt werden sollte. Ein weiterer Kredit, den die beiden Augsburger Firmen im selben Jahr in Madrid gewährten, sah die Auszahlung von 156 000 Dukaten in den Niederlanden und weiteren 100 000 Scudi in Mailand vor. Anton Fuggers Neffe Christoph, der sich seit 1539 in Spanien aufhielt, schloss im Februar 1544 in Valladolid einen *Asiento* über 200 000 Dukaten ab. Auch im Vorfeld des Schmalkaldischen Krieges von 1546/47 nahm die Krone bei den Fuggern über eine halbe Million Gulden auf. Auf dem Höhepunkt des Krieges erhielt die niederländische Regierung im Oktober 1546 100 000 Dukaten von den Fuggern, und im Januar 1547 stellte Anton Fugger dem Kaiser erneut größere Beträge in Form niederländischer Wechsel zur Verfügung. Außerdem verwahrte die Firma päpstliche Subsidien, die für den Kampf des Kaisers gegen die deutschen Protestanten bestimmt waren. Den Kulminationspunkt dieser Serie von Anleihen bildete der Villacher Vertrag vom 28. Mai 1552, in dem Anton Fugger auf seine eigene Rechnung, d. h. ohne Beteiligung seiner Neffen, dem Kaiser 100 000 Dukaten und 300 000 italienische Scudi zu einem Zeitpunkt vorstreckte, als dieser sich wegen des Fürstenaufstands im Reich in größter Bedrängnis befand.[16]

Für die Rückzahlung dieser Darlehen standen vorrangig die Einkünfte der Länder der kastilischen Krone zur Verfügung. Dazu gehörten der von den kastilischen Ständen (*Cortes*) bewilligte *Servicio*, kirchliche *Subsidios*, die *Alcabalas* und *Tercias* – Renten, die auf die einzelnen Städte und Gemeinden umgelegt wurden

–, ferner die *Cruzada*, ein zur Zeit des Kampfes gegen die Mauren vom Papst bewilligter Kreuzzugsablass, die sich nach Abschluss der Reconquista allmählich in eine reguläre staatliche Einnahme wandelte, sowie die von kirchlichen Einkünften erhobene *Quarta*. Seit den 1530er Jahren gewannen auch Edelmetalle, die spanische Flotten aus der Neuen Welt nach Europa transportierten und von denen der Krone in der Regel ein Fünftel zustand, immer größere Bedeutung. Von 1530 bis 1533 wurde die *Cruzada* von den Fuggern und Welsern erhoben, und für ihre großen Darlehen des Jahres 1539 wurden die beiden Firmen auf *Servicios*, die *Cruzada* und Edelmetalle aus Amerika verwiesen. In den 1550er Jahren wurden den Fuggern mehrfach Silberlieferungen aus Spanien in die Niederlande angewiesen. Eine weitere Einnahmequelle bildete der Verkauf königlicher Renten, so genannter *Juros*. Die Fugger übernahmen seit 1524 immer wieder solche Renten und verkauften sie in kleineren Posten an kirchliche Institutionen, Beamte und Privatpersonen weiter. Auch bei diesen Geschäften arbeiteten ihre spanischen Faktoren wiederholt mit Vertretern der Welser zusammen. Besondere Bedeutung erlangten schließlich die *Maestrazgos*, die Güter der spanischen Ritterorden von Santiago, Alcántara und Calatrava. Nach dem Abschluss der Reconquista war die Verwaltung dieser ausgedehnten Ländereien an die Krone zurückgefallen und wurde von ihr gegen finanzielle Vorschüsse weiterverpachtet. Die Einkünfte dieser Maestrazgos bestanden aus Grundzinsen und Zehnten, die entweder als Geldabgaben oder in Form von Naturalien (Getreide, Wein, Olivenöl) zu entrichten waren.[17]

Die Fugger hatten erstmals 1524, also noch zu Lebzeiten Jakob Fuggers, den Zuschlag für eine Maestrazgopacht erhalten, die von 1525 bis 1527 lief. In diesem Zeitraum entrichteten sie eine jährliche Pachtsumme von 135 000 Dukaten. In den folgenden Pachtperioden von 1528 bis 1537 hatten die Augsburger Welser und eine Gruppe italienischer Kaufleute um Maffeo de Taxis und Giovanni Battista Grimaldi die Maestrazgoverwaltung inne. Für die Pachtperiode von 1538 bis 1542 erhielten dann wieder die Fugger den Zuschlag und entrichteten dafür einen jährlichen Pachtzins von 150 000 Dukaten. Nachdem die Pacht in der fünfjährigen Periode ab 1542 an eine Gruppe spanischer Interessenten gefallen war, kamen die Fugger von 1547 bis 1550 erneut zum Zuge. Attraktiv erschien die Übernahme der Pacht vor allem aus zwei Gründen: Zum einen hatten die Pächter die Möglichkeit, Getreideüberschüsse aus den Ordensländereien zu exportieren, zum anderen gehörte zum Gebiet des Ordens von Calatrava auch das Quecksilberbergwerk von Almadén. Da Quecksilber, das unter anderem in der Spiegelglasherstellung, der Goldverarbeitung und zu medizinischen Zwecken genutzt wurde, und Zinnober im Europa des 16. Jahrhunderts außer in Almadén nur an wenigen Orten – vor allem in Idria im heutigen Slowenien und in Böhmen – abgebaut wurden, stellte der Bergwerksbetrieb bis zu einem verheerenden Brand im November 1550 eine lukrative Einnahmequelle dar. In den Jahren 1547 bis 1550 verkauften die Fugger in Almadén 3761 Zentner Quecksilber und 653 Zentner Sublimat, das aus Quecksilber gewonnen und zum Scheiden von Gold und Silber verwendet wurde. Die Augsburger Firmenzentrale errechnete für die Pachtperiode von 1538 bis 1542 jährliche Einnahmen von rund 224 000 Dukaten, denen Ausgaben von 152 000 Dukaten gegenüberstanden, was einem Gewinn von knapp 52 % ent-

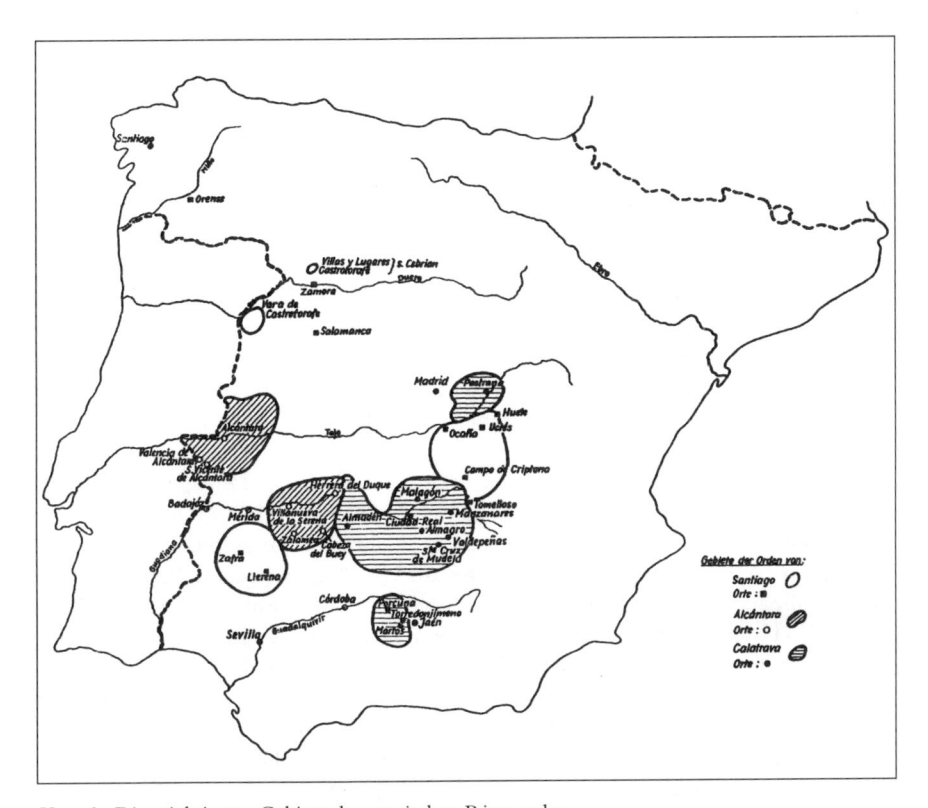

Karte 3: Die wichtigsten Gebiete der spanischen Ritterorden

sprach. Für den Zeitraum von 1547 bis 1550 wurde ein Gewinn von 24 % ermittelt. Zur Organisation der Maestrazgopacht richteten die Fugger in Almagro eine eigene Faktorei ein, die der Hauptfaktorei am spanischen Hof unterstand.[18] Die besondere Verbundenheit der Gesellschaft mit Almagro kommt in der Geschichte der dortigen St. Salvator-Kirche zum Ausdruck. In den 1520er Jahren finanzierte die Firma den Bau und die Ausstattung einer Kapelle, die Anton Fugger seit 1550 vergrößern ließ und mit einer eigenen Gottesdienststiftung versah.[19]

Da die Fugger zur Tilgung ihrer Darlehen an die Krone wiederholt auf Silber und Gold aus Amerika angewiesen wurden, lag es nahe, dass sie ihren Blick auch auf die Neue Welt richteten. Außerdem dürfte die Tatsache, dass die Augsburger Konkurrenzfirma Bartholomäus Welsers 1526 eine Faktorei auf Santo Domingo errichtet und 1528 mit der spanischen Krone Verträge über die Kolonisation Venezuelas und die Lieferung von 4000 afrikanischen Sklaven nach Amerika abgeschlossen hatte, das Interesse der Fugger an einem amerikanischen Engagement erhöht haben. Überdies erreichten die Finanzbeziehungen zwischen dem Augsburger Handelshaus und der Krone um 1530 mit dem *Asiento* über eineinhalb Millionen Dukaten und der Finanzierung der Königswahl Ferdinands einen Höhepunkt. Vor diesem Hintergrund verhandelte der Fuggerfaktor Veit Hörl im Jahre 1530 mit dem spanischen Indienrat über einen Vertrag zur Eroberung und Kolonisation der westlichen Küstenregion Südamerikas von Chincha in Peru bis zur Magellanstraße. Diese Region schloss neben dem heutigen Südperu ganz Chile ein. Nachdem Karl V. im Januar 1531 seine Zustimmung zu einem Vertragsabschluss signalisiert hatte, unterzeichnete Veit Hörl im Juni desselben Jahres ein entsprechendes Abkommen. Dieser Vertrag wurde aus unbekannten Gründen vom Kaiser jedoch nicht ratifiziert. Anscheinend verfolgten auch die Fugger das Projekt nach dem Untergang eines Schiffes, das zur Erkundung nach Südamerika geschickt wurde, nicht weiter. Angesichts der Tatsache, dass das Venezuela-Unternehmen der Welser bereits nach wenigen Jahren zu einem reinen Sklavenfang- und Beuteunternehmen degenerierte und mit erheblichen Verlusten endete, wird man Anton Fuggers Verzicht auf dieses Eroberungsunternehmen als weise Entscheidung charakterisieren dürfen.[20]

Obwohl die direkte Beteiligung der Fugger an überseeischen Unternehmungen sporadischer Natur war, entwickelte sich Sevilla, der Monopolhafen für den spanischen Amerikahandel, für sie zu einem wichtigen Handelsplatz. Die in den 1520er Jahren entstandene Fuggerfaktorei am Guadalquivir nahm amerikanische Edelmetalle und Perlen zur Tilgung von Kronanleihen in Empfang. Ferner tätigte sie Wechselgeschäfte im Zahlungsverkehr zwischen Sevilla und den kastilischen Messen, verkaufte *Juros*, wickelte Geldgeschäfte im Rahmen der Maestrazgopacht ab und vertrieb schwäbischen Barchent, Tiroler und slowakisches Kupfer sowie Quecksilber und Zinnober aus Almadén. Barchent aus der Fuggerherrschaft Weißenhorn ging sowohl an Kunden auf der iberischen Halbinsel als auch in die Neue Welt.[21] Auch alpenländisches und ungarisches Kupfer, das über Antwerpen vertrieben wurde, spielte im Überseehandel eine wichtige Rolle: Über Sevilla gelangte es in den Amerikahandel, über Lissabon in den portugiesischen Afrikahandel. In einem bemerkenswerten Vertrag vom 20. Januar 1548 sicherte der Antwerpener Faktor Christoph Wolff dem Vertreter des portugiesischen Königs, João Rebello, die Lieferung von 7500 Zentnern Messingringen, 24 000 Töpfen, 1800 breitrandigen Näpfen, 4500 Barbierbecken und 10 500 Kesseln innerhalb von drei Jahren zu. Diese Messingwaren waren, wie der Vertrag explizit festhält, für den Guineahandel bestimmt und sollten an die *Casa da India e Mina* in Lissabon, die den portugiesischen Überseehandel koordinierte, geliefert werden.[22]

Zu den Waren aus der Neuen Welt, die die Fugger aus Spanien exportierten, gehörte neben Edelmetallen, Perlen und Juwelen auch Guayakholz, ein Heilmittel gegen die seit den 1490er Jahren in Europa grassierende Syphilis. Nachdem die Guayakkur nach 1515 als Therapie gegen diese Geschlechtskrankheit in Mitteleuropa bekannt geworden war, richteten die Fugger in ihrer Augsburger Armensiedlung um 1521 auch ein »Holzhaus« zu deren Behandlung ein. Der junge Arzt Theophrast von Hohenheim, genannt Paracelsus, der der Behandlung mit Quecksilber gegenüber der Holzkur den Vorzug gab, warf in zwei 1528 und 1529 gedruckten Schriften den Fuggern vor, sie würden die Guayakkur aufgrund ihrer eigenen wirtschaftlichen Interessen propagieren. Obwohl die Fugger in Sevilla nachweislich mit Guayakholz handelten und ihre

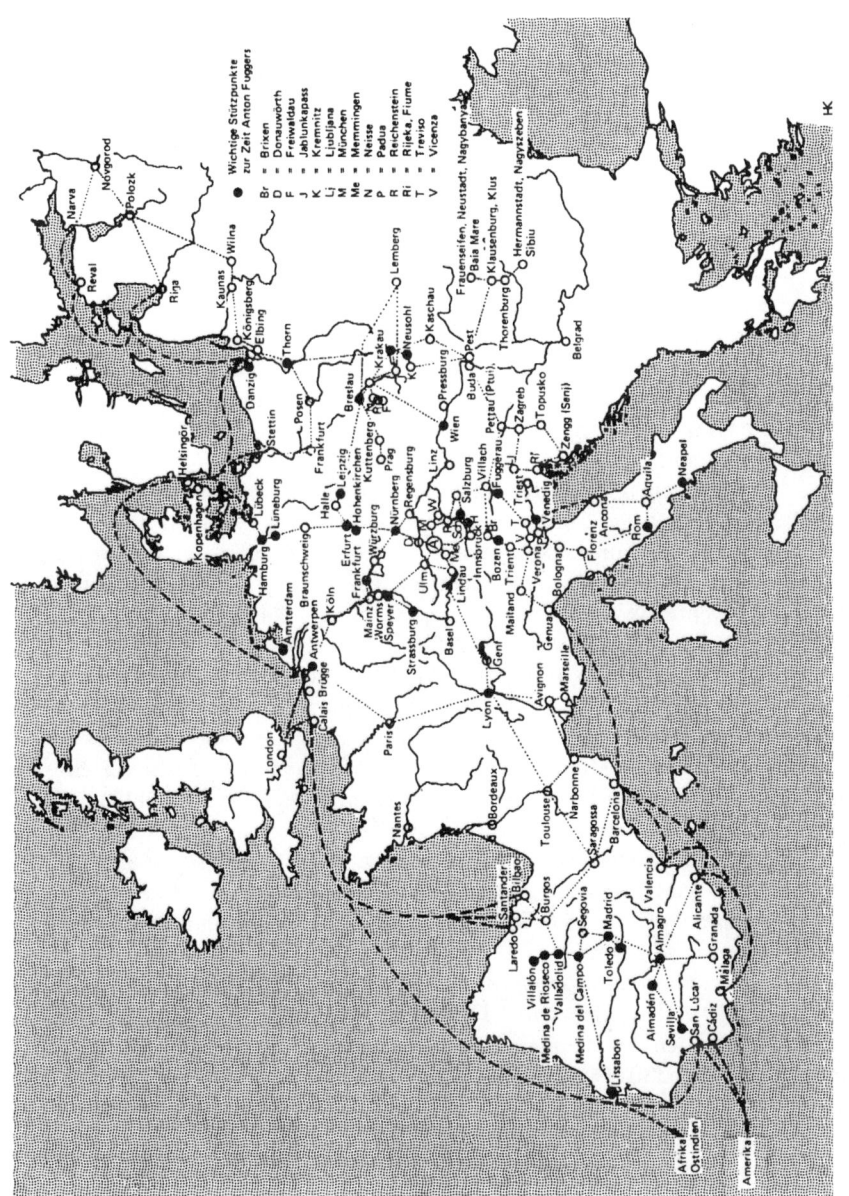

Karte 4: Niederlassungen und Transportwege im Unternehmen Anton Fuggers

Antwerpener Faktorei in den 1520er Jahren »indianisches Holz« nach Ungarn versandte, ist die bisweilen vertretene Auffassung, dass die Fugger ein Monopol auf den Handel mit Guayakholz gehabt hätten, durch neuere Forschungen eindeutig widerlegt worden.[23]

Ferdinand I., Tirol und Neapel

Wie Kaiser Karl V. war auch sein Bruder und Nachfolger Ferdinand I. immer wieder auf Darlehen angewiesen, da die Verwaltung der österreichischen und böhmischen Länder, die Türkenabwehr, die Auseinandersetzungen um die ungarische Krone und die Reichspolitik enorme finanzielle Mittel erforderten. Außerdem hatte er einen erheblichen Teil der Verbindlichkeiten aus der Kaiserwahl seines Bruders übernommen. Umgekehrt waren die Fugger auf ein gutes Verhältnis zum Herrscher über die österreichischen, böhmischen und ungarischen Länder angewiesen, da sowohl ihre Tiroler und ungarischen Montanunternehmungen als auch ein großer Teil ihres Grundbesitzes in Schwaben in seinem Herrschaftsbereich lagen. Somit gestalteten sich die Beziehungen zwischen der Firma und dem Habsburger während der gesamten Zeit, in der Anton Fugger das Unternehmen führte, sehr eng, wenn auch keineswegs immer konfliktfrei. In der Fugger-Inventur von 1527 war Ferdinand mit 651 000 Gulden der wichtigste Schuldner. Im folgenden Jahr liehen die Augsburger Gesellschaften der Fugger, der Brüder Anton und Hans Bimmel und des Christoph Herwart dem Herrscher 45 000 Gulden, davon 25 000 in bar und den Rest in Form von Leinwand und Tuch. Ferdinands Wahl zum römischen König im Jahre 1530 wurde von den Fuggern mit einem Darlehen über 275 333 Gulden und einer Leibrente für den Kurfürsten von Mainz in Höhe von 7000 Gulden unterstützt. Einschließlich der Zinsen und einer Extraprovision von 40 000 Gulden wurden die Wahlschulden des Herrschers auf 356 845 Gulden veranschlagt.[24] Die Fugger'sche Generalrechnung von 1533 wies Forderungen an den König in Höhe von rund einer Million Gulden aus, und auch in der Folgezeit benötigte Ferdinand immer wieder Geld: 1537 lieh er sich von der Gesellschaft 83 000 Gulden, und 1541 streckten ihm Anton Fugger, Hans Baumgartner und der Augsburger Matthias Manlich auf Tiroler Silber 110 000 Gulden vor.[25] Der Generalrechnung von 1546 zufolge betrugen die Schulden des Königs bei den Fuggern 443 000 Gulden; sieben Jahre später lagen sie bei 380 000 Gulden.[26]

Der Tiroler Bergbau und Metallhandel blieb unter Anton Fugger eine wichtige Säule des Geschäfts. Die Inventur von 1527 nennt Grubenanteile zu Klausen im Eisacktal, zu Gossensass und am Schneeberg, bei Lienz im Pustertal, in der Umgebung von Rattenberg und im Schwazer Berggericht, wo die Fugger allein am Falkenstein an 45 Gruben beteiligt waren. Die in diesen Bergwerken gewonnenen Erze wurden in den Hüttenwerken von Schwaz, Jenbach und Rattenberg verarbeitet, von denen die Jenbacher Hütte die wichtigste war. In den Jahren 1527 und 1528 produzierte sie rund 13 500 Mark Silber und 5500 Zentner Kupfer. Nach dem Konkurs der Höchstetter-Gesellschaft übernahmen die Fugger auch deren Jenbacher Hüttenwerk. Der Schwazer Faktor Georg Hörmann erwarb um 1530 weitere Bergwerksanteile bei Klausen und ließ dort eine Schmelzhütte errichten. Zu Beginn des Jahres 1526 gründeten die Fugger gemeinsam mit Christoph Herwart, den Brüdern Anton und Hans Bimmel und Benedikt Burkhart den »Schwazer Berg-, Schmelz- und Pfennwert-Handel«, wobei unter Letzterem die Versorgung der Bergleute mit Lebensmitteln und Gebrauchsgütern zu verstehen ist. Die drei Augsburger Firmen legten jeweils 24 000 ungarische Gulden, der kapitalschwächere Burkhart 12 000 Gulden in dieses Unternehmen ein. Bereits 1527 trat Burkhart seinen Anteil an die Bimmel und die Fugger ab.[27]

Die Listen der Brandsilberproduktion am Falkenstein bei Schwaz, wo die ergiebigsten Gruben lagen, ermöglichen einen Einblick in die Entwicklung des Bergbaus in den 1530er und 40er Jahren. Zwischen 1525, dem Todesjahr Jakob Fuggers, und 1530 hatte sich dort ein Konzentrationsprozess vollzogen. Verzeichneten die Listen im Jahre 1525 noch 11 Gewerken, so waren es 1530 nur noch sechs. Neben den 1529 in Konkurs gegangenen Höchstetter waren auch mehrere einheimische Unternehmer aus dem Geschäft ausgeschieden. Bei den Übriggebliebenen handelte es sich um drei Tiroler – die Tänzl, Reyff und Stöckl – und drei Augsburger Firmen: die Fugger, Hans Baumgartner und eine Firma, welche Anton und Hans Bimmel gemeinsam mit den Erben Christoph Herwarts betrieben. Nach dem Tod der Gebrüder Bimmel gründeten ihre Erben 1531 die Gesellschaft »Anton Haug, Hans Langnauer, Ulrich Linck und Mitverwandte«, und unter Christoph Herwarts Erben nahm sein Schwiegersohn Sebastian Neidhart eine Führungsrolle ein, so dass die Bimmel-Herwart-Gesellschaft in den 1540er Jahren als Haug-Neidhart-Gesellschaft firmierte. Die Anteile des Reyff-Erben Jacob Gratt schließlich gingen 1546 an die Firma der Brüder Hans Paul und Hans Heinrich Herwart von Augsburg über.[28] Die Brandsilberlisten zeigen, dass die Ausbeute am Falkenstein in den 1530er Jahren deutlich zurückging, sich danach aber stabilisierte.[29] Zwischen 1535 und 1549 gewannen die Fugger dort im Jahresdurchschnitt zwischen 5000 und 6000 Mark Silber, was etwa einem Fünftel der Gesamtproduktion entsprach.

Brandsilberproduktion am Falkenstein bei Schwaz 1530–1549

Zeitraum	mittlere Jahresproduktion	davon Fugger	Anteil der Fugger
1530–1534	38 602	8 011	20,8 %
1535–1539	29 909	5 654	18,9 %
1540–1544	28 208	6 060	21,5 %
1545–1549	27 049	5 238	19,4 %

Quelle: Westermann (Hg.), Brandsilberproduktion, S. 102–109.

Wie schon zur Zeit Jakob Fuggers waren auch in den 1530er und 40er Jahren Darlehensverträge der Augsburger Firmen mit dem König und der Tiroler Regierung häufig mit Metallgeschäften gekoppelt.[30] Im Februar 1540 beispielsweise beurkundete König Ferdinand in Innsbruck, dass ihm die Fugger, Baumgartner und Haug-Neidhart »zu unseren notdurften auf unser fürgenommen raiß zu unserm lieben herrn und bruder dem römischen Kaiser in die Niederlande« 30 000 Gulden geliehen hätten. Dafür erhielten sie zum Preis von 9 Gulden und 12 Kreuzern je Mark insgesamt 20 000 Mark Silber zugesprochen, die sie in Schwaz im »schweren Wechsel« produzierten und eigentlich in die Haller Münze einzuliefern hatten. Sie durften dieses Silber entweder frei verkaufen oder zu einem höheren Preis von 10 Gulden und 30 Kreuzern in die Münze einliefern. Im Linzer Vertrag vom November 1541 streckten die Fugger, Baumgartner und Haug-Neidhart dem König zusammen 120 000 Gulden vor und erhielten dafür 54 545 Mark Silber zum Preis von 9 Gulden und 26 Kreuzern je Mark zugesprochen. Drei Jahre später liehen dieselben Firmen König Ferdinand in Wien 100 000 Gulden gegen eine Anweisung auf 45 454 Mark Tiroler Silber, das sie zum selben Preis wie 1541 abnahmen. Am Hohenfurter Vertrag vom November 1541, in dem sich die Fugger gegen ein Darlehen von 80 000 Gulden 30 000 Mark Silber und 12 500 Zentner Kupfer sicherten, waren die Haug-Neidhart ebenfalls zu einem Drittel beteiligt. Die Schulden Ferdinands aus diesem Vertrag waren 1554 noch nicht getilgt. Anton Fugger selbst bezifferte den Gewinn, der seiner Firma allein aus diesem Vertrag zufloss, auf über 60 000 Gulden.[31]

Während die Tiroler Geschäfte in der Zeit Jakob Fuggers von der Innsbrucker Faktorei aus organisiert worden waren, verlagerte sich der geschäftliche Schwerpunkt in den 1520er Jahren nach Hall, dem Sitz der Tiroler Münze und des Salzamtes und einem wichtigen Verladeplatz für Kupfer- und Silbertransporte, sowie nach Schwaz, dem Zentrum der Metallproduktion. Von diesen beiden Hauptorten wurden die Berg- und Hüttenwerke verwaltet, wobei Schwaz mehr für die technische, Hall hingegen mehr für die finanzielle Seite des Tiroler Geschäfts zuständig war. Die Faktorei Innsbruck wurde zwar beibehalten, hatte aber nur noch eine untergeordnete Funktion. Eine Art Außenstelle des Tiroler Handels bildete die Niederlassung in Bozen, die als Bindeglied zu den italienischen Faktoreien fungierte. Der Absatz des Tiroler Kupfers erfolgte vor allem über die Handelszentren Venedig und Nürnberg.[32]

Im Zuge einer Vermögensteilung und Neustrukturierung gliederte Anton Fugger 1548 die Tiroler und Kärntner Unternehmungen aus der Gesamtfirma aus. Bei dieser Ausgründung handelte es sich Hermann Kellenbenz zufolge um »eine kombinierte Bergbau-, Hütten-, Metall- sowie Pfennwerthandelsunternehmung, die dem Gemeinen Handel gegenüber als Verkäufer ihrer Produkte auftrat.« Der Tiroler Handel wurde mit einem geschätzten Betriebsvermögen von 461 410 Gulden Schuldner der Fuggerfirma. Zum Zeitpunkt der Auslösung umfasste er Anteile an 39 Gruben am Falkenstein und 12 Gruben am Ringenwechsel im Berggericht Schwaz, ferner Anteile an 11 Gruben am Röhrerbühel im Berggericht Kitzbühel, kleinere Besitzungen zu Gossensass, Terlan, Klausen, Nals und am Schneeberg sowie Hüttenwerke in Jenbach und Grasstein. In Kärnten konzentrierten sich die Aktivitäten auf die Bleiproduktion sowie auf den Goldbergbau im Lavanttal. Der ersten Grundrechnung des Tiroler Handels von 1548/49 zufolge erzielte das Unternehmen einen Reingewinn von 73 686 Gulden. Bis zum Ende des Jahres 1555 sank der Gewinn allerdings auf 33 893 Gulden, während das Kapital zu diesem Zeitpunkt auf 472 327 Gulden veranschlagt wurde. In den 1550er Jahren nahm Anton Fugger überdies jährlich Abschreibungen in Höhe von 2000 Gulden vor.[33]

Da die Ergiebigkeit der »alten« Schwazer Bergwerke weiter rückläufig war, investierten die Fugger seit 1548 in neue Gruben. Außerdem ließen sie einen Neubau für das Lützelfelder Schmelzwerk errichten und bauten Pochwerke am Falkenstein und am Kärntner Bleiberg. Gleichzeitig legten sie ältere Betriebe still oder reduzierten deren Belegschaft. Bei Darlehensgeschäften mit der Tiroler Regierung hielt sich die Gesellschaft nach 1548 zeitweilig sehr zurück: Ein Kredit von 56 000 Gulden für die Aussteuer von Ferdinands Tochter Katharina im Jahre 1549, die Übernahme einer Bürgschaft für ein 40 000-Gulden-Darlehen des Kardinals von Trient an die Innsbrucker Hofkammer im Jahre 1552 sowie ein 56 000-Gulden-Kredit im Jahre 1555 gehören zu den größten Geschäften dieses Zeitraums. Zugleich sorgten die schwindenden Erträge des Bergbaus und die schwierige Versorgungslage der Bergknappen für erhebliche Spannungen zwischen den Gewerken und den Tiroler Behörden. Subventionen für den Bergbau und der Preis, zu dem Silber an die Haller Münze geliefert wurde, waren Gegenstand langwieriger Verhandlungen. Um die Versorgung der eigenen Münze mit Silber sicherzustellen, erließ die Regierung Exportverbote. Als es Ende 1558 wegen unerlaubter Silberausfuhren nach Venedig zu einem heftigen Konflikt der Gesellschaft mit Kaiser Ferdinand und der Tiroler Regierung kam, bot Anton Fugger sogar seinen gesamten Bergwerksbesitz der Tiroler Regierung zum Kauf an. Dieses Angebot, das die Regierung ablehnte, ist wohl nicht nur als Drohgebärde des alternden Handelsherrn zu verstehen, sondern auch im Kontext von Anton Fuggers Bemühungen um die Liquidierung des Handels, von denen noch die Rede sein wird.[34]

Aufgrund der finanziellen Beziehungen zu Ferdinand I. war das Unternehmen Anton Fuggers auch im Königreich Neapel stark engagiert. Ferdinand von Aragon hatte seinem gleichnamigen Enkel testamentarisch eine jährliche Rente von 50 000 Dukaten aus neapolitanischen Einkünften vermacht, die Karl V. 1522 im Zuge der Vereinbarungen über die Teilung des habsburgischen Herrschaftsbereichs auf 60 000 Dukaten erhöht hatte. Im Dezember 1524, also noch zu Lebzeiten Jakob Fuggers, hatte Ferdinand seine Augsburger Gläubiger erstmals auf diese Einkünfte verwiesen: Schulden in einer Gesamthöhe von 200 000 Dukaten sollten aus der Neapolitaner Rente abgetragen werden. Auch in den folgenden Jahren wurden Kredite der Fugger auf Neapel angewiesen. Gegen Ende des Jahres 1527 beliefen sich Ferdinands Verbindlichkeiten auf rund 650 000 Gulden, von denen über 240 000 Gulden aus seinen süditalienischen Renteneinkünften getilgt werden sollten. Mit der Einziehung dieser Gelder hatten die Fugger zunächst ihre römische Faktorei beauftragt, doch deren Aufgabe und die steigende Bedeutung der süditalienischen Geschäfte führten 1527 zur Entsendung eines eigenen Faktors nach Neapel.[35]

Als Süditalien in den Auseinandersetzungen zwischen Karl V. und dem französischen König Franz I. zum Kriegsschauplatz wurde, stellte der Statthalter Karls in Neapel, Hugo de Moncada, 1528 die Rentenzahlungen an Ferdinand ein. Nach dem Abzug der französischen Truppen konnte der Fuggerfaktor Georg Hörmann eine neue Vereinbarung mit Ferdinand schließen, welche die Tilgung von Schulden in einer Gesamthöhe von 182 740 Dukaten mit achtprozentiger Verzinsung aus den neapolitanischen Einkünften des Herrschers vorsah. Auch die Darlehen, die Anton Fugger 1530 zur Finanzierung der Königswahl Ferdinands gewährte, wurden mit neapolitanischen Renten gekoppelt: für 173 300 Gulden verkaufte der König jährliche Renteneinkünfte in Höhe von 16 000 Dukaten an die Fugger. Bei einer Gesamtverschuldung von fast einer Million Gulden und Verweisungen auf Neapel in Höhe von 249 000 Gulden war Ferdinand Ende 1530 nicht mehr in der Lage, seinen regelmäßigen Zahlungsverpflichtungen nachzukommen, und überließ der Firma die Verwaltung des Einnehmeramts in Neapel, das seit Neujahr 1532 von dem Fuggerfaktor Christoph Mülich geleitet wurde. Das Gehalt des Einnehmers sowie neapolitanische Pensionen von Günstlingen und Vertrauten Ferdinands wurden künftig von den Fuggern bezahlt. In der Folgezeit blieben die Einziehung der Renten und die Auszahlung von Pensionen die Hauptaufgaben der Faktorei Neapel. Daneben diente sie dem Vertrieb von Tiroler Kupfer und der Kreditgewährung an süddeutsche Firmen, die auf dem Markt von Aquila in den Abruzzen Safran einkauften. Auf einen Bericht des Faktors Leonhard Vogel hin unternahmen Anton Fuggers Vertraute Sebastian Kurz und Georg Hörmann 1540 eine Reise nach Neapel, um gemeinsam mit zwei Bergbauspezialisten die dortigen Erzvorkommen zu inspizieren. Diese Inspektionsreise führte jedoch zu einem negativen Ergebnis. Für den Mai 1546 ist nochmals ein Darlehen an Ferdinand über 110 000 Gulden belegt, für das die Firma auf neapolitanische Einkünfte angewiesen wurde, und mehrfach trat der Herrscher Renten zum Zwecke der Schuldentilgung an die Fugger ab. Nach der Jahrhundertmitte ging die Bedeutung dieses Geschäftszweigs allerdings zurück, und die ständige Niederlassung in Süditalien wurde aufgegeben. Die geschäftlichen Interessen der Firma nahmen in der Folgezeit Kommissionäre wahr.[36]

Der Ungarische Handel

Nach der Lösung der Krise von 1525/26 waren die Fugger alleinige Inhaber dieses Handelszweigs, den Jakob Fugger seit 1494 gemeinsam mit Hans Thurzo aufgebaut hatte. Die Auslösung der Thurzo war bis 1528 abgeschlossen, doch blieb Alexi Thurzo bis zu seinem Tod im Jahre 1543 der Verbindungsmann der Fugger zum ungarischen Hof und empfing dafür eine jährliche Besoldung. Den Kernbereich des Ungarischen Handels bildete auch unter Anton Fugger das Neusohler Revier mit den unter Jakob Fugger errichteten Hüttenwerken. Um 1530 erwarb das Unternehmen auch Gruben im südlich von Neusohl gelegenen Libethen (Lubietová), die jedoch eine vergleichsweise geringe Rolle spielten. Die Absatz- und Vertriebsorganisation mit den Hüttenwerken von Fuggerau und Hohenkirchen, den Faktoreien Breslau und Krakau als Koordinationsstellen in Schlesien und Polen, mit Danzig, Leipzig, Nürnberg, Lüneburg und Wien als Verteilerzentren in Mitteleuropa sowie mit Venedig und Antwerpen als wichtigsten süd- und westeuropäischen Absatzmärkten wurde im Wesentlichen beibehalten. Lediglich die Faktorei in Ofen wurde infolge der Bedrohung durch die Osmanen 1533 aufgegeben.[37]

In den späten 20er und 30er Jahren des 16. Jahrhunderts war die Entwicklung des Ungarischen Handels einerseits durch die instabile politische Lage im Königreich Ungarn, andererseits durch einen allmählichen Rückgang der Bergwerkserträge geprägt. In den Auseinandersetzungen um die Herrschaft in Ungarn zwischen dem Habsburger Ferdinand I. und dem zum Gegenkönig gekrönten Johann Zápolya ging es Anton Fugger vorrangig darum, den Produktions- und Handelsbetrieb möglichst ungestört fortzusetzen. Dies setzte eine Verständigung mit beiden Kontrahenten voraus. Als Zápolya Ende 1526 die slowakischen Bergstädte besetzte, schloss Anton Fugger im März 1527 einen Pachtvertrag mit ihm und zahlte auch die Pachtsumme an ihn aus. Zugleich blieb er aufgrund seiner Tiroler und Neapolitaner Interessen geschäftlich eng mit Ferdinand I. verbunden und unterstützte diesen mit weiteren Krediten. Außerdem erhielten die Fugger vom polnischen König Sigismund die Bestätigung ihrer Handelsprivilegien und sicherten damit den Bezug von Blei aus Polen sowie die Transportwege durch das Königreich. Nachdem Ferdinand gegen Ende des Jahres 1527 wieder die Oberhand gewonnen hatte, gingen die Pachtzahlungen für die Jahre 1528 und 1529 an den Habsburger. In der Folgezeit erlangten Zápolyas Anhänger wieder die Kontrolle über die Region um Neusohl, so dass von 1530 bis 1532 nochmals Fugger'sche Pachtzahlungen an den von der ungarischen Ständeopposition gekrönten König gingen. Ferdinand I., der zur Türkenabwehr, zur Finanzierung seiner Königswahl und der habsburgischen Reichspolitik auf die Anleihen der Fugger angewiesen blieb, akzeptierte diese Zahlungen an seinen Gegner und erhob Anton, Raymund und Hieronymus Fugger 1535 in den ungarischen Adelsstand.[38]

Unterdessen ließ die Ergiebigkeit der slowakischen Gruben allmählich nach. Den Berechnungen Reinhard Hildebrandts zufolge sank die Jahresproduktion von 37 000 Zentnern im zweiten Jahrzehnt des 16. Jahrhunderts auf 29 000 Zentner im dritten und 23 000 Zentner im vierten Jahrzehnt. Insgesamt brachten die Fugger zwischen 1526 und 1529 267 000 Zentner Kupfer auf den Markt, von denen 163 000 nach Antwerpen verschifft, 43 000 über Lüneburg und 35 000 Zentner in Breslau abgesetzt wurden. Im selben Zeitraum wurden 112 125 Mark Silber produziert, von denen 97 500 Mark an die ungarische Münze geliefert und der Rest in Krakau und Kremnitz vermünzt oder in Nürnberg und Leipzig verkauft wurde. Der Boom des Mansfelder Kupferreviers in den 1520er und 30er Jahren drückte unterdessen die Kupferpreise, und das große Angebot auf dem Kupfermarkt hatte steigende Lagerbestände zur Folge.[39] Dennoch wies eine im Dezember 1533 erstellte Bilanz durchaus ansehnliche Gewinne aus. Bereinigt um alte Ausgaben und Forderungen ergab sich für den Zeitraum von 1527 bis 1533 ein Überschuss von rund 325 000 ungarischen Gulden oder 54 000 Gulden im Jahr. Die Rechnung für den Zeitraum von September 1536 bis September 1539 wies hingegen nur noch einen Gewinn von knapp 18 000 Gulden aus. Neben der anhaltenden politischen Instabilität und der militärischen Bedrohung durch die Osmanen belasteten Streitigkeiten mit den slowakischen Bergstädten um Nutzungs- und Kompetenzfragen sowie steigende Transportkosten den Ungarischen Handel und veranlassten Anton Fugger bereits 1537, über dessen Aufgabe nachzudenken. Einer nochmaligen Verlängerung des Pachtvertrags im Jahre 1541 stimmte er nur unter großen Bedenken zu.[40]

Im März 1545 kündigte Anton Fugger die Pacht zum April des folgenden Jahres, und im Herbst 1545 schickte er seine Faktoren Hans Dernschwam und Sebastian Saurzapf zur Regelung der Modalitäten nach Wien. Obwohl der Ungarische Handel 1546 noch Außenstände in Höhe von über 115 000 Gulden aufwies, von denen ein großer Teil mit dem Rückzug aus Neusohl als uneinbringlich abgeschrieben werden musste, ließ sich Anton Fugger nicht zu einer Fortsetzung der Pacht überreden, sondern fand sich lediglich zu einem Darlehen in Höhe von 30 000 Gulden bereit, um die Weiterführung des Bergwerksbetriebs zu sichern. Die Neusohler Kupferpacht wurde 1548 von dem Augsburger Kaufmann Matthias Manlich übernommen, mit dem die Fugger einen Kartellvertrag über den Absatz von slowakischem und Tiroler Kupfer auf den europäischen Märkten abschlossen. Polen, Schlesien, Norddeutschland und Frankreich sollten demnach das Absatzgebiet der Manlich, Oberdeutschland, Italien und die französischen Mittelmeerhäfen dasjenige der Fugger bilden. Der wichtige Antwerpener Markt und die iberische Halbinsel sollten hingegen beiden Gesellschaften offen stehen.[41]

Von der Aufgabe des Ungarischen Handels waren auch die Hüttenwerke in Hohenkirchen und Fuggerau betroffen. Hohenkirchen hatte bereits seit Mitte der 1530er Jahre an Attraktivität verloren, da der sächsische Kurfürst im Zuge der Reformation das Kloster Georgenthal, auf dessen Gebiet die Hütte lag, säkularisierte. Überdies wurde das Werk durch einen Brand im Jahre 1543 schwer beschädigt. Sechs Jahre später wurde Hohenkirchen abgestoßen. Die Hütte Fuggerau in Kärnten, die neben ungarischem auch Tiroler Kupfer verarbeitete und Blei aus dem nahe gelegenen Bleiberg bezog, wurde hingegen in den 1540er Jahren erweitert und organisatorisch in die Tiroler Unternehmungen eingebunden. Die Kärntner Betriebe lieferten um die Mitte des 16. Jahrhunderts Messing und Blei nach Venedig.[42]

Im schlesischen Goldbergbau bei Reichenstein und Freiwaldau, in den Jakob Fugger seit der Wende vom 15. zum 16. Jahrhundert investiert hatte, baute Anton Fugger das Engagement der Firma zielstrebig aus. Bis 1529 kontrollierte er bereits die Hälfte der Gruben und Schmelzwerke. Ihren Höhepunkt erreichte die Goldproduktion um die Jahrhundertmitte: Zwischen 1540 und 1547 wurden durchschnittlich 237 Mark Gold im Jahr gewonnen. Ein Teil des Goldes wurde in der Münze von Kremnitz ausgeprägt, das übrige über Breslau, Nürnberg und Augsburg abgesetzt.[43] Ein neuer Geschäftszweig eröffnete sich schließlich durch die Verpflichtungen, die die ungarische Krone bei der Restitution der slowakischen Berg- und Hüttenwerke im Jahre 1528 eingegangen war, denn die Schulden in Höhe von über 200 000 ungarischen Gulden sollten durch die Einkünfte der Siebenbürger Salzkammern getilgt werden. Da der Fugger'sche Agent Hans Dernschwam die Bergwerke 1528 in einem schlechten Zustand vorfand, investierten die Fugger weitere 40 000 Gulden in den Siebenbürger Salzbergbau. Die ambitionierten Pläne Dernschwams für den Aufbau einer neuen Produktions- und Vertriebsorganisation wurden allerdings Makulatur, als die Truppen Zápolyas Siebenbürgen besetzten. Das Salzgeschäft musste mit erheblichen Verlusten wieder aufgegeben werden.[44]

Jenseits des Habsburgerreiches: Beziehungen zu europäischen Fürstenhöfen

Obwohl die Finanzbeziehungen zu Karl V. und Ferdinand I. im Zentrum der Geschäftspolitik Anton Fuggers standen, gewährte seine Firma auch einer Reihe anderer europäischer Fürsten Kredite: dem König von Portugal, der englischen und dänischen Krone und dem Großherzog von Florenz. Diese Anleihen verdeutlichen die zunehmende Orientierung der Firma nach Westen und die zentrale Rolle Antwerpens als europäischer Finanzplatz. Sie führten zwar nicht zu vergleichbar engen und langfristigen Bindungen, wie sie sich zwischen den Fuggern und den Habsburgern herausgebildet hatten. Dennoch unterstreichen diese Finanzbeziehungen, dass Anton Fugger um die Mitte des 16. Jahrhunderts nicht nur ein »halboffizieller Kaiserfaktor« (J. Burkhardt) war, sondern ein international operierender Bankier.

Wie bereits erwähnt,[45] war Portugal für die Fugger vor allem als Großabnehmer von Kupfer und Messing von Bedeutung, und Antwerpen, der wichtigste westeuropäische Umschlagplatz für ungarisches Kupfer, war auch der Ort, an dem Geschäftsabschlüsse zwischen dem Unternehmen und der portugiesischen Krone getätigt wurden. In der Inventur von 1527 war der König von Portugal mit 18 450 flämischen Pfund unter den Antwerpener Schuldnern der Firma verzeichnet. Sechs Jahre später wurde er dort mit rund 12 500 flämischen Pfund und 1539 mit 22 000 Pfund unter den Debitoren geführt. In der Generalrechnung von 1546 betrugen die Antwerpener Forderungen an den König noch 6252 Pfund.[46] Während sich die Finanzbeziehungen mit der portugiesischen Krone also über einen längeren Zeitraum erstreckten, nahmen die Anleihen an die englische Krone erst Mitte der 1540er Jahre größere Dimensionen an, als die Fugger die Auflösung des Ungarischen Handels in die Wege leiteten und nach neuen Anlagemöglichkeiten suchten. Dass der englische König zeitweilig ein Verbündeter der Habsburger im Kampf gegen die französische Krone war, ließ diese Anleihen zudem auch politisch opportun erscheinen. Im Jahre 1545 gewährte die Firma König Heinrich VIII. ein Darlehen über 100 000 flämische Pfund und verkaufte ihm für 60 000 Pfund Juwelen aus dem Burgunderschatz, den Jakob Fugger vier Jahrzehnte zuvor von der Stadt Basel erworben hatte. Zeitweilig summierten sich die Forderungen an die englische Krone aus Darlehen, Textil-, Kupfer- und Juwelenlieferungen auf über eine Million Gulden. Im Herbst 1549 wurden Heinrichs Nachfolger Eduard VI. 54 800 flämische Pfund oder 328 000 Karolusgulden, im Juni 1550 nochmals 127 000 Karolusgulden vorgestreckt, und auch 1552 sind größere Darlehen überliefert. Aber bereits in den folgenden Jahren wurden diese Beziehungen mit der englischen Krone wieder abgebaut: Der königliche Finanzagent in den Niederlanden, Thomas Gresham, trug bis 1553 Forderungen in Höhe von 123 000 flämischen Pfund ab. Die blutigen religiösen Auseinandersetzungen auf der Insel unter der Herrschaft Maria Tudors (1553–1558) ließen das englische Anleihegeschäft möglicherweise zu riskant erscheinen, und obendrein belasteten die enormen Kreditwünsche der Habsburger in diesen Jahren die Fuggerfirma bis an den Rand ihrer finanziellen Möglichkeiten. Seit 1554 wurde ein beträchtlicher Teil der englischen Schulden durch Rückzahlungen abgetragen. Ein Darlehen über 10 000 flämische Pfund, das Anton Fuggers Sohn Hans 1559 in Antwerpen der neuen englischen Königin Elisabeth I. gewährte, führte jedenfalls nicht zu dauerhaften Beziehungen zwischen der protestantischen Herrscherin und dem katholischen Handelshaus.[47]

Um ihre Kupfertransporte von den Ostseehäfen in die Niederlande abzusichern, war die Gesellschaft auch stets um gute Beziehungen zur dänischen Krone bemüht. Der Umfang der Darlehensgeschäfte mit Dänemark war jedoch nicht sehr bedeutend: Im Jahre 1541 wurden König Christian III. im Kontext eines Vertrags über die Sundschifffahrt 20 000 Gulden geliehen.[48] Der Großherzog von Florenz, Cosimo I. aus dem Hause Medici, hingegen erscheint um die Jahrhundertmitte für einige Jahre unter den Großkunden der Gesellschaft. Im Jahre 1548 gewährte die Firma dem engen politischen Verbündeten des Hauses Habsburg ein Darlehen über 100 000 Scudi, dem bis 1553 mehrere größere Kredite folgten. 1551 wurde dem Großherzog ein Juwel für 12 000 Scudi verkauft, und 1554 erhielt Medici ein Darlehen über 75 000 Dukaten und kaufte ein weiteres Juwel für 23 600 Goldscudi. Zeitweilig übernahm die Firma einen Teil der neapolitanischen Einkünfte des Großherzogs, gegenüber dem im Todesjahr Anton Fuggers (1560) noch Forderungen von mehr als 58 000 Scudi bestanden.[49]

Die niederländische Finanzkrise und die Zukunft des Handels

Um 1546 hatte das Unternehmen Anton Fuggers seine größte Ausdehnung erreicht: Die in diesem Jahr erstellte Generalrechnung wies Aktiva in Höhe von 7,1 Millionen Gulden aus; seit 1539 waren die Aktiva um phänomenale 2,9 Millionen Gulden gewachsen. Die Passiva lagen bei rund zwei Millionen Gulden, so dass die Gesellschaft über ein Kapital von fünf Millionen Gulden verfügte.[50] Um dieselbe Zeit strukturierte Anton Fugger das Unternehmen um: der Ungarische Handel wurde aufgegeben, die Tiroler und Kärntner Montanunternehmen aus dem Konzern ausgegliedert. Bis zur Erstellung der nächsten Generalrechnung im Jahre 1553 waren bereits zwei Millionen Gulden an die Teilhaber ausbezahlt worden, so dass sich das Gesellschaftsvermögen auf 3,25 Millionen verringert hatte.[51] Um ihre Anleihegeschäfte zu finanzieren, nahm die Firma zudem in wachsendem Umfang selbst Kredite auf. Im Jahre 1546 hatte sie in Antwerpen bei 35 Geschäftspartnern Wechselkredite in einer Gesamthöhe von 110 000 flämischen Pfund – umgerechnet 460 000 Gulden – aufgenommen, beispielsweise 14 570 Pfund bei dem Augsburger Sebastian Neidhart, 12 600 Pfund bei der Gesellschaft Bartholomäus Welsers, rund 4000 Pfund bei der Haug-Langnauer-Linck-Gesellschaft und ca. 6500 Pfund bei der Münchener Firma Ligsalz. Während die Firma für diese Wechselkredite zwischen acht und zehn Prozent Zinsen bezahlte, erhielt sie auf niederländische Rentmeisterbriefe 12 Prozent und auf Schuldforderungen gegenüber europäischen Monarchen 13 bis 14 Prozent Zinsen im Jahr.[52] Auch auf dem Augsburger Kapitalmarkt versorgte sich die Firma mit frischem Geld. Nach Ausweis der so genannten Unterkaufbücher, die Wechsel- und Darlehensgeschäfte der Jahre 1551 bis 1558 verzeichnen, nahmen die Fugger allein in der zweiten Jahreshälfte 1552 rund 70 000 Gulden auf.[53] Im Februar 1554 benötigte Anton Fugger dringend 30 000 Gulden aus Antwerpen zur Rückzahlung eigener Verbindlichkeiten, denn, so schrieb er selbst, »mir steht darauf mein Credito«.[54] Derartige Kreditaufnahmen schienen angesichts des hervorragenden Rufes, den die Firma auf den internationalen Finanzmärkten genoss, lange Zeit unbedenklich. Da ein großer Teil der Aktiva in Schuldforderungen gegenüber dem Haus Habsburg und anderen Fürstenhäusern bestand, konnten sich die Verbindlichkeiten jedoch als Problem erweisen, sobald diese Schuldner ihren Verpflichtungen nicht mehr nachkamen. In den 1550er Jahren trat auf dem Antwerpener Finanzmarkt genau dieser Fall ein.

Nachdem sich Kaiser Karl V. und sein Sohn Philipp 1553 in die Niederlande begeben hatten, verlagerte sich auch das Schwergewicht der Fugger'schen Kreditvergabe an die Habsburger nach Antwerpen. Die Heirat Philipps mit der englischen Königin Maria Tudor und ein neuerlicher Krieg der Habsburger gegen Frankreich machten wiederum große Darlehen notwendig, und der kaiserliche Sekretär Francisco de Erasso sagte der Firma dafür Lieferungen amerikanischer Edelmetalle aus Spanien zu. Nachdem 1553 spanisches Silber im Wert von 200 000 Dukaten in Antwerpen eingetroffen war, fand sich der dortige Fuggerfaktor Matthäus Örtel zu weiteren Darlehen bereit. Im Mai und September 1555 gewährte er der spanischen Krone insgesamt 320 000 und im folgenden Jahr 540 000 Dukaten. Auch dem Herzog von Savoyen, der an der Seite Spaniens gegen den französischen König kämpfte, wurden große Summen vorgestreckt. Außerdem investierte Örtel viel Geld in hoch verzinste niederländische Schuldverschreibungen, die erwähnten Rentmeisterbriefe. Am Neujahrstag 1557 schließlich lieh Örtel dem spanischen König 430 000 Dukaten, die aus den nächsten Gold- und Silberlieferungen aus Amerika zurückgezahlt werden sollten.[55]

Wenige Monate später, im Juni 1557, ließ König Philipp II. ein Dekret verkünden, das seinen Gläubigern ihre Anweisungen auf spanische Kroneinkünfte entzog und ihre Forderungen in königliche Rentenbriefe (*Juros*) umwandelte, die mit lediglich fünf Prozent verzinst waren. Bei diesem »Staatsbankrott« handelte es sich also eigentlich um eine Umschuldungsmaßnahme, durch die sich die Krone von ihren drückenden Zinsverpflichtungen zu befreien versuchte. Für die Fugger verschärfte sich die Lage indessen durch eine zweite Maßnahme der Krone, denn 1557 ließ diese auch spanische Silberlieferungen aus Amerika, die bereits den Fuggern verschrieben waren, in Antwerpen beschlagnahmen, um ihre Truppen bezahlen zu können. Den Fuggern entstand dadurch auf einen Schlag ein Verlust von 570 000 Dukaten. Zur Bewältigung dieser Krise entsandte Anton Fugger seinen Sohn Hans und seinen langjährigen Vertrauten Sebastian Kurz nach Antwerpen, während er Örtel seine Vollmacht entzog. Angesichts der enormen Außenstände aus spanischen Staatsanleihen und niederländischen Rentmeisterbriefen bestand die Aufgabe der Krisenmanager zum einen darin, sich einen Überblick über die geschäftliche Lage zu verschaffen; zum anderen mussten sie versuchen, neue Kreditwünsche abzuwehren und zumindest einen Teil der Forderungen einzutreiben. Hans Jakob Fugger, der Neffe und designierte Nachfolger des Firmenleiters, unternahm 1560 eine Reise nach Spanien, um die dortigen Interessen der Firma zu wahren.[56]

Doch trotz der schwierigen finanziellen Situation in den Niederlanden sah sich die Firma zur Vergabe weiterer Darlehen gezwungen, um ihre eigene Kreditwürdigkeit und Reputation zu erhalten. Neben dem bereits erwähnten Kredit an die englische Königin lieh Hans Fugger 1559 in Antwerpen dem Herzog von Alba knapp 12 000 flämische Pfund.[57] Das Verhältnis zu Kaiser Ferdinand I. war seit 1558 durch Vorwürfe gegen die Gesellschaft wegen illegaler Silberausfuhren nach Venedig belastet, gegen die sich Anton Fugger auf dem Augsburger Reichstag von 1559 verteidigen musste. Trotz dieser Spannungen blieb Anton Fugger den österreichischen Habsburgern bis zu seinem Tod am 14. September 1560 als Finanzier verbunden: Wenige Monate vorher streckte er Ferdinand nochmals 40 000 Gulden vor, für welche die Firma Anweisungen auf die Einkünfte der Salzämter Wien und Aussee erhielt. Ferdinands Sohn, dem römischen König und späteren Kaiser Maximilian II., lieh er in seinem Todesjahr 30 000 Gulden. Damit waren die Weichen für eine anhaltende Kooperation zwischen der Firma und dem Kaiserhaus in der folgenden Generation gestellt.[58]

Schon Jahre vor der Finanzkrise in den Niederlanden hatte sich Anton Fugger ernsthaft Gedanken darüber gemacht, das Geschäft aufzugeben. In dem Testament, das er 1550 diktierte, stellte er fest, dass er die Gesellschaft nach dem Tod seines Bruders Raymund und der Auslösung seines Vetters Hieronymus »mit grosser mühe und arbait, auch mit krenckung und schwechung meins leibs, mit vorlierung meins gueten gesunds, allain und ainiger pis yetzo regiert und vorwaltet« habe. Entgegen seinen Hoffnungen, dass seine Neffen in seine Fußstapfen treten würden, habe sich herausgestellt, dass keiner von ihnen »lust oder naigung« zum Kaufmannsberuf habe. Da kein Nachfolger zur Verfügung stehe, habe er den Ungarischen Handel aufgegeben und begonnen, »alle andere unser der Fugger Gemain Handlungen und gewerb ainzuziechen«. Falls die vollständige Geschäftsauflösung und Kapitalverteilung bis zu seinem Tod noch nicht vollzogen war, sollte sie möglichst bald danach abgeschlossen werden.

Aufgrund des starken Engagements der Gesellschaft in Tirol, Spanien und den Niederlanden hatten sich diese Pläne jedoch nicht realisieren lassen, und das Kodizill, das Anton Fugger am 11. Juli 1560, rund zwei Monate vor seinem Tod, seinem Testament anfügte, ist von tiefer Sorge um das künftige Schicksal der Gesellschaft durchdrungen. Anton Fugger schrieb, er habe mit seinem Neffen Hans Jakob »ernnstlich geredt«, dass er die Geschäftsführung zusammen mit einem von Antons eigenen Söhnen übernehmen solle, doch dieser habe sich unter Verweis auf seine politischen Aktivitäten und privaten Geschäfte »dessen verwidert«. Auch sein Neffe Georg habe sein Ansinnen, in die Firmenleitung einzutreten, »gar abgeschlagen« mit der Begründung, er »vermöge die arbait nit, wölle vil lieber in rhue sein.« Und auch Christoph Fugger, der unter seinen Neffen »am maisten in seiner jugent zum hanndl, als in Tirol, Anttorff unnd Ispania gebraucht worden« sei, war unter keinen Umständen bereit, die Nachfolge des Onkels anzutreten. Da Raymund, der vierte Neffe, aufgrund seiner schwachen Konstitution zur Übernahme der Geschäfte nicht in der Lage war, nahm Anton Fugger seinen ältesten und kundigsten Neffen Hans Jakob in die Pflicht. Er sollte gemeinsam mit Antons ältestem Sohn Marx Fugger die Gesellschaft noch so lange weiterführen, »bis alles einbracht wirdet unnd sich der hanndl selb abschneidt unnd ausgeet«.[59] Aus Anton Fuggers Sicht hatte die von seinem Vater und seinen Onkeln begründete und von ihm selbst weitergeführte Handelsgesellschaft also keine Zukunft. Dass es bis zum Ende des Fugger'schen Handels noch fast ein Jahrhundert dauern würde, hätte er sich sicher nicht träumen lassen.

Ein Zeitalter der Fugger?

Die Jahre zwischen 1485 und 1560, in denen Jakob Fugger die Handelsgesellschaft zum führenden süddeutschen Großunternehmen ausbaute und sein Neffe Anton die Firma erfolgreich weiterführte, sind im Anschluss an Richard Ehrenbergs klassische Studie aus dem Jahre 1896 häufig als »Zeitalter der Fugger« charakterisiert worden. Diese Bezeichnung impliziert einerseits, dass die Fugger damals eine so überragende Stellung auf den internationalen Handels- und Finanzmärkten innehatten, dass sie alle anderen Firmen in den Schatten stellten. Zum anderen ist mit dem Begriff des »Zeitalters der Fugger« die Vorstellung verbunden, dass der Geschichte der Familie für die Handelsgeschichte des 16. Jahrhunderts exemplarische Bedeutung zukomme. Für Horst Rabe beispielsweise ist Jakob Fugger »der bedeutendste und zugleich ein sehr typischer Vertreter dieses oberdeutschen Handelskapitalismus«.[60] Beide Vorstellungen – die von der Dominanz der Fugger und die vom Modellcharakter ihrer Firma für den »oberdeutschen Handelskapitalismus« – treffen jedoch nur bedingt zu.[61]

Die Fuggerfirma war zwar der wichtigste einzelne Finanzier des Kaisers und spanischen Königs Karl V., aber die von Ramón Carande ermittelten und oben bereits vorgestellten Daten machen deutlich, dass Karl V. auch andere Bankiers und Handelsfirmen – oberdeutsche Gesellschaften wie die Welser, Genuesen, Niederländer und Spanier – benötigte, um seine militärischen und politischen Vorhaben finanzieren zu können. Lediglich ein Fünftel der königlichen Anleihen entfiel auf die Fugger. In der zweiten Domäne des Fugger'schen Geschäfts, dem Tiroler Bergbau, fasste in der ersten Hälfte des 16. Jahrhunderts eine Reihe weiterer Augsburger Handelsfirmen Fuß: die Gesellschaften Hans Baumgartners, Ambrosius Höchstetters, der Brüder Bimmel, Matthias Manlichs und Christoph Herwarts. Die verfügbaren Produktionsziffern lassen keine beherrschende Stellung der Fugger erkennen: Am Schwazer Falkenstein lag zwischen 1530 und 1550 etwa ein Fünftel der Produktion in den Händen der Fugger. Als Kreditgeber Ferdinands treten in den 1550er Jahren andere Augsburger Firmen gegenüber den Fuggern zunehmend in den Vordergrund, darunter die Haug-Langnauer-Linck, Joachim Jenisch und Wolfgang Paler.[62] Die dritte Domäne der Firma, der slowakische Bergbau, wurde tatsächlich bis 1546 von den Fuggern beherrscht; doch als Anton Fugger den Ungarischen Handel aufgab, sprangen andere Augsburger Firmen in die Bresche. Seit 1548 hatte Matthias Manlich die Pacht der slowakischen Kupfergruben inne, und von 1569 bis in die ersten Jahre des Dreißigjährigen Krieges kontrollierten Wolfgang Paler und die Erben des Leonhard Weiß das Neusohler Revier.[63]

Die Beispiele des Tiroler und des slowakischen Bergbaus zeigen, dass neben den Fuggern weitere Augsburger Firmen seit der Wende vom 15. zum 16. Jahrhundert genügend Kapital für große Montanunternehmungen akkumuliert hatten. Ebenso wurde die Quecksilberproduktion des Bergwerks von Idria im heutigen Slowenien jahrzehntelang von Augsburger Firmen vertrieben: in den

1520er Jahren zunächst von den Höchstettern, dann von den Baumgartnern, Herwart und Haug-Langnauer-Linck. Die Haug-Langnauer-Linck engagierten sich seit den 1560er Jahren auch im englischen Bergbau. Im Salzburger Montanrevier waren die Wieland, in den sächsischen und thüringischen Revieren die Welser aktiv.[64] Auf dem Augsburger Kapitalmarkt der 1550er Jahre, der durch die so genannten Unterkaufbücher gut dokumentiert ist, spielten die Fugger zwar eine bedeutende, keineswegs aber eine dominante Rolle. Die Wechsel- und Darlehensgeschäfte der Firmen Hans Paul und Hans Heinrich Herwarts, Hieronymus Imhofs und der Brüder Krafter erreichten durchaus vergleichbare Dimensionen.[65]

Auch die Vorstellung, dass die Fugger *pars pro toto* für die Geschichte der süddeutschen Fernhandelsgesellschaften stehen, führt in die Irre, denn wenige Firmen konzentrierten sich so stark auf den habsburgischen Machtbereich und das Montan- und Kreditgeschäft wie die Fugger. Die meisten reichsstädtischen Handelsfirmen blieben wesentlich stärker dem traditionellen Warenhandel mit Textilien, Gewürzen, Metall- und Luxuswaren verhaftet, und viele setzten in ihren Handelsbeziehungen andere Schwerpunkte. Beispielhaft sei hier nur der französische Markt genannt, auf dem sich die Fugger wegen ihrer engen Bindung an das Haus Habsburg nur sporadisch betätigten. In Lyon, dem führenden Messe- und Bankenzentrum der französischen Monarchie in der ersten Hälfte des 16. Jahrhunderts, unterhielten die Fugger keine eigene Faktorei und waren lediglich durch Kommissionäre vertreten. Da Lyon ein wichtiger Absatzmarkt für süddeutsche Textilien und alpenländisches Kupfer sowie Einkaufsort für Safran und Pastell aus Südfrankreich sowie für Wolle, Seidenstoffe, Leder, Bücher und zahlreiche andere Güter war, sahen andere Augsburger Firmen hier beträchtliche Marktchancen, zumal die französischen Könige den süddeutschen Kaufleuten besondere Handelsprivilegien eingeräumt hatten. Bereits um 1500 waren die Welser in Lyon präsent, im zweiten Jahrzehnt des 16. Jahrhunderts erscheinen die Manlich und Zangmeister an der Rhone, in den 1520er Jahren die Höchstetter, die hier Quecksilber absetzten, und in den 30er Jahren die Brüder Hans und David Weyer, die neben eigenem Warenhandel auch geschäftliche Interessen der Fugger und Baumgartner in Lyon wahrnahmen. Darlehensgeschäfte Augsburger, Nürnberger und Straßburger Kaufleute mit der französischen Krone, die seit den 1520er Jahren sporadisch belegt sind, wurden nach 1540 zunehmend häufiger abgeschlossen. Die hohen Zinsen, die die Krone in Aussicht stellte, verleiteten mehrere Firmen zu riskanten Kreditgeschäften: Die Brüder Weyer, Hieronymus und David Zangmeister, Hans Paul und Hans Heinrich Herwart, Bernhard und Philipp Meuting sowie Sebastian Neidhart und der Welser-Schwiegersohn Hieronymus Sailer liehen der Krone um die Jahrhundertmitte große Summen. Nachdem König Heinrich II. 1557 die Zahlungen einstellen ließ, gingen die Weyer, Zangmeister und Meuting bankrott.[66]

Lyon ist nur eines von mehreren Beispielen für einen wichtigen Handels- und Finanzplatz, an dem sich andere reichsstädtische Handelsgesellschaften wesentlich stärker engagierten als die Fugger. So konzentrierte sich eine Reihe von Firmen auf den für Augsburg traditionell wichtigen Italienhandel. Diese Firmen waren regelmäßig auf den Bozener Messen präsent, kauften Baumwolle und Luxuswaren in Venedig ein, handelten in Genua mit spanischer Wolle, mitteleuropäischer Leinwand, Samt und Korallen, bezogen kostbare Stoffe aus Florenz, Lucca und Bologna und gesponnene Goldfäden aus Mailand.[67] Auf den Frankfurter und Leipziger Messen war eine große Zahl Augsburger Firmen aktiv, im ostmitteldeutschen Leinenrevier spielten die Ulstett und die Österreicher eine wichtige Rolle, und die Kreditwünsche protestantischer deutscher Fürsten wurden von evangelischen Kaufleuten wie dem zeitweiligen Augsburger Bürgermeister Jakob Herbrot bedient.[68]

Neben Augsburg blieb Nürnberg ein bedeutendes oberdeutsches Wirtschaftszentrum, und die großen fränkischen Kaufmannsfamilien wie die Tucher, Behaim und die Nürnberger Zweige der Welser und Imhof setzten teilweise andere Schwerpunkte als ihre Augsburger Pendants. Sie hielten sich bei spekulativen Anleihegeschäften und der Aufnahme von Fremdkapital stärker zurück und überließen den Augsburgern weitgehend die alpenländischen und slowakischen Bergbaureviere. Dafür waren sie stark im mitteldeutschen Bergbau und Saigerhandel, in der Oberpfälzer Eisenproduktion, im Textilverlag und im »klassischen« Warenhandel mit Metall-, Textil- und Luxuswaren engagiert.[69] An den wichtigsten europäischen Handelszentren – in Antwerpen, Lyon, Venedig und Lissabon – waren Augsburger und Nürnberger Firmen gleichermaßen präsent. Und obwohl die Kaufmannschaft anderer oberdeutscher Städte es nicht mit der zahlenmäßigen Stärke und Kapitalkraft der Augsburger und Nürnberger Gesellschaften aufnehmen konnte, brachten auch Ulm, Straßburg, Memmingen und München im 16. Jahrhundert bedeutende Fernhändler hervor.

Der Aufstieg der Fugger ist also im Kontext eines allgemeinen Aufschwungs des süddeutschen Fernhandels im 16. Jahrhundert zu sehen, der von Dutzenden von Firmen in den beiden Wirtschaftsmetropolen Augsburg und Nürnberg sowie in einer Reihe von sekundären Handelszentren getragen wurde. Dieser kommerzielle Aufschwung ist ein wichtiges Indiz für die zunehmende Integration europäischer Wirtschaftsräume am Beginn der Neuzeit: Über den Fernhandel und Kreditverkehr der Handelsgesellschaften wurden das östliche Mitteleuropa (Polen, Böhmen, Ungarn), die Niederlande, Norditalien und Spanien zunehmend enger an Zentraleuropa angebunden. Dass die meisten dieser Regionen im 16. Jahrhundert unter der Herrschaft einer Dynastie, der Habsburger, standen, hat diesen Integrationsprozess zweifellos begünstigt.[70] Teilweise machten die Firmen, die im 16. Jahrhundert den Fernhandel organisierten, den Fuggern auf ihren eigenen Geschäftsfeldern – dem alpenländischen Bergbau, dem Spanienhandel und dem Antwerpener Markt – Konkurrenz, teilweise setzten sie andere Prioritäten. Auch hinsichtlich der Unternehmensform und geschäftlichen Organisation unterschieden sich diese Firmen erheblich: Während die Gesellschaften der Fugger und der meisten anderen süddeutschen Firmen Zusammenschlüsse weniger naher Verwandter waren, umfassten beispielsweise die Welser-Vöhlin- und die Haug-Langnauer-Linck-Gesellschaften einen wesentlich größeren Teilhaberkreis.[71]

Und schließlich ist festzuhalten, dass die Zusammensetzung der Spitzengruppe der süddeutschen Fernhändler und Bankiers nicht statisch war, sondern dynamischen Veränderungen unterlag: Während eine Reihe von Firmen wie die

Höchstetter, Hirschvogel, Manlich, Zangmeister und Haug-Langnauer-Linck infolge von Bankrotten oder Nachfolgeproblemen im Laufe des 16. Jahrhunderts von der Bildfläche verschwand, rückten andere Namen – die Paler-Weiß, Österreicher, Zobel und Hainhofer in Augsburg, die Viatis und Peller in Nürnberg – an ihre Stelle.[72] Um 1600 waren in den beiden großen süddeutschen Handelsmetropolen jeweils 300 bis 400 Kaufleute und Handelsgesellschaften tätig. Neben den großen Familienfirmen, die feste Niederlassungen an wichtigen Handelsplätzen unterhielten, gab es eine große Zahl spezialisierter Kommissionäre, Transportunternehmer und »mittelständischer« Kaufleute, die dank handelstechnischer Innovationen im Bereich des Kredit- und Versicherungsgeschäfts sowie des Nachrichtenwesens flexibel auf konjunkturelle Veränderungen reagieren und sich Marktnischen sichern konnten. Auch von daher ist es unzulässig, die Geschicke einzelner Firmen mit der Entwicklung des süddeutschen Fernhandels oder gar der süddeutschen Wirtschaft gleichzusetzen.[73] Statt von einem »Zeitalter der Fugger« sollte man daher eher von einem »Zeitalter der süddeutschen Familienhandelsgesellschaften« im »langen« 16. Jahrhundert zwischen 1470 und 1620 sprechen. Dies gilt es auch bei der folgenden Betrachtung der Fugger'schen Handelsgesellschaften nach 1560 zu berücksichtigen.

Kapitel 4

Niedergang oder Neuorientierung?
Die Fuggerfirmen von 1560 bis 1650

Krisen und Krisenbewältigung

Die Generationen nach Anton Fugger hatten in der Forschung lange Zeit eine schlechte Presse. Richard Ehrenberg charakterisierte die Geschichte der Fuggerfirma nach 1560 als »Zeit des Verfalls«, und für Götz Freiherr von Pölnitz folgte damals auf die Generationen der »Gründer« und »Beherrscher« eine Generation von »Epigonen und Diadochen«, die weder das Interesse noch die Fähigkeit besessen habe, die wirtschaftlichen Herausforderungen ihrer Zeit zu meistern. Diese »Epigonen« hätten sich zunehmend aus dem aktiven Handelsgeschäft zurückgezogen und den von ihren Vorfahren erworbenen Reichtum für andere Ziele und Interessen – Kunstsammlungen, Bibliotheken und persönliche Liebhabereien – verwendet.[1]

Die These vom Niedergang der Firma in der Generation nach Anton Fugger ist jedoch nicht unwidersprochen geblieben, denn eine angemessene Würdigung der Firmenentwicklung im späten 16. Jahrhundert muss sowohl die Weichenstellungen Anton Fuggers als auch die veränderten wirtschaftlichen Rahmenbedingungen berücksichtigen. Wie bereits am Ende des vorigen Kapitels gezeigt wurde, hatte Anton Fugger vor, den »gemeinen Handel« aufzulösen, und diese Entscheidung war auch im Bewusstsein seiner Nachkommen präsent. Antons Sohn Marx sprach 1580 von »unserm gemeinen unnd gleichwol hievor Anno Funffzehnhundert unnd Achtunndviertzigsten uffgelassen, Aber doch noch anher nit völlig verthaiten handell« und gebrauchte ein Jahr später die Formel von der *tacita continuatio societatis*. Formalrechtlich betrachtete Marx Fugger sich selbst also als Leiter einer eigentlich aufgelösten Firma, deren Liquidierung bislang aber noch nicht vollzogen werden konnte.[2]

Anton und Raymund Fugger hatten ihren Söhnen eine breite humanistische und gelehrte Bildung angedeihen lassen und ihnen damit auch neue gesellschaftliche Werte und Leitbilder vermittelt. Als Erziehungsziel für die folgende Generation formulierte Anton Fugger 1546, »Männer mit Vermögen, ausgezeichnet durch den alten Glauben« heranzubilden. In seinem Testament von 1550 trug er seinen Söhnen auf, sie sollten »wie pisher mit gelerten leuten und mennern als preceptori versehen, studieren, umbraisen, auch fremde sprachen erfaren und lernen, dem nach an der römischen kayserlichen und königlichen mayestäten höff gethon, damit sy mit der zeit zue emptern unnd eerlichen diensten befürdert und gepraucht mügen werden«. Anton Fuggers Söhne Marx (geb. 1529), Hans (geb. 1531), Hieronymus (geb. 1533) und Jakob (geb. 1542) wurden zunächst von humanistisch gebildeten Privatlehrern unterrichtet. 1537 wirkte der Jurist Dr. Johann Planta als Präzeptor im Hause Fugger, 1539 wahrscheinlich der spätere Reichsvizekanzler Dr. Georg Sigmund Seld und 1540 der Latinist Johannes Pinicianus sowie der Philologe Dr. Laurentius Sifanus, der später Professor in Ingolstadt wurde. Nach einem kurzen Aufenthalt in Wien kamen seit 1542 die drei älteren Brüder durch ausgedehnte Reisen und Universitätsbesuche »mit fast allen Ländern des katholischen Europa in Berührung«. Sie verbrachten vier Jahre in Italien, darunter längere Zeit in Padua, und in den späten 1540er Jahren studierten Marx und Hans Fugger an der niederländischen Universität Löwen, wo sich Marx vor allem mit alten Sprachen und Philosophie beschäftigte. Außerdem sind für die Jahre 1546 und 1549/50 Reisen nach Frankreich nachweisbar. 1552 unternahmen die Brüder in Begleitung ihres Präzeptors Johannes Tonner eine Spanienreise, die sie von Toledo über Almagro und Cordoba nach Sevilla führte und die offenbar nicht nur der Vorbereitung auf eine spätere Tätigkeit in der Handelsfirma, sondern vor allem auch gelehrten Studien diente. Nach einem Aufenthalt in Genua war Marx Fugger 1553 in der Antwerpener Fuggerfaktorei tätig, bevor er 1554 nach Augsburg zurückkehrte. Hans Fugger hielt sich offenbar bis 1557 am Wiener Hof auf, ehe ihn sein Vater nach Antwerpen schickte, wo nach der Zahlungseinstellung der spanischen Krone und der niederländischen Statthalterregierung eine schwierige geschäftliche Situation eingetreten war.[3]

Wie Marx und Hans Fugger waren ihre älteren Vettern Hans Jakob und Georg sowohl auf eine spätere Tätigkeit in der Handelsgesellschaft vorbereitet worden als auch in den Genuss einer breiten gelehrten und humanistischen Ausbildung gekommen. Sie hatten seit 1531 in Bourges, Padua und Bologna studiert und seit 1536 bzw. 1537 in der Antwerpener Faktorei eine kaufmännische Ausbildung erhalten. Im Jahre 1538 wurde Hans Jakob Fugger vom Schwazer Fuggerfaktor Georg Hörmann in die Tiroler Geschäfte eingeweiht, und 1550 übertrug ihm Anton Fugger die Geschäftsführung in der spanischen Maestrazgopacht. Hans Jakob Fugger war also durchaus auf die Übernahme der Firmenleitung vorbereitet; zugleich hatten ihm seine Studienaufenthalte, seine Reisen und sein politisches Engagement in Augsburg vielfältige Möglichkeiten eröffnet, andere Interessen und Neigungen zu pflegen.[4]

Darüber hinaus ist zu bedenken, dass Anton Fugger seinem Neffen Hans Jakob und seinem Sohn Marx, die er zu Leitern der Handelsgesellschaft ernannt hatte, ein schwieriges Erbe hinterließ. Die Schulden der spanischen Krone, die sich 1557 bereits auf 2,3 Millionen Dukaten beliefen, wuchsen bis 1563 auf drei Millionen Dukaten an. Obwohl dem Fuggerfaktor Christoph Hörmann ein relativ günstiger Vertragsabschluss gelang, in dem die Krone einen großen Teil dieser Forderungen anerkannte, gestaltete sich die Rückzahlung weiterhin schwierig. Da die hohen Außenstände ihn zunehmend in Bedrängnis brachten, ersuchte Hans Jakob Fugger Kaiser Ferdinand I. und König Maximilian, bei ihrem spa-

Abb. 6: Marx Fugger mit großem Hund, Ölbild von Antonis Mor

Abb. 7: Hans Fugger, Kupferstich von 1618

nischen Vetter um die Rückzahlung der Kredite anzuhalten. Maximilian instruierte 1563 den kaiserlichen Gesandten am spanischen Hof, Adam von Dietrichstein, sich für Fuggers Anliegen einzusetzen. Da Fuggers »glauben und trauen so merckhlich hoch und vill daran gelegen« sei, solle Dietrichstein sich engagieren,

»als ob es selbst unser aigne handlung und sach wäre.« Dennoch hatte die Intervention keinen Erfolg: Dietrichstein berichtete im April 1564 zwar nach Wien, dass Philipp II. zumindest zu einer Teilrückzahlung bereit sei, doch zwei Monate später musste er melden, dass er »gar ain schlehte hoffnung« habe, denn der spanischen Krone gehe es offenbar darum, ihre Gläubiger zu einem Teilerlass der Schulden zu drängen, damit sie nicht alles verloren.[5]

Zum Zeitpunkt der Generalrechnung von 1563 verfügte die Firma bei einer Bilanzsumme von 5,66 Millionen Gulden über ein Stammkapital von 663 299 Gulden, von denen mit 422 000 Gulden knapp zwei Drittel auf die Erben Anton Fuggers, der Rest auf andere Familienmitglieder entfiel. Verbindlichkeiten in Höhe von 5,40 Millionen Gulden zeigen, dass die Gesellschaft in hohem Maße auf Fremdkapital angewiesen war. Niederländische Rentmeisterbriefe, die noch unter Anton Fugger zum Nennwert von 95 000 Pfund oder umgerechnet 430 000 Gulden gekauft worden waren, galten mittlerweile als so unsicher, dass sie gar nicht mehr unter den Aktiva geführt wurden. Angesichts der Tatsache, dass ein großer Teil der Aktiva aus schwer einzutreibenden spanischen und niederländischen Schuldforderungen bestand, gestaltete sich das Verhältnis von Eigen- und Fremdkapital sehr ungünstig. Zwar stammte ein beträchtlicher Teil der Depositen von Familienmitgliedern, die ihr Kapital nicht mehr zu Gewinn und Verlust in der Gesellschaft arbeiten ließen, sondern in Form fest verzinslicher Einlagen. Aber auch bei Personen, die nicht zur Familie gehörten, hatten die Fugger Depositenschulden in Höhe von 2,7 Millionen Gulden, darunter fast 2 Millionen Gulden, die in Antwerpen aufgenommen worden waren.[6]

Nicht nur die Lage des Fugger'schen Unternehmens gestaltete sich zu dieser Zeit problematisch, denn seit 1557 wurde die Augsburger Finanzwelt von einer ganzen Serie von Firmenbankrotten erschüttert. Während einige Firmen ihre Zahlungen einstellen mussten, weil sie zu stark in französische, niederländische, spanische und portugiesische Staatsanleihen investiert hatten, hatten andere bei Bergbaubeteiligungen hohe Verluste erlitten oder sich anderweitig verkalkuliert. Allen diesen Firmen war jedoch gemein, dass sie sich bei ihren Geschäften zu stark auf fremdes Kapital verlassen hatten und ihre Gläubiger nicht mehr auszahlen konnten, als sie von diesen bedrängt wurden. Die ältere Forschung hat in diesen Bankrotten nichts weniger als den »Zusammenbruch des süd- und mitteleuropäischen Frühkapitalismus« gesehen und ihre gesamtwirtschaftliche Bedeutung damit stark übertrieben. Tatsächlich zeigen die Augsburger Steuerbücher der Jahre 1558 bis 1604 ein deutliches Wachstum der großen städtischen Kapitalvermögen an. An die Stelle der insolventen Handelshäuser traten also neue kapitalkräftige Firmen, die sich bei riskanten Finanzgeschäften zurückhielten.[7] Dennoch hat die um 1557 einsetzende Finanzkrise die reichsstädtische Geschäftswelt zweifellos stark verunsichert, und von der Konkurswelle waren auch zwei Angehörige der Familie Fugger betroffen. 1562 ging Hans Jakob Fuggers Bruder Ulrich mit Schulden in Höhe von 160 000 Gulden bankrott; einige Jahre später begab er sich an den Heidelberger Hof. Im folgenden Jahr wurde auch Hans Jakob Fugger zahlungsunfähig und hinterließ angeblich sogar eine Million Gulden an Schulden. Die Überschuldung Hans Jakobs ist jedoch nicht gleichbedeutend mit einem Konkurs der Fugger'schen Handelsfirma, denn größtenteils resultierten seine Verbindlichkeiten offenbar aus Geschäften auf eigene Rechnung, daneben wahrscheinlich auch aus Ausgaben für seine gelehrten Interessen und seinen Repräsentationsaufwand. Auf jeden Fall war ein Bankrotteur an der Spitze der Handelsgesellschaft nicht tragbar; 1564 schied Hans Jakob Fugger aus der Handelsgesellschaft aus und trat in die Dienste des bayerischen Hofes.[8]

Die Auslösung Hans Jakob Fuggers aus der Gesellschaft ging keineswegs reibungslos vor sich. Vor allem die Festlegung der Anteile der Erben Anton und Raymund Fuggers am Firmenvermögen in der Generalrechnung von 1563 war heftig umstritten. In einem im Februar 1564 unter Vermittlung des Hans Jakob Fugger persönlich nahe stehenden Herzogs Albrecht V. von Bayern geschlossenen Vergleich übernahmen die Erben Antons Augsburger Schulden ihres Vetters Hans Jakob in Höhe von 35 000 Gulden, und im folgenden Jahr lösten sie ihn mit 230 000 Gulden aus der Gesellschaft aus. Mit dieser Summe konnte Hans Jakob Fugger eine Reihe seiner Gläubiger befriedigen. Da die niederländischen und spanischen Schuldforderungen der Fuggerfirma aus diesen Vereinbarungen ausgeklammert blieben, setzten sich die rechtlichen Auseinandersetzungen noch jahrelang fort. Die Prozesse gingen bis vor das Reichskammergericht und wurden auf beiden Seiten mit wachsender Erbitterung geführt.[9] Als sich Hans Jakob Fugger 1567 am Kaiserhof aufhielt, vermutete sein Vetter Hans, dass er »allerlaj wider uns praticiern und hanndln« und »mit Unwharhait und Ungrund uns waidlich zusezen« werde. Später bezeichnete Hans Fugger seinen Vetter als »verlogen, unverschambt und arglistig« und sah in ihm einen Mann, der »gar kain Eer und Erbarkeit« besitze.[10]

In den folgenden Jahren wurde die Eigenkapitalbasis der Firma durch weitere Auszahlungen geschwächt. Der unverheiratete Christoph Fugger schied 1572 nach einem Streit mit seinem Vetter Marx als Teilhaber aus und erhielt mehrere hunderttausend Gulden ausbezahlt. Er ließ zwar rund eine Million Gulden in der Gesellschaft liegen, doch nach seinem Tod musste ein großer Teil seines Erbes ebenfalls herausgegeben werden. Im Jahre 1578 verließen auch die Erben Georg Fuggers, der von 1563 bis zu seinem Tod im Jahre 1569 neben Marx Fugger die Geschäfte geführt hatte, die Gesellschaft und gründeten eine eigene Firma. Als wichtigster Grund dafür erscheint Marx' Weigerung, die Söhne seines Vetters an der Geschäftsführung zu beteiligen. Nach heftigen Auseinandersetzungen um die Höhe ihrer Beteiligung wurden Georgs Erben bis 1584 ratenweise insgesamt 756 000 Gulden ausbezahlt.[11] Am »Gemeinen Handel« waren danach nur noch Anton Fuggers Söhne Marx, Hans und Jakob beteiligt. Während Marx als »Regierer« fungierte, war ihm sein Bruder Hans bei der Geschäftsführung behilflich, pflegte die Kontakte zu fürstlichen und adeligen Kunden und vertrat den Firmenchef während dessen Krankheiten und Geschäftsreisen. Seine Rolle in der Leitung der Handelsgesellschaft wird von der neueren Forschung wesentlich höher eingeschätzt als in älteren Arbeiten, die in Hans Fugger vorwiegend den reichen Privatier und Mäzen sahen.[12] Der dritte Bruder Jakob hingegen scheint eine rein passive Rolle gespielt zu haben. Wie Hans Fugger 1569 dem spanischen Faktor Christoph Hörmann berichtete, habe man Jakob bisher »wenig zu der Schreibstube bringen« können. Er interessiere sich mehr für das Schlittenfahren, stehe morgens spät auf und verbringe seine Zeit in leichtfertiger Gesellschaft.[13]

Die Firmenbankrotte und wirtschaftlichen Krisen der 1560er und 70er Jahre machten der von Marx Fugger geleiteten Gesellschaft in mehrfacher Hinsicht zu schaffen. Zum einen führten die Konkurse von Geschäftspartnern immer wieder zu finanziellen Verlusten. Als die Firma David Haug, Hans Langnauer und Mitverwandte 1574 ihre Zahlungen einstellen musste, stand sie bei den Fuggern mit über 280 000 Gulden in der Kreide; die Fugger übernahmen dafür Anteile an einem gemeinsamen Tiroler Bergbauunternehmen, der Jenbacher Gesellschaft, und Schulden der portugiesischen Krone. Der Konkurs Hans Paul Herwarts brachte weitere Verluste mit sich, und auch beim Bankrott des Konrad Roth im Jahre 1580 zählten Marx Fugger und Gebrüder mit 86 000 Gulden zu den Gläubigern.[14] Darüber hinaus trugen die Bankrotte zu einer allgemeinen Kreditknappheit bei. Bereits 1566 schlug Hans Fugger einen Darlehenswunsch mit dem Hinweis aus, dass unter den gegenwärtigen wirtschaftlichen Umständen »das Gelt weder umb billichs christlich oder unchristlichs Interesse nit zu bekommen« sei. Als die Witwe Regina Artzt Hans Fugger zwei Jahre später wegen einer Schuldsumme anschrieb, die »wir Fugger Euch in gemain zuthun sein,« musste er einräumen, dass aufgrund der aktuellen politischen Unruhen »alle Handlungen gesperrt werden« und die Firma die »Schuldenlasst, damit wir uns beladen befinden« nicht ohne Weiteres abtragen könne.[15] Der Kreditwunsch eines österreichischen Adeligen wurde 1570 abschlägig beschieden, weil aufgrund der schlechten Geschäftslage »gar kain Gelt uneder den Leutten« sei. Auch 1573 stellte Hans Fugger fest, in diesen Zeiten sei »khain Gellt umb Verzinsung verhannden.«[16] Besonders der Krieg in den Niederlanden bereitete der Firma anhaltende Probleme; nach der Plünderung Antwerpens im Jahre 1576 musste die dortige Faktorei zunächst vorübergehend und schließlich ständig nach Köln verlegt werden.[17]

Uneinbringliche Forderungen aus Anleihegeschäften, die noch unter Anton Fugger abgeschlossen worden waren, die kostspieligen Auszahlungen von Teilhabern, die schwierige Lage auf dem Kapitalmarkt und der Krieg in den Niederlanden stellten den Regierer Marx Fugger vor eine wahre Herkulesaufgabe. Wo Götz Freiherr von Pölnitz nur Niedergang und Verfall sah, kommt Georg Lutz in einem wichtigen Aufsatz indessen zu einem völlig konträren Ergebnis. Die 1577 vorgenommene Generalrechnung dokumentiere nichts weniger als »eine glänzende Wiederherstellung der inneren Solidität der Fuggerfirma, eine Rückkehr zu den besten Zeiten unter Anton – eine Entwicklung, die sich in der gleichen, günstigen Richtung fortsetzen sollte.« Dieser Generalrechnung zufolge belief sich das Stammkapital bei einer Bilanzsumme von 6,54 Millionen Gulden auf 1,27 Millionen; weitere 3,4 Millionen waren von Familienmitgliedern als fest verzinsliche Depositen investiert worden. Das Depositenkapital, das »Freunde«, Handelsdiener und andere Personen in die Firma eingelegt hatten, war auf 590 000 Gulden vermindert worden; die Abhängigkeit von Fremdkapital war damit deutlich geringer als vierzehn Jahre zuvor. Dass sich Marx Fugger auf einige wenige Geschäftsbereiche konzentrierte, das Stammkapital der Firma erhöhte und die Abhängigkeit von Fremdmitteln verringerte, erwies sich unter den schwierigen externen Rahmenbedingungen als sinnvolle Strategie. »Die Fähigkeit, unter solchen Rahmenbedingungen überhaupt den Weiterbestand der Firma zu sichern, konnte von ebensolcher kaufmännischer Tüchtigkeit zeugen wie außerordentliche Gewinne, die einst den Vorfahren gelungen waren.«[18]

In den unterschiedlichen Bewertungen der Historiker spiegelt sich auch ihre Wahrnehmung der eigenen Zeit. Autoren des späten 19. und frühen 20. Jahrhunderts, für die unternehmerische Leistung gleichbedeutend war mit Expansion und dem Aufbau neuer Produktions- und Handelskapazitäten, hatten für die Konsolidierungspolitik Marx Fuggers wenig Verständnis und haben sie folgerichtig als Niedergang interpretiert. Am Beginn des 21. Jahrhunderts, an dem nicht mehr nur Produktionsausweitung, sondern vor allem dauerhafte Wettbewerbsfähigkeit als Schlüssel zur Zukunft von Unternehmen gilt, ist eine solche Perspektive fragwürdig geworden. Restrukturierung, Kostensenkung, Ausgliederung oder Stilllegung unproduktiver Unternehmensteile und Konzentration auf das so genannte Kerngeschäft gelten nun als wichtige Strategien der Zukunftssicherung, und eine ganz ähnliche Strategie verfolgten »Marx Fugger und Gebrüder«.

Aber nicht allein die Fähigkeit zur Konsolidierung zeichnet Marx Fugger als Leiter des Unternehmens aus, denn nach wie vor war seine Firma zu großen Transaktionen in der Lage und blieb ein wichtiger Akteur auf den europäischen Finanzmärkten. Außerdem wurden über das Netz Fugger'scher Niederlassungen die verschiedensten Kunstgegenstände, Luxuswaren und Konsumgüter für den Bedarf fürstlicher und adeliger Haushalte beschafft. Und schließlich spielten die Erben Anton und Raymund Fuggers auch im Nachrichtenwesen des späten 16. Jahrhunderts eine prominente Rolle. Die heute in der Wiener Nationalbibliothek aufbewahrten handschriftlichen »Zeitungen« über politische, militärische, wirtschaftliche und soziale Entwicklungen und Ereignisse, die Philipp Eduard und Octavian Secundus Fugger zwischen 1568 und 1605 von Handelsdienern und anderen Korrespondenzpartnern erhielten und an interessierte Kreise weitergaben, gelten seit langem als zentrale Quelle zur Kommunikationsgeschichte des 16. Jahrhunderts.[19] Neuere Arbeiten haben überdies gezeigt, dass auch Hans Fugger eine vergleichbare Rolle als »Nachrichtenmakler« spielte und seine Briefpartner mit aktuellen Informationen über den niederländischen Aufstand gegen die spanische Krone, die französischen Religionskriege und die Entwicklung an der Türkengrenze versorgte.[20] Auch die Generation nach Anton Fugger konnte also noch eine ganze Menge bewegen, und ihre wirtschaftlichen Aktivitäten verdienen mehr Aufmerksamkeit, als ihnen lange Zeit zuteil wurde.

Die Geschäfte der Erben Anton Fuggers

Die Aufgabe des Ungarischen Handels in den späten 1540er Jahren hatte die Auflösung zahlreicher Faktoreien nach sich gezogen, und unter der Leitung Marx Fuggers wurde das Netz der Niederlassungen weiter konsolidiert. In Italien unterhielt die Gesellschaft seit den 1560er Jahren keine eigenen Faktoreien mehr, sondern ließ ihre Geschäftsinteressen durch Kommissionäre in Rom, Venedig und Genua wahrnehmen – durch selbstständige Firmen also, die spezifische Aufträge für die Fugger ausführten. In den 1560er und 70er Jahren erledigten vor allem der aus Ulm stammende David Ott in Venedig und Christoph Rem in Genua die italienischen Geld- und Wechselgeschäfte der Fugger, besorgten aber auch Südfrüchte, Wein und Fisch, lieferten wertvolle Stoffe, Korallen, Glas und Parfüm und kauften Bilder, Bücher, Statuen, Münzen und Antiken für die Kunstkammern der Fugger und der Bayernherzöge. Nach David Otts Tod im Jahre 1579 traten seine Söhne Hieronymus und Christoph in seine Fußstapfen und behielten die engen Beziehungen zu den Fuggern bei; in Genua trat Christoph Furtenbach an Rems Stelle. Die Faktorei Madrid betreute die spanischen Interessen der Firma, Nürnberg blieb die Zentrale für den Geschäftsverkehr nach Ostmittel- und Osteuropa, Antwerpen bzw. nach 1576 Köln fungierten als zentrale Niederlassungen in Nordwesteuropa, und über Vertretungen in Wien bzw. Prag wurden die Kontakte zum Kaiserhof gepflegt.[21]

Der entscheidende Schlüssel zur erfolgreichen Konsolidierung des Unternehmens unter Marx Fuggers Leitung ist in Spanien zu suchen. Marx Fugger selbst stellte Ende der 1570er Jahre fest, dass aus dem Spaniengeschäft »schier alle unsere nutzungen herfliessen.«[22] Nach mehrjähriger Unterbrechung übernahmen die Fugger ab 1562 wieder die Maestrazgopacht und damit die Verwaltung der Güter der spanischen Ritterorden. Von großer Bedeutung war dabei die Tatsache, dass das nach einem Brand im Jahre 1550 stillgelegte Bergwerk von Almadén, das seither unter staatlicher Verwaltung stand, nun wieder in den Pachtvertrag eingeschlossen wurde. Um die Mitte der 1550er Jahre war in den mittel- und südamerikanischen Bergwerksgebieten das Amalgamierungsverfahren erfolgreich erprobt worden, das die Ausscheidung von Silber aus dem Erz durch den Zusatz von Quecksilber ermöglichte. Mit der höchst umwelt- und gesundheitsschädlichen, aber betriebswirtschaftlich überaus effektiven Amalgamierungsmethode ließen sich aus den Minen von Potosí in Peru und Neuspanien (Mexiko) unerhörte Mengen an Silber fördern. Die Nachfrage nach Quecksilber stieg daher sprunghaft an, und da die königliche Bergwerksverwaltung nicht über das nötige Kapital und Know-how verfügte, wurde das Bergwerk von Almadén wieder den Fuggern überlassen. Diese verpflichteten sich, die Mine wieder instand zu setzen und jährlich mindestens 1000 Zentner Quecksilber zu liefern, das die spanische Regierung zum Festpreis von 25 Dukaten pro Zentner in den ersten fünf Jahren bzw. 20 Dukaten nach Ablauf dieser Frist zu bezahlen versprach. Die Bezahlung sollte durch Gold- und Silberlieferungen aus der Neuen Welt erfolgen. Um den Betrieb möglichst rasch wieder in Gang zu setzen, wurden mehrere Dutzend Fachleute aus Deutschland rekrutiert. Im Jahre 1567 setzten die Fugger eine Preiserhöhung auf 26 Dukaten durch und sagten dafür zu, jährlich 1200 Zentner zu liefern. Durch die Anlage eines zweiten Schachts gelang es binnen weniger Jahre, die Produktion auf 1500 Zentner und den Preis auf 29 Dukaten zu steigern. Bei Produktionskosten von 14 bis 15 Dukaten pro Zentner lagen die Gewinne bei 100 Prozent.[23]

Die übrige Maestrazgopacht, die sich in erster Linie auf die Verwaltung von Grundrenten und die Vermarktung von Getreide und anderen Agrarprodukten erstreckte, hatte zwar durch den Verkauf von Ordensländereien an Attraktivität verloren, war aber immer noch profitabel. Zwischen 1562 und 1567 belief sich der Buchgewinn auf 200 000 Gulden, und in der folgenden Fünf-Jahres-Periode erhöhte er sich sogar auf 570 000 Dukaten. Faktisch wurde dieser Gewinn allerdings durch beträchtliche Zahlungsrückstände geschmälert. Die insgesamt günstige Entwicklung bewog die Fugger dennoch, im Dezember 1571 einen neuen Maestrazgovertrag abzuschließen, der vom Neujahrstag 1573 an zehn Jahre laufen sollte. Die Firma sagte nun die Lieferung von 1700 Zentnern Quecksilber zu, das ihnen zum Festpreis von 30 Dukaten pro Zentner abgenommen wurde. Als Vorschuss gewährten die Fugger ein Darlehen von einer Million Dukaten. Durch den Einsatz neuer Reverberationsöfen wurde die Technik der Quecksilbergewinnung verbessert, und um dem Mangel an Arbeitskräften in Almadén abzuhelfen, wurden auch Morisken, also zum Christentum konvertierte Mauren, aus benachbarten Gemeinden zwangsverpflichtet sowie Sklaven eingesetzt.[24] Das spanische Niederlassungsnetz wurde indessen bis Ende der 1570er Jahre auf die Faktorei in Madrid, das unter König Philipp II. zur festen Hauptstadt erhoben wurde, und Almagro, den Sitz der Maestrazgoverwaltung, konzentriert. Die Vertretung in Sevilla, die zuletzt fast nur noch mit der Einnahme von Rückzahlungen von den aus Amerika zurückkehrenden Silberflotten befasst war, wurde mit dem Ausscheiden des langjährigen Faktors Jobst Hurter aufgegeben.[25]

In der Pachtperiode von 1573 bis 1582 erzielten die Fugger erneut Reingewinne von 490 000 im ersten und 167 000 Dukaten im zweiten Jahrfünft. Außerdem produzierten sie fast 24 000 Zentner Quecksilber, für das sie mehr als 700 000 Dukaten erlösten. Die Produktionskosten beliefen sich hingegen auf lediglich 346 000 Dukaten, so dass die Gewinnspanne wiederum in der Größenordnung von 100 Prozent lag. Als die spanische Krone im Jahre 1575 erneut ihre Zahlungen einstellte, wurden die Fugger aufgrund ihrer Bedeutung als Quecksilberproduzenten explizit von dem königlichen Dekret ausgenommen. Dafür wurden sie um diese Zeit verstärkt zu Geldtransfers in die Niederlande herangezogen, wo sich der Aufstand gegen die spanische Krone längst zu einem Bürgerkrieg ausgeweitet hatte. Als spanische Truppen in den Niederlanden meuterten, lieh die Madrider Faktorei König Philipp II. 200 000 Dukaten.[26] Im Herbst 1576 äußerte sich Hans Fugger gegenüber seinem Bruder Marx besorgt darüber, dass die Firma dem König »von Tag zu Tag« finanziell zu Diensten sein müsse; es sei zu befürchten, »dass sich die Sp(ani)er unser zu ewigen Zeiten werden bedienen wellen, uns aussaugen, und nött(ig)en«. Im März 1579 teilte er einem Korrespondenzpartner mit, dass sie demnächst in Augsburg und Frankfurt spanische Wechsel in Höhe von 279 000 Gulden auszahlen müssten.[27]

Auch die folgenden Pachtperioden endeten indessen wieder mit ansehnlichen Gewinnen. Zwischen 1582 und 1594 produzierte Almadén fast 38 000 Zentner Quecksilber und brachte der Gesellschaft einen Gewinn von 636 000 Dukaten, und in der Pachtperiode von 1595 bis 1604 belief sich der Reingewinn aus den Maestrazgos auf 300 000 Dukaten und aus dem Quecksilbervertrag auf fast die doppelte Summe. Als strukturelle Belastungen erwiesen sich zwar die immer höheren Kreditforderungen der Krone – so mussten die Fugger 1586 zusätzlich zu der Million Dukaten, die sie für die laufende Maestrazgopacht vorgestreckt hatten, einen weiteren Millionenkredit aufbringen – und die wachsenden Zahlungsrückstände. Dennoch scheinen die Maestrazgopacht und der Quecksilbervertrag in der Ära Marx Fuggers insgesamt ein glänzendes Geschäft gewesen zu sein. Nach dem Tod Philipps II. im Jahre 1598 konnte Albrecht Fugger, ein Sohn

Marx Fuggers, der damals nach Spanien reiste, dem neuen Regenten Philipp III. 250 000 Dukaten als »Geschenk« anbieten und sich obendrein bereit erklären, für die spanische Regierung Silber im Wert von einer Million Dukaten nach Mailand zu liefern.[28]

Die hohen Einnahmen aus dem spanischen Handel ermöglichten es den Fuggern auch, weiterhin eine bedeutende Rolle in der internationalen Hochfinanz zu spielen und dem Kaiser, anderen europäischen Fürsten und wichtigen Geschäftspartnern große Summen vorzustrecken. Im März 1566 transferierte die Firma 100 000 Kronen an »dem Spannischen Hilff und Wixlgelt«, das zur Türkenabwehr bestimmt war, an Georg Ilsung, den Reichspfennigmeister Kaiser Maximilians II.[29] Dem kaiserlichen Gesandten am Madrider Hof und Obersthofmeister der Erzherzöge Rudolf und Ernst, Adam von Dietrichstein, wurden im Mai 1568 50 000 Gulden geliehen.[30] Im Mai 1569 und Februar 1570 zahlte der spanische Fuggerfaktor Christoph Hörmann Dietrichstein insgesamt 140 000 Gulden aus; zudem gewährte die Firma im Dezember 1569 anlässlich der Hochzeit der Erzherzogin Anna mit König Philipp II. einen Kredit von 60 000 Gulden. Einschließlich der Zinsen belief sich die Forderung der Firma Marx Fugger und Gebrüder an das Kaiserhaus aus diesen Wechselkrediten, für welche der Reichspfennigmeister Georg Ilsung und die Augsburger Firma Paler-Weiß die Bürgschaft übernommen hatten, 1573 auf 225 320 Gulden. Dafür wurden die Fugger auf jährliche Einkünfte der böhmischen Kammerherrschaften in Höhe von 30 000 Gulden angewiesen. Weiterhin hatten die Fugger im Jahre 1570 für Kaiser Maximilian II. über 70 000 Kronen aus Neapel nach Augsburg gewechselt und waren für den Restbetrag aus einem weiteren Darlehen über 50 000 Gulden auf schlesische Einkünfte angewiesen.[31] Im Spätjahr 1575 streckten die Fugger dem Kaiser in Augsburg, Nürnberg, Prag und Wien insgesamt 134 500 Gulden vor, und 1578/79 waren sie an Auszahlungen spanischer Pensionen an Erzherzog Ferdinand beteiligt.[32] Während des Augsburger Reichstags von 1582 musste Kaiser Rudolf II. Geld von den Fuggern leihen, um seine Schulden bezahlen zu können.[33] Im Jahre 1594 schließlich bewilligten die Fugger dem Kaiser die gewaltige Summe von 340 000 Gulden für den Krieg gegen die Osmanen und demonstrierten damit die ungebrochene Leistungsfähigkeit der Firma am Ende des 16. Jahrhunderts.[34]

Daneben wurden auch den Bayernherzögen Albrecht V. und Wilhelm V. immer wieder Kredite gewährt. Für ein Darlehen über 100 000 Gulden an Herzog Albrecht wurde Marx und Hans Fugger 1572 die Herrschaft Mering verpfändet, und im folgenden Jahr lieh die Firma dem Erbprinzen Wilhelm 80 000 Gulden. Von den Schulden Wilhelms, die sich Anfang 1575 auf 300 000 Gulden beliefen, entfiel etwa ein Drittel auf die Fugger. Diese Verbindlichkeiten führten zeitweilig zu erheblichen Verstimmungen zwischen der Firma und dem Herzogshaus. Der Forderung Herzog Albrechts, die gesamte Schuldsumme zu übernahmen, kamen die Fugger ebenso wenig nach wie sich der Fugger'sche Plan realisieren ließ, Wilhelms Schulden durch eine bayerische Anleihe beim Großherzog der Toskana zu tilgen. Während des Kölner Kriegs gewährten Marx und Hans Fugger den Wittelsbachern in den Jahren 1583 bis 1585 mehrere größere Darlehen, die sich auf insgesamt 39 000 Gulden beliefen. Zur Deckung der Kriegskosten brachte

Hans Fugger 1584/85 zusätzlich 15 000 Gulden aus seinem Privatvermögen auf.[35] Ferner erledigte Hans für die Bayernherzöge zahllose Besorgungsaufträge – von Antiquitäten und Kunstwerken über Nahrungsmittel, edle Stoffe und Reitpferde bis hin zu jungen »Mohren«, die 1573 für den Landshuter Hof des Thronfolgers Wilhelm beschafft wurden. Diese Besorgungen, für welche die Firma offenbar keine Provision verlangte, dienten primär der Pflege guter Beziehungen zum Herzogshaus und der Mehrung des Ansehens der Familie.[36]

Der Stadt Antwerpen vermittelten die Fugger noch 1574, also nur zwei Jahre vor ihrem erzwungenen Rückzug, eine Anleihe von 20 000 Gulden, an der sich zwei Dutzend andere süddeutsche Kaufleute beteiligten.[37] Als Kreditgeber spielte die Firma auch in Venedig noch eine bedeutende Rolle. Als Hieronymus und Christoph Ott, die langjährigen Geschäftspartner und Agenten der Fugger am Rialto, 1597 nach geplatzten Wechseln in Zahlungsschwierigkeiten steckten, ließen die Fugger Hieronymus Ott zunächst in Augsburg inhaftieren, weil dieser im Verdacht stand, Gelder unterschlagen zu haben, die er im Auftrag der Fugger an Erzherzog Ferdinand transferieren sollte. Offenbar konnte dieser Verdacht ausgeräumt werden, denn noch im selben Jahr retteten Marx Fugger und Gebrüder die Ott durch einen Kredit über fast 260 000 Dukaten, für den die Venezianer ihre gesamte Habe verpfändeten. Nach 1600 wurden erneut große Kredite der Fugger an Ferdinand II. über die Ott an die venezianischen Bevollmächtigten des Erzherzogs ausbezahlt: 175 000 Dukaten bis 1603 und nochmals 35 000 Dukaten im Jahre 1604.[38]

In einem Zeitalter nahezu permanenter Kriege in den Niederlanden, in Frankreich, auf dem Balkan und im Mittelmeerraum gehörten auch Offiziere und Militärunternehmer zu den regelmäßigen Kunden der Fugger.[39] 1566 lieh Marx Fugger 4000 Escudos für die Anwerbung eines spanischen Regiments in Süddeutschland. Über die Antwerpener Faktorei wurden Graf Albrecht von Lodron im Jahre 1567 11 000 Gulden zur Aufstellung eines Regiments vorgestreckt.[40] Wolfgang Jörger erhielt im folgenden Jahr einen Vorschuss von 600 Talern, um Landsknechte in Siebenbürgen anzuwerben.[41] Als Albrecht von Lodron 1572 ein neues Regiment aufstellte, besorgte Hans Fugger in Augsburg und Nürnberg mehrere hundert Rüstungen. Allein die Beschaffung von Harnischen für 551 Landsknechte kostete über 3000 Gulden.[42] Für Rüstungskäufe Hans Ferenbergers, eines Oberstleutnants in spanischen Diensten, bürgte Hans Fugger 1573 mit über 13 000 Gulden.[43] Die Darlehen an Offiziere erwiesen sich häufig als schwer einzubringen, weil die Schuldner selbst auf die Bezahlung ihrer fürstlichen Auftraggeber lange warten mussten oder sich persönlich als unzuverlässig erwiesen. Don Juan Manrique de Lara, mit dem Hans Fugger über Jahre hinweg korrespondierte und dem er 10 000 Gulden zum Kauf von Rüstungen vorgestreckt hatte, erregte 1576 den Verdacht seines Gläubigers, als dieser erfuhr, dass Manrique Geld einnahm, aber nicht bezahlte. Doch weder die Entsendung des Fuggerdieners Matthäus Recheisen zu Manrique de Lara noch eine Klage gegen diesen führten zum Erfolg.[44]

Eine Konsolidierungspolitik verfolgten die Fugger auch im Tiroler Bergbau, der seit Mitte des 16. Jahrhunderts mit Produktionsrückgängen konfrontiert war. Nachdem die einheimischen Gesellschaften der Stöckl und Tänzl 1552 bankrott gegangen waren und die Augsburger Baumgartner im folgenden Jahr ihre Anteile verkauft hatten, veräußerte 1558/61 auch die Gesellschaft der Brüder Hans Paul und Hans Heinrich Herwart ihre Anteile an den Landesherrn. Die Augsburger Haug-Langnauer-Linck-Gesellschaft unterbreitete dem Erzherzog ebenfalls ein Kaufangebot, das dieser jedoch ablehnte. Nachdem auch Christoph Manlich und seine Brüder durch ihren Bankrott im Jahre 1564 aus dem Kreis der Gewerken ausgeschieden waren, blieben nur noch drei Augsburger Firmen als Großgewerken im Tiroler Bergbau übrig: die Fugger, die Haug-Langnauer-Linck und die Erben Matthias Manlichs, die mit den Brüdern Abraham und Michael Katzbeck geschäftlich verbunden waren. Um ihre Kräfte zu bündeln und dem gestiegenen Einfluss des Landesherrn entgegenzuwirken, schlossen sich die Fugger, die Haug-Langnauer-Linck und die Manlich-Katzbeck am 3. März 1565 auf fünf Jahre zur Jenbacher Gesellschaft zusammen. Ziel dieses Konsortiums war die gemeinsame Verhüttung und Vermarktung der Tiroler Erze. Die Fugger brachten Bergwerksanteile am Falkenstein und Ringenwechsel im Schwazer Revier, ferner Gruben im Ahrntal, am Schneeberg und Gossensasser Berg sowie zu Klausen, Grasstein, Terlan und Nals im Wert von rund 114 000 Gulden in die neue Gesellschaft ein. Die Anteile der Haug-Langnauer-Linck wurden auf 109 000 Gulden und diejenigen der Manlich-Katzbeck-Gruppe auf 92 000 Gulden veranschlagt. Betriebseinrichtungen und Grundbesitz verblieben im Besitz der einzelnen Gesellschafter, wurden aber an die Jenbacher Gesellschaft verpachtet. Im Fall der Fugger betrug der Wert der Häuser, Lagerstätten und Schmelzhütten 15 950 Gulden, im Fall der Haug-Langnauer-Linck 15 300 Gulden und im Fall der Manlich-Katzbeck 21 133 Gulden. Die Warenlager der drei Gesellschaften wurden auf insgesamt knapp 175 000 Gulden und das Gesamtkapital der Gesellschaft auf rund 490 000 Gulden veranschlagt. Unterschiedliche Beteiligungen wurden durch Bareinlagen der Gesellschafter ausgeglichen. Marx Fugger, Hans Langnauer und Abraham Katzbeck übernahmen die Leitung des Unternehmens; sie trafen sich in Augsburg zu wöchentlichen Besprechungen und sollten zweimal im Jahr die Tiroler Betriebe selbst in Augenschein nehmen. Die Geschäftsführung in Tirol lag bei dem Fuggerfaktor Heinrich Ruedl. In die Jenbacher Gesellschaft ging allerdings nur ein Teil der Tiroler und Kärntner Besitzungen und Beteiligungen der Fugger ein. Wichtige Teile wie das Schmelzwerk zu Lützelfelden und die Besitzungen im Berggericht Kitzbühel wurden als »Schwazer Propriohandel« fortgeführt, an dem neben den Söhnen Anton Fuggers auch die Erben Raymunds beteiligt waren.[45]

Die Geschäfte der Jenbacher Gesellschaft entwickelten sich zunächst günstig, da die Betriebskosten infolge der Fusion gesenkt werden konnten und die beteiligten Firmen nun eine stärkere Stellung gegenüber dem Landesherrn einnahmen. Im Jahre 1566 streckte die Gesellschaft der Tiroler Regierung 13 410 Gulden, drei Jahre später 24 000 Gulden vor; 1570 wurde der Gesellschaftsvertrag um fünf Jahre verlängert. In der Folgezeit machte sich jedoch die allgemeine europäische Wirtschaftskrise massiv bemerkbar, und die Interessenkonflikte zwischen den Handelsgesellschaften und der Regierung, die zuvor noch durch zinslose Darlehen an landesherrliche Beamte abgemildert werden konnten, verschärften sich. Die Brandsilberproduktion am Falkenstein, die sich zwischen

1566 und 1569 noch auf 10 000 bis 12 000 Mark Silber im Jahr belaufen hatte, sank nach 1570 auf unter 8000 Mark ab, und auch die Kupferausbeute war seit 1571 stark rückläufig. Die Zahl der Bergleute am Falkenstein ging von fast 7000 im Jahre 1556 auf rund 4000 im Jahre 1582 zurück. Die Jenbacher Gesellschaft erlitt einen Gewinneinbruch und musste infolge der starken Verteuerung der Lebensmittel den Pfennwerthandel, über den die Bergleute die wichtigsten Verbrauchsgüter bezogen, subventionieren. 1571 bot sie ihre gesamten Besitzungen dem Erzherzog zum Verkauf an, doch dieser lehnte das Angebot ab. Nach dem Bankrott der Haug-Langnauer im Jahre 1574 übernahmen die Fugger deren Anteile. Da die Haug ihren Tiroler Besitz jedoch zuvor schon dem Erzherzog verpfändet hatten, kam es zu jahrzehntelangen Auseinandersetzungen um die Rechtsansprüche der Gläubiger. Im Jahre 1577 übernahmen die Fugger auch die Anteile der Manlich-Katzbeck und waren damit neben dem Landesherrn die einzigen verbliebenen Tiroler Gewerken. Da der Silberpreis infolge der steigenden Einfuhren amerikanischen Silbers stark gesunken war, verlor das Silbergeschäft gegenüber dem Kupferhandel immer mehr an Bedeutung. Das in ihren Hüttenwerken zu Jenbach, Achenrain und Lützelfelden produzierte Kupfer verkauften die Fugger entweder an Zwischenhändler und verarbeitende Betriebe oder setzten es über Nürnberg, Venedig und Genua ab. Am Rialto übernahmen die Ott, in Genua Christoph Furtenbach als Kommissionäre der Fugger den Vertrieb. Neben der sinkenden Erzausbeute erschwerten der Mangel an Rohstoffen wie Bau- und Brennholz, Wasserschäden in den Bergwerken und Zollerhöhungen der Landesregierung den Tiroler Handel. Im Jahre 1583 boten die Fugger daher erneut ihre Anteile dem Landesherrn an. Gegen Ende des 16. Jahrhunderts zeichnet sich somit immer deutlicher das Bestreben ab, das Engagement in Tirol zurückzufahren. Auch die nochmalige Übernahme der Anteile eines Konkurrenten, der Firma Dreyling, im Jahre 1590 bedeutete keine Kurskorrektur, sondern stellte lediglich eine Notlösung dar. Seit 1598 wurde eine Reihe von Gruben zu Schwaz, Sterzing, Klausen und Terlan aufgelassen.[46]

Die geschäftliche Strategie Marx Fuggers zielte also auf eine Konzentration auf zentrale Bereiche – modern gesprochen: auf das Kerngeschäft – ab. Bei unvermindert starker Bindung an das Haus Habsburg wurden vor allem im Spanienhandel durch den Quecksilberboom hohe Gewinne erzielt, während die Zeichen in Tirol nach 1570 auf Reduzierung des Engagements und Abwicklung des Bergbaus und Montanhandels standen. Diese Geschäftspolitik war einerseits Ausdruck veränderter Prioritäten und Neigungen, denn in wesentlich stärkerem Umfang als sein Vater widmete sich Marx Fugger auch gelehrten und literarischen Interessen. Sie war darüber hinaus aber auch eine sinnvolle Anpassung an veränderte Rahmenbedingungen. Angesichts wirtschaftlicher Krisen, sich häufender Firmenbankrotte und kriegsbedingter Störungen des Handels sicherte Marx Fugger dauerhaft das Familienvermögen. So überrascht es auch nicht, dass Marx Fugger in seinem Testament von 1595 von den Plänen seines Vaters Abstand nahm, die Handelsgesellschaft so bald wie möglich aufzulösen. Vielmehr sollte der Handel, »wie bißhero mit ersprüesslichem nutz beschehen, noch lenger in gemain erhalten und continuiert« und die Firma nach dem Tod von Marx und Hans Fugger noch mindestens 15 Jahre lang von deren Söhnen ungeteilt fortgeführt werden.[47]

Die Konflikte um die Leitung der Familienfirma, die mit der Auszahlung mehrerer Teilhaber in den 1570er Jahren beigelegt werden konnten, flammten indessen wieder auf, als Marx Fugger nach einem Schlaganfall im Jahre 1595 arbeitsunfähig wurde und 1597 starb. Damit ging die Geschäftsführung auf seinen Bruder Hans über, der seinen Bruder schon vorher häufig vertreten hatte und sich in den Belangen der Firma gut auskannte. Die Söhne Marx und Jakob Fuggers machten ihrem Onkel jedoch die Geschäftsleitung streitig, und insbesondere Marx' Sohn Anton verlangte, als zweiter Regierer anerkannt zu werden. Während einer Spanienreise des jungen Anton Fugger brachen diese Differenzen unter den spanischen Faktoren, die ohnehin untereinander zerstritten waren, offen aus. Noch vor dem Tod Hans Fuggers 1598 konnte der Streit durch die Vermittlung von Octavian Secundus Fugger – von dem gleich noch ausführlich die Rede sein wird – beigelegt werden. Der gemeinsame Handel der Erben von Marx, Hans und Jakob Fugger blieb dadurch erhalten, während die Leitung zwischen den Vertretern der drei Linien wechseln sollte. Von 1598 bis 1614 führte Hans Fuggers Sohn Marx die Firma, die sein gleichnamiger Onkel erfolgreich konsolidiert hatte; seine Vettern Georg und Anton standen ihm als »Adjunkten« zur Seite.[48]

Die »Georg Fuggerischen Erben«

Nach der Auslösung von Georg Fuggers Söhnen Octavian Secundus und Philipp Eduard Fugger bestand mit den »Georg Fuggerischen Erben« eine zweite selbstständige Firma, die den Namen des großen Handelshauses trug. Die Existenz der »Georg Fuggerischen Erben« ist sichtbarer Ausdruck der sich bereits seit Mitte des 16. Jahrhunderts abzeichnenden Aufspaltung der Familie in mehrere Zweige, die ihre Interessen nicht mehr unter dem Dach des einst von Jakob Fugger begründeten »Gemeinen Handels« verfolgten, sondern eigene Wege gingen. Die Geschäfte der »Georg Fuggerischen Erben«, die dank der Arbeit Reinhard Hildebrandts wesentlich besser erforscht sind als diejenigen von »Marx Fugger und Gebrüder«, zeigen teilweise ähnliche Schwerpunkte: Wie ihre Verwandte Marx und Hans Fugger konzentrierten sich Philipp Eduard und Octavian Secundus auf Spanien und die Beziehungen zu den Häusern Habsburg und Wittelsbach. Mit ihrem Engagement im portugiesischen Gewürzhandel wagten sie sich seit 1585 aber auch nochmals auf ein neues Geschäftsfeld.[49]

Wie andere Angehörige der Familie hatten auch der 1546 geborene Philipp Eduard Fugger und sein drei Jahre jüngerer Bruder Octavian Secundus eine breite humanistische Ausbildung erhalten, die Spracherwerb, Reisen, die Beschäftigung mit Kunst und Wissenschaft und den Erwerb eines vornehmen, am Vorbild des Adels orientierten Habitus in den Mittelpunkt stellte. Die Brüder erhielten seit 1555/56 privaten Unterricht in Ingolstadt. Philipp Eduard war 1556/57 in Dôle und Basel immatrikuliert und besuchte seit 1560 die Universität Padua. Ein Jahr später immatrikulierte sich Octavian Secundus in Bologna, wo die Brüder seit 1562 gemeinsam studierten. Dieses Studium diente allerdings nicht nur der akademischen Bildung, sondern vor allem auch der Formung adeliger Tugenden und Verhaltensweisen: so erhielt Philipp Eduard in Padua neben italienischem Sprachunterricht auch Lauten- und Fechtunterricht. Im Frühjahr 1565 reisten die Söhne Georg Fuggers nach Rom, um ihre Ausbildung am Collegium Germanicum abzurunden. Die Grundlagen kaufmännischer Praxis wurden Philipp Eduard 1568/69 in der Fuggerfaktorei in Antwerpen vermittelt. Octavian Secundus wurde nach Beendigung seines Italienaufenthalts (1568) und einer anschließenden Studienzeit in Löwen ebenfalls für einige Zeit in der Faktorei Antwerpen eingesetzt. Die bereits während der Studienreisen im Ausland geknüpften Kontakte zu süddeutschen und österreichischen Adeligen wurden in Augsburg, wo sich die beiden Brüder seit 1573 vorwiegend aufhielten, weiter gepflegt. Bildungsweg, familiäre Traditionen und soziales Umfeld formten Reinhard Hildebrandt zufolge auch die wirtschaftlichen Ziele Philipp Eduard und Octavian Secundus Fuggers, als sich diese 1578 zur Gründung einer eigenen Handelsgesellschaft entschlossen: »Nicht mehr die Herrschaft über ein privates Wirtschaftsimperium mit europäischen Ausmaßen war das Ziel, sondern die möglichst gewinnbringende Nutzung und Vermehrung des ererbten Vermögens, wobei der erstrebte Gewinn nicht Selbstzweck war, sondern ein ›standesgemäßes‹ Leben und die Realisierung persönlicher Neigungen und Passionen ermöglichen sollte.«[50]

Nach ihrer Auslösung aus dem »Gemeinen Handel« verfügten die Söhne Georg Fuggers über ein Vermögen von schätzungsweise 1,1 Millionen Gulden und damit über eine gute Grundlage für eigene geschäftliche Unternehmungen. Einer der Brüder, Anton Fugger der Jüngere, wurde allerdings bis 1580 mit über 200 000 Gulden abgefunden und schied aus der Erbengemeinschaft aus. Abzüglich des Grundbesitzes belief sich das Firmenkapital 1589 auf knapp 800 000 Gulden. Aufgrund von Privatentnahmen der Teilhaber schrumpfte es bis 1600, dem Todesjahr von Octavian Secundus, auf gut 300 000 Gulden. Während Philipp Eduard und Octavian Secundus Fugger gemeinsam die Gesellschaft der »Georg Fuggerischen Erben« führten, blieb ihr geistesschwacher Bruder Raymund stiller Teilhaber; sein Vermögen wurde von den Brüdern verwaltet. Der jüngste der Brüder, Hans Georg, starb 1585 noch minderjährig während einer Spanienreise.[51]

Die »Georg Fuggerischen Erben« unterhielten neben der Augsburger Firmenzentrale in Madrid, Lissabon und – gemeinsam mit den Welsern – für wenige Jahre im indischen Goa eigene Faktoreien. In Hamburg, Köln, Frankfurt am Main und Venedig waren sie durch Kommissionäre vertreten. Die geringe Zahl fester Niederlassungen ist im Zusammenhang mit dem Tätigkeitsbereich der Firma zu sehen, denn der Schwerpunkt ihrer Unternehmungen lag eindeutig auf dem Wechsel- und Kreditgeschäft, und mit der Abwicklung dieser Geldgeschäfte konnten Kommissionäre beauftragt werden. Wie ihre Verwandten Marx und Hans Fugger gewährten auch Philipp Eduard und Octavian Secundus vor allem katholischen Fürsten Darlehen, mit deren konfessioneller und politischer Haltung sie übereinstimmten. Enge finanzielle Beziehungen zum bayerischen Herzogshaus rührten noch von ihrem Onkel Christoph Fugger her, der Herzog Albrecht V. 150 000 Gulden geliehen hatte. Von dieser Summe waren noch 50 000

Gulden offen, als die »Georg Fuggerischen« Erben ihren kinderlosen Onkel 1579 beerbten. Zwischen 1581 und 1590 liehen Philipp Eduard und Octavian Secundus Fugger Herzog Wilhelm V. in mehreren Posten nochmals 36 000 Gulden. In diesen Darlehen kommt einerseits die hohe Liquidität der Brüder nach ihrer Auslösung aus der Familienfirma, andererseits der Geldbedarf der Bayernherzöge in der Zeit des Kölner Kriegs zum Ausdruck, in dem die Ansprüche des Bruders von Herzog Wilhelm V., Ernst von Bayern, auf den Thron des Kölner Kurfürsten militärisch durchgesetzt wurden. Durch Darlehen an den Reichspfennigmeister Zacharias Geizkofler für den habsburgischen Türkenkrieg sicherten die »Georg Fuggerischen Erben« 1596/97 ihre Rechte in den Herrschaften Kirchberg und Weißenhorn ab. Erzherzog Ferdinand von Tirol wurden 1580 14 000 Gulden und zwei Jahres später nochmals 16 000 Gulden geliehen. Im Jahre 1587 wurden die Außenstände Ferdinands, die sich mittlerweile auf 34 000 Gulden beliefen, in eine mit fünf Prozent verzinste Ewigrente umgewandelt, und drei Jahre später streckten die Brüder dem Erzherzog nochmals 5000 Gulden vor. Die Darlehen an den Erzherzog dienten offenbar in erster Linie dem Ausbau grundherrlicher Rechte in Vorderösterreich; ein Engagement im Montafoner Bergbau blieb Episode. Aus der Erbschaft ihres Onkels Christoph hatten Philipp Eduard und Octavian Secundus Fugger überdies Forderungen an die süddeutschen Klöster Roggenburg, Zwiefalten und Wiblingen übernommen.[52]

Wie ihre finanziellen Beziehungen im Reich wurzelten auch die Aktivitäten der Brüder auf der iberischen Halbinsel im finanziellen Engagement Christoph Fuggers, der sowohl an den Spanienhandel der Familienfirma als auch an König Philipp II. beträchtliche Forderungen hatte. Seit den 1580er Jahren investierten die Erben Georg Fuggers größere Summen in *Juros* – königliche Schuldverschreibungen, auf die Pensionen oder Leibrenten gezahlt wurden –, und *Censos*, eine Form von Hypothekenkrediten. Bis 1587 hatte der Madrider Faktor Philipp Krell über 50 000 Dukaten in *Juros* und 63 500 Dukaten in *Censos* investiert. Als diese Rentenpapiere nach dem Einstieg der Brüder in den Asienkontrakt der portugiesischen Krone wieder verkauft werden sollten, gestaltete sich die Veräußerung jedoch ausgesprochen mühsam.[53]

Das Interesse Augsburger Handelsgesellschaften am portugiesischen Gewürzhandel mit Asien wurde durch ein waghalsiges Projekt des Kaufmanns Konrad Roth geweckt. Im Jahre 1576 hatte die in gravierenden Zahlungsschwierigkeiten steckende portugiesische Krone ihren oberdeutschen Gläubigern zur Schuldentilgung und zur Erlangung neuer Finanzmittel den so genannten Europakontrakt angeboten. Dieser Vertrag beinhaltete die Abnahme des gesamten aus Ostindien nach Lissabon importierten Pfeffers für einen Zeitraum von mehreren Jahren und seine Vermarktung in Europa. Als die Gläubiger – darunter die Erben Anton Fuggers, Sebastian Neidharts und Matthias Manlichs – auf dieses Angebot nicht eingingen, schaltete sich Konrad Roth ein und übernahm den Europakontrakt für fünf Jahre. Roth verpflichtete sich, insgesamt 92 000 Quintal indischen Pfeffers zu einem Festpreis von 34 portugiesischen Dukaten pro Quintal abzunehmen. Ferner sollte er Schiffbaumaterial und Ausrüstungsgegenstände im Wert von 60 000 Dukaten liefern, Kredite für portugiesische Getreideeinkäufe bereitstellen und für die Tilgung der Schuldforderungen der oberdeutschen Gläubiger an die Krone sorgen. Diese Bedingungen überstiegen Roths eigene finanzielle Möglichkeiten bei weitem. Er musste daher versuchen, kapitalkräftige Geldgeber für sein Unternehmen zu gewinnen. Nachdem die Fugger eine Beteiligung abgelehnt hatten, fand Roth in der italienischen Firma Bardi einen Investor, der drei Achtel des Kontrakts übernahm. Dabei verfolgte Roth einen clever ausgedachten Plan: er wollte die Schuldscheine der oberdeutschen Gläubiger zu 50 Prozent des Nominalwerts übernehmen, gegenüber der Krone aber die Schuldsumme in voller Höhe geltend machen. Zudem beabsichtigte er, die Gläubiger nicht in bar, sondern mit Pfefferlieferungen zu bezahlen und durch die Differenz von Ein- und Verkaufspreis ein zweites Mal zu profitieren. Zugleich hätte sich Roth auf diese Weise einen festen Abnehmerkreis gesichert. Roths Augsburger Geschäftspartner durchschauten dieses Konzept allerdings und gingen nicht darauf ein, so dass er bereits 1576 einen Teil des Pfeffers zu Dumpingpreisen auf den Markt werfen musste.[54]

Nach dem Tod des portugiesischen Königs Sebastian erhöhte Roth 1578 nochmals seinen Einsatz, denn er sicherte sich nun auch den Asienkontrakt, der damals von einem Finanzierungsvertrag zu einem Monopolvertrag für den Gewürzeinkauf in Indien ausgeweitet wurde, und verpflichtete sich überdies, die jährliche Einkaufsquote um ein Drittel zu erhöhen. Um dieses neuerliche Wagnis zu finanzieren, teilte Roth den Asienkontrakt in dreißig Anteile, von denen er zwölfeinhalb selbst behielt, zehn der portugiesischen Firma Ximenes und siebeneinhalb der italienischen Gesellschaft Giacomo Battista Litti & Co. überließ. Ferner vermochte er Kurfürst August von Sachsen für die Gründung einer Gesellschaft zu interessieren, die Leipzig zum alleinigen Umschlagplatz für Pfeffer in Mitteleuropa machen sollte. Der letzte Schritt in Roths Plan bestand in der Aufteilung des europäischen Pfeffermarkts: die beteiligten Portugiesen sollten ihren Pfeffer auf der iberischen Halbinsel, in Frankreich und England absetzen, den Italienern sollte der übrige Mittelmeerraum vorbehalten bleiben, und die von Roth initiierte Thüringische Gesellschaft sollte den Pfefferverkauf in Deutschland, Ostmitteleuropa und den Niederlanden organisieren. Während Roth ohne Absprache mit seinen anderen Partnern der Thüringischen Gesellschaft ihr Absatzgebiet bereits zugesichert hatte, wehrten sich die Ximenes und Litti gegen die Vereinbarung, und das geplante Gebietskartell erwies sich auch aufgrund der Pfefferimporte über Venedig als undurchführbar. Im Frühjahr 1580 flüchtete Roth angesichts seiner bevorstehenden Zahlungsunfähigkeit aus Augsburg, wobei er einen Selbstmord vortäuschte. Tatsächlich überlebte er seinen angeblichen Freitod um drei Jahrzehnte und brachte es in Lissabon, wo er einige Zeit später auftauchte, sogar bis zum Konsul der deutschen Kaufleute. Seine Augsburger Gläubiger versuchten sich durch Beschlagnahmung seiner Pfeffervorräte schadlos zu halten.[55]

Trotz des Scheiterns von Konrad Roth riss das Interesse der süddeutschen Geschäftswelt an den Reichtümern Asiens nicht ab. Im Sommer 1582 beispielsweise liefen Nachrichten über die Ankunft einer neuen Gewürzflotte aus Indien von Lissabon nach Augsburg.[56] 1585 entschlossen sich Markus und Matthäus Welser zur Beteiligung am Asienkontrakt der Jahre 1586 bis 1591 und gewannen die Brüder Philipp Eduard und Octavian Secundus Fugger dafür als Partner. Die

»Georg Fuggerischen Erben« waren zunächst bei den Welsern, die 5/12 des Kontrakts übernahmen und deren Kredit der internen Fuggerkorrespondenz dieser Jahre zufolge bereits angeschlagen war, mit 25 Prozent unterbeteiligt, während der Mailänder Kaufmann Rovelasca 7/12 des Kontrakts hielt. 1588 wurde die Unterbeteiligung der Fugger in eine Beteiligung mit gleichen Rechten und Pflichten umgewandelt. In Indien wurden Welser und Fugger seit 1586 gemeinsam durch den gebürtigen Augsburger Ferdinand Cron vertreten; später stellten ihm die Fugger mit Christoph Schneeberger und nach dessen schwerer Erkrankung mit Sebastian Zangmeister und Gabriel Holzschuher eigene Vertreter zur Seite.

In den Jahren 1586 bis 1590 entsandten die Partner des Asienkontrakts jeweils fünf, 1591 sechs Schiffe nach Indien. Die Ergebnisse der ersten Reise fielen infolge einer schwierigen Lage auf dem indischen Gewürzmarkt und hohen Verlusten auf See eher enttäuschend aus: Nur zwei Schiffe erreichten mit lediglich einem Drittel der erhofften Pfefferladung den Ausgangshafen Lissabon. Nachdem 1588 und 1589 insgesamt acht der zehn ausgesandten Schiffe mit großen Pfefferladungen aus Indien nach Lissabon zurückkehrten und zugleich auf dem venezianischen Gewürzmarkt ein reichhaltiges Angebot herrschte, drohten die Pfefferpreise infolge eines Überangebots abzustürzen. Die portugiesische Krone ging deshalb dazu über, die am Asienkontrakt Beteiligten mit Pfeffer anstatt mit Bargeld zu bezahlen. Die Fugger, die Reinhard Hildebrandt zufolge den Asienkontrakt zunächst lediglich als Kapitalanlage angesehen hatten, sahen sich dadurch gegen ihren Willen gezwungen, auch für die Vermarktung des importierten Pfeffers in Europa Sorge zu tragen. Seit 1591 beteiligten sich Fugger und Welser daher zusammen mit der portugiesischen Firma Ximenes und italienischen Gesellschaften auch am Europakontrakt. Der Vertrieb des Pfeffers erfolgte primär über Amsterdam, Lübeck und Hamburg. Von der letzten Indienflotte, die 1591 unter dem Asienkontrakt der Fugger und Welser auslief, gingen fünf der sechs Schiffe infolge von Stürmen auf See und Überfällen englischer Freibeuter verloren. Hildebrandt nimmt an, dass die Fugger aus dem Pfefferhandel trotz aller Probleme – schwierigen Verkehrsverbindungen, feindlichen Übergriffen, einer korrupten portugiesischen Verwaltung – einen bescheidenen Gewinn erzielten, das Unternehmen sich jedoch insgesamt als weitaus risikoreicher und weniger lukrativ erwies, als die Augsburger Firmenleiter gehofft hatten. Innerhalb der ausgesprochen konservativen, primär an Zins- und Renteneinkünften orientierten Geschäftsstrategie der »Georg Fuggerischen Erben« stellte die Beteiligung am portugiesischen Gewürzgeschäft zweifellos einen Sonderfall dar.[57]

Die Handelsgesellschaft in der ersten Hälfte des 17. Jahrhunderts

Bis zum Beginn des 17. Jahrhunderts erscheint es angesichts der erfolgreichen Konsolidierung der Familienfirma und der Aktivitäten der »Georg Fuggerischen Erben« kaum gerechtfertigt, von einem Niedergang des Fugger'schen Handels zu sprechen. Die beiden wichtigsten Geschäftsbereiche der Familienfirma, der Tiroler Handel und der Gemeine Handel mit dem Schwerpunkt in Spanien, wurden fortgeführt, und die im 16. Jahrhundert etablierte hierarchische Struktur mit einem bzw. zwei Regierern an der Spitze blieb erhalten. Vor allem die Gewinne aus dem Quecksilberbergbau im spanischen Almadén sicherten in dieser Zeit die Liquidität der Firma, und die Produktion konnte bis in die 20er Jahre des 17. Jahrhunderts weiter gesteigert werden. Noch 1623 war Hans Ernst Fugger in der Lage, bei italienischen Bankiers für die katholische Liga, die an der Seite des Kaisers gegen die böhmischen Rebellen und deren Verbündete kämpfte, ein Darlehen von 1,2 Millionen Gulden zu organisieren. Auch aus eigenen Mitteln stellten die Fugger dem konfessionellen Militärbündnis mehrere zehntausend Gulden zur Verfügung.[58]

Dass der Spanienhandel im frühen 17. Jahrhundert in eine schwere Krise geriet, hatte sowohl firmeninterne als auch externe Gründe. Die spanische Wirtschaft steckte infolge rückläufiger Silberimporte aus Amerika, einer schweren Agrardepression und einer schwierigen Lage des Textilgewerbes in einer tiefen Strukturkrise. Die Krone war gezwungen, sich immer weiter zu verschulden, und der Versuch des leitenden Ministers Olivares, seit 1621 durch eine umfassende Neuordnung der Staatsverwaltung, des Heerwesens und der Finanzen Spaniens frühere imperiale Größe wiederherzustellen, war zum Scheitern verurteilt. Für die interne Struktur der Firma wurde der Umstand bedeutsam, dass keiner der Regierer des 17. Jahrhunderts mehr eine kaufmännische Ausbildung genossen hatte. »Die Führung der Handelsgesellschaft gestaltete sich angesichts eines Defizits an Fachwissen sowie einer veränderten Interessenlage der Teilhaber und Administratoren immer schwieriger.«[59]

Als die spanische Krone im Jahre 1607 erneut ihre Zahlungen einstellte, mussten die Fugger für einen Großteil ihrer Forderungen in Höhe von drei Millionen Dukaten eine niedrige Verzinsung akzeptieren und wurden auf Renteneinkünfte der Krone sowie die Kreuzzugssteuer (*Cruzada*) verwiesen. Auch die Bedingungen, unter denen die Fugger die Maestrazgopacht fortführten, gestalteten sich zunehmend ungünstiger, weil ein Teil der Einkünfte bereits an andere Gläubiger der Krone verpfändet war. Die Pachtperiode von 1604 bis 1614 endete daher erstmals mit Verlusten. Die interne Entwicklung der Firma war indessen von einer drastischen Verringerung des Eigenkapitals und einer zunehmenden Abhängigkeit von Depositeneinlagen geprägt. Zwischen 1600 und 1610 schmolz das Eigenkapital infolge massiver Entnahmen der Erben von Marx, Hans und Jakob Fugger von rund fünf Millionen auf 767 000 Gulden zusammen. Bei der Verlängerung der Maestrazgopacht im Jahre 1624 wurde die Pachtsumme infolge schwindender Erträge bereits erheblich reduziert, doch 1627 mussten sich die Fugger wieder zu größeren Finanzhilfen bereit erklären, um die Folgen einer neuerlichen Zahlungseinstellung der Krone abzuwenden. Ein weiteres Strukturproblem bestand in der großen Selbstständigkeit der Faktoren, die durch die Firmenleitung kaum noch effektiv kontrolliert wurden. Im Jahre 1626 übernahm die Firma die monatlichen Zahlungen an die spanischen Hof- und Verwaltungsbeamten, die *Mesadas*, ohne Wissen der Augsburger Zentrale. Besonders diese Verpflichtung, die sich auf 50 000 Dukaten pro Monat belief, zwang die Fugger, von genuesischen Bankiers wie Bartolomeo und Francisco Spinola und den deutschstämmigen Christoph und Paul Furtenbach hohe Darlehen aufzunehmen. Im Jahre 1630 hatten sie bereits größte Schwierigkeiten, diesen Verbindlichkeiten nachzukommen. Eine vom Faktor Hans Christoph Eberlin und dem Juristen Dr. Johann Jakob Holzapfel durchgeführte Visitation ergab, dass die Firma Depositenschulden von zweieinhalb Millionen und Wechselschulden von fast einer Million Dukaten hatte. Außerdem war sie mit der Auszahlung der *Mesadas* im Rückstand. Beim Abschluss ihres letzten Pachtvertrags für die Maestrazgos und das Bergwerk von Almadén übernahmen die Fugger zwar auch das einst reiche Silberbergwerk von Guadalcanal, doch der Versuch, dieses wieder in Betrieb zu nehmen, erwies sich als vollkommener Fehlschlag und erhöhte nur die Verluste. Von den Gläubigern der Fugger befand sich Bartolomeo Spinola insofern in einer starken Position, als er zugleich Mitglied des spanischen Finanzrats war. Dass eine königliche Kommission 1637 in einer beispiellosen Aktion den Fuggerfaktor Eberlin absetzte und die Kontrolle über die Geschäfte einem gewissen Vicento Squarcafigo übertrug, ist vor allem auf seinen Einfluss zurückzuführen. Der neue Verwalter wechselte sukzessive das Personal aus, und die Administration des spanischen Handels nahm den Charakter einer Konkursverwaltung an. In einem Brief nach Spanien vertrat der damalige Regierer Ott Heinrich Fugger 1641 die Auffassung, dass die »Ehr und Reputation« des Hauses nur noch durch einen völligen Rückzug aus Spanien gerettet werden könne. Vier Jahre später wurde der spanische Handel aufgegeben; die Maestrazgopacht, die die Fugger über acht Jahrzehnte lang ununterbrochen innegehabt hatten, ging 1647 an ein genuesisches Konsortium über.[60]

Nicht nur in Spanien waren die Fugger in wachsende Abhängigkeit von anderen Geldgebern geraten, auch in den Beziehungen zu den Ott in Venedig hatte sich das Verhältnis von Schuldnern und Gläubigern umgekehrt. Nachdem die Ott das große Darlehen, das ihnen die Fugger 1597 gewährt hatten, sukzessive getilgt hatten, erscheinen sie seit den 1620er Jahren selbst als Darlehensgeber der Fugger. Im Jahre 1639 mussten Hans Ernst, Ott Heinrich und Johann Eusebius Fugger dem Pietro Paolo Ott eine Obligation über rund 330 000 Dukaten ausstellen. Als die Ott in der zweiten Hälfte der 1640er Jahre wegen eigener Liquiditätsengpässe die Begleichung dieser Schuld forderten, waren die Fugger dazu nicht in der Lage. Die Folge war ein langwieriger Rechtsstreit und ein 1651 geschlossener Vergleich, »der den Ott die Tiroler Bergwerksanteile der Hans-Fugger-Linie, den Zirler Zoll und die Herrschaft Irmatzhofen einbrachte.«[61]

Auch in Tirol, wo die Firma schon seit längerem mit Produktions- und Versorgungsproblemen sowie mit einem Preisverfall auf den europäischen Kupfermärkten zu kämpfen hatte, mehrten sich seit den 1620er Jahren die Probleme, da die Erträge immer weiter zurückgingen und der Dreißigjährige Krieg die Absatzwege empfindlich störte. Ein 1629 vorgenommener Kassenüberschlag zeigte, dass die jährlichen Ausgaben die Einnahmen um 15 000 Gulden überstiegen. Seit 1623 wurden eine Reihe von Gruben am Falkenstein stillgelegt und Bergarbeiter entlassen. Auch im Schwazer Erbstollen und in den Gruben von Gossensass, am Ringenwechsel und im Rattenberger Bezirk ging die Ausbeute stetig zurück. Die Belegschaft des Jenbacher Hüttenwerks sank von 125 im Jahre 1631 auf 78 im Jahre 1634. Der Bergbau zu Terlan wurde 1630 aufgegeben, und Versuche zur Anlage neuer Gruben in Hall und Schwaz waren wenig erfolgreich. Lediglich die Erschließung neuer Gruben in der Palleiten und im Berggericht

Sterzing brachte eine vorübergehende Entlastung. Auch in den Kärntner Bleibergwerken war die Ausbeute rückläufig, und die Gewerken verschuldeten sich bei der Villacher Familie Rambser, die die Bergleute mit Lebensmitteln versorgte und Kredite gewährte. Die Rambser übernahmen die Anteile mehrerer Gewerken und brachten den Bleihandel unter ihre Kontrolle. In den 1630er und 40er Jahren häuften sich Berichte über die hoffnungslose Lage des Kärntner Bergbaus und das Fehlen jeglichen Kredits. Einem Gutachten der Faktoren Ulrich Truefer und Adam Trestendorffer vom Oktober 1649 zufolge machten die Tiroler Unternehmen einen jährlichen Verlust von 15 600 Gulden; für das Jahr 1650 erwarteten sie sogar einen Verlust von fast 24 000 Gulden. Die Verschuldung des Jenbacher Handels belief sich mittlerweile auf 43 455 Gulden, und auch der Tiroler Propriohandel wies ein Defizit auf. Deshalb wurde er 1657 ebenfalls aufgelöst.[62]

In dieser Phase wachsender wirtschaftlicher Schwierigkeiten im Alpenraum und auf der iberischen Halbinsel mehren sich auch die Berichte über Auseinandersetzungen innerhalb der Familie Fugger und verantwortungsloses Verhalten einzelner Teilhaber. Bereits 1623 schieden die Nachkommen Marx und Jakob Fuggers aus dem Gemeinen Handel aus. Das Spaniengeschäft wurde daraufhin von den Enkeln Hans Fuggers, Hans Ernst, Ott Heinrich und ihrem Vetter Hans, alleine weitergeführt, die ihren Verwandten aus der Marx- und Jakob-Linie 550 000 Reichstaler auszuzahlen hatten. Um diese Summe aufbringen zu können, mussten die Erben Hans Fuggers ein hohes Darlehen bei der Stadt Augsburg aufnehmen. Da die Erben von Marx und Jakob auch nach dieser Auszahlung noch beträchtliche Zinsforderungen hatten, kam es 1624 zu heftigen Auseinandersetzungen, die darin kulminierten, dass »Vertreter der Marx- und der Jakob-Linie in die fuggerische Geschäftsstelle eindrangen und die Herausgabe der Rechnungsbücher mit Gewalt erzwangen.« Um dieselbe Zeit gründeten die Brüder Hieronymus, Maximilian und Hans Fugger aus der Jakob-Linie gemeinsam mit ihrem Vetter Marquard eine eigene Handelsgesellschaft, »Hieronymus Fugger Gebrüder und Vetter«, die auf eigene Rechnung Geschäfte mit der spanischen Krone machte und gegen ein Darlehen von einer Million Dukaten zeitweise die Einkünfte aus der *Cruzada* gepachtet hatte. Die Administratoren des Gemeinen Handels wehrten sich gegen diese innerfamiliäre Konkurrenz vor dem Augsburger Stadtgericht. Seit 1628 musste sich eine kaiserliche Kommission mit den Differenzen zwischen den beiden Familienzweigen befassen.[63] Die Teilhaber des Tiroler Handels, der nach einer Reihe von Erbgängen und Übernahmen ein kompliziertes Geflecht von Beteiligungen der Nachkommen Anton und Raymund Fuggers darstellte, entnahmen der Firma unterdessen immer mehr Bargeld im Vorgriff auf künftige Geschäftserträge. Bis 1645 beliefen sich diese Antizipationen auf annähernd 164 000 Gulden. Mit den Schwierigkeiten des Unternehmens gingen Konflikte um die Geschäftsführung einher, und eine Reihe von Teilhabern bekundete den Wunsch, aus der Gesellschaft auszuscheiden. Ein Höhepunkt der internen Auseinandersetzungen war 1636 erreicht, als Ott Heinrich Fugger seine Position als Kommandant der Augsburger Stadtgarde nutzte, um seinen Vetter Hans am Verlassen der Stadt zu hindern, ihn gefangen zu setzen und sein Gepäck nach Handelsdokumenten zu durchsuchen. Wie in

Spanien erschien schließlich auch in Tirol die Auflösung des Handels als letzte Möglichkeit, »reputation und credit« der Fugger zu erhalten.[64]

Die wiederholten Hinweise, dass Ehre und Reputation nur durch einen Rückzug aus Verlustgeschäften erhalten werden konnten, machen auf ein wichtiges Faktum aufmerksam: auf die Tatsache nämlich, dass »die Firma und die Träger des Fuggernamens noch zu einem Zeitpunkt über den Ruf unendlichen Reichtums und hoher Kreditwürdigkeit verfügten, als sich ihre tatsächliche ökonomische Situation bereits erheblich verschlechtert hatte« und sie ihre Geschäfte überwiegend mit Fremdmitteln finanzieren mussten. »Die Fortführung der Geschäfte des Gemeinen wie des Tiroler Handels gelang daher,« wie Stephanie Haberer hervorhebt, »vornehmlich durch den Einsatz symbolischen und sozialen Kapitals.«[65] Während der ökonomische Erfolg der Fugger im 16. Jahrhundert maßgeblich zum Ansehen und der Ehre der Fugger beigetragen hatte, hatten sich die Verhältnisse um die Mitte des 17. Jahrhunderts umgekehrt. Nun schien die Reputation der Fugger einen ehrenvollen Rückzug aus denjenigen Geschäftsfeldern zu erfordern, die die Familie einst groß gemacht hatten.

Kapitel 5

Diener und Herren: Das Personal der Fugger'schen Handelsgesellschaften

Die Angestellten: Rechtsstellung, wirtschaftliche Situation, soziale Mobilität

Ein Handels-, Bergbau- und Finanzunternehmen wie die Fuggerfirma war in hohem Maße auf zuverlässiges und kompetentes Personal angewiesen. Das weit gespannte Vertriebsnetz des Tiroler und Ungarischen Handels, die umfangreichen Finanztransaktionen in Antwerpen, Rom und Venedig, die komplexen spanischen Geschäfte und der vielfältige Warenhandel mussten von fähigen und geschäftlich erfahrenen Mitarbeitern betreut werden, die kontinuierlich an den wichtigen Handelsplätzen präsent waren. Diese Mitarbeiter waren mit ihren fundierten Kenntnissen der Sprachen und Rechtsverhältnisse, der Handelsorganisation und Buchhaltung das »eigentliche Rückgrat der Handelshäuser«.[1]

Ihre Kenntnisse erwarben die Faktoren der großen Handelsgesellschaften in der Regel bereits in jungen Jahren im Rahmen einer kaufmännischen Ausbildung, die häufig in Italien absolviert wurde. Die Forschung hat darauf hingewiesen, dass die Angestellten der Handelsfirmen im 16. Jahrhundert einen Prozess der Professionalisierung durchliefen, der sich in einer Institutionalisierung der Ausbildung sowie in »einer neuen Form des Wissensmanagements innerhalb kaufmännischer Unternehmungen« mittels Handbüchern und so genannter Handelspraktiken äußerte Die Tätigkeit als Handelsdiener wurde vor diesem Hintergrund »immer mehr zu einem auch in der damaligen Öffentlichkeit bekannten und anerkannten Beruf.«[2] Zugleich vollzog sich innerhalb der Gruppe der Handelsdiener ein Differenzierungsprozess. Der Regierer des Fugger'schen Unternehmens stand an der Spitze einer Hierarchie, die den Hauptbuchhalter, untergeordnete Buchhalter, Kassierer und Schreiber der Augsburger Firmenzentrale sowie die Faktoren, Buchhalter, Kassierer und Schreiber der auswärtigen Faktoreien umfasste. In der zweiten Hälfte des 16. Jahrhunderts ist zudem eine Differenzierung zwischen den Angestellten des Handelsunternehmens und dem Verwaltungspersonal des Haus- und Grundbesitzes sowie der Stiftungen feststellbar.[3]

Die Aufgaben der Faktoren und Handelsdiener waren in Dienstverträgen geregelt. Ein frühes Beispiel dafür ist der Dienstvertrag des Hans Metzler von 1499.

Metzler, der bereits vorher für die Fugger in Breslau tätig war und nun in Neusohl arbeitete, verpflichtete sich darin, der Gesellschaft acht Jahre lang zu dienen, dabei genaue Rechnung zu führen, weder selbstständig noch für eine Konkurrenzfirma tätig zu werden und über alle Geschäfte Stillschweigen zu bewahren. Eine vorzeitige Kündigung war nur seitens des Arbeitgebers möglich. Dafür erhielt Metzler neben freier Kost und Logis eine jährliche Besoldung von 400 Gulden und verdiente damit mehr als hochrangige Tiroler Regierungsmitglieder. Auch die Faktoren in Hohenkirchen bekamen um 1500 laut Pölnitz »ungefähr das Doppelte oder Dreifache eines durchschnittlichen Professorengehalts an der Universität Ingolstadt zur gleichen Zeit.« Hinzu konnten Sondervergütungen für besondere Leistungen sowie Geschenke zu bestimmten Anlässen kommen. Matthäus Lachenbeck, der um 1500 in Hohenkirchen arbeitete, erhielt zu seinem zehnjährigen Dienstjubiläum 150 Gulden und ein Silbergeschirr verehrt. Ältere Faktoren bekamen in einzelnen Fällen eine Altersversorgung oder wurden mit testamentarischen Legaten bedacht. Schließlich gab es für die Faktoren in der Regel die Möglichkeit, Kapital als fest verzinsliche Depositen in der Firma anzulegen.[4]

Dafür wurden die Rechnungen der Faktoren von der Firmenzentrale genau kontrolliert. Im Jahre 1503 beispielsweise monierte Jakob Fugger die hohen persönlichen Ausgaben des Neusohler Faktors Stenzel Beck mit der Bemerkung: »weiß nicht, wie es zugeht.«[5] Reinhard Hildebrandt hat für das 16. Jahrhundert eine wachsende Tendenz zur ethischen Normierung der Lebensführung konstatiert: Die Mitarbeiter »müssen sich zu einem gottesfürchtigen und ehrbaren Lebenswandel, zu Fleiß, Treue und Gehorsam gegenüber der Firmenleitung sowie zur Geheimhaltung aller Geschäftsvorgänge verpflichten, dürfen auch als Privatpersonen weder Bürgschaften übernehmen noch sich an Geldspielen beteiligen und haften mit ihrem gesamten privaten Besitz für eventuelle Schäden, die durch ihre Entscheidungen und Verhaltensweisen dem Unternehmen entstehen könnten.«[6]

Außerdem wurde den Faktoren ein hohes Maß an Mobilität abverlangt. Hans Lenz vertrat die Fugger seit 1517 in Leipzig, Danzig, Hohenkirchen, Nürnberg, Lüneburg und Hamburg, Jakob Hünlein war seit 1522 in Leipzig, später in Ofen und schließlich in Wien tätig.[7] Besonders weit gereist war der Lindauer Sebastian Kurz: Anton Fugger schickte den jungen Handelsdiener 1527 nach Spanien, und 1530 reiste er in die Neue Welt, wo er auf der Halbinsel Yucatán offenbar Handelsmöglichkeiten erkunden sollte. In den folgenden Jahren scheint sich Kurz vor allem an den Höfen Kaiser Karls V. und König Ferdinands aufgehalten zu haben. 1536/37 finden wir ihn in Breslau und Neusohl, 1537 am Spanischen Hof, dann bei Verhandlungen mit König Ferdinand in Prag, aber schon im Sommer 1538 wieder in Spanien. Nach einem Aufenthalt in Augsburg reiste Kurz im Frühjahr 1540 in Firmenangelegenheiten nach Neapel. Obwohl sich Anton Fuggers Vertrauter Georg Hörmann, der gemeinsam mit Kurz nach Süditalien gereist war, bei der Firmenleitung über sein prunkvolles Auftreten und überhebliches Gebaren beschwerte, blieb Kurz für die Firma ein wichtiger Mann. Als eine Art Sonderbeauftragter Anton Fuggers erscheint er in den folgenden Jahren wieder in Spanien, Neapel und der Slowakei, daneben aber auch in Genua und im Reich, wo er an den Reichstagen von Regensburg (1541) und Speyer (1544) teilnahm. Während des Schmalkaldischen Kriegs hielt er sich im kaiserlichen Feldlager auf, und während des »Geharnischten Reichstags« in Augsburg (1547/48) führte er mit dem Kaiser Anleiheverhandlungen. Im Oktober 1554 übernahm Kurz die Leitung der Faktorei Schwaz, aber schon 1557 wurde er in die Niederlande geschickt, um dort die Lage nach dem von König Philipp II. verkündeten Staatsbankrott zu sondieren. Nach dem Tod Anton Fuggers schied Kurz aus der Firma aus, für die er mehr als drei Jahrzehnte lang unterwegs gewesen war. In finanzieller und sozialer Hinsicht hat sich seine Tätigkeit auf jeden Fall gelohnt: Bereits 1536 war Kurz neben drei anderen Mitgliedern seiner Familie geadelt worden, 1551 konnte er für 4000 Gulden Schloss und Gut Senftenau in der Herrschaft Bregenz kaufen, und 1558 hatte er über 24 000 Gulden zu achtprozentiger Verzinsung in der Fuggerfirma angelegt.[8]

Vom fest angestellten Faktor zu unterscheiden ist der Kommissionär, der nur für bestimmte Geschäfte beauftragt wurde, gleichzeitig für mehrere Firmen arbeitete und zusätzlich Geschäfte auf eigene Rechnung machte.[9] An Orten, an denen sie keine eigene Faktorei unterhielten, aber dennoch gelegentlich Transaktionen zu tätigen hatten, bedienten sich die Fugger solcher Kommissionäre. In Straßburg beispielsweise fungierten die Prechter über Jahrzehnte als Kommissionäre der Fugger: Sie waren bereits vor 1508 für Jakob Fugger tätig und wurden noch in den 1570er Jahren von dessen Enkel Hans mit der Erledigung geschäftlicher Angelegenheiten beauftragt.[10] In Lyon, wo die Fugger aus politischen Gründen auf eine ständige Niederlassung verzichteten, wickelten ebenfalls italienische und süddeutsche Korrespondenten die Geschäfte ab.[11] Als die Firma unter der Leitung Marx Fuggers ihre festen Faktoreien in Italien aufgab, wurde sie dort durch Kommissionäre wie David Ott in Venedig und Christoph Rem in Genua vertreten.[12]

Um den wirtschaftlichen Status und die finanziellen Möglichkeiten des Fugger'schen Handelshauses gegenüber Geschäftspartnern und Kunden wirkungsvoll zu demonstrieren, wurden die wichtigen Faktoreien repräsentativ ausgestattet. Johann Zink, der römische Faktor Jakob Fuggers, ließ anlässlich des Festzuges zu Beginn des Pontifikats von Papst Leo X. 1513 einen Triumphbogen errichten, und in den folgenden Jahren wurde die Faktorei durch den Renaissancekünstler Perino del Vaga neu gestaltet.[13] Die Räume der Faktorei Venedig waren in den 1530er und 1540er Jahren mit goldverzierten ledernen Sesseln eingerichtet und reich mit Gobelins, Bildern, Statuen, Landkarten und Spiegeln geschmückt. Gemälde, Boden- und Wandteppiche zierten auch die Faktorei Neapel, und die Antwerpener Faktorei verfügte neben zahlreichen Bildern, Teppichen und Silbergeschirr über eine Hauskapelle, ein Papageienhaus und Musikinstrumente. Als ein Sohn des kaiserlichen Ratgebers Granvelle im September 1549 in Antwerpen eine Schwester der Gräfin von Mansfeld heiratete, waren Karl V. persönlich, sein Sohn Philipp, die Königin von Frankreich und die niederländische Statthalterin Maria von Ungarn in der Fuggerfaktorei zu Gast, und Philipp, der spätere spanische König, veranstaltete dort ein großes Bankett auf Kosten der Stadt Antwerpen.[14] Da die Faktorei am spanischen Hof mit dem Hofstaat reiste, wurde sie in gemieteten Räumen untergebracht und nicht so reich ausgestattet wie die venezianische und die Antwerpener Niederlassung. Aber auch hier fanden sich lederne Tapezereien, Bilder und umfangreiches Silber- und Kupfergeschirr.[15]

Wer waren die Vertreter des Hauses an diesen Handelsplätzen? In der Aufbauphase des Unternehmens vertraute Jakob Fugger häufig auf Faktoren aus dem verwandtschaftlichen Umfeld. So standen um 1500 Angehörige der Fugger vom Reh in den Diensten ihrer Verwandten von der Lilie: Hans Fugger vom Reh trat nach dem Bankrott der von seinem Bruder Lukas geleiteten Handelsgesellschaft 1496 in Nürnberg in die Dienste der Firma Ulrich Fugger und Gebrüder. Von 1499 bis zu seinem Tod 1501 war er in Fuggerau für den Ungarischen Handel tätig. Jakob Fugger vom Reh arbeitete um 1500 für dasselbe Unternehmen in Hohenkirchen. Gastel Fugger vom Reh war 1503 für die Fugger in Ungarn und 1506 in Venedig tätig, sein gleichnamiger Sohn diente Anton Fugger von 1528 bis 1535 in Nürnberg und 1536 in Fuggerau. Heiratsverbindungen mit anderen Fugger'schen Angestellten und Kapitaleinlagen in deren Handelsfirma festigten die Bindung der »armen« Fugger vom Reh an die »reichen« Fugger von der Lilie.[16] Der Nürnberger Jobst Zeller, der von 1504 bis 1512 in Fuggerau für den Ungarischen Handel arbeitete, war beispielsweise mit einer Fugger vom Reh verheiratet.[17] Auch mehrere Angehörige der mit den Fuggern verschwägerten Familie Meuting arbeiteten für Jakob Fugger: Die Faktoreien Innsbruck und Antwerpen wurden in den 1490er Jahren von Konrad Meuting aufgebaut, und Antwerpen wurde um 1507 von Jörg Meuting versehen. Spätestens seit 1511 arbeitete auch Lukas Meuting für die Fugger.[18] Wilhelm Rem, der mit einer Schwester der Brüder Ulrich, Georg und Jakob Fugger verheiratet war, vertrat diese 1493 in Mailand.[19] Jörg Reihing, einer der frühen Fugger'schen Faktoren in Spanien, war ein Sohn der Veronika Imhof, deren Schwester mit Georg Fugger verheiratet war.[20]

Beim Aufbau des Tiroler und Ungarischen Handels spielten zudem Männer aus der jeweiligen lokalen Oberschicht eine wichtige Rolle. Der Innsbrucker Faktor Hans Suiter war von 1499 bis 1508 zugleich Bürgermeister von Innsbruck und in dieser Funktion auch Mitglied des Tiroler Landtags. Sein Schwiegersohn Wendel Iphofer, der lange Jahre für die Fugger in Tirol arbeitete, ist 1514 und 1520 ebenfalls als Bürgermeister von Innsbruck belegt. Stattlicher Haus- und Grundbesitz in Innsbruck zeugt vom Wohlstand der beiden Faktoren. Für das Vertrauensverhältnis zwischen Iphofer und Jakob Fugger spricht neben den zahlreichen Verhandlungen, die er im Namen des Unternehmens führte, auch die Tatsache, dass er sein Testament bei Fugger hinterlegte.[21] Andreas Mattstedt, der von 1498 bis ca. 1525 die Leipziger Niederlassung des Ungarischen Handels leitete, war Ratsherr und einer der reichsten Männer der Stadt. 1520 betrug seine Kapitaleinlage in der Firma 8000 Gulden.[22] Das Ansehen, das diese Faktoren an ihren jeweiligen Standorten genossen, kam auch dem Prestige der Firma, die sie vertraten, zweifellos zu Gute. Den Forschungen Reinhard Hildebrandts zufolge spielten Personen aus der kaufmännischen Oberschicht in der Gruppe der Handelsdiener im Verlauf des 16. Jahrhunderts allerdings eine abnehmende Rolle. Stattdessen wurden zunehmend Männer aus dem zünftigen Milieu oder Söhne von Handelsdienern rekrutiert. Nur noch wenigen Handelsdienern gelang in der zweiten Hälfte des 16. Jahrhunderts der Schritt in die kaufmännische Selbstständigkeit (sofern sie diese überhaupt anstrebten).[23]

Markante Beispiele für die sozialen Aufstiegsmöglichkeiten innerhalb der reichsstädtischen Gesellschaft, die mit dem Dienst in einer Handelsfirma verbunden sein konnten, sind die beiden aus Memmingen stammenden Fuggerangestellten Konrad Mair und Hans Bechler. Konrad Mair ist seit 1512 als Handelsdiener Jakob Fuggers in Innsbruck nachweisbar. Nach einer Faktorentätigkeit in Hall (seit 1520) und Wien (seit 1527) ging er nach Augsburg, wo er 1531 Euphrosina Walther heiratete. Er war als »Gehaim secretarius« weiterhin für die Fugger tätig, konnte aber auch Geschäfte auf eigene Rechnung tätigen. Der soziale Status seiner Frau ermöglichte ihm den Zugang zur exklusiven Herrentrinkstube, und als 1538 das Augsburger Patriziat erweitert wurde, berücksichtigte man Mair ebenso wie seine Dienstherren, die Fugger. Nachdem Kaiser Karl V. 1548 die Aufhebung des Augsburger Zunftregiments und die Errichtung eines patrizischen Ratsregiments dekretiert hatte, machte Mair auch in der Stadtpolitik Karriere. Er wurde Mitglied des Kleinen Rates, amtierte von 1550 bis 1561 als Bürgermeister[24] und gehörte von 1561 bis zu seinem Tod als Geheimer Rat dem innersten politischen Führungszirkel der Reichsstadt an. Seit 1562 war er überdies Mitglied des Stadtgerichts.[25]

Als Mair 1549 in den böhmischen Zinnbergbau einstieg und für vier Jahre die gesamte Produktion des Schlackenwalder und Schönfelder Zinns übernahm, trat er vermutlich als Strohmann der Fugger auf, die das Unternehmen durch große Kredite stützten. Bei seinem Tod im Jahre 1565 belief sich Mairs Nettovermögen auf knapp 36 000 Gulden. Neben Bergwerken im Montafon, einem Haus in Augsburg und dem Landgut Bergheim umfasste sein Vermögen Schuldforderungen an den Kaiser, an Hans Jakob Fugger und dessen Ehefrau Ursula von Harrach sowie an die Grafen von Ortenburg. Den Schuldbrief Hans Jakob Fuggers sowie sein Gut Bergheim übertrugen seine Erben auf die Fugger als Ausgleich für deren Forderungen aus dem böhmischen Zinngeschäft.[26]

Der 1529 geborene Hans Bechler, dessen Vater Mitglied der Memminger Schneiderzunft war, wurde höchstwahrscheinlich auf Vermittlung seines Onkels Konrad Mair in die Dienste der Fugger aufgenommen. Anton Fugger schickte ihn 1544 zusammen mit dem ebenfalls aus Memmingen stammenden Christoph Hurter über Antwerpen nach Spanien, wo er zunächst als Buchhalter der Faktorei am Spanischen Hof arbeitete. Während der Abwesenheit des Hauptfaktors führte Bechler 1548 als dessen Stellvertreter die Geschäfte; 1551 begegnet er in Lissabon und wenig später in einer leitenden Funktion in Madrid.[27] Im Todesjahr seines Onkels Konrad Mair heiratete er eine Augsburger Bürgertochter und erwarb damit das Bürgerrecht. 1569 begleitete er Georg Fuggers Sohn Octavian Secundus auf einer Reise in die Niederlande, und als sich die Erben Georg Fuggers von ihren Verwandten aus der Antonlinie trennten, trat Hans Bechler in ihre Handelsgesellschaft ein und bekleidete dort als Hauptbuchhalter eine Vertrauensposition. Zugleich übernahm er wichtige städtische Ämter: 1572 wurde er Mitglied des Kleinen Rates, und von 1576 bis zu seinem Tod im Jahre 1589 bekleidete er das Amt eines Bürgermeisters. Sein Sohn Hans Ulrich war für die »Georg Fuggerischen Erben« in Lissabon tätig. Hans Ulrichs Bruder Friedrich Bechler hingegen ging nach einem Studienaufenthalt in Siena zur Firma »Marx Fugger und Gebrüder«, die er von 1600 bis 1602 als Kassierer und Buchhalter in Madrid vertrat. Friedrich versteuerte im Jahre 1618 eines der fünfzig größten Augsburger Vermögen und wurde 1623 zum Bürgermeister gewählt.[28] Für Konrad Mair und Hans Bechler bildete die jahrzehntelange Tätigkeit in auswärtigen Faktoreien, zunächst in subalternen Funktionen, später dann in Leitungsfunktionen, die Voraussetzung für ihren sozialen und politischen Aufstieg in der Reichsstadt Augsburg. Soziale Mobilität im Dienste einer großen Handelsgesellschaft war also eine reale Möglichkeit, aber sie war auch ein langwieriger Prozess.[29]

Neben dem Aufstieg in der reichsstädtischen Gesellschaft konnte ein langjähriger Faktorendienst auch zur Integration in die Gesellschaft des Gastlandes führen. Jobst Walther, der Sohn des Leipziger Vertreters der Augsburger Welser-Gesellschaft, stand seit 1537 in Diensten der Fuggerfaktorei in Sevilla und war von 1544 bis 1557 Leiter der Faktorei am Spanischen Hof. In dieser Zeit heiratete er eine Tochter des Santiagoritters Rodrigo Zapata und verfügte dadurch über hervorragende Beziehungen zu spanischen Hofkreisen.[30] Auch Hans von Schüren und dessen Schwiegersohn Hans Schedler, die langjährigen Faktoren in Almagro, integrierten sich in der spanischen Gesellschaft: Hans Fugger schrieb 1583 an den Kölner Faktor Hans Frick, dass Schedler »ein alter Andaluß« sei. Ein Sohn Schedlers wurde oberster Aufseher der spanischen Bergwerke, ein zweiter erlangte eine Stelle an einem königlichen Gerichtshof und ein dritter wurde Kaplan des Kardinalinfanten. Eine Tochter Schedlers heiratete schließlich den Fuggerangestellten Magnus Lutzenberger.[31]

Unterschiedliche Karrieremuster illustrieren die Laufbahnen der Brüder Philipp und Daniel Krell. Philipp arbeitete zunächst als Buchhalter für »Marx Fugger und Gebrüder« in Spanien und wurde 1578 nach Streitigkeiten mit dem Hauptfaktor Thomas Miller, der Krells »Junckerische daneben faule und trege« Lebensführung rügte, entlassen. Danach wurde er zunächst von Christoph Fugger, dann von den »Georg Fuggerischen Erben« weiterbeschäftigt, denen er von 1580 bis zu seinem Tod 1595 in Madrid diente. Wie Jobst Walther war Philipp Krell mit einer Spanierin verheiratet und hinterließ seinen Söhnen ein beträchtliches Vermögen von 90 000 Dukaten.[32] Sein Bruder Daniel stand bis 1572 in den Diensten Hans Jakob Fuggers und machte sich später selbstständig. Seit 1579 stellte er Handelsvollmachten für Bozen, Hamburg, das niederländische Middelburg, London und Toulouse aus. Mit einer Vermögenssteuerleistung von 384 Gulden und 15 Kreuzern im Jahre 1604 gehörte er zur absoluten Spitzengruppe der Augsburger Steuerzahler; außerdem saß er von 1598 bis zu seinem Tod im Jahre 1613 als Vertreter der Kaufleute im Kleinen Rat der Reichsstadt.[33]

So wie Hans Bechler über seinen Onkel Konrad Mair Aufnahme in die Fuggerfirma fand, so brachten auch andere Faktoren und leitende Angestellte ihre Söhne und Schwiegersöhne in der Gesellschaft unter. Der aus dem Kaufbeurer Patriziat stammende Georg Hörmann beispielsweise begründete eine regelrechte »Faktorendynastie«. Hörmann hatte eine Lateinschule und die Universität Tübingen besucht; seine humanistischen Interessen bezeugen spätere Briefwechsel mit Erasmus von Rotterdam und Philipp Melanchthon. Im Jahre 1512 heiratete er Anton Fuggers Cousine Barbara Reihing. Einige Jahre später trat er in das

Unternehmen Jakob Fuggers ein, für das er zunächst in der Antwerpener Faktorei tätig war. Als die Fugger 1522 selbst in den Schwazer Bergbau einstiegen, wurde Hörmann Leiter der dortigen Faktorei. Auf diesem Posten stand er in engem Kontakt mit König Ferdinand I. und der Tiroler Regierung, mit denen er zahlreiche Darlehensverträge aushandelte. 1528 wurde er vom Kaiser nobilitiert. Als einer der engsten Mitarbeiter und Vertrauten Anton Fuggers bildete er dessen Neffen Hans Jakob und Christoph in Tirol aus und fungierte während des Schmalkaldischen Krieges einige Monate lang als Stellvertreter des Firmenleiters. Gemeinsam mit Hans Jakob Fugger war er 1548 Vormund für dessen minderjährige Brüder. Nach dem Vorbild seines Dienstherrn betrieb Hörmann eine gezielte Familienpolitik: In seinem Testament von 1545 verfügte er, dass der Grundbesitz seiner Familie – ein Haus in Kaufbeuren, das nordöstlich der Stadt gelegene Landgut Gutenberg und ein Hof in Untergermaringen – ungeteilt im Besitz seiner männlichen Nachfahren bleiben sollten.[34]

Hörmanns Sohn Hans Georg arbeitete seit 1529 für die Fugger in Augsburg, wo er 1538 eine Frau aus der Patrizierfamilie Herwart heiratete.[35] Hans Georg Hörmanns Bruder Christoph ging nach der Ausbildung in Antwerpen (1528) und einem Studienaufenthalt in Löwen 1538 nach Spanien. Anton Fugger gab dem gerade 24jährigen den Auftrag mit, ihm Bericht zu erstatten, »wenn er etwas Ungebührliches oder Schädliches feststellte, etwa dass ein Diener nicht dasjenige täte, so ihm die Herren vertrauen.« Christoph Hörmann verwaltete zunächst die Kasse der Faktorei am spanischen Hof und stieg nach 20jähriger Tätigkeit zum Hauptfaktor auf. Von 1557, als ihm die Leitung der spanischen Geschäfte übertragen wurde, bis zu seiner Rückkehr nach Augsburg 1576 war er eine wesentliche Stütze des Fugger'schen Handels.[36] Ein dritter Bruder, Ludwig, war für Anton Fugger in Neapel tätig, ehe er 1543 Schwiegersohn des Kaufmanns Anton Haug und Teilhaber der Haug-Langnauer-Linck-Gesellschaft wurde.[37] Ein zweiter Christoph Hörmann, wohl ein gleichnamiger Neffe des spanischen Faktors, war von 1566 bis 1574 als Buchhalter in der Augsburger Firmenzentrale mit der Verwaltung des schwäbischen Grundbesitzes befasst und ging anschließend als Faktor nach Tirol.[38]

Neben der Entstehung von »Faktorendynastien« wie den Hörmann lässt sich unter den Fuggerangestellten, die in der zweiten Hälfte des 16. Jahrhunderts in Augsburg lebten und dort für die Firmenzentrale oder in der Verwaltung der liegenden Güter und Stiftungen arbeiteten, auch die Ausbildung von sozialen Netzwerken beobachten. Sebastian Zech, der Mitte der 1550er Jahre für die Gesellschaft Anton Fuggers in Venedig tätig war,[39] heiratete 1560 in Augsburg und war dort in der Folgezeit als Buchhalter für »Marx Fugger und Gebrüder« tätig. Sein Vermögen nahm in den folgenden Jahrzehnten beständig zu, und 1604 versteuerte seine Witwe mindestens 25 000 Gulden. Zech bezeugte 1563 das Testament Georg Fuggers und 1589 den letzten Willen Marx Fuggers. Als er 1577 sein eigenes Testament diktierte, waren alle sieben Zeugen Fuggerangestellte. Sein Sohn Hieronymus heiratete 1601 Katharina Geizkofler aus einer weiteren Fugger'schen »Faktorendynastie«.[40]

Georg Stegmann, der seit 1548 für Anton Fugger arbeitete, erscheint 1563 wie Sebastian Zech unter den Testamentszeugen Georg Fuggers und war 1569

Vormund der Kinder des langjährigen Fuggerangestellten Melchior Griesstetter.[41] Philipp Wanner, der in den 1570er Jahren bei Marx Fugger angestellt war, war mit Christina Stegmann, wahrscheinlich einer Tochter Georg Stegmanns, verheiratet. Nach dem Tod des Fuggerangestellten Philipp Stürtzel im Jahre 1606 wurde Wanner zum Rechtsbeistand von dessen Witwe ernannt.[42] Als Michael Leonhard Mair 1568 von den Fuggern in Geschäfts- und Familienangelegenheiten nach Italien geschickt wurde und vorher ein Testament machte, zog er seinen Kollegen Georg Stegmann als Zeugen hinzu; ein neues Testament Mairs im Jahre 1582 bezeugten unter anderem Christoph Hörmann und Anton Bidermann. Zwischen dem unverheirateten Mair und Hans Fugger bestand offenbar ein enges persönliches Vertrauensverhältnis, da Hans Fugger ihn in seiner Korrespondenz als »Vater Michl« titulierte.[43] Lukas Geizkofler schließlich, der als Syndikus für die Fugger tätig war, schrieb in seinen autobiographischen Aufzeichnungen, die Nichte des spanischen Fuggerfaktors Christoph Hörmann sei ihm von den Fuggern als Braut »angetragen« worden. Unter den sieben Testamentszeugen Marx Fuggers waren 1589 sechs Vertraute und langjährige Angestellte.[44] Für die engen Beziehungen, die diese Angestellten untereinander ausbildeten, dürfte neben ihrer gemeinsamen Bindung und Loyalität zum Haus Fugger auch die Tatsache verantwortlich gewesen sein, dass sie überwiegend Katholiken waren – denn auf die katholische Religion ihrer Bediensteten legten die Fugger zu dieser Zeit großen Wert[45] – und als solche in einer mehrheitlich protestantischen Reichsstadt in der Minderheit waren.

Exemplarische Karrieren

Unter den Angestellten der Fuggerfirmen im 16. Jahrhundert gab es buchstäblich Dutzende, die sich durch ihre jahrzehntelange Tätigkeit auf verantwortungsvollen Posten das Vertrauen der Firmenleitung erwarben, die über Sprachkenntnisse, organisatorische Fähigkeiten und kaufmännische Kompetenz verfügten und damit sowohl den Nutzen der Firma als auch ihre eigene Ehre mehrten. Aus den Reihen dieser leitenden Angestellten und Vertrauensleute der Fugger ragen jedoch einige Individuen durch die Breite und Vielfalt ihrer Tätigkeiten und Interessen besonders heraus. Matthäus Schwarz, Hans Dernschwam und Pompejus Occo, die im Folgenden exemplarisch vorgestellt werden, häuften während ihrer Tätigkeit für die Fugger ein kulturelles und soziales Kapital an, das nicht nur ihr eigenes Ansehen, sondern auch das der Fugger widerspiegelte.

Matthäus Schwarz

Wie Konrad Mair, Hans Bechler und Sebastian Kurz gelang auch Matthäus Schwarz im Verlauf seiner langjährigen Tätigkeit für die Fugger ein bemerkenswerter sozialer Aufstieg. Er wurde am 20. Februar 1497 in Augsburg als Sohn eines Wirtes und Weinhändlers geboren. Sein Vater Ulrich Schwarz hatte eine ungemein zahlreiche Nachkommenschaft; ein Votivbild aus dem Jahre 1508 zeigt den jungen Matthäus zusammen mit 16 Brüdern und 14 Schwestern! Nach dem Besuch der Lateinschule von St. Moritz in Augsburg (1509–10) arbeitete Matthäus zunächst einige Jahre in der Weinhandlung seines Vaters und unternahm in dessen Auftrag Reisen nach München, Lindau und Konstanz. Im Jahre 1514 schickte ihn der Vater dann zur kaufmännischen Ausbildung nach Italien. Nach Aufenthalten in Mailand und Genua ging Schwarz bis 1516 in Venedig in die Lehre und erlernte dort die Technik der doppelten Buchführung. Obwohl er sich später abfällig über die Qualität der Ausbildung äußerte, war der Italienaufenthalt zweifellos eine wichtige Stufe in seiner Karriere, denn gleich nach seiner Rückkehr wurde er im Herbst 1516 probeweise, ab Anfang 1517 dann fest von Jakob Fugger als Buchhalter eingestellt. Um 1520 besuchte Schwarz die Frankfurter Messen, und während des Bauernkriegs 1525/26 begleitete er Fugger'sche Silber- und Geldtransporte in Tirol. Auch nach dem Tod Jakob Fuggers blieb er der Firma eng verbunden: Als Hauptbuchhalter der Augsburger Firmenzentrale liefen bei ihm alle Fäden der Rechnungsführung zusammen. Zum Zeitpunkt des Todes von Anton Fugger (1560) war er immer noch Leiter der Buchhaltung. Sein Vermögen nahm während seiner jahrzehntelangen Tätigkeit in der Fugger'schen Schreibstube nach Ausweis der Steuerbücher ständig zu, und 1552 kaufte er ein Haus am Augsburger Obstmarkt. 1541 wurde Matthäus Schwarz neben seinen Brüdern Lukas, dem Zunftmeister der Augsburger Salzfertiger, und Kaspar vom Kaiser in den Adelsstand erhoben.[46]

Wie viele seiner Firmenkollegen war auch Matthäus Schwarz in das Netzwerk Fugger'scher Angestellter eingebunden. Als er 1538 – immerhin schon im Alter von 41 Jahren – heiratete, nahm er mit Barbara Mangold die Tochter des Faktors Anton Mangold zur Frau, und auch seine Söhne fanden später bei der Gesellschaft Anstellung. Der 1539 geborene Matthäus Ulrich ist um 1555 als Fuggerdiener in Italien nachweisbar, wechselte aber bis 1560 zur Augsburger Haug-Langnauer-Linck-Gesellschaft und wurde später Ritter des Johanniterordens. Ein zweiter Sohn, der 1541 geborene Veit Konrad, hingegen blieb der Firma nach seiner Lehrzeit in Verona 1555/56 jahrzehntelang verbunden. 1578 wechselte er im Zuge der Auseinandersetzungen innerhalb der Gesellschaft »Marx Fugger und Gebrüder« zu den »Georg Fuggerischen Erben«.[47]

Als Hauptbuchhalter in der Augsburger Zentrale bekleidete Matthäus Schwarz zwar eine sehr verantwortungsvolle, aber nicht gerade die abwechslungsreichste Funktion in der Firma. Wenn dennoch gerade er immer wieder das Augenmerk der Forschung gefunden hat, so hat dies vor allem zwei Gründe. Zum einen war Schwarz bemüht, seine Kenntnis des kaufmännischen Rechnungswesens in systematischer Form aufzubereiten und zu dokumentieren. Bereits als junger Mann verfasste er 1518 eine »Musterbuchhaltung«, die er in späteren Jahren ergänzte. Darin stellte er unter der Rubrik *was das buchhalten sey* die Grundlagen der kaufmännischen Buchführung dar und erläuterte im Abschnitt *von dreyerlay buchhalten* verschiedene Techniken der Buchführung. Außerdem beschrieb er die Durchführung eines Rechnungsabschlusses am Beispiel der Faktorei Venedig, wobei er die Faktoreirechnung offenbar zum großen Teil einfach kopierte oder exzerpierte. Nicht ganz klar ist, ob Schwarz lediglich ein pragmatisches Lehr- und Nachschlagewerk für den internen Firmengebrauch anlegte, ob er sich damit Jakob Fugger als Experte für das Rechnungswesen präsentieren und für höhere Aufgaben empfehlen wollte oder ob er die »Musterbuchhaltung« eventuell sogar zum Druck zu bringen gedachte. Im letzteren Fall dürfte Jakob Fugger ihm die

Abb. 8: Jakob Fugger und Matthäus Schwarz im Fuggerkontor, aus dem »Kostümbuch« des Matthäus Schwarz

Veröffentlichung untersagt haben, da er begreiflicherweise kein Interesse daran haben konnte, dass die Geschäfte der wichtigen Faktorei in Venedig vor den Augen des staunenden Lesers ausgebreitet wurden. Die »Musterbuchhaltung« gelangte erst im 20. Jahrhundert zum Druck.[48] Auf jeden Fall nur für den internen Gebrauch war eine 1548 abgeschlossene »Handelspraktik« bestimmt, die heute in der Österreichischen Nationalbibliothek in Wien aufbewahrt wird und als deren Urheber ebenfalls Matthäus Schwarz identifiziert werden konnte. Diese Handschrift, die offenbar auf Berichten der Fuggerfaktoreien beruht, fasst systematisch Informationen über Münz-, Maß- und Gewichtsverhältnisse, Transportwege und Frachtkosten sowie Geschäftsbräuche und Zahlungsverkehr der wichtigsten europäischen Handelsplätze zusammen.[49]

Die kunst- und kulturgeschichtliche Forschung hat sich hingegen intensiv mit Matthäus Schwarz' »Trachtenbuch« beschäftigt. Dieses 1519 angelegte und über 40 Jahre hinweg fortgeführte Werk, dessen Originalhandschrift heute im Herzog Anton Ulrich-Museum in Braunschweig verwahrt wird, enthält 137 mit eigenhändigen Kommentaren versehene Porträtminiaturen, von denen die Mehrzahl zwischen 1521 und 1536 von dem Augsburger Narziß Renner angefertigt wurde. Einige zwischen 1538 und 1546 entstandene Porträts werden der Werkstatt Christoph Ambergers zugeschrieben, das letzte Bild, das den alternden Matthäus Schwarz in Trauerkleidung nach dem Tod Anton Fuggers zeigt, stammt von Jeremias Schemel. Wiederholt nimmt das »Trachtenbuch« auf eine ebenfalls 1519 begonnene Autobiographie Schwarz' mit dem Titel *der wellt lauff* Bezug, doch diese ist nicht erhalten. Wie die Bezeichnung als »Trachtenbuch« bzw. »Kostümbuch« bereits andeutet, steht die Kleidung, die Schwarz zu verschiedensten Festlichkeiten und gesellschaftlichen Anlässen trug, im Zentrum des Buchs. Schwarz ließ sich bei Fastnachtsfeiern, Jagden, Scheibenschießen, Schlittenfahrten, Hochzeiten und Reichstagen in aufwändigen und farbenfrohen Gewändern porträtieren; häufig notierte er handschriftlich dazu, aus welchen kostbaren Stoffen – Atlas, Taft, Damast, Seide – die Kleidungsstücke gefertigt waren.[50] Als Lehrling in Italien beispielsweise kleidete sich Schwarz 1516 nach »welscher« Mode und trug eine »spanisch kappen«, einen Kapuzenumhang; ein »Jenüeser birett«, ein Barett aus Genua als Kopfbedeckung; einen »lombardisch sayon«, einen schwarzen Wappenrock; und ein Wams aus Taft. Auf der Hochzeit seines Chefs Anton Fugger im Jahre 1527 war Schwarz mit einem Barett aus Samt und Atlas, einem roten Mantel mit seidenen Fransen, mit Taft gefütterten und mit Lederstreifen besetzten Hosen und einem Wams aus Taft bekleidet. Diese prächtige Kleidung war, wie er vermerkt, ein Geschenk des Bräutigams.[51]

Was aber war der Sinn eines solchen Trachtenbuchs? In der Literatur wird Schwarz manchmal als »Kleidernarr« bezeichnet, der einen übersteigerten Hang zur Selbstdarstellung gehabt und mit seiner aufwändigen Tracht seinen Wohlstand und Status innerhalb der reichsstädtischen Gesellschaft demonstriert habe. Zweifellos zeugen die Bilder vom großen Selbstbewusstsein ihres Auftraggebers: die bekannteste Miniatur zeigt den Hauptbuchhalter im vertrauen Umgang mit Jakob Fugger in der Schreibstube. Aber damit ist die Bedeutung des »Trachtenbuchs« nicht erschöpft. So haben einige Interpreten darauf hingewiesen, dass Schwarz die Bilder stets genau datierte und auf die exakte Wiedergabe seines

Aussehens, seiner »gestalt«, großen Wert legte. Wenn er sich oder andere Personen auf den Bildern gut getroffen fand, schrieb er wiederholt »recht controfat« dazu. Da die Bilder Schwarz' ganzes Leben von der Kindheit in Augsburg über die Lehrjahre in Italien und die Zeit als junger Mann bis ins Alter umfassen, reflektieren sie auch das Vergehen der Zeit und den historischen Wandel – den Wandel der städtischen Kleidermode ebenso wie die Veränderung des Aussehens ihres Trägers. Besonders deutlich tritt dieser Aspekt in den beiden Miniaturen zu Tage, die Schwarz nach dem Tod Jakob Fuggers nackt darstellen: Angesichts der Erfahrung des Todes ist sich der damals knapp 30jährige der Vergänglichkeit des irdischen Lebens bewusst und lässt seinen Körper in einer Form abbilden, wie sie sich auch auf vielen zeitgenössischen Darstellungen des Jüngsten Gerichts und des Fegefeuers findet.[52]

Darüber hinaus hat Valentin Groebner in einer brillanten Studie auch auf den Zusammenhang zwischen der Bilder- und Kostümchronik von Schwarz' Leben und seiner Tätigkeit als Buchhalter eines großen Handelsunternehmens hingewiesen: Wie kaum ein anderer Bereich der städtischen Wirtschaft war der Fernhandel von Risiken bedroht – Raubüberfällen, Transportunfällen, kriegerischen Auseinandersetzungen, säumigen Schuldnern, unzuverlässigen Geschäftspartnern und Bankrotten. Vor diesem Hintergrund, so Groebner, fungierten sowohl das »Trachtenbuch« als auch die »Musterbuchhaltung« als Medien der Selbstkontrolle und Selbstvergewisserung in einer von Unsicherheit geprägten Lebenswelt.[53]

Schwarz' Interesse an seiner »gestalt« kommt auch in einer Reihe weiterer bildlicher Zeugnisse zum Ausdruck, die er in Auftrag gegeben hat. 1521 legte er ein Gebetbuch an, das er wie das Trachtenbuch von dem Augsburger Maler Narziß Renner illustrieren ließ und das ebenfalls eine Reihe von Porträts des Auftraggebers enthält. Außerdem befinden sich darin einige eindrucksvolle Darstellungen von Narren, die Schwarz persönlich kannte. Auch diese – für ein Gebetbuch sehr ungewöhnlichen – Darstellungen können als Hinweise auf die Vergänglichkeit und Nichtigkeit des menschlichen Lebens, vielleicht auch als selbstironische Kommentare zu Schwarz' persönlicher Eitelkeit gesehen werden.[54] Um 1522 gab Schwarz bei Renner auch ein Gemälde in Auftrag, das 30 Augsburger Patrizier- und Bürgerpaare beim Reigen in einer prachtvollen Gartenanlage zeigt. Dieser »Geschlechtertanz«, für den Renner auf eine ältere Vorlage zurückgriff, zeigt keine reale Szene, sondern bereits verstorbene Augsburger zusammen mit noch lebenden – darunter gleich zweimal Jakob Fugger. Auch die Kleidung der Personen spannt einen Bogen von der Mode des späten Mittelalters bis in die 1520er Jahre. Somit lässt sich der »Geschlechtertanz« als eine Familien- und Kostümgeschichte lesen, die Vergangenheit und Gegenwart der Reichsstadt und ihrer gesellschaftlichen Führungsschicht aufeinander bezieht.[55] Ferner ließ sich Schwarz 1526 von Hans Maler zu Schwaz und 1542 von dem Augsburger Maler Christoph Amberger porträtieren. Friedrich Hagenauer und Hans Kels bzw. seine Schüler fertigten mehrere Bildnismedaillen von ihm an. Und schließlich regte Schwarz auch seinen Sohn Veit Konrad an, nach dem Vorbild des Vaters ein Trachtenbuch anzulegen.[56] In all diesen Werken tritt uns Schwarz als ein namhafter Patron der bildenden Kunst im Augsburg des 16. Jahrhunderts, als wichtiger Zeuge für Selbstverständnis und Repräsentationsbedürfnis des reichsstädtischen Bürgertums, aber auch als zwar selbstbewusster und vielleicht auch eitler, aber eben auch aufmerksamer und sensibler Chronist seines eigenen Lebens und seiner Zeit gegenüber.

Hans Dernschwam

Wie Matthäus Schwarz war Hans Dernschwam sowohl ein wichtiger Mitarbeiter der Fugger als auch ein vielseitig interessierter Mann, der rege am kulturellen Leben seiner Zeit teilnahm und dabei eigene Akzente setzte. Der am 23. März 1494 in der böhmischen Bergbaustadt Brüx (Most) geborene Dernschwam stammte aus einer wohlhabenden Familie und hatte an den Universitäten Wien und Leipzig studiert; 1510 erwarb er in Leipzig den Grad eines Bakkalaureus. Nach Reisen durch Deutschland und Italien und einem längeren Aufenthalt in Rom (1513) trat er in die Dienste des Humanisten Hieronymus Balbi, der als Erzieher am ungarischen Königshof in Ofen tätig war und 1515 Propst in Pressburg wurde. Als Begleiter Balbis nahm Dernschwam am Wiener Kongress von 1515 teil, der den habsburgisch-ungarischen Erbvertrag besiegelte und zu dem auch Jakob Fugger aus Augsburg angereist war. Ob es bereits damals zu einem Treffen zwischen Dernschwam und Fugger kam, ist nicht überliefert; Dernschwam selbst berichtete allerdings später, dass er in diesen Jahren die Bekanntschaft Georg Thurzos machte. Im Jahre 1517 trat er in die Dienste der Thurzo über, und bei Ausbruch der Krise des Ungarischen Handels im Jahre 1525 arbeitete er als Kassierer in der Faktorei Ofen. Nach der Inhaftierung der Faktoren und der Plünderung der Faktorei durch aufständische Bürger bewährte er sich als Krisenmanager und Verhandlungsführer und empfahl sich damit für höhere Aufgaben. Gemeinsam mit Heinrich Rybisch führte er die Verhandlungen mit der ungarischen Krone, die im April 1526 zur erneuten Übertragung der slowakischen Bergwerkspacht an die Fugger führten. Nachdem König Ferdinand den Fuggern als Entschädigung für die 1525/26 in Ungarn erlittenen Verluste und weitere Kredite die Einkünfte aus dem Siebenbürger Salzbergbau überschrieben hatte, schickten die Fugger Dernschwam als Vertreter ihrer Interessen nach Siebenbürgen. Nach der Besetzung der slowakischen Bergstädte durch Johann Zápolya, den die ungarische Ständeopposition gegen den Habsburger Ferdinand zum König gekrönt hatte, führte er mit diesem um 1530 im Auftrag der Fugger Verhandlungen. Auch in den folgenden Jahren übertrug man ihm in Neusohl besondere Aufgaben; erst 1536 wurde er regulärer Leiter der dortigen Faktorei. Dernschwam versorgte die Firmenzentrale in Augsburg regelmäßig mit Nachrichten über die politische Lage in Ungarn und die Situation an der Türkengrenze. Nachdem die Fugger 1546 den Ungarischen Handel aufgegeben hatten, blieb er noch bis Anfang 1549 in ihren Diensten. Von 1553 bis 1555 nahm er an einer habsburgischen Gesandtschaftsreise teil, die ihn nach Konstantinopel und weiter durch Anatolien nach Amasya führte und über die er einen Reisebericht verfasste. Von 1558 bis 1567 war er für das Münzamt in Kremnitz tätig; wahrscheinlich Ende 1568 starb er auf seinem Gut Schattmannsdorf in der slowakischen Fuggerherrschaft Bibersburg.[57]

Der akademisch gebildete und überaus sprachgewandte Dernschwam – er beherrschte neben Deutsch und Latein auch Ungarisch und »Windisch« (Slowakisch) – pflegte neben seiner Tätigkeit als Sondergesandter und Faktor der Fugger auch literarische und wissenschaftliche Interessen. Auf seinen Reisen trug er eine Sammlung römischer Inschriften zusammen, und als er 1552 seine Bibliothek inventarisierte, umfasste diese 1162 Bände mit über 2000 Werken. Nach der Bibliothek des Johannes Sambucus dürfte es sich damit um die zweitgrößte private Büchersammlung im ungarischen Raum gehandelt haben. Seine Einbindung in die Netzwerke der mitteleuropäischen Humanisten bezeugen Leihgaben von Büchern sowie Briefwechsel mit Persönlichkeiten wie Joachim Camerarius d.Ä., Johannes Cuspinianus und Hieronymus Wolf.[58] Auch sein Reisebericht über das Osmanische Reich spiegelt seine gelehrten Interessen wider; er ist als »Darstellung einer Pilgerfahrt zu den Stätten antiker Überlieferungen« charakterisiert worden. Mit dem Reichtum der griechisch-römischen Überlieferung kontrastiert seine Erfahrung der osmanischen Gegenwart, die Dernschwam in rechtlicher und politischer Hinsicht als Tyrannei, in sozialer Hinsicht als »ärmliche, zutiefst bäurische Gesellschaft« wahrnahm.[59]

Indessen rätselt die Forschung noch immer über die Motive für diese Reise ins Osmanische Reich. In seinem Bericht gab Dernschwam an, dass er lediglich als Privatmann gereist sei, und tatsächlich spricht wenig dafür, dass er im Auftrag der Fugger unterwegs war. Aufzeichnungen über Bergbau, Metall- und Salzhandel, die im Mittelpunkt seiner früheren Berichte an die Fugger gestanden hatten, spielen nur eine marginale Rolle, und auch die anti-katholischen Invektiven, die den Reisebericht durchziehen, wären bei den Fuggern gewiss nicht auf Zustimmung gestoßen. Aber man hat auch Zweifel angemeldet, ob es sich wirklich um eine rein private Bildungs- und Vergnügungsreise handelte, denn die Reisebedingungen waren schwierig, die Bewegungsfreiheit der Teilnehmer stark eingeschränkt, und bei den Entdeckungen antiker Monumente und Inschriften handelte es sich eher um Zufallsfunde als um die Ergebnisse systematischer Erkundung. Stattdessen interessierte sich Dernschwam auffallend für ungarische Kriegsgefangene im Osmanischen Reich. Deutet dies, wie Marianna Birnbaum vermutet, darauf hin, dass Dernschwam die Reise als Informant eines hochrangigen Mitglieds der ungarischen Regierung unternahm?[60] War der Antikensammler und Beobachter des türkischen Alltagslebens in Wirklichkeit ein politischer Spion? Auch wenn solche Fragen aufgrund fehlender direkter Quellenbelege schwer zu entscheiden sind, erweist sich Dernschwams Reisebericht als ein ausgesprochen vielschichtiges Dokument, das im Kontext des in den letzten Jahren neu erwachten Interesses an den Beziehungen zwischen dem abendländischen Europa und dem Osmanischen Reich in der Frühen Neuzeit weiterhin Beachtung verdient.

Pompejus Occo

Der gebürtige Friese Pompejus Occo war seit etwa 1510 in Amsterdam für die Fugger tätig. Die holländische Hafenstadt war damals noch nicht das glänzende Handelszentrum mit weltweiten Verbindungen, zu dem sie sich im 17. Jahrhundert entwickelte. Aber sie war bereits ein wichtiger Umschlagplatz für Güter aus dem Ostseeraum, und von dort kamen die Schiffe, die slowakisches Kupfer von Danzig und Stettin aus in die Niederlande transportierten. Occos Aufgabe be-

Abb. 9: Pompejus Occo, Gemälde von Dirck Jacobsz

stand darin, Kupferlieferungen zu organisieren, in Empfang zu nehmen und ihre freie Durchfahrt durch den Öresund politisch abzusichern. Entscheidende Bedeutung kam dabei den Beziehungen zu Dänemark zu, denn das Königreich kontrollierte den Sund, den alle Schiffe zwischen Nord- und Ostsee passieren mussten, und kassierte dort Zölle. Aufgrund seiner Herkunft dürfte Occo sowohl der niederländische als auch der skandinavische Raum vertraut gewesen sein.

Der Kontakt zu den Fuggern war über seinen Onkel, den Augsburger Stadtarzt Adolph Occo zustande gekommen, der den Neffen um 1494 zu sich geholt und ihn erzogen hatte. Jakob Fugger gehörte zu Adolph Occos Patienten. Während eines Studienaufenthalts in Köln (1504) hatte Pompejus Occo außerdem die Grundlagen einer akademischen Ausbildung erhalten.[61]

Um die Durchfahrt Fugger'scher Kupfertransporte durch den Sund zu sichern, knüpfte Occo enge Beziehungen zum dänischen König Christian II. an, den er während eines Aufenthalts in Amsterdam 1521 in seinem Haus festlich bewirtete und für den er als Finanzagent tätig wurde. Im Jahre 1520 war Occo maßgeblich an den Verhandlungen beteiligt, die dänische Gesandte mit dem Brüsseler Hof und den niederländischen Ständen über die Auszahlung der Mitgift Isabellas, der Schwester Karls V., an ihren Gatten Christian führten. Ein beträchtlicher Teil der Mitgift – rund 100 000 Gulden – wurde über Occo ausbezahlt, der dafür Waffen, Schießpulver und eine Reihe anderer Waren an den dänischen König lieferte. Außerdem vermittelte er niederländische Fachleute und Siedler nach Dänemark. Eine völlig neue Situation ergab sich allerdings 1523, als Christian II. nach einem politischen Umsturz aus Dänemark fliehen musste und ins niederländische Exil ging. In der Folgezeit meisterte der Fuggervertreter einen prekären Drahtseilakt: Auf der einen Seite strebten der Kaiser und seine niederländische Statthalterregierung die Restitution des exilierten Königs – der immerhin der Schwager des Kaisers war – an, und Occo konnte sich der Unterstützung dieser Bestrebungen nicht verweigern, wenn er sich und den Fuggern das Wohlwollen der niederländischen Regierung erhalten wollte. Auf der anderen Seite waren die Fugger im Interesse der Sundschifffahrt auf gute Beziehungen zu Christians Nachfolger Friedrich I. aus dem Hause Holstein angewiesen. Diesen Balanceakt zwischen kaiserlichen und Fugger'schen Interessen meisterte Occo mit beträchtlichem Geschick und trug somit wesentlich dazu bei, dass der für die Fugger so wichtige Weg von der Ostsee in die Niederlande offen blieb. Erst in den letzten Jahren vor Occos Tod (1537) scheint sich der Kontakt zur Firma allmählich gelockert zu haben.

Occo war nicht nur ein effektiver politischer Agent, sondern auch ein erfolgreicher Kaufmann. Er exportierte große Mengen englischer Tuche nach Skandinavien und in den Ostseeraum und überwies Ablassgelder aus den nordeuropäischen Bistümern an die römische Kurie. Obwohl er in niederländischen Quellen als »Factor« der Fugger bezeichnet wird, tätigte er auch Geschäfte für andere Firmen wie die Welser sowie auf eigene Rechnung. Sinnvoller wäre es daher, ihn als Kommissionär zu bezeichnen. Schließlich wäre eine Charakterisierung seiner Person unvollständig ohne die Würdigung seiner Rolle im gesellschaftlichen und kulturellen Leben Amsterdams. Occo bekleidete zwar kein Ratsamt, fungierte aber als Kirchenmeister und Meister der Heilig-Kreuzgilde und unterstützte das Amsterdamer Klarissenkloster. Sein Haus »Het Paradijs« lag mitten im geschäftlichen Zentrum der Stadt und war Mittelpunkt eines ausgedehnten Freundeskreises. Wie Hans Dernschwam war Occo an Büchern und seltenen Manuskripten interessiert, und seine Bibliothek verschaffte ihm in niederländischen Humanistenkreisen großes Ansehen. Und wie Matthäus Schwarz war er auch ein Patron der bildenden Kunst: 1515 ließ er von Jacob Cornelisz. einen Hausaltar malen, auf dem der Stifter und seine Frau Gerbrich Claes abgebildet sind. Das prachtvolle Porträt, das Dirck Jacobsz. 1531 von Occo anfertigte und das sich heute im Rijksmuseum befindet, gilt als ein früher Höhepunkt der Amsterdamer Renaissancemalerei. Das Ansehen, das Occo sich und seiner Familie in der Amsterdamer Gesellschaft erwarb, kommt schließlich auch darin zum Ausdruck, dass sein Sohn Sybrant später zum Bürgermeister der Stadt gewählt wurde.

Schwierige Beziehungen: Silvester Raid und Matthäus Örtel

Im Jahre 1564 verhörten die Augsburger Strafherren eine gewisse Anna Megerler, die im Verdacht stand, Magie zu praktizieren. In ihren Verhören behauptete diese Frau, dass sie wiederholt den 1560 verstorbenen Anton Fugger auf dessen Wunsch hin in seinem Haus aufgesucht und mit ihm astrologische Sitzungen vor einer Kristallkugel abgehalten habe. Daraufhin wurde sie von den Strafherren, denen die Sache offenbar nicht geheuer war, freigelassen. Die Historikerin Lyndal Roper, die diesen bemerkenswerten Fall entdeckt hat, lässt zwar offen, ob sich der alternde Handelsherr tatsächlich mit einer Frau, die offenbar aus der Unterschicht stammte, zu geheimen astrologischen Sitzungen traf. Sie nimmt den Fall jedoch zum Anlass, um Überlegungen über das Verhältnis von ökonomischer Rationalität und Magie im 16. Jahrhundert anzustellen. Roper zufolge konnte ein Medium wie die Kristallkugel auf einen Handelsherrn wie Anton Fugger tatsächlich eine beträchtliche Faszination ausüben, da sie ihm ermöglichte, das Verhalten seiner Angestellten an weit entfernten Orten zu kontrollieren: »Mit Hilfe dieser wunderbaren Satelliten-Spionage-Anlage vermochte Fugger zu sehen, ohne gesehen zu werden – eine gewaltige Phantasievorstellung von der visuellen Beherrschung einer Gruppe Handelsbevollmächtigter, von deren Loyalität und Ergebenheit er vollkommen abhängig war.« Neben der Möglichkeit, das Verhalten eigenmächtig handelnder oder nachlässiger Faktoren zu kontrollieren, konnte die Kristallkugel Roper zufolge Anton Fugger auch die Macht verleihen, die Geister seiner »Feinde« gefangen zu halten und sie sich wieder dienstbar zu machen.[62] Und solche Feinde hatte Fugger, wie die Beispiele Silvester Raids und Matthäus Örtels zeigen, durchaus. Ihre Laufbahnen und ihr Verhältnis zu Anton Fugger verdeutlichen exemplarisch, welche Probleme in den Beziehungen zwischen den Leitern der großen Handelsfirmen und ihren Angestellten auftreten konnten. Sie demonstrieren außerdem, dass das berufliche Profil des kaufmännischen Angestellten ungeachtet der Professionalisierungstendenzen des 16. Jahrhunderts noch im Fluss war und sich ausgesprochen vielfältig darstellte.

Silvester Raid erscheint in den 1530er Jahren zunächst als Notar und Spitalschreiber in Augsburg; einige Jahre lebte er im selben Haus wie der Ratsdiener und Geschichtsschreiber Clemens Jäger, der später im Auftrag Hans Jakob Fuggers das Ehrenbuch der Familie verfasste. Ende 1538 beauftragte ihn dann Anton Fugger, Verhandlungen mit dem dänischen König Christian III. zu führen. Es ging dabei wiederum um das Thema, das bereits Pompejus Occo lange beschäftigt hatte: die Durchfahrt von Schiffen, die ungarisches Kupfer von den Ostseehäfen in die Niederlande transportierten, durch den dänischen Sund. Unklar ist, warum Fugger dafür gerade Raid auswählte und mit weitreichenden Vollmachten ausstattete. Über frühere Skandinavienaufenthalte ist nichts bekannt, Raid war als bekennender Protestant nicht auf derselben religiösen Linie wie sein Auftraggeber, und überhaupt nahm er sich Götz Freiherr von Pölnitz zufolge »als abenteuerliche Gestalt innerhalb einer konservativen Belegschaft sonderbar« aus.[63]

Auf jeden Fall agierte Raid zunächst bemerkenswert erfolgreich. Es gelang ihm, Herzog Albrecht von Preußen als Vermittler einzuschalten, und mit dessen Hilfe konnte im Mai 1539 ein Vertrag mit dem dänischen König geschlossen werden, der die Sundschifffahrt der Fugger absicherte. Nach seiner Rückkehr nach Augsburg schlüpfte Raid in die Rolle eines diplomatischen Agenten des Herzogs, den er regelmäßig mit politischen Nachrichten bediente, die in der Fuggerzentrale zusammenliefen. Aber auch Partituren neuer Kompositionen fanden über Raid den Weg von Augsburg nach Königsberg. Gegen Ende des Jahres 1540 reiste Silvester Raid ein zweites Mal im Auftrag Anton Fuggers nach Norden, um beim dänischen König Aufschub für eine ursprünglich für Weihnachten 1540 zugesagte Anleihe zu erwirken. Einmal mehr schaltete er dabei erfolgreich den preußischen Herzog als Vermittler ein; seine sorgfältige Beziehungspflege hatte sich also ausgezahlt. Im Sommer 1541 schickte Fugger Raid in Begleitung mehrerer Bergbauexperten ein drittes Mal nach Skandinavien. Diesmal ging es darum, den Zustand der Bergwerke in Norwegen zu erkunden. Anscheinend auf eigene Initiative zog Raid anschließend nach Schweden weiter, wo man ihn jedoch der Spionage verdächtigte und ihm den Zugang zu den Gruben verwehrte. Auch Raids Versuch, sich als Mittelsmann in Verhandlungen zwischen Schweden und Preußen einzuschalten, zeitigten offenbar nicht den gewünschten Erfolg. Bei all diesen Aktivitäten fällt es schwer zu entscheiden, wo Raid im Auftrag Anton Fuggers handelte und wo er seine eigenen Ziele und Interessen verfolgte. Pölnitz vertrat die Auffassung, er habe Fugger »oft geschickt, aber kaum jemals redlich gedient«. Ende 1541 quittierte Raid seinen Dienst und arbeitete in den folgenden Jahren als Advokat in Augsburg. 1543 erteilte der Rat ihm eine Verwarnung, weil er vor Gericht Schmähworte und »unziemliche Reden« gebraucht habe. Fünf Jahre später kündigte Raid sein Bürgerrecht in Augsburg auf und ging als Stadtschreiber nach Donauwörth.[64]

In der Folgezeit war das Verhältnis Raids zu seinem ehemaligen Wohnort Augsburg und seinem vormaligen Arbeitgeber Anton Fugger von heftigen Auseinandersetzungen geprägt. Wegen eines Geschäfts mit verbotenen Münzen wurde Raid 1549 festgenommen und vom Augsburger Rat zu einer Strafe von 100 Gulden verurteilt. Raid beteuerte vor Gericht seine Unschuld und sah sich offenbar als Opfer eines Komplotts. 1552 erschienen der kaiserliche Rat Dr. Heinrich Hase und Anton Fugger in Donauwörth und erreichten beim Rat die Absetzung Raids. Hase war 1548 federführend mit der so genannten Karolinischen Regimentsreform in den süddeutschen Reichsstädten, also der vom Kaiser dekretierten Aufhebung der Zünfte und der Einsetzung patrizischer Räte (die danach spöttisch »Hasenräte« genannt wurden) befasst gewesen. Die Aktion gegen Raid deutet darauf hin, dass dieser im Vorfeld des Fürstenaufstands von 1552 für eine Wiedereinführung des Zunftregiments agitiert und zum Widerstand gegen den Kaiser aufgerufen hatte. Raid begab sich daraufhin in die Dienste des Markgrafen Albrecht Alcibiades von Brandenburg-Kulmbach, dessen Brand- und Proviantmeister er wurde. Diese Position konnte er während des Fürstenaufstands dazu nutzen, sich an die Spitze der evangelischen Bürgeropposition in Donauwörth zu stellen. Darüber hinaus entfaltete er für seinen neuen Dienstherrn eine rege diplomatische Aktivität. Unter anderem führte er die Verhandlungen mit dem Bischof von Arras und dem Herzog von Alba, die Anfang 1553 zur Aufnahme des Markgrafen in kaiserliche Dienste führten. Noch im selben Jahr wurde Albrecht Alcibiades jedoch wegen seiner Überfälle auf die fränkischen Bistümer Würzburg und Bamberg von einer militärischen Koalition unter der Führung des Herzogs Moritz von Sachsen aus seinem Land vertrieben und ging ins französische Exil. Nun fiel Raid die Aufgabe zu, durch Bündnisverhandlungen und Kreditaufnahmen die Rückkehr des Markgrafen vorzubereiten, und in den folgenden Jahren war er ständig zwischen Frankreich, der Schweiz und Süddeutschland in geheimer Mission unterwegs. Zum Verhängnis wurde ihm schließlich 1557 seine Beteiligung an einem Raubüberfall des Ritters Wilhelm von Grumbach auf einen Boten, der von Augsburg nach Venedig unterwegs war. Raid hatte von der bankrotten Augsburger Handelsfirma Weyer eine beträchtliche Summe zu fordern, und nachdem sich der Kaufmann Hans Langnauer den Zugriff auf die Konkursmasse gesichert hatte, wollte sich Raid nach eigenen Angaben durch den Überfall an dessen Handelsfirma, der Haug-Langnauer-Linck-Gesellschaft, schadlos halten. Im Mai 1558 ließ ein kaiserlicher Kommissar Raid in Donauwörth verhaften. Er wurde nach Wiener Neustadt gebracht, dort unter der Folter verhört und im November 1558 hingerichtet.[65]

Um diese Zeit dürfte Anton Fugger allerdings sein Augenmerk auf die Transaktionen konzentriert haben, mit denen sein Antwerpener Faktor Matthäus Örtel die Firma in große Schwierigkeiten gebracht hatte. Örtel arbeitete zunächst als Vertreter der Welser in Rom, ehe er in das Unternehmen Anton Fuggers wechselte.[66] Mitte der 1540er Jahre begegnet er als Fuggerfaktor in Neapel, und im Herbst 1548 wechselte er in die Faktorei Antwerpen.[67] Dort ließ sich Örtel seit 1552 auf immer größere Anleihegeschäfte mit der spanischen Krone und der niederländischen Regierung ein. Warnungen der Augsburger Firmenzentrale und des spanischen Faktors Christoph Hörmann vor zu großem Vertrauen in den spanischen Hof missachtete Örtel wohl einerseits wegen der Aussicht auf hohe Rendite, andererseits wegen der Tatsache, dass hochrangige Mitglieder der Brüsseler Regierung persönlich die Rückzahlungen garantierten. Als die Zahlungseinstellung der spanischen Krone eine schwere Krise auf dem Antwerpener Finanzmarkt auslöste, erhob Anton Fugger im August 1557 heftige Vorwürfe gegen den Faktor, den er für die Entwicklung verantwortlich machte: Örtel habe sich »mit den guten Worten vom Hof gar nicht zu entschuldigen,« er habe »Warnung genug gehabt.« Die Wut und Ohnmacht des großen Handelsherrn über seinen Diener bündelten sich in dem Satz: »Der Teufel dank Euch diese Faktorei.« Bei der Überprüfung der Antwerpener Faktoreirechnung von 1557/58 stellte sich überdies heraus, dass Örtel Zinszahlungen verbucht hatte, die gar nicht eingegangen waren. Auch für die Beschlagnahmung amerikanischer Silberlieferungen in Antwerpen, die für die Fugger bestimmt waren, machte

Fugger Örtel mitverantwortlich: »Hätte man uns lassen beizeiten fischen, wollten wir nichts verloren haben. Also haben es andere gefischt.«[68]

Obwohl Anton Fugger ihn entließ und einen Prozess gegen ihn anstrengte, unterhielt Matthäus Örtel offenbar weiterhin gute Beziehungen zu dessen Neffen Hans Jakob, Christoph und Georg Fugger. Außerdem war er in den Diensten der Fugger ein wohlhabender Mann geworden, der in Antwerpen über eigenen Hausbesitz verfügte. Drei Jahre vor seinem Tod im Jahre 1564 wurde sein Vermögen auf 100 000 Gulden geschätzt. Noch kurz vor seinem Ableben versuchte er, Geschäftsbeziehungen mit der neuen niederländischen Statthalterin Margarethe von Parma anzuknüpfen.[69] Im Falle Örtels zeichnete sich eine Entwicklung ab, die unter Anton Fuggers Nachfolgern noch häufiger zu beobachten ist: der Nutzen der Handelsgesellschaft und der private Nutzen ihrer Angestellten waren nicht mehr deckungsgleich. Diese Problematik verschärfte sich in dem Maße, in dem die Teilhaber sich aus der aktiven Geschäftsführung zurückzogen. Während Anton Fugger 1557 noch selbst eine Reise in die Niederlande erwog und schließlich seinen Sohn Hans nach Antwerpen schickte, kamen solche Geschäftsreisen von Familienangehörigen ein halbes Jahrhundert später praktisch nicht mehr vor. Damit war eine effektive Kontrolle der Faktoren vor Ort nur noch schwer möglich – und auch der Blick in die Kristallkugel konnte hier nicht weiterhelfen.

Die Handelsdiener in der Spätzeit des Unternehmens

Mit dem allmählichen Rückzug der männlichen Mitglieder der Familie Fugger aus der aktiven Geschäftsführung und ihrer zunehmenden Konzentration auf andere Handlungsfelder und Interessengebiete – militärische Karrieren, Dienst an Fürstenhöfen, Ämterlaufbahnen, Mäzenatentum und gelehrte Studien – entstand in der ersten Hälfte des 17. Jahrhunderts eine paradoxe Situation. Auf der einen Seite erlangten die leitenden Angestellten der Firmenzentrale und der verbliebenen Faktoreien größeren Einfluss auf die Geschäftsführung als je zuvor, denn sie waren es, die die Kontinuität der Gesellschaft gewährleisteten und die wirtschaftlichen Zusammenhänge überblickten. Auf der anderen Seite häuften sich nach 1600 die Klagen der Fugger über die Nachlässigkeit und »Untreue« ihrer Handelsdiener. Die Ursache für die negative Geschäftsentwicklung wurde bei eigenmächtigen und verantwortungslosen Mitarbeitern gesucht, die sich angeblich nur noch um ihren eigenen Vorteil kümmerten.[70] Die Beispiele des Hauptbuchhalters Anton Bidermann, des spanischen Faktors Andreas Hyrus und des Tiroler Verwalters Ulrich Truefer verdeutlichen die weiten Handlungsspielräume der Angestellten in der Spätzeit der Fugger'schen Handelsfirma, aber auch die Risiken, die mit diesen Spielräumen verbunden waren.

Anton Bidermann, der bereits unter Marx Fugger in der Firmenzentrale tätig war und von spätestens 1610 an bis zu seinem Tod im Jahre 1628 als Hauptbuchhalter fungierte, wird von Reinhard Hildebrandt als »die Seele des Geschäfts« in dieser Zeit charakterisiert. Durch seine Eheschließung mit der Tochter Melchior Griesstetters war er wie viele seiner Firmenkollegen in ein verwandtschaftliches Netz von Fuggerdienern integriert. Während seiner Tätigkeit für die Gesellschaft wuchs sein versteuertes Vermögen auf das Zwanzigfache – von 1450 bis 2900 Gulden im Jahre 1575 auf 29 000 bis 58 000 Gulden im Jahre 1618. Damit zählte er zu den hundert größten Steuerzahlern Augsburgs am Vorabend des Dreißigjährigen Krieges.[71] Als es jedoch in den 1620er Jahren zu heftigen Auseinandersetzungen zwischen den Nachfahren der Brüder Marx, Hans und Jakob Fugger um die Beteiligung an den Firmenerträgen kam, wurde der altgediente Hauptbuchhalter wie die anderen leitenden Angestellten der Firmenzentrale der »große(n) Partheyligkeit« bezichtigt und 1628 mehrfach vor die kaiserliche Kommission zitiert, die zur Schlichtung des Streits eingesetzt worden war. Der 86jährige Bidermann gab den Kritikern insofern recht, als er freimütig bekannte, dass seine Sympathien den Erben Hans Fuggers galten, während er von den »Jacob Fuggerischen nicht vil« hielt.[72]

Andreas Hyrus stammte aus dem Ravensburger Patriziat; er war damit von höherem Stand als die meisten Handelsdiener seiner Zeit. Durchaus typisch war hingegen, dass verwandtschaftliche Beziehungen 1606 seinen Eintritt in die Fuggerfirma ebneten: Der spanische Fuggerfaktor Sigmund Hinderofen war sein Vetter. 1615 vertrat Hyrus Hinderofen als Leiter der Madrider Faktorei, und 1621/22 war er gemeinsam mit Julio Cesar Scazuola mit einer Generalvisitation befasst, die einen umfassenden Überblick über den Stand der Fugger'schen Geschäfte in Spanien erstellen sollte. Obwohl ein Firmenmitarbeiter 1622 nach Augsburg berichtete, dass die Visitation »schädlich und Unnutzlich« gewesen sei und sich die Visitatoren als unfähig erwiesen hätten, wurde Hyrus 1624 zum Hauptfaktor des spanischen Handels mit einem Jahresgehalt von 1000 Dukaten ernannt. Die damit verbundenen engen Beziehungen zum spanischen Königshof brachten Hyrus unter anderem die Ritterwürde des Ordens von Santiago ein.[73] Das Drängen von Gläubigern, Beschwerden der Krone und Berichte über Inkompetenz und Verschwendung im Spanienhandel veranlassten die Firmenleitung 1630, ihren Hauptfaktor abzusetzen. Mit der Leitung der Geschäfte und der Durchführung einer erneuten Visitation wurde der Jurist Dr. Johann Jakob Holzapfel beauftragt. Holzapfel fällte ein vernichtendes Urteil über Hyrus' geschäftliche Fähigkeiten und den Zustand der Rechnungsführung. Der leitende Repräsentant der Fugger in Spanien sei »alle tag vleisig nach Hoff gefahren« und habe dort »den Cortisano und nit den factor gemacht«. Außerdem beschuldigte Holzapfel Hyrus der Illoyalität und der Veruntreuung von Geldern.[74]

Mittlerweile war der schwer beschuldigte Hauptfaktor in seiner Heimatstadt in Abwesenheit zum Bürgermeister gewählt worden und kehrte Ende 1630 nach Ravensburg zurück. Wiederholten Aufforderungen, nach Augsburg zu kommen und dort gegenüber der Firmenleitung Rechenschaft abzulegen, schenkte er zunächst kein Gehör. Als er 1631 doch nach Augsburg kam, wurde er dort sofort inhaftiert. Seine Festnahme löste allerdings eine Intervention der Stadt Ravensburg beim Kaiser aus. Die Fugger wandten sich ebenfalls an den Kaiser und führten aus, dass Hyrus ihrem »Familien Credito« und ihrer »Reputation« schweren Schaden zugefügt habe, während sein eigenes Vermögen innerhalb von nur fünf Jahren von 6000 auf 90 000 Gulden angewachsen sei. Angesichts der Tatsache, dass Hyrus in den folgenden Untersuchungen Bilanzfälschung und Geschäfte auf eigene Rechnung nachgewiesen werden konnten und die Fugger jahrelang gegen ihn prozessierten, entbehrt es nicht der Ironie, dass sie 1639 ausgerechnet ihn als Visitator des Spanischen Handels auf die iberische Halbinsel schickten. Dazu wurden sie einerseits durch die ultimative Drohung des spanischen Königs veranlasst, sie zu Bankrotteuren zu erklären, wenn nicht sie persönlich oder ihr Vertreter Hyrus in Spanien erschienen. Andererseits galt Hyrus als Vertrauter des Hauptgläubigers des Spanischen Handels, des Genuesen Bartolomeo Spinola. Kurz nachdem er seine Visitationsreise beendet hatte, gaben die Fugger das Spaniengeschäft auf. Gleichzeitig war Hyrus durch seine Tätigkeit für die Fugger tatsächlich ein vermögender Mann geworden: Bis 1631 hatte er der Stadt Ravensburg bereits 25 000 Gulden leihen können, und bis 1645 kamen nochmals 5000 Gulden hinzu.[75]

Ulrich Truefer stand von 1620 bis zu seinem Tod im Jahre 1655 an der Spitze des Tiroler Handels. Er war Ludwig Scheuermann zufolge derjenige Fuggerangestellte, der in dieser Zeit das Geschäft »ganz aus eigener Kraft über Wasser hielt«. Truefer verfügte über umfassende technische, administrative und ökonomische Kenntnisse, und seine regelmäßigen Berichte über die Lage des Tiroler Bergbaus zeugen von seiner Gewissenhaftigkeit. Dem Rückgang der Produktion in den alten Bergwerksbezirken Schwaz und Rattenberg versuchte er durch die Anlage neuer Gruben zu begegnen und hatte damit zumindest in der Palleiten und in Sterzing vorübergehend Erfolg. Auch den darnieder liegenden Bergbau am Röhrerbühel und das Hüttenwerk Lützelfelden brachte er 1634 für einige Jahre wieder in Gang. Nach 1630 sah sich Truefer jedoch immer wieder mit Forderungen von Mitgliedern der Familie Fugger nach Entnahmen aus dem Handel konfrontiert, die die ohnehin schwindende Kapitalbasis weiter schwächten. 1645 konnte er Friedrich und Marquard Fugger für einen Sanierungsplan gewinnen, der die Tilgung der Schulden beim Jenbacher Handel und eine Neuverteilung der Anteile vorsah, doch scheiterte dieser Plan an neuerlichen Streitigkeiten innerhalb der Familie. In seinen letzten Lebensjahren hatte Truefer große Schwierigkeiten, die laufenden Kosten und Verbindlichkeiten zu bezahlen. Es könne, schrieb er am 27. Februar 1651, »bei ohne dies so überheüfften schulden, auch von tag zu tag deficierenden credit vnnd aller orthen erscheinnennden geltmangels nit also pronto sein.« Alle Bemühungen des Tiroler Faktors hatten letzten Endes nur aufschiebende Wirkung: Zwei Jahre nach Truefers Tod wurde auch der Tiroler Handel aufgegeben.[76]

Kapitel 6

Mäzenatentum und Repräsentation

Der französische Humanist Michel de Montaigne, der 1580 Augsburg besuchte, schrieb in seinem Tagebuch: »Die Fugger, von denen es mehrere, durchweg sehr reiche Zweige gibt, nehmen die wichtigsten gesellschaftlichen Positionen der Stadt ein. Wir durften zwei Säle ihres Palastes besichtigen: der eine groß, hoch und mit Marmorboden, der andre niedrig und reich an alten wie modernen Medaillen, dahinter ein kleines Kabinett. Das sind die prächtigsten Säle, die ich je gesehen habe.« Von den Sommerhäusern in den Gärten der Familie war er ebenfalls beeindruckt: »Sie tragen mit ihrer kostspieligen Pracht zur weiteren Verschönerung der Stadt bei, wofür die ihnen dankbar ist.«[1] Montaigne war kein Einzelfall: Für vornehme Reisende, die die Reichsstadt im 16. Jahrhundert besuchten, gehörten Besuche der Fugger'schen Häuser und Gärten zum Pflichtprogramm. Neben ihrem Reichtum und ihrer Wirtschaftskraft haben die Fugger vor allem wegen ihrer mäzenatischen Aktivitäten und ihres Lebensstils die Aufmerksamkeit ihrer Zeitgenossen erregt.[2] Obwohl die Familie auch zahlreiche Schlösser auf dem Land umbauen oder neu errichten und prächtig ausstatten ließen, nutzten sie vor allem die Reichsstadt als »Bühne« familiärer Repräsentation.[3]

Auch in der Fuggerforschung haben Kunstförderung und Mäzenatentum der Fugger neben ihren wirtschaftlichen Aktivitäten die größte Beachtung gefunden. Norbert Lieb hat dem Thema »Die Fugger und die Kunst« mehrere Bände gewidmet, Paul Lehmann eine zweibändige »Geschichte der alten Fuggerbibliotheken« verfasst. Historische Ausstellungen haben die Rolle der Fugger als Sammler, Auftraggeber und Förderer der Künste wiederholt ins Bewusstsein einer interessierten Öffentlichkeit gerückt: 1950 lud eine Ausstellung »Fugger und Welser« in der von Kriegszerstörungen gezeichneten Stadt Augsburg zur Rückbesinnung auf die große reichsstädtische Vergangenheit ein, drei Jahrzehnte später wurde unter dem Titel »Welt im Umbruch« die kulturelle Blütezeit der Stadt zwischen Renaissance und Frühbarock präsentiert, und das Jubiläumsjahr 1993, in dem sich Anton Fuggers Geburtstag zum 500. Mal jährte, wurde mit einer Ausstellung über »Die Fugger und die Musik« gewürdigt.[4]

Die Erträge der kunst-, musik- und bibliotheksgeschichtlichen Forschung können hier nicht umfassend wiedergegeben werden. Vielmehr konzentriert sich die folgende Darstellung auf sechs Schwerpunkte: die Fuggerhäuser als Zentren städtischer Repräsentation; die Grabkapelle bei St. Anna als Hauptwerk der süddeutschen Frührenaissance und Mittelpunkt des Gedenkens an die Familie; die Sozialsiedlung der Fuggerei, mit der Jakob Fugger gleichermaßen architektonische und karitative Akzente setzte; die Förderung von Künstlern am Beispiel des Malers Christoph Amberger und des Musikers Melchior Neusidler; die Büchersammlungen der Familie; und das »Ehrenbuch« der Fugger als Medium des Selbstverständnisses und der Traditionsbildung. Bildende Kunst, Architektur, Musik und Bibliophilie sind dabei nicht isoliert von der wirtschaftlichen Tätigkeit der Familie zu sehen. Im Einklang mit der neueren Forschung sollen vielmehr gerade die vielfältigen Bezüge, funktionalen Zusammenhänge und »Durchlässigkeiten« zwischen Wirtschaft und Kunst hervorgehoben werden.[5]

Die Augsburger Fuggerhäuser

Zu Beginn des 16. Jahrhunderts besaßen Mitglieder der Familie Fugger bereits stattliche Häuser am Judenberg, am Rindermarkt und in der Kleesattlergasse, und bis zur Jahrhundertmitte wurden diese Anwesen ausgebaut und repräsentativ umgestaltet.[6] Jakob Fugger zog nach seiner Hochzeit im Jahre 1498 in das Haus seiner Schwiegermutter am Weinmarkt und kaufte dieses sowie ein benachbartes Haus im Jahre 1511. Bis 1515 ließ er diesen Besitz umbauen und zu einem repräsentativen Stadtpalast zusammenfügen. Damit wurde der zentral an der alten Reichsstraße (der heutigen Maximilianstraße) gelegene Augsburger Weinmarkt Sitz der Firmenzentrale und Lebensmittelpunkt der meisten Familienmitglieder. 1523 kaufte Jakob Fugger das benachbarte Haus des Georg Kunigsperger und seiner Frau Regina Artzt hinzu. Seine Neffen arrondierten diesen Besitz, der schließlich fast einen ganzen Häuserblock umfasste, und Anton Fugger setzte auch die bauliche Neugestaltung der Weinmarkthäuser fort. Der palastartige Komplex umfasste schließlich drei Innenhöfe, von denen besonders der von Arkaden umgebene »Damenhof« deutliche Einflüsse der italienischen Renaissance aufweist. Fresken, die den »Damenhof« schmückten, thematisierten die Taten Kaiser Maximilians und unterstrichen demonstrativ die Kaisertreue des Hauses Fugger. Die fast 68 Meter lange Schaufassade zum Weinmarkt war mit allegorischen und historisierenden Darstellungen bemalt, die vermutlich von Hans Burgkmair d.Ä. stammten. Die kostbare Innenausstattung mit Marmor, hölzernen Kassettendecken und Tapisserien erregte schon bald die Bewunderung von Besuchern wie Antonio de Beatis, der die Fuggerhäuser im Jahre 1517 beschrieb. Ein Novum war auch die Deckung der Dächer, für die Jakob Fugger eigens eine Einfuhrgenehmigung für Kupfer aus Ungarn erwirkt hatte. Auf einem 1531 erworbenen Grundstück ließ Anton Fugger bis 1536 ein prächtiges Gäste- und Festquartier errichten, das speziell für Besuche des Kaisers und anderer Mitglieder des Hauses Habsburg gedacht war. In diesem »kaiserlichen Palatium« residierte Karl V. während seiner Aufenthalte in der Reichsstadt 1547/48 und 1551, und hier entstanden die berühmten Porträts des Kaisers, die der Venezianer Tizian während des Reichstags von 1547/48 malte. Auch der spätere spanische König Philipp II., Maria von Ungarn und Ferdinand I. waren hier zu Gast.[7]

Abb. 10: Huldigung für den schwedischen König Gustav Adolf vor den Fuggerhäusern am Weinmarkt, Kupferstich von 1655

Hans Fugger ließ den hinteren Teil des Fuggerpalastes am Weinmarkt, den er nach dem Tod seines Vaters Anton geerbt hatte, in den Jahren 1568 bis 1573 im Stil der Spätrenaissance prachtvoll umgestalten. Dabei orientierte er sich offensichtlich am Vorbild der von Vasari konzipierten Ausstattung des Palazzo Vecchio in Florenz. Für die Neugestaltung von Festsaal, Hauskapelle, Wohnräumen, Gartenloggien, Sammlungskabinetten und Bibliothek rekrutierte er den gebürtigen Niederländer Friedrich Sustris aus Florenz, die Maler Alessandro Scalzi genannt Paduano und Antonio Ponzano sowie den Bildhauer und Stukkateur Carlo di Cesari Pallago. Herzog Wilhelm V. von Bayern verpflichtete dieses Team talentierter Künstler anschließend für die Neugestaltung seiner Residenz, und insbesondere Sustris hat den Stil der Münchener Hofkunst im späten 16. Jahrhundert stark geprägt. Marmorfußböden, goldbemalte Ledertapeten, reiche Stuckierungen, Groteskenmalerei an den Wänden und Deckengemälde mit mythologischen und allegorischen Motiven beeindruckten die Besucher. Die Gesamtkosten für die Neugestaltung der Räume dürften sich auf etwa 10 000 Gulden belaufen haben. In einem Brief aus dem Jahre 1573 nannte Hans Fugger Sustris und seine Kollegen »kostliche leuth«; dies habe sein »seckhel wol erfahren.« Das Glanzstück der in den Kabinetten präsentierten Kunstwerke bildete der so genannte Amazonensarkophag, den Hans Fugger 1568 über Venedig nach Augsburg bringen ließ und der sich heute in Wien befindet. Fugger kam es indessen weniger auf die Authentizität der Stücke an als auf deren repräsentative Wirkung: Beschädigte Antiken wurden »repariert«, und venezianische Künstler lieferten Nachbildungen römischer Kaiserbüsten. Die Charakterisierung Hans Fuggers als Kunstsammler und Mäzen wird auch durch die Tatsache relativiert, dass er die Ankäufe von Kunstwerken meist Angestellten und Agenten überließ. Als typische »Kunst- und Wunderkammer« der Renaissance umfasste seine Sammlung neben Gemälden, Skulpturen, Büchern, Münzen und Medaillen auch allerlei exotische Raritäten und kunsthandwerkliche Pretiosen. Hans Fuggers »welscher Garten« in Augsburg war mit südländischen Gewächsen angepflanzt und wurde von einem italienischen Gärtner gepflegt.[8]

Im Jahre 1575 erwarben die Brüder Philipp Eduard und Octavian Secundus Fugger von dem Patrizier Hans Paul Herwart ein Anwesen am Weinmarkt in unmittelbarer Nachbarschaft ihrer Verwandten Marx und Hans Fugger. Octavian Secundus, an den das Haus bei einer Erbteilung im folgenden Jahr fiel, ließ es nach seinen Vorstellungen umbauen; bis 1584 wandte dafür fast 5500 Gulden auf. Das nach dem Tod des Hausherrn im Jahre 1600 erstellte Inventar listete 40 Räume auf, die reich mit Gemälden, kunsthandwerklichen und exotischen Objekten ausgestattet waren. Das Glanzstück war die Hauskapelle, in die Octavian Secundus Fugger 1586/87 rund 4300 Gulden investierte. Den Altar schmückten ein niederländisches Altarbild, ein Kruzifix aus Elfenbein, große Silberleuchter und silberne Büsten der Apostel Petrus und Paulus, im Vorraum hingen Gemälde venezianischer Meister. Alles in allem war der Kapellenraum Norbert Lieb zufolge »dicht von sakraler Kostbarkeit erfüllt – ein patrizisches Gegenstück zu den fürstlichen Kapellen« der bayerischen Herzöge.[9]

Mit dem Erwerb durch Ott Heinrich Fugger ging das Haus des Octavian Secundus Fugger 1622 in den Besitz einer anderen Linie der Familie über. Das nach Ott Heinrichs Tod im Jahre 1644 erstellte Nachlassinventar verzeichnete neben zahlreichen exquisiten Möbelstücken und kunsthandwerklichen Objekten rund 320 Gemälde sowie hunderte von Zeichnungen und Graphiken. Ott Heinrich Fugger besaß sowohl Werke »alter Meister« wie Albrecht Altdorfer, Giovanni Bellini, Albrecht Dürer und Tizian als auch Arbeiten zeitgenössischer Künstler wie Hans von Aachen, Georg Petel und Johann Rottenhammer, und zumindest einige Räume seines Hauses weisen ein spezifisches Bildprogramm auf. In den 1620er Jahren kaufte Fugger zudem gleich zwei Darstellungen der Himmelfahrt Mariens aus der Werkstatt von Peter Paul Rubens, von denen eine für die Augsburger Heilig-Kreuz-Kirche, die andere für die Hauskapelle des Hauses am Weinmarkt bestimmt war. Trotz der offenkundig hohen Qualität vieler Kunstwerke kann Ott Heinrich Fugger nicht im strengen Sinne als Kunstsammler gelten. Vielmehr spiegeln die thematischen Schwerpunkte – Porträts von Familienmitgliedern, Fürsten und Offizieren, religiöse und mythologische Themen, Stadtansichten und Landschaften – in erster Linie den adeligen Habitus ihres Besitzers, seine Verwurzelung in der familiären Tradition, seine konfessionelle Orientierung und seine Nähe zum Kriegshandwerk wider.[10]

Neben der baulichen Gestaltung und Ausstattung ihrer Augsburger Häuser gaben zahlreiche Feste und Feierlichkeiten den Fuggern die Möglichkeit, ihren Reichtum und ihre Stellung in der Stadt wirkungsvoll zu inszenieren. Hochzeiten und Begräbnisse von Familienmitgliedern, zu denen hohe Adelige anreisten, Herrscherbesuche in den Fuggerhäusern sowie Turniere, Wettschießen, Schlittenfahrten und Fastnachtsspiele wurden als aufwändige Spektakel in Szene gesetzt.[11] Über Anton Fuggers Hochzeit mit Anna Rehlinger im Jahre 1527 heißt es im Ehrenbuch der Familie, »kain man in Augspurg« habe »kainer solchen kostlichen erlichen hochZeit zuuor nie gedacht oder gesehen.«[12] An der viertägigen Hochzeitsfeier Octavian Secundus und Maria Jakobäa Fuggers im Jahre 1579 nahmen zahlreiche »grafen, freyherrn und ander Herrn von adl, wie auch die ehrlichen geschlechter von beeden herrnstuben der statt Augspurg« teil.[13] Die Hochzeit Anton Fuggers und der Barbara Montfort im Jahre 1591 stellte hinsichtlich des Repräsentationsaufwandes einen Höhepunkt familiärer Festkultur und Selbstinszenierung dar. Bereits der Einzug der Hochzeitsgäste mit 345 Reitern und 20 Festwagen war ein farbenprächtiges Schauspiel, und die mehrtägigen Feiern umfassten Turniere, Kostümfeste, Feuerwerke und opulente Festessen. Auch der Auszug der Hochzeitsgesellschaft zum Ringelrennen erregte aufgrund der phantasievollen Kostüme und Dekors die Aufmerksamkeit zeitgenössischer Chronisten, deren Berichte sowohl Faszination als auch kritische Distanz zu dieser Art der Prachtentfaltung widerspiegeln. Die Kosten des Spektakels wurden auf über 48 000 Gulden beziffert.[14]

Die Grabkapelle bei St. Anna

Grabmonumente von Fürsten, Adeligen und reichen Kaufleuten waren im Mittelalter und der frühen Neuzeit erstrangige Medien der Repräsentation. Sie kommunizierten der Nachwelt das Selbstverständnis der Verstorbenen, demonstrierten Ansehen, Macht, Reichtum und Frömmigkeit und symbolisierten Herkommen und Kontinuität der Familie. Der ökonomische Aufstieg der Fugger schlug sich seit dem frühen 16. Jahrhundert sowohl in aufwändig gestalteten Grablegen als auch im intensiven Bemühen um das liturgische Gedächtnis verstorbener Familienmitglieder nieder. Nach dem frühen Tod ihres Sohnes Marx errichtete seine Mutter Regina Fugger im Jahre 1511 in der Propsteikirche St. Peter am Augsburger Perlach eine Messstiftung und »überschüttete« Götz Freiherr von Pölnitz zufolge die Kirche »mit erlesenen Geschenken«.[15] Das künstlerisch herausragende Monument Fugger'scher sepulkraler Repräsentation ist aber zweifellos die Grabkapelle der Brüder Ulrich, Georg und Jakob Fugger in der Karmeliterkirche »zu unser Frauen Brüder«, der heutigen St. Annakirche in Augsburg.

Die Planungen für die Errichtung dieser Grabkapelle reichen wohl bis ins Jahr 1505 zurück. Die Grundlage für deren konkrete Umsetzung bildete ein Vertrag, den die Brüder Ulrich und Jakob Fugger im Jahre 1509 mit dem Augsburger Karmeliterkonvent schlossen. Dieser Vertrag weist eine deutliche Asymmetrie auf, denn während sich die Brüder praktisch alle Rechte hinsichtlich der Ausstattung und Nutzung der Grabkapelle sicherten, ging der Konvent vor allem die

Abb. 11: Grabkapelle der Fugger in der St.-Anna-Kirche in Augsburg, einer Gründung der Karmelitermönche

Verpflichtung ein, sie gemäß dem Stifterwillen zu unterhalten.[16] Da die Bau- und Ausstattungsgeschichte der Fuggerkapelle quellenmäßig schlecht dokumentiert ist, ist die Forschung vor allem auf kunsthistorische Methoden der Zuschreibung und Rekonstruktion angewiesen. Die Bauarbeiten zur Erweiterung des Kirchenraumes dürften in den Jahren 1509 bis 1512 erfolgt sein, und bis 1517 waren wesentliche Teile der Ausstattung vollendet: der fast die gesamte Stirnseite der Kapelle einnehmende, mit einer frei stehenden Fronleichnamsgruppe und Passionsreliefs geschmückte Altar, die Epitaphien der 1506 bzw. 1510 verstorbenen Brüder Georg und Ulrich Fugger, das Chorgestühl und die Orgel. Die Gesamtkonzeption der 1518 geweihten Kapelle wurde Bruno Bushart zufolge von Albrecht Dürer entworfen. Sicher belegt sind Dürers Entwürfe für die Epitaphien Ulrich und Georg Fuggers, die die Auferstehung Christi und den Kampf Simsons gegen die Philister darstellen, ferner die Ausführung von Schmiedearbeiten durch den Nürnberger Kupferschmied Peter Vischer und der Bau der Orgel durch Jan von Dobrau. Die Bildhauerarbeiten haben Kunsthistoriker dem Augsburger Meister Adolf Daucher und seiner Werkstatt zugeschrieben, wobei die Fronleichnamsgruppe auf dem Altar wahrscheinlich von Dauchers Sohn Hans ausgeführt wurde. Die Bemalung der Orgelflügel stammt höchstwahrscheinlich von Jörg Breu d.Ä., Entwürfe für das Gestühl könnte Hans Burgkmair d.Ä. geliefert haben. In einem 1521 aufgesetzten Stiftungsbrief legte Jakob Fugger schließlich die liturgischen Memoria für die verstorbenen Familienmitglieder fest und verfügte, dass das Stiftungskapital unter ausschließlicher Kontrolle des Stifters und seiner Nachkommen verbleiben sollte.[17]

Hinsichtlich ihrer Größe, ihrer exponierten Lage im Westchor der Kirche, der erlesenen Qualität der verarbeiteten Materialien, des künstlerischen Rangs der Ausstattung und nicht zuletzt der auf 15 000 Gulden geschätzten Kosten sprengte die Fuggerkapelle bei weitem den Rahmen, in dem sich Grabmonumente reicher Bürgerfamilien in süddeutschen Reichsstädten bis zu diesem Zeitpunkt bewegt hatten. Obwohl die Ausstattung die Handschrift unterschiedlicher Künstler trägt und Stilelemente der süddeutschen Spätgotik und italienischen Frührenaissance vereinigt, ist sie von der kunsthistorischen Forschung mit Recht als ein bemerkenswert geschlossenes »Gesamtkunstwerk« gewürdigt worden.[18]

Bereits bei zeitgenössischen Beobachtern riefen Pracht und Größe der Kapelle Erstaunen hervor, und die moderne Forschung hat Vergleiche zu päpstlichen und fürstlichen Grabkapellen gezogen. Ging es den Fuggern also primär, wie Otto Gerhard Oexle meint, um die Demonstration ihrer adeligen Prätentionen?[19] Zweifellos zeugt die Kapelle vom hohen Selbstbewusstsein der Stifter, doch mindestens ebenso wichtig dürfte die Sorge um ihr Seelenheil gewesen sein. Wie der Teilhaberkreis der Fugger'schen Handelsgesellschaft war auch die Grablege in St. Anna den männlichen Angehörigen des »Namens und Stamms« der Fugger vorbehalten. Benjamin Scheller hat die Ausstattung des Altars als »Visualisierung eines Konzepts von individueller Erlösung« interpretiert. Durch die »Verbindung von Eucharistieverehrung und Totenmemoria« in Architektur, Ausstattung und Liturgie der Fuggerkapelle sollten sowohl das Gedenken an die männlichen Mitglieder des Handelsgeschlechts als auch das Heil ihrer Seelen dauerhaft gesichert werden.[20]

Die Fuggerei

Noch stärker als die Grabkapelle bei St. Anna ist eine andere Stiftung im historischen Bewusstsein mit dem Namen Jakob Fuggers des Reichen verbunden: die Armensiedlung in der Augsburger Jakober Vorstadt, die in einer Quelle von 1531 erstmals als Fuggerei bezeichnet wird. Obwohl auch spätere Generationen der Familie namhafte Stiftungen errichteten,[21] erreichte keine auch nur entfernt den Bekanntheitsgrad der Fuggerei, in der bis heute arme, katholische Augsburger Bürger für eine Jahresmiete von einem rheinischen Gulden (0,88 Euro-Cent) wohnen und die überdies eine der größten Augsburger Touristenattraktionen darstellt. Scheller hat die Fuggerei als »Idealtyp eines autokratischen Stiftungsaktes« bezeichnet, weil Jakob Fugger hier seine Vorstellungen weitgehend unabhängig von anderen Interessen verwirklichen konnte.[22]

Einen ersten Hinweis auf Jakob Fuggers Absicht, eine Armensiedlung zu gründen, gibt die Generalrechnung von 1511, die er nach dem Tod seiner Brüder Georg und Ulrich erstellte. Darin wurden 15 000 Gulden für fromme Stiftungen zurückgelegt. Bereits vorher hatte die Gesellschaft »Ulrich Fugger und

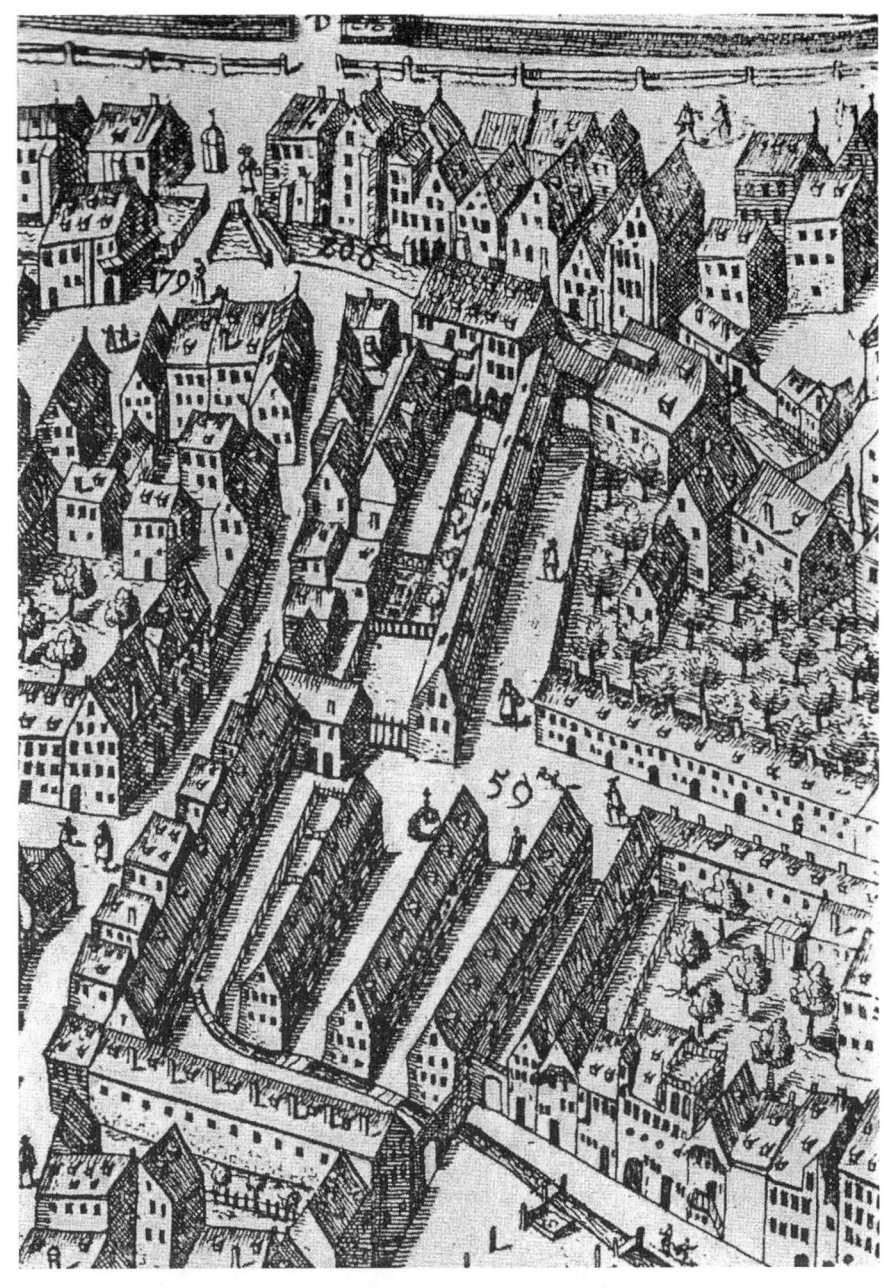

Abb. 12a: Die Fuggerei in Augsburg. Aus dem Stadtplan-Kupferstich von Wolfgang Kilian, 1626

Abb. 12b: Die Fuggerei in Augsburg heute

Gebrüder« ein Konto »St. Ulrich« geführt, dessen Erträge für wohltätige Zwecke bestimmt waren, doch erst nach dem Tod seiner Brüder konkretisierten sich Jakob Fuggers Pläne für eine Sozialstiftung. Im Februar 1514 kaufte er von Hieronymus Welsers Witwe Anna Strauß ein Grundstück mit vier Häusern und einem Garten »Am Kappenzipfel«, in einem damals noch dünn besiedelten Bereich der Vorstadt. Zwei Jahre später erfolgten der Ankauf dreier weiterer Häuser und der Abschluss eines Vertrags mit der Stadt Augsburg über die steuerliche Behandlung der künftigen Armensiedlung. Die Siedlung selbst wurde unter der Leitung des Augsburger Maurers Thomas Krebs innerhalb weniger Jahre errichtet: 1517 waren bereits 22, drei Jahre später 45 und 1522 schließlich 52 Häuser fertig gestellt, in denen damals 102 Steuerpflichtige lebten. Das Erscheinungsbild der Fuggerei, das später durch Um- und Neubauten noch leicht verändert wurde, wird durch die »Addition uniformer Typenhäuser« entlang gerade geführter Gassen geprägt. Durch dieses Bauprinzip wurden Kosten gespart und das Baugrundstück optimal ausgenutzt. Abweichungen vom geometrischen Grundriss der Siedlung waren primär durch die Form des Grundstücks bedingt. Zur Kostenersparnis trug auch die Normierung von Bauteilen wie Türen und Fenstern bei. Der Zugang zu der ummauerten Siedlung erfolgte über drei Tore, die nachts geschlossen wurden. Im Jahre 1521 formulierte Jakob Fugger in seinem Stiftungsbrief den Zweck der Siedlung und traf Anordnungen für ihre künftige Finanzierung und Verwaltung. Demnach sollten die Häuser für eine Jahresmiete von einem rheinischen Gulden frommen, armen Tagelöhnern und Handwerkern vermietet werden, die Bürger der Stadt Augsburg und keine Almosenempfänger waren. Dieser Betrag entsprach damals dem Monatslohn eines Tagelöhners, war also nicht nur symbolischer Natur. Außerdem waren die Bewohner der Siedlung zum täglichen Gebet für die Mitglieder der Familie Fugger verpflichtet. Die Verwaltung des Stiftungskapitals sollte bei vier Exekutoren liegen, von denen zwei der männlichen Linie der Fugger von der Lilie angehören sollten. Die Aufsicht vor Ort oblag einem Verwalter, der das Torhaus der Siedlung als Wohnung erhielt.[23]

Über mögliche architektonische und ideelle Vorbilder für die Fuggerei ist viel diskutiert worden. Die von Otto Nübel vertretene Auffassung, dass insbesondere die spätmittelalterlichen Beginenhöfe in den Niederlanden als Vorläufer der Augsburger Siedlung anzusehen seien, ist in der neueren Forschung auf Skepsis gestoßen. Marion Tietz-Strödel zufolge spiegelt die Fuggerei Tendenzen des Wohnstiftungsbaus wider, die in mehreren europäischen Ländern – England, den Niederlanden, Norddeutschland, Italien – anzutreffen sind, ohne dass sich eine einzelne Siedlung als direktes Modell identifizieren ließe.[24] Zuletzt hat Benjamin Scheller die Fuggerei als Weiterentwicklung der seit dem 14. Jahrhundert aufkommenden Armenhäuser interpretiert, denen ein neues Konzept von Armenfürsorge zugrunde lag. Im Gegensatz zum mittelalterlichen Spital wies eine Armensiedlung wie die Fuggerei den Bewohnern individuelle, abgegrenzte Wohnbereiche zu, die auch eine gewisse Privatsphäre garantierten. Diese Form der Wohnstiftung hatte besonders die so genannten Hausarmen im Blick, d. h. sesshafte, fromme und arbeitswillige Einwohner, die Fürsorge benötigten. Angesichts einer wachsenden Zahl von Bettlern und Almosenempfängern begannen städtische Obrigkeiten im späten Mittelalter zwischen »ehrlichen« und »betrügerischen« Armen zu entscheiden; nur die erstere Kategorie der ortsansässigen und ehrbaren Armen galt noch als unterstützungswürdig. Mit seiner Stiftung einer Wohnsiedlung für arme und gottesfürchtige Augsburger Bürger lag Jakob Fugger ganz im Trend dieser neuen Auffassung von Armenfürsorge; mit über einhundert Wohneinheiten war sie allerdings wesentlich größer dimensioniert als andere städtische Armensiedlungen der Zeit. Obwohl ältere Menschen von Anfang an Aufnahme in der Fuggerei fanden, lebten auch zahlreiche jüngere Hausarme in der Siedlung. In vielen der 45 Quadratmeter großen Haushalte wohnten Familien mit Kindern, und männliche Haushaltsvorstände gingen zumeist einer Erwerbstätigkeit als Handwerker oder Tagelöhner nach. Zu einer reinen Altensiedlung hat sich die Fuggerei erst im 20. Jahrhundert entwickelt.[25]

Als weitere Besonderheit der Fuggerei gegenüber früheren Armensiedlungen ist das Fehlen von öffentlichen Räumen und kommunikativen Zentren anzusehen. Die Siedlung verfügte über keinen zentralen Hof oder Platz, und selbst die St. Markus-Kapelle wurde erst 1581 errichtet. Darin kommt Scheller zufolge der disziplinierende Charakter der Sozialsiedlung zum Ausdruck, da die Bewohner der Fuggerei ganz auf die Privatsphäre ihrer Wohnungen verwiesen waren. Es gab in der Siedlung keine geselligen Anlässe und Festlichkeiten, die die Bewohner von einem gottesfürchtigen und arbeitsamen Leben abhielten und ihnen Gelegenheit zum »Müßiggang« gaben. Wer abends zu spät aus dem Wirtshaus nach Hause kam, stand vor verschlossenen Toren.[26]

Während moderne Betrachter geneigt sind, die Fuggerkapelle bei St. Anna primär als großes Kunstwerk, die Fuggerei hingegen als bedeutende Sozialsiedlung anzusehen, bildeten Kapelle, Armensiedlung und die im folgenden Kapitel noch vorzustellende Stiftung einer Prädikatur in der Augsburger Kirche St. Moritz für Jakob Fugger selbst eine Einheit. Dies belegen sowohl der mehrfach erwähnte Stiftungsbrief von 1521, in dem Fugger für die Organisation und Verwaltung aller drei Stiftungen Vorsorge traf, als auch Fuggers Testament von 1525. Über die konkreten Stiftungszwecke – die Schaffung einer Familiengrablege, die Linderung von sozialer Not und die Verbesserung der Predigt – hinaus zeugen alle von der tiefen Sorge des Stifters um sein Seelenheil, von dem Glauben, dass dieses durch gute und fromme Werke gefördert werden könne, aber auch vom Interesse des Großkaufmanns an der sozialen Legitimation seines Reichtums und der dauerhaften Festigung des Ansehens seiner Person und seiner Familie bei den Zeitgenossen und der Nachwelt. Liturgische Memoria in der Grabkapelle und die täglichen Gebete der Fuggereibewohner sollten das Gedächtnis des Stifters bewahren, und wer die Inschriften und Lilienwappen in der Kappelle oder über den Toren der Sozialsiedlung sah, sollte sich daran erinnern, auf wen diese Werke zurückgingen.[27]

Kunst- und Musikförderung am Beispiel Christoph Ambergers und Melchior Neusidlers

Die Ausführungen über die Ausstattung der Fuggerhäuser haben bereits deutlich gemacht, dass die Mitglieder der Familie Fugger sich mit zahlreichen Kunstwerken umgaben. Die Kunstförderung der Fugger vollzog sich auf zwei Ebenen: Zum einen nutzten sie – wie zahlreiche andere reiche Kaufmannsfamilien – ihre kommerziellen Beziehungen für den Erwerb ausländischer Kunstwerke. In den italienischen Städten entstand im Laufe des Spätmittelalters ein Kunstmarkt, auf dem das Angebot in hohem Maße von der Nachfrage bürgerlicher Käuferkreise bestimmt war. Mit dem wachsenden Reichtum der bürgerlichen Eliten in den süddeutschen Städten bildete sich auch dort seit dem späten 15. Jahrhundert ein Markt für Gemälde, Skulpturen, Antiken und kunsthandwerkliche Erzeugnisse heraus. Aufgrund seiner transalpinen Handelsverbindungen entwickelte sich besonders Augsburg zu einem »Einfallstor, Sammelbecken und Vermittlungszentrum der italienischen Kunst«.[28]

Als erster Kunstsammler der Familie gilt Anton Fuggers Bruder Raymund, der auf seiner Grabinschrift als *rerum antiquarum amantissimus* bezeichnet wurde. Dem Entwurf des Fugger'schen Ehrenbuchs zufolge war er »Nicht allain ein besonderer liebhaber, sonder ein Eer aller warhafftem historicis, der Antiquiteten vnd medeyen seer begirlich, Ja aller vorgemelter gutwissender sachen, ein gantz fleissiger erfrager, vnnd begaber aller guten Kunsten, wie dann sein fleis in seiner verlasnen Kunstkamer, wol gespurt, gesehen, vnd Jedem sehenden verwunderliche zeugknus von sich gibet.« Raymund Fugger besaß Gemälde italienischer Meister und Lucas Cranachs d.Ä., doch seine besondere Leidenschaft galt den Kunstwerken des griechischen und römischen Altertums. Über die Handelsbeziehungen der Fuggerfirma nach Italien und Südosteuropa erwarb er antike Bronzen, Steinskulpturen und Münzen und dürfte die umfangreichste und qualitätvollste mitteleuropäische Antikensammlung seiner Zeit besessen haben. Bei der Verteilung seines Nachlasses an seine Erben wurde der Wert der »Antiquitäten, Gemäl(de) und anderen Seltsamkeiten« auf 8000 Gulden veranschlagt.[29] Wie oben bereits geschildert, besaßen auch Raymunds Neffe Hans, sein Enkel Octavian Secundus und sein Urenkel Ott Heinrich zahlreiche Kunstwerke, doch ging es ihnen weniger um den Aufbau von Sammlungen als um Repräsentation, Statusgewinn sowie die Bewahrung von Familienbesitz und familiären Traditionen.[30]

Angehörige der städtischen Eliten kauften aber nicht nur auf dem freien Kunstmarkt ein, sondern vergaben auch gezielt Aufträge an einzelne Künstler. Hier erfreute sich vor allem das Porträt im 16. Jahrhundert wachsender Beliebtheit, denn mehr als andere Bildgattungen kam es dem Bedürfnis der Auftraggeber nach Selbstdarstellung und repräsentativer Inszenierung nach. Wie kaum eine andere süddeutsche Familie ihrer Zeit machten die Fugger von diesem Medium der Selbstinszenierung und optischen Distinktion Gebrauch. Nachdem Georg Fugger bereits 1474 als junger Mann von Giovanni Bellini porträtiert worden war, ließen sich Jakob Fugger und seine Neffen Raymund und Anton um 1510 von Hans Holbein d.Ä. zeichnen. Hans Burgkmair porträtierte Jakob Fugger 1511 in einem Farbholzschnitt, und Albrecht Dürer schuf 1518 eine Bildniszeichnung des reichen Handelsherren, nach der in seiner Werkstatt das berühmte Porträt Fuggers in der Pelzschaube und mit venezianischer Haube entstand. In den Jahren 1524/25 porträtierte Hans Maler von Schwaz Jakob Fuggers Neffen Anton und Ulrich. Antons Bruder Raymund Fugger wurde 1525 von dem Italiener Vicenzo Catena und Ende der 1520er Jahre von Martin Schaffner porträtiert. Daneben ist eine Reihe von Porträtmedaillen überliefert.[31] Dass die Mitglieder der Familie ihre Porträtaufträge an ganz unterschiedliche Künstler vergaben, dürfte auch mit der Tatsache zusammenhängen, dass bis 1530 in Augsburg kein spezialisierter Porträtmaler ansässig war. Diese Marktlücke wurde erst mit der Ansiedlung des wahrscheinlich aus Kaufbeuren stammenden Christoph Amberger geschlossen. Amberger entwickelte sich mit den zahlreichen Porträts wohlhabender reichsstädtischer Bürger, die er im folgenden Vierteljahrhundert anfertigte, zum visuellen »Chronisten der Augsburger Blütezeit.«[32]

Christoph Amberger wird erstmals im Mai 1530 mit dem Erwerb der Malergerechtigkeit in der Reichsstadt fassbar. Kurz zuvor hatte er die Tochter des Augsburger Malers Leonhard Beck geheiratet und damit auch das Bürgerrecht erworben. Während die ältere Forschung davon ausging, dass Amberger bereits seine Ausbildung bei Beck oder einem anderen Augsburger Maler erhielt, weist Annette Kranz in einer umfassenden neuen Studie nach, dass Amberger entscheidende Impulse Ende der 1520er Jahre bei Hans Maler von Schwaz in Tirol empfing. Bei diesem spezialisierten Porträtmaler, der für den Innsbrucker Hof sowie für reiche Tiroler Bergbauunternehmer arbeitete, dürfte er auf die steigende Nachfrage nach Porträtbildnissen aufmerksam geworden sein. Auf einem 1529 von Hans Maler begonnenen Bildnis des Schwazer Fuggerangestellten Wolfgang Roner, das Amberger vollendete, wird seine Handschrift erstmals greifbar, und im folgenden Jahr fertigte Amberger ein Porträt des Fuggervertrauten und Schwazer Faktors Georg Hörmann an. Hörmann, der wie Roner und vermutlich auch Amberger aus Kaufbeuren stammte, dürfte den viel versprechenden Bildnismaler nach Augsburg vermittelt haben, wo ihm der Reichstag von 1530 eine hervorragende Chance gab, sich als Maler zu etablieren. Mit einem Porträt Kaiser Karls V. nutzte Amberger diese Chance und war in der Folgezeit gut mit Aufträgen eingedeckt. Seine Bildnisse, die die »altdeutsche« Tradition Augsburger Maler wie Hans Holbein d.Ä. und Hans Burgkmair mit italienischen Einflüssen verschmolzen, trafen offenbar den Geschmack der reichsstädtischen Oberschicht.[33]

Die Fugger hielten sich mit Porträtaufträgen an ihn zunächst zurück, nutzten Ambergers Können aber seit Mitte der 1530er Jahre für andere Arbeiten. Im Februar 1536 bezahlten sie ihn »vonn ainen guldin Rosenn zumachenn«, und 1539 fertigte Amberger eine für König Ferdinand bestimmte Karte der Neuen Welt, eine Zeichnung eines Schmuckstücks sowie vier Wappenfenster für die Pfarrkirche von Mickhausen, dem Zentrum einer Fuggerherrschaft, an.[34] Im Jahre 1541 beauftragten die Brüder Hans Jakob und Christoph Fugger Amberger mit zwei großformatigen Bildnissen, die als Höhepunkte im Schaffen des Malers gelten und eine stilistische Zäsur in seinem Werk markieren. Kennzeichnend für diese »nachhaltige Erweiterung des professionellen Horizonts« Ambergers ist eine mit der verstärkten Rezeption italienischer Einflüsse einhergehende Hinwendung zu einem höfisch-repräsentativen Malstil, der sich in größeren Formaten und Bildausschnitten mit stehenden oder sitzenden Dreiviertelfiguren, einer freieren Gestik, einer erweiterten Farbpalette, der Verwendung zusätzlicher Attribute und einer perspektivischen Gestaltung des Bildhintergrunds mittels Architektur- und Landschaftselementen niederschlägt. Dieser Stilwandel dürfte nicht auf eine – quellenmäßig nicht belegte – Italienreise zurückzuführen sein, sondern auf die Auseinandersetzung mit italienischen Kunstwerken, die damals in großer Zahl nach Augsburg gelangten, sowie auf die Begegnung mit dem österreichischen Hofmaler Jakob Seisenegger, der den »höfischen« Malstil in Italien kennen gelernt und erfolgreich adaptiert hatte. Seiseneggers ganzfiguriges Porträt Georg Fuggers entstand zur selben Zeit wie Ambergers Bildnisse seiner Brüder Hans Jakob und Christoph.

Ein genauer Anlass für diese drei Porträts ist nicht feststellbar. Möglicherweise sahen die Brüder nach ihrer Erhebung in den erblichen Reichsgrafenstand 1530, ihrer Aufnahme in den ungarischen Adel 1535 und ihrem Aufstieg in das Augsburger Patriziat 1538 die Zeit gekommen, ihren Status- und Prestigegewinn visuell zu demonstrieren; möglicherweise wollten sie der im Gesellschaftsvertrag von 1538 festgelegten Unterordnung unter die Autorität ihres Onkels Anton eine demonstrative Geste entgegensetzen; und vielleicht stellten die Porträts in einer Zeit, in der die Familie in der Augsburger Politik kaum eine Rolle spielte, »einen Beitrag zum Bemühen der Auftraggeber dar, ihre Stellung innerhalb der reichsstädtischen Machtstrukturen zu behaupten«. Auf jeden Fall strahlen Hans Jakob und Christoph Fugger in ihren eleganten schwarzen Gewändern, mit ihren Goldketten, glänzenden Waffen und ihrer stolzen Körperhaltung großes Standes- und Selbstbewusstsein aus. Die offenkundige Orientierung dieser Fuggerporträts an Herrscherbildnissen Kaiser Karls V. kann sowohl als Ausdruck ei-

Abb. 13: Bildnis des Hans Jakob Fugger von Christoph Amberger

nes höfisch-aristokratischen Selbstverständnisses als auch als Demonstration der Nähe zum Haus Habsburg gedeutet werden. Der Fugger'sche Hauptbuchhalter Matthäus Schwarz wurde vielleicht durch diese eindrucksvollen Porträts angeregt, sich selbst und seine Frau Barbara ebenfalls von Amberger porträtieren zu lassen.[35] Nach Ambergers Tod im Jahre 1562 gab es in der Reichsstadt keinen Porträtmaler von vergleichbarer Qualität und Beliebtheit mehr, und die Mitglie-

Abb. 14: Bildnis des Christoph Fugger von Christoph Amberger

der der Familie Fugger, die sich im letzten Drittel des 16. Jahrhunderts porträtieren ließen, wandten sich daher wieder an auswärtige Meister wie Hans von Aachen und Nicolaus Juvenel.[36]

Das Interesse der Fugger an der Musik schlug sich nicht nur in eigenen musikalischen Aktivitäten nieder – von Georg Fugger und seinem Sohn Octavian Secundus sind handschriftliche Lautenbücher überliefert –, sondern auch in der Stiftung von Kirchenorgeln und Organistenstellen, im Kauf von Instrumenten, der Förderung von Musikern und Komponisten und der Finanzierung von Musikdrucken. Hans Jakob Fugger, dem Sigmund Salminger bereits 1545 eine Sammlung von Motetten gewidmet hatte, war 1556/57 von Antwerpen aus an der Vermittlung Orlando di Lassos an den Münchener Hof beteiligt. Nach seinem Umzug nach München fungierte Fugger dort auch als »Musikintendant« des herzoglichen Hofes. Mehrere Kompositionen Orlando di Lassos wurden mit Dedikationen an Mitglieder des Hauses Fugger gedruckt. Die flämischen Komponisten Philipp de Monte und Karel Luython, die als Musiker am Prager Hof Kaiser Rudolfs II. wirkten, sowie die Italiener Gregorio Turini und Orazio Vecchi widmeten Hans Fugger Kompositionen. Raymund Fugger d.J. besaß im Jahre 1566 nicht weniger als 145 Musikinstrumente, darunter Schöpfungen bedeutender Instrumentenbauer. In Augsburg war der aus Nürnberg stammende Hans Leo Hassler von 1586 an als Kammerorganist bei Octavian Secundus Fugger tätig. Hassler empfing ein Jahresgehalt von 200 Talern und legte Kapital als Depositum in der Fugger'schen Handelsgesellschaft an. Der Regensburger Organist Gregor Aichinger spielte seit 1584 die »Fuggerorgel« in der Basilika St. Ulrich und Afra. Aichingers Mäzen Jakob Fugger, der für die Orgel 2500 Gulden ausgegeben hatte, stellte den Kontakt zu dem venezianischen Meister Giovanni Gabrieli her, bei dem der Organist Unterricht nahm. Aichinger unterrichtete seinerseits die Söhne Jakob Fuggers und widmete Mitgliedern der Familie eine ganze Reihe von Kompositionen. Philipp Eduard und Marx Fugger ließen als Administratoren der Fugger'schen Stiftungen 1612 die Orgel in der Augsburger Dominikanerkirche durch den Orgelbauer Marx Günzer und den Maler Hans Freyberger grundlegend modernisieren und erweitern.[37] Die mäzenatischen Aktivitäten der Fugger auf dem Gebiet der Musik, die sich in der zweiten Hälfte des 16. Jahrhunderts zunehmend verdichteten, lassen sich anhand ihrer Beziehungen zu dem Lautenisten und Komponisten Melchior Neusidler (1531–1590/91) besonders gut veranschaulichen.

Der Lebenslauf Neusidlers weist einige Parallelen zu demjenigen Ambergers auf. Wie der Maler wanderte auch der Musiker als junger Mann nach Augsburg zu; wie jener erwarb er sich in seinem Metier schon bald eine führende Stellung in der Reichsstadt, indem er ältere Traditionen mit »modernen« italienischen Einflüssen verband; und wie Amberger wurde Neusidler besonders von Angehörigen der patrizischen und kaufmännischen Eliten protegiert. Besonders eng gestalteten sich seine Beziehungen zu Hans Fugger, den Neusidler 1573 zu seiner Hochzeit mit einem Kammerfräulein der verwitweten Kurfürstin Dorothea von der Pfalz nach Neumarkt einlud. Fugger reiste zwar nicht selbst zur Hochzeit des Musikers an, beorderte aber den Nürnberger Fuggerfaktor Carl Heel dorthin und ließ Neusidler ein wertvolles Trinkgeschirr verehren. 1574 verkaufte Neusidler Hans Fugger ein Bild für dessen Musikzimmer. Das Lautenbuch, das Neusidler im selben Jahr in Straßburg drucken ließ, enthält ein Stück mit dem Titel *Der Fuggerin Dantz*. Im Dezember 1580 stundete Hans Fugger dem Musiker einen Kredit von 100 Gulden, und im März 1585 spielte Neusidler auf der Hochzeit Ursula Fuggers und des Freiherrn Kaspar von Meckau. Von 1583 bis zu seinem Tod wurde der alternde und gichtkranke Musiker von Ursulas Bruder Octavian Secundus Fugger finanziell unterstützt. Die Patronage der führenden

Augsburger Familie besserte indessen nicht nur Neusidlers Einkommen auf, sondern dürfte ihm auch am Münchner und Innsbrucker Hof die Türen geöffnet haben. Erzherzog Ferdinand von Tirol, der Neusidler 1580 als Hofmusiker nach Innsbruck geholt hatte, entließ ihn allerdings schon nach wenigen Monaten wieder aus seinen Diensten – weil sich Neusidler als Protestant nicht an die strengen Fastengebote gehalten hatte.[38]

Bibliotheken und Sammlungen

Im 16. Jahrhundert gehörten Mitglieder des Hauses Fugger neben den Habsburgern und den bayerischen und pfälzischen Wittelsbachern zu den größten Büchersammlern Mitteleuropas, und Buchbestände aus Fugger'schem Besitz gehören heute zu den Kostbarkeiten der Bayerischen Staatsbibliothek in München, der Österreichischen Nationalbibliothek in Wien und der Vatikanischen Bibliothek in Rom. Das Sammeln von Büchern und Handschriften kann in der Terminologie des französischen Soziologen Pierre Bourdieu als Transformation ökonomischen Kapitals in kulturelles Kapital verstanden werden: Die Fuggerbibliotheken waren Investitionen in Bildung und Gelehrsamkeit, sie repräsentieren die zunehmende Hinwendung der im Handel reich gewordenen Familie zu gelehrten und literarischen Interessen und halfen, nachfolgende Generationen auf Karrieren bei Hofe sowie in städtischen und fürstlichen Verwaltungen vorzubereiten.[39]

In der Generation der Brüder Ulrich, Georg und Jakob Fugger, in der sich der wirtschaftliche Aufstieg der Familie vollzog, sind noch keine bedeutenden Büchersammlungen der Familie dokumentiert. Ulrich Fuggers Stiftung einer Anzahl von Büchern für die Augsburger Dominikaner im Jahre 1509 und die Übersetzung eines Traktats über osteuropäische Völker, die der Theologe Johannes Eck 1518 Jakob Fugger widmete, sind relativ isolierte Beispiele für die Förderung von Bildung und Gelehrsamkeit.[40] In der folgenden Generation verdichten sich die Belege für bibliophile und mäzenatische Aktivitäten. Raymund Fugger legte offenbar als erstes Mitglied der Familie eine bedeutende Bibliothek an, die den Grundstock für die wesentlich umfangreicheren Sammlungen seiner Söhne bildete. Außerdem unterstützte er 1534 den Druck eines großen Inschriftenwerks, das die Humanisten Petrus Apianus und Bartholomäus Amantius zusammengetragen hatten. Anton Fugger bemühte sich um 1530 vergeblich, den großen Humanisten Erasmus von Rotterdam nach Augsburg zu holen. Zwar vermochten weder Geschenke noch Schmeicheleien, Erasmus aus Freiburg im Breisgau nach Augsburg zu locken, doch schlugen sich die Bemühungen des Handelsherren zumindest in der Widmungsepistel zu einer Xenophon-Übersetzung nieder, die Erasmus 1533 in Basel drucken ließ.[41] Auch Werke der Humanisten Johannes Cochlaeus und Georg von Logau gelangten mit Widmungsepisteln an Anton Fugger zum Druck. In den 1550er Jahren finanzierte Anton Fugger die Publikation byzantinischer Handschriften, die der Humanist Hieronymus Wolf ediert hatte, durch den Basler Buchdrucker Johannes Oporin. Einige der Manuskripte waren von dem langjährigen Fuggerangestellten Hans Dernschwam in Konstantinopel erworben worden.[42]

Die »Glanzzeit der Fuggerischen Büchersammlungen« (Paul Lehmann) wird indessen durch Anton Fuggers Neffen Hans Jakob, Ulrich und Georg repräsentiert. Hans Jakob Fugger baute die von seinem Vater Raymund geerbte Sammlung nach 1535 systematisch aus; Widmungen von Thomas Naogeorg (1538), Hieronymus Ziegler (1542), Sixtus Betuleius (Sixt Birck, 1544), Conrad Gesner (1546, 1556), Wolfgang Musculus (1549) und anderen Gelehrten bezeugen seine Rolle als Mäzen von Philologen, Theologen und Naturforschern. Auch das Studium des späteren Ingolstädter Medizinprofessors Lorenz Gryll sowie des Augsburger Juristen Hieronymus Fröschel wurde von Fugger finanziert. Eine neue Qualität erreichte die Sammlungstätigkeit nach der Bestellung des Humanisten Hieronymus Wolf zum Bibliothekar der Familie im Jahre 1551; Wolf übte dieses Amt bis zu seiner Übernahme des Rektorats des Augsburger Gymnasiums St. Anna im Jahre 1557 aus. In diese Zeit fallen der Ankauf der damals berühmten, zahlreiche Handschriften und Inkunabeln umfassenden Bibliothek der Nürnberger Ärzte Hermann und Hartmann Schedel (1552) sowie regelmäßige Buchbestellungen in Italien, vor allem in Venedig, das damals der wichtigste europäische Markt für griechische und hebräische Manuskripte und Drucke war. Hier kauften der deutschstämmige Kaufmann David Ott, der aus Flandern stammende Nicolaus Stoppius und der Mantuaner Jacopo Strada für Hans Jakob Fugger und andere Mitglieder der Familie ein. Neben dem Erwerb von Druckwerken und älteren Handschriften ließen Hieronymus Wolf und Hans Jakob Fugger zahlreiche Abschriften griechischer und hebräischer Manuskripte herstellen. Diese wurden von Griechen und Juden angefertigt, die infolge des Vorrückens der Osmanen im östlichen Mittelmeer nach Venedig geflohen waren. Auch in Augsburg arbeiteten griechische und jüdische Kopisten für die Fugger. In den frühen 1560er Jahren war überdies der Bibliothekar des Vatikans, Onophrio Panvinio, Hans Jakob Fugger bei der Beschaffung von Büchern behilflich. Nach seinem Umzug nach München schenkte Fugger seinem Dienstherrn und Gönner, dem bayerischen Herzog Albrecht V., Kunstgegenstände und Antiquitäten aus seiner Sammlung. Im Jahre 1571 ging die gesamte, etwa 12 000 Bände umfassende Bibliothek in den Besitz der Bayernherzöge über, die kurz zuvor ein neues Bibliotheksgebäude errichtet hatten. Diese Sammlung bildete den Grundstock der heutigen Bayerischen Staatsbibliothek.[43]

Als Bibliophiler und Mäzen war Ulrich Fugger seinem Bruder Hans Jakob vollkommen ebenbürtig. Der von Kindheit an kränkliche und zeitlebens unverheiratete Ulrich galt als Sonderling, der sich in der Handelsgesellschaft nicht wirklich gebrauchen ließ und nach seinem Übertritt zum Protestantismus auch innerhalb der Familie relativ isoliert war. Von dem befreundeten Arzt Achilles Pirmin Gasser wurde er als *homo generosus et singularis melancholicus* bezeichnet. Wie sein Bruder Hans Jakob trug er eine große Sammlung griechischer und lateinischer Manuskripte und Drucke zusammen, die durch mehrere Bibliothekskataloge hervorragend dokumentiert ist; bereits 1555 besaß er 250 griechische Codices. Anders als Hans Jakob kaufte er jedoch auch zahlreiche reformatorische Traktate und theologische Streitschriften; deutsche Literatur des Mittelalters und populäre Schriften – Satiren, Pasquille, Flugschriften, Horoskope – fanden gleichfalls sein Interesse. Singulär ist seine Förderung des Pariser Druckers Henri

Etienne (Henricus Stephanus), der seit 1558 als *Typographus illustris viri Huldrichi Fugger* in Erscheinung tritt und von seinem Mäzen neben Geschenken und Krediten auch eine jährliche Rente erhielt. Zwischen 1558 und 1568 publizierte Etienne mit Unterstützung Fuggers mindestens 21 lateinische und griechische Textausgaben. Auch der schottische Gelehrte Henricus Scrimger und der protestantische Theologe und Geschichtsschreiber Mathias Flacius Illyricus besorgten ihm zahlreiche Handschriften und Druckwerke. Als Ulrich Fugger 1567 Augsburg wegen seiner hohen privaten Schulden verließ und sich an den Hof des pfälzischen Kurfürsten Friedrich begab, ließ er auch seine Bibliothek nach Heidelberg überführen. Trotz seiner finanziellen Schwierigkeiten konnte er sie dort noch um die Sammlung seines 1577 verstorbenen Freundes Achilles Pirmin Gasser erweitern. Als nach der Besetzung Heidelbergs durch die Truppen der Liga im Dreißigjährigen Krieg die Schätze der Hofbibliothek 1622/23 nach Rom überführt wurden, gelangte auch die Bücher- und Handschriftensammlung Ulrich Fuggers in die Bibliotheca Vaticana.[44]

Die Bibliothek, die Georg Fugger zusammentrug, kann sich zwar nicht mit dem Reichtum griechischer und hebräischer Schriften in den Beständen seiner Brüder Ulrich und Hans Jakob messen, setzte mit mathematischen, astronomischen, astrologischen und anderen naturwissenschaftlichen Schriften dafür aber andere Schwerpunkte. Aus dem Besitz Johannes Schöners konnte Georg Fugger eine bedeutende Nürnberger Gelehrtenbibliothek erwerben, und der böhmische Astronom und Astrologe Cyprianus Leovitius ließ ihm zahlreiche Werke zukommen. Welchen Stellenwert diese Bibliothek für ihren Besitzer hatte, zeigt eine Klausel in Georg Fuggers Testament von 1563. Darin verfügte der Erblasser, dass die Bibliothek ungeteilt in der Obhut seines ältesten Sohnes bleiben sollte, von den jüngeren Brüdern aber benutzt werden durfte. Auch von diesem Sohn sollte sie wiederum in der männlichen Linie weitervererbt werden. Georg Fuggers Erstgeborener Philipp Eduard hielt sich nicht nur treu an diesen väterlichen Willen, sondern vergrößerte sie noch durch eigene Erwerbungen. Der Katholizismus Philipp Eduard Fuggers schlug sich in zahlreichen jesuitischen und anderen gegenreformatorischen Werken nieder, doch sammelte er auch in verschiedenen anderen Gattungen und Wissensgebieten. Philipp Eduards über 15 000 Bände umfassende Bibliothek überdauerte den Dreißigjährigen Krieg und wurde im Jahre 1655 für den Spottpreis von 15 000 Gulden an die Wiener Hofbibliothek verkauft.[45]

Die Bibliotheken von Anton Fuggers Söhnen verblassen zwar gegenüber denjenigen ihrer Vettern, sind für sich genommen allerdings durchaus zu den großen süddeutschen Büchersammlungen ihrer Zeit zu rechnen. Antons Fuggers ältester Sohn Marx begann während seines Studiums im niederländischen Löwen systematisch Bücher zu kaufen und setzte seine Erwerbungen und epigraphischen Studien während einer Spanienreise im Jahre 1552 fort. Seine Bibliothek umfasste schließlich weit über 1000 Bände. Schwerpunkte bildeten philosophische und historiographische Werke der Antike sowie literarische, philosophische und historische Schriften der Humanisten. Außerdem trug er eine numismatische Sammlung zusammen und förderte Humanisten wie Guilelmus Xylander und den Augsburger Stadtarzt Adolph Occo. Darüber hinaus trat er 1578 mit einem

Buch über Pferdezucht selbst als Autor in Erscheinung und übersetzte mehrere theologische und kirchengeschichtliche Werke. Seine Übertragung der voluminösen Kirchengeschichte des Cesare Baronio erschien 1594/95 im Druck. Das Geschichtsbild, das dieses Werk vermittelt, betont Georg Lutz zufolge die Kontinuität der alten Kirche und diente primär der »Verteidigung, Sicherung und Stärkung der Tradition« im Interesse der katholischen Konfessionalisierung.[46]

Zweifellos signalisieren die bedeutenden Bibliotheken, die in den beiden Generationen nach Anton Fugger von Mitgliedern der Familie zusammengetragen wurden, eine Verschiebung von ökonomischen Aktivitäten hin zu gelehrten und literarischen Interessen und können somit als Indizien für einen Mentalitätswandel gewertet werden. Mitglieder der Familie investierten gerade auf dem Höhepunkt der Fugger'schen Handelsgesellschaft in den Jahren 1545 bis 1560 große Summen in Buchkäufe – alleine Ulrich wandte dafür zwischen 1546 und 1553 126000 Gulden auf[47] – und reinvestierten somit Handelsgewinne in kulturelles Kapital. Dabei profitierten sie von dem Umstand, dass die Marktlage für griechische und hebräische Manuskripte und Drucke gerade zu dieser Zeit aufgrund der Anwesenheit zahlreicher griechischer und jüdischer Flüchtlinge in Venedig besonders günstig war. Allerdings zeigt sich bei genauerem Hinsehen auch, dass die Büchersammlungen der einzelnen Familienmitglieder nicht nur unterschiedliche Schwerpunkte aufweisen, sondern auch verschiedene Funktionen erfüllten. Marx Fugger blieb ungeachtet seiner gelehrten und literarischen Neigungen in erster Linie Leiter der Handelsgesellschaft und bekleidete überdies hohe städtische Ämter. Hans Jakob Fugger ebneten nicht zuletzt seine Sammlungen und sein Ruf als Bibliophile und Kunstsachverständiger eine Karriere am Münchener Herzogshof. Ulrich Fugger schließlich, für den eine Tätigkeit als Kaufmann oder Politiker aufgrund seiner Konstitution und seines Temperaments nicht in Frage kamen, widmete sich seinen gelehrten und bibliophilen Aktivitäten mit aller Kraft und Leidenschaft.

Das Fugger'sche Ehrenbuch

»Zu Eern dem gantzen fuggerischen Name[n]« verfasste der Augsburger Ratsdiener Clemens Jäger in den Jahren 1542 bis 1548 ein Werk über die Geschichte der Familie. In einer Zeit, in der der Teilungsvertrag zwischen Anton Fugger und seinen Neffen ein allmähliches Auseinanderdriften der Familienzweige signalisierte, demonstrierte das prachtvoll mit Miniaturen ausgestattete Buch eindrucksvoll den Gedanken der familiären Einheit und das Selbstverständnis des Fugger'schen Geschlechts als in den Adel aufgestiegene Bürgerfamilie. Geschichtsschreibung, wie Clemens Jäger sie im Auftrag der Fugger und in einer Reihe ähnlicher Werke auch für andere reiche Augsburger Familien betrieb, diente nicht einfach der Dokumentation von Daten und Fakten, sondern sollte dazu beitragen, dass »die fuggerisch Eer, vber lange Jar vnd kunftig zeit, Jnn guter gedechtnus beleibe«.[48]

Charakteristisch für das Fugger'sche Ehrenbuch, das in erster Linie für die engere und weitere Verwandtschaft bestimmt war, ist die Verbindung von Text und Bild, die ihm eine Art Zwitterstellung zwischen einer Ahnengalerie und einer

Abb. 15: Aus dem »Geheim Ehrenbuch des Fuggerschen Geschlechts«

Familiengeschichte verleiht. Der Text besteht primär aus genealogischen Aufzeichnungen, die um biographische Nachrichten zu den einzelnen Personen ergänzt wurden. Die in einem erhaltenen Entwurf noch relativ ausführlichen Texte wurden in der Endfassung allerdings erheblich gekürzt; der Schwerpunkt verlagerte sich damit auf die bildliche Darstellung der Familie in Form einer Serie von halbfigurigen Porträts und Wappenschilden. Wappen und Hausmarken dokumentieren den Aufstieg der Familie vom Weberhandwerk über den Kaufmannsstand zur erblichen Reichsgrafenwürde. Obwohl die gesamte Familie einschließlich der verarmten Fugger vom Reh Berücksichtigung fand, legte Hans Jakob Fugger als »Fundator« des Buches besonderen Wert darauf, dass sein eigenes Andenken und das seines Vaters Raymund als Kunstsammler und Mäzen gebührend betont wurden.[49]

In seiner detaillierten Analyse des Fugger'schen Ehrenbuchs hat Gregor Rohmann gezeigt, wie Bilder und Texte als vielschichtige Bedeutungsträger fungierten. In den Attributen, der Gestik und Mimik der dargestellten Personen beispielsweise kommen geschlechtsspezifische Rollenzuweisungen zum Ausdruck. Mit der aktiven Haltung und den raumgreifenden Gesten der männlichen Familienmitglieder kontrastiert die passive, zurückhaltende Rolle der Frauen, in der sich ein »idealer weiblicher Habitus« ausdrückt. Kleidung und Goldschmuck der Figuren spiegeln den gesellschaftlichen Aufstieg der Fugger wider.[50] In den Texten wird die Herkunft der Familie aus dem Weberhandwerk keineswegs geleugnet, wohl aber sorgfältig »als ein sukzessiver, kontinuierlicher Prozess stilisiert« und dadurch mit herrschenden gesellschaftlichen Normen, denen zufolge sozialer Aufstieg nur als ein langwieriger, mehrere Generationen übergreifender Prozess akzeptabel war, in Einklang gebracht. Dieser Intention entspricht auch die starke Betonung des sozialen Engagements der Fugger für den Gemeinen Nutzen der Stadt und ihrer Dienste für den Kaiser. Die Grundlage für Jakob Fuggers geschäftlichen Erfolg und sozialen Aufstieg bildete demnach gerade nicht sein Streben nach Reichtum und Gewinn, sondern vielmehr seine Frömmigkeit, Demut, Bescheidenheit und Mäßigkeit. Dem von Rohmann konstatierten »defensiven Legitimationsbedarf« der Fugger entspricht auch der Umgang mit den dunklen Flecken der Familiengeschichte im Ehrenbuch: Uneheliche Kinder, familiäre Skandale und nonkonformes Verhalten einzelner Familienmitglieder wurden systematisch ausgeblendet, und auch die Bedeutung, die Frauen für den ökonomischen Aufstieg der Familie im 15. Jahrhundert hatten, wird mit keinem Wort gewürdigt.[51]

Das Ehrenbuch ist zwar ein herausragendes Beispiel familiärer Traditionsbildung, aber nicht das einzige seiner Art im Hause Fugger. Der unermüdliche Clemens Jäger verfasste auch eine Fuggerchronik, deren genaue Analyse und kritische Edition noch aussteht. Fast ein halbes Jahrhundert nach ihrem Onkel Hans Jakob beauftragten die Brüder Philipp Eduard und Octavian Secundus Fugger 1592 den Kupferstecher Dominicus Custos, eine Serie von Familienporträts anzufertigen. Diese Kupferstichgalerie der Familie wurde später durch Wolfgang und Lukas Kilian aktualisiert und 1618 von dem Buchdrucker Andreas Aperger unter dem Titel *Fuggerorum et Fuggerarum imagines* gedruckt. Die 120-seitige visuelle Ahnengalerie demonstrierte einmal mehr den Aufstieg der Familie und das große Selbstbewusstsein, das die Fugger aus ihrem materiellen Erfolg und ihrer Zugehörigkeit zum Reichsadel bezogen.[52]

Kapitel 7

Die Fugger in der reichsstädtischen Gesellschaft des 16. Jahrhunderts

»Sonderstruktur« und Elitennetzwerk

Als Jakob Fugger 1525 starb, schrieb der Augsburger Mönch Clemens Sender, dass sein Name »in allen kingkreich und landen, auch in der haidenschafft bekandt gewessen« sei. »[K]aiser, kinig, fürsten und herrn haben zuo im ire botschafft geschickt, der bapst hat in als sein lieben sun griest und umfangen, die cardinäl sind gegen im auffgestanden: er ist ain zier gewesen des gantzen teutschen lands, besunder der stat Augspurg.«[1] Welche Rolle spielte diese reiche und weithin bekannte Familie im politischen und gesellschaftlichen Leben ihrer Heimatstadt? In vielen der großen italienischen Stadtrepubliken hatten die reichsten und mächtigsten Familien im Verlauf des 15. und 16. Jahrhunderts das Regiment unter ihre Kontrolle gebracht. Die Medici in Florenz sind dafür nur das bekannteste Beispiel. Haben die Fugger eine vergleichbare Rolle in der Reichsstadt Augsburg gespielt?

Auf der Grundlage der Analysen, die Olaf Mörke und Katarina Sieh-Burens zur Stellung der Fugger im sozial-ständischen Gefüge der Stadt und zu den politischen Karrieren der Familienmitglieder vorgelegt haben, fällt die Antwort auf diese Frage eindeutig negativ aus. Die Brüder Ulrich, Georg und Jakob Fugger waren zwar Mitglieder der angesehenen Kaufleutezunft und hatten durch ihre Eheschließungen mit Frauen aus den Familien Lauginger, Imhof und Artzt auch Zugang zur Herrentrinkstube, dem exklusiven Treffpunkt der Patrizier und der mit ihnen verschwägerten Familien. Sie gehörten jedoch im Gegensatz zu den Welser, Herwart und Langenmantel nicht zum Patriziat, der höchsten und seit 1368 weitgehend geschlossenen ständischen Gruppe der Reichsstadt. Erst bei der Erweiterung des mittlerweile arg zusammengeschmolzenen Patriziats im Jahre 1538 wurden die Fugger gemeinsam mit 38 weiteren Familien berücksichtigt. Im Gegensatz zu den alten Patrizierfamilien spielten die Fugger in den Jahren ihres wirtschaftlichen Aufstiegs auch im Rat der Stadt und in dessen wichtigsten Ämtern keine prominente Rolle. Während es Mitglieder der Familie Welser zwischen 1520 und 1548 auf insgesamt 131 Amtsjahre, die Langenmantel auf 317 und die Rehlinger sogar auf 355 Amtsjahre brachten, kamen die fünf Vertre-

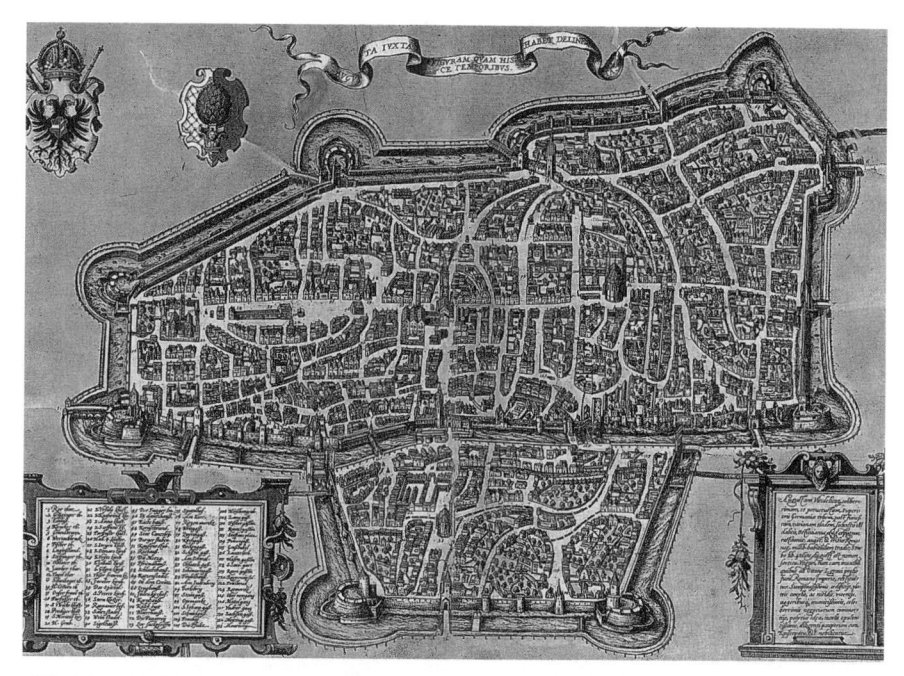

Abb. 16: Stadtplan von Augsburg um 1570

ter der Fugger, die in diesem Zeitraum im Rat saßen, auf lediglich 35 Jahre. Mehr noch: Jakob Fugger und sein Neffe Anton, die Leiter der Familienhandelsgesellschaft, gehörten lediglich dem politisch wenig einflussreichen Großen Rat an. Im 42-köpfigen Kleinen Rat sowie im eigentlichen Machtzentrum, dem Dreizehnerausschuss, waren sie nicht vertreten; Jakob Fugger war als »Zusatz« zum Kleinen Rat in den Jahren 1523 bis 1525 kein vollberechtigtes Mitglied dieses Gremiums. Lediglich Hans Jakob Fugger, der Neffe Antons, saß von 1542 bis 1546 im Kleinen Rat. Erst nach der von Kaiser Karl V. oktroyierten Änderung der Stadtverfassung im Jahre 1548 finden sich Angehörige der Familie in den höchsten Ämtern. Unter der Zunftverfassung hatten die Fugger Mörke zufolge offensichtlich »keinen Platz. Vielleicht, weil man ihnen diesen verwehrt, wahrscheinlicher, weil sie ihn selbst nicht suchen.« Zugleich verfolgten ihre Zeitgenossen und Mitbürger die Aktivitäten der Fugger in der Stadt sehr aufmerksam: In der reichsstädtischen Chronistik werden sie wesentlich häufiger erwähnt als andere Familien der Augsburger Führungsschicht, wobei immer wieder ihr verschwenderisch zur Schau gestellter Reichtum sowie ihre engen Beziehungen zu Kaiser, Fürsten und Kurie thematisiert werden. Sowohl die politische Zurückhaltung der Fugger als auch ihre Beurteilung durch die Zeitgenossen sind für Mörke Indizien ihrer Distanz zum »traditionellen städtischen Wertesystem«. Innerhalb des sozialen Gefüges der Reichsstadt entwickelte sich die Familie demnach zu einer »Sonderstruktur«.[2]

Katarina Sieh-Burens hat Mörkes Ansatz um zwei wichtige Aspekte ergänzt. Zum einen konnte sie durch eine Untersuchung der höchsten städtischen Amtsträger zeigen, dass sich die politische Führungsschicht der Reichsstadt aus mehreren miteinander konkurrierenden, aber auch kooperierenden Familiengruppen oder »Netzwerken« zusammensetzte, in deren Zentrum jeweils eine besonders einflussreiche Familie stand. Das ausgedehnte »Welser-Netz« rekrutierte sich vor allem aus den Reihen der reichen Patrizier und Großkaufleute, blieb dabei aber offen für soziale Aufsteiger und umfasste sowohl Katholiken als auch Protestanten. Das kleinere »Fugger-Netz« hingegen war streng altgläubig und durch die »Ausbildung eines kleinen, adelig-elitären Personenverbands« mit engen Verbindungen zum Landadel gekennzeichnet. Das protestantische »Herbrot-Netz« setzte sich »aus flexiblen, risikobereiten sozialen Aufsteigern der Zünfte« zusammen, während das »Seitz-Netz« aus »angesehenen Mitgliedern des mittelständischen Handwerkerstandes« bestand.[3] Außerdem zeigte Sieh-Burens, wie sich die Positionen dieser vier Netzwerke innerhalb der politischen Elite der Reichsstadt im Laufe des 16. Jahrhunderts veränderten. Während das bikonfessionelle Welser-Netz das ganze Jahrhundert über eine wichtige Rolle spielte, erlangte das Herbrot-Netz nur in den Jahren der Reformation und das katholische Fugger-Netzwerk nach der Aufhebung der Zunftverfassung im Jahre 1548 größere Bedeutung.[4]

Damit sind die wichtigsten Aspekte angesprochen, mit denen sich eine Darstellung der Fugger in der reichsstädtischen Gesellschaft zu beschäftigen hat: ihre Haltung zu den Fragen der Kirchenreform und Reformation; ihre Stellung als reiche katholische Familie in einer Stadt, in der nach 1548 eine katholische Minderheit und eine protestantische Mehrheit nebeneinander existierten; ihre Rolle bei wichtigen politischen Ereignissen wie dem Schmalkaldischen Krieg von 1546/47 und dem Kalender- und Predigerstreit in den 1580er Jahren; und ihre Wahrnehmung durch die Zeitgenossen.

Die Fugger im vorreformatorischen Augsburg

Der wirtschaftliche Aufstieg der Fugger, ihre engen Beziehungen zu Kaiser und Kurie, ihr Reichtum und ihre mäzenatischen Aktivitäten erregten seit der Wende vom 15. zum 16. Jahrhundert auch in ihrer Heimatstadt wachsende Aufmerksamkeit. Eine wichtige Quelle für die Wahrnehmung der Fugger innerhalb der Reichsstadt sind die bereits angesprochenen Chroniken reichsstädtischer Bürger. Im frühen 16. Jahrhundert beobachteten vor allem der Mönch Clemens Sender und der Kaufmann Wilhelm Rem das Zeitgeschehen sehr aufmerksam. Keiner dieser beiden Chronisten kann freilich in Bezug auf die Fugger als unparteischer Berichterstatter gelten: Sender, der die Fugger als Wohltäter der Kirche und treue Diener des Kaisers sah, war voll des Lobes und der Bewunderung; Rem, der selbst mit einer Tochter Ulrich Fuggers verheiratet war, war dagegen auf seine angeheirateten Verwandten offensichtlich schlecht zu sprechen. Gerade in ihrer Parteilichkeit und Einseitigkeit spiegeln die beiden Chroniken jedoch unterschiedliche Facetten der Beurteilung der Fugger durch andere Bewohner der Reichsstadt in aufschlussreicher Weise wider.[5]

Für den Benediktinermönch Clemens Sender waren die Stiftungen und Feste der Fugger sowie ihre guten Beziehungen zu Kirche und Kaiser eine Säule der Wohlfahrt der Stadt. Als der Kardinallegat Bernardino Carvajal 1507 durch Augsburg kam und eine Messe im Dom zelebrierte, habe ihn Jakob Fugger anschließend mit seinem Gefolge und zahlreichen Augsburger Bürgern zu einem Festmahl mit anschließendem Tanz eingeladen. Der Kardinallegat habe daraufhin allen Anwesenden »gnad und ablaß geben«.[6] In seinem Nachruf auf Jakob Fugger, aus dem am Anfang dieses Kapitels bereits kurz zitiert wurde, rühmte Sender sowohl die Charaktereigenschaften des Verstorbenen – Gastfreundschaft, Mildtätigkeit gegenüber den Armen, Vernunft, Gerechtigkeit, Tugendhaftigkeit und Ehrbarkeit – als auch seine Leistungen als Kaufmann, Bankier, Stifter und Mäzen sowie die Ehren, die ihm Kaiser und Fürsten zuteil werden ließen. Auch hinsichtlich Jakob Fuggers Rolle in der Augsburger Gesellschaft hatte er nur Gutes zu sagen: Trotz seines Reichtums habe Fugger »on allen pracht« gelebt, und einen großen Teil seines Vermögens habe er für Stiftungen an die Armen ausgegeben. Schließlich betonte Sender die Vereinbarkeit der Geschäftstätigkeit der Fugger mit dem Gemeinwohl: »Ir groser handel mit kauffmanschafft, on anderer nachtail, sunder zuo gemeinem nutz und auffenthaltung der armen ist mit grosem lob durch die gantze welt gangen.«[7]

Der Chronist Wilhelm Rem vermochte in dieses Lob nicht einzustimmen; wenn er über die Fugger schrieb, dann geschah dies fast durchweg mit kritischer Distanz. Unter den Ereignissen des Jahres 1497 verzeichnete Rem die Hochzeit Georg Thurzos mit Ulrich Fuggers Tochter Anna. Bei dieser Hochzeit, so Rem, habe man die Braut »in ainem rock und barhaubt mit auffgepunden zöpfen, auff den adelichen sitten« zur Kirche geführt. Dergleichen habe es in Augsburg noch nie zuvor gegeben; die Bräute hätten stets einen Mantel über dem Rock und einen großen braunen Schleier getragen. Nachdem die Fugger und Thurzo aber den Präzedenzfall geschaffen hatten, »da fiengen es etlich burger und kaffleutt auch an, und ist zuo dem ersten mal auffkomen.« Mit ihrem Reichtum und ihren prunkvollen Inszenierungen hätten die Fugger also einen Normenwandel in Gang gesetzt und »adelige Sitten« in die reichsstädtische Gesellschaft eingeführt.[8] Auch die weiteren Aufzeichnungen Rems über die Fugger kreisen immer wieder um dieses Thema. Die Hochzeit Ulrich Fuggers des Jüngeren mit Veronika Gassner erschien dem Chronisten nicht nur »seltzam«, weil die beiden Familien vorher »ainander feind gewesen« seien und »ainander nachgeredt« hätten, sondern vor allem wegen der hohen Kosten. Lukas Gassner habe seiner Tochter die unerhörte Summe von 12 000 Gulden als Heiratsgut mit in die Ehe gegeben, während Fugger für die Widerlegung und Morgengabe sogar 13 000 Gulden aufgewendet habe. Außerdem habe der Bräutigam der Braut Kleidung und Kleinodien im Wert von 3000 Gulden geschenkt und nochmals dieselbe Summe ausgegeben, um »andern frainden und knechten seidin gwand und samet und attlas und sunst kleider« zu schenken. Einschließlich der Kosten für die Feierlichkeiten habe Ulrich Fugger wohl 7000 Gulden aufgewandt. Diese »grosse hoffart« sprengte für Rem den Rahmen, den Hochzeiten innerhalb der bürgerlichen Oberschicht bislang eingehalten hatten.[9]

Dasselbe galt nach seiner Auffassung für die Stiftungen der Fugger. Anlässlich der Vollendung der Fuggerkapelle bei St. Anna im Jahre 1517 notierte Rem, dass sie »vil gelt kost« hätte und manche Leute die Kosten auf 30 000 Gulden schätzten. Ein »guotter werckman« habe dies allerdings bezweifelt und die Kosten auf höchstens 8000 Gulden geschätzt; er selbst hätte sie sogar für 6000 Gulden errichten können. Die Aufwendungen der Fugger für Repräsentation und Memoria waren zu diesem Zeitpunkt also Gegenstand einer lebhaften öffentlichen Diskussion. Im selben Jahr wurde auch der Neubau der Klosterkirche St. Katharina vollendet. Die Nonne Felicitas Fugger, eine Tochter Ulrich Fuggers, habe 1000 Gulden zu den Baukosten beigesteuert, aber dafür verlangt, dass man ihr Wappen im Gewölbe des neuen Chores anbringe. Die anderen Nonnen hätten daraufhin bereut, dass sie die Kirche nicht vollständig selbst bezahlt hätten, »dan über vil jar so mecht man mainen, dieselb Fuggerin hab die kirchen gar lassen machen.« Beide Ereignisse schienen Rem für ein Grundprinzip Fugger'scher Repräsentation zu stehen: auch wenn die Aufwendungen hoch waren, so stand die öffentliche Wirkung dazu doch in keinem Verhältnis.[10]

Der Besuch Kaiser Maximilians in Augsburg im Jahre 1518, die Feiern anlässlich der Wahl Karls V. von 1519 und der Besuch Erzherzog Ferdinands im Jahre 1521 dienten Rem ebenfalls als Exempel, um den Normenwandel in der Reichsstadt zu illustrieren und dabei besonders die Fugger aufs Korn zu nehmen. Bei einer Tanzveranstaltung auf dem Augsburger Tanzhaus habe der Kaiser die jungen Bürgersfrauen gebeten, den großen Schleier und »Sturz«, die das Gesicht fast ganz bedeckten, abzulegen. »Also,« berichtet Rem, »fiengen des Fuggers und Adlers volck an und truogen schlairlin wie die edlen frauen.« Neben den Frauen aus dem Haus Philipp Adlers spielten angeblich auch hier wieder Mitglieder des Hauses Fugger eine Vorreiterrolle bei der Einführung neuer adeliger Sitten. Als die Nachricht von der Wahl Karls V. Augsburg erreichte, hätten Jakob Villinger, Jakob Fugger und Ambrosius Höchstetter dieses Ereignis feiern wollen, indem sie vor ihren Häusern auf dem Weinmarkt Feuerwerke abbrannten. Zuvor sei es jedoch »der gebrauch nit gewesen, daß purger in der statt sollten frödenfeur machen, es hett die statt vor nie frödenfeur gemacht«. Der Rat sei gegen diesen Versuch einer (Selbst-)Inszenierung reicher Bürger eingeschritten und habe die Feuerwerke selbst veranstaltet. Als Erzherzog Ferdinand im Mai 1521 zu Besuch in Augsburg weilte, habe Jakob Fugger erneut die Möglichkeit genutzt, sich in Szene zu setzen: Ferdinand, Herzog Wilhelm von Bayern und Kardinal Matthäus Lang seien bei ihm zu Gast gewesen und mit zwanzig verschiedenen Gerichten, darunter allein acht Fischgerichten, verköstigt worden.[11]

Beide Chronisten orientierten sich eng an fundamentalen Normen und Werten der spätmittelalterlichen und frühneuzeitlichen Gesellschaft: der Einigkeit als Grundlage des Zusammenlebens; dem Gemeinen Nutzen als Ziel politischen und wirtschaftlichen Handelns; und der Ehre als Gradmesser für das Ansehen einer Stadt und ihrer Bewohner.[12] Während der Mönch Clemens Sender die Fugger als große Förderer der Ehre und des Gemeinen Nutzens der Stadt, aber auch des ganzen Reiches und anderer europäischer Monarchien sah, war für Rem das Verhalten, das die Fugger an den Tag legten, mit eben diesen Normen nicht mehr vereinbar. Wo Sender Tugend, Ehrbarkeit und christliche Nächstenliebe sah, erblickte Rem nur Prahlerei, Verschwendung, Eigennutz und den Verfall guter reichsstädtischer Sitten.

Die Fugger waren jedoch nicht nur Gegenstand der Bewunderung und Kritik ihrer Zeitgenossen, sie nahmen auch aktiv an den Diskussionen Anteil, die die reichsstädtische Öffentlichkeit in den Jahren vor der Reformation bewegten. Dies zeigen vor allem Jakob Fuggers Rolle in den Auseinandersetzungen zwischen Stiftsklerus und Pfarrgemeinde in der Augsburger Kirche St. Moritz und sein Eingreifen in die Diskussion um das kanonische Zinsverbot. In der Pfarrei St. Moritz schwelte seit langem ein Streit zwischen den Stiftsklerikern, die von ihren Pfründen lebten, und den Zechpflegern, die als Vertreter der Pfarrgemeinde Verbesserungen im Bereich der Predigt und der Seelsorge verlangten. Im Jahre 1511 kulminierte der Streit, als die Gemeinde ohne Zustimmung des Kapitels einen eigenen Mesner anstellte und mehrere Monate lang ihre Abgaben an das Kapitel verweigerte. In diesem für die vorreformatorische Situation in vielen Reichsstädten typischen Konflikt zwischen Geistlichkeit und Laien nahm auch Jakob Fugger als Vertreter der Zeche an Schlichtungsverhandlungen mit dem Stift teil. Der große Handelsherr stellte sich damit auf die Seite der reformorientierten Gemeindemitglieder. Der Streit wurde zunächst durch einen Vertrag beigelegt, der beiden Parteien das Recht zugestand, eigene Mesner zu bestellen, doch die Frage der Pfarrseelsorge barg weiteren Konfliktstoff. Die Pfarrgemeinde, die mit der Amtsführung des vom Stift bestellten Pfarrers unzufrieden war, erhielt schließlich das Recht, einen eigenen Prediger zu berufen

Abb. 17: Die Stiftskirche St. Moritz von Westen, Kupferstich von Simon Grimm, 1687

und zu besolden. Dieses Amt übertrug sie dem gelehrten Theologen Dr. Johannes Speiser.[13]

Da diese Regelung auf vier Jahre befristet war und das Stift Speiser die weitere Ausübung seiner Predigttätigkeit verbot, flammte der Konflikt 1515 wieder auf. Jakob Fugger entschloss sich nun, selbst 1000 Gulden für die Einrichtung einer Prädikatur zu stiften und sich bei der Kurie, zu der er durch seine römische Faktorei über beste Beziehungen verfügte, um eine päpstliche Bulle zu bemühen, die ihm und seinen Erben das Patronat, also das Recht zur Einsetzung des Predigers, übertrug. Die Predigerstelle sollte mit einer Chorherrenpfründe verbunden sein, aus welcher der Inhaber einen großen Teil seines Einkommens bezog. Die 1000 Gulden Jakob Fuggers dienten vordergründig der Aufbesserung seines Gehalts, tatsächlich aber primär als »Notfallversicherung«, die im Fall der Amtsunfähigkeit des Stelleninhabers eine kontinuierliche Pfarrseelsorge gewährleisten sollte. Obwohl diese Summe ursprünglich gar nicht von Jakob Fugger, sondern von der Pfarrgemeinde aufgebracht wurde, war Fuggers Einsatz für die Prädikatur letztlich entscheidend, denn nur er konnte sie aufgrund seiner guten Beziehungen zu Kaiser und Kurie gegen den Widerstand des Kapitels durchsetzen. Im Januar 1517 stellte Papst Leo X. die gewünschte Bulle aus. Das Stiftskapitel versuchte die Besetzung der Prädikatur jedoch weiterhin zu verhindern, und beide Seiten bemühten sich um einflussreiche Verbündete. Während das Kapitel den Bischof von Augsburg und die Bayernherzöge einschaltete, aktivierte Jakob Fugger seine Beziehungen zum Kaiser. Da Johannes Speiser inzwischen in das Kapitel aufgenommen worden war und sich weigerte, die Prädikatur erneut zu übernehmen, brachte Fugger zeitweilig seinen Vertrauten Johannes Eck, der später als Gegner Luthers bekannt wurde, als Prediger ins Spiel. Nachdem Jakob Fugger die Ernennung Speisers zum Weihbischof von Konstanz verhindert hatte, gab dieser seinen Widerstand schließlich auf und trat im September 1518 die Prädikatur an, die nun auch mit dem Amt des Pfarrseelsorgers verbunden war. Damit hatte der große Handelsherr »seinen Herrschaftsanspruch mit allen Mitteln gegen das Kapitel durchgesetzt« (B. Scheller). Seinen Erfolg in diesem langwierigen Streit hatte er sich fast 2000 Gulden kosten lassen.[14]

Neben seinem Einsatz in dieser Frage des Verhältnisses von Stadt und Kirche versuchte Jakob Fugger, die öffentliche Meinung in einer Frage zu beeinflussen, die für die großen Augsburger Handelsgesellschaften von erheblicher Relevanz war: der Diskussion um das kanonische Zinsverbot. Obwohl die Zinsnahme im öffentlichen und privaten Kreditverkehr längst gängige Praxis war, war sie nach kanonischem Recht nach wie vor verboten, und kirchliche Reformer forderten eine striktere Anwendung des Verbots. Daher musste Jakob Fugger und anderen Großkaufleuten daran gelegen sein, die offizielle Zustimmung der Kirche zu einem fünfprozentigen Zinssatz zu erreichen. So geht ein Gutachten, in dem der aus dem Augsburger Patriziat stammende und in bayerischen Diensten stehende Jurist Sebastian Ilsung im Jahre 1513 Darlehensverträge rechtfertigte, sehr wahrscheinlich auf Fuggers Initiative zurück. Der Ingolstädter Theologe Johannes Eck, der in einer Vorlesung über Wirtschaftsethik prinzipielle Zustimmung zur Aufhebung des Zinsverbots signalisiert und im Januar 1514 an einer Disputation im Augsburger Karmeliterkloster teilgenommen hatte, wurde von Jakob Fugger mit einem Gutachten zur Zinsfrage beauftragt. In einem *Consilium* vom September desselben Jahres argumentierte Eck, dass mit fünf Prozent verzinste Depositenverträge rechtmäßig seien. Er forderte, dass »immer die gute Intention der geschäftlichen Beteiligung und nicht der verwerfliche Vorsatz des Wuchers vorausgesetzt werden sollte, und zwar bis zum Beweis des Gegenteils« (H.A. Oberman). Eck beabsichtigte, seine Argumente in einer öffentlichen Disputation an der Ingolstädter Universität zu vertreten, doch scheiterte dieser Plan am Widerspruch des Eichstätter Bischofs Gabriel von Eyb. Daraufhin sandte Eck seine Zinsschrift an mehrere Universitäten, die sich überwiegend zurückhaltend verhielten, und vertrat seine Thesen schließlich auf einer Disputation mit dem Augsburger Dominikanerprior Johannes Faber, die im Juli 1515 in Bologna stattfand. Die Reise Ecks und seiner Begleiter nach Bologna wurde von Jakob Fugger finanziert, und die Diskussion über das Thema an der Universität Tübingen wurde durch den württembergischen Kanzler Dr. Gregor Lamparter angestoßen, der mit einer Tochter aus Jakob Fuggers außerehelicher Beziehung mit Mechtild Belz verheiratet war. Während Ecks Standpunkt vor allem von den eng mit der Augsburger Führungsschicht verbundenen Juristen Sebastian Ilsung und Conrad Peutinger unterstützt wurde, stießen seine Thesen bei den Nürnberger Humanisten Christoph Scheurl, Willibald Pirckheimer und Johannes Cochlaeus, dem Freiburger Rechtsgelehrten Ulrich Zasius und dem Augsburger Domherren Bernhard Adelmann von Adelmannsfelden auf entschiedene Ablehnung. Die Kritik und der Spott der Gegner Ecks trugen maßgeblich dazu bei, dass sich der Ruf des Theologen als korruptes Sprachrohr der großen Handelshäuser bis in die moderne Literatur gehalten hat. Die Zinsdiskussion führte zwar zu keiner Änderung der offiziellen kirchlichen Haltung, aber die Praxis des Zinsnehmens wurde weiterhin stillschweigend geduldet. Für die Handelsgesellschaften blieb damit alles beim Alten.[15]

Die Fugger und die evangelische Bewegung im Zeitalter der Reformation

Nach der Publikation von Martin Luthers Thesen gegen den Ablass im Oktober 1517 verbreiteten sich die Lehren des Wittenberger Augustinermönchs über die Korrespondenznetze der Humanisten und Kirchenreformer, vor allem aber über das Medium des Buchdrucks innerhalb weniger Jahre im ganzen Reich. Augsburger Buchdrucker hatten an der Popularisierung von Luthers Ideen wesentlichen Anteil, und sein Auftritt in Augsburg im Jahre 1518, wo er sich im Anschluss an den Reichstag im Fuggerpalast einem Verhör durch den Kardinallegaten Cajetan stellte, machte den Reformator in der Stadt weiter bekannt. In den frühen 1520er Jahren hatte die evangelische Bewegung auch in Augsburg Fuß gefasst: In mehreren Kirchen der Stadt wurde evangelisch gepredigt, und 1523 fand die erste Hochzeit eines Priesters statt. Vor allem in der städtischen Handwerkerschaft wuchs die Anhängerschaft der reformatorischen Prediger rasch an.[16] Luther selbst sparte in seinen Reformschriften und wirtschaftsethischen Traktaten nicht mit Kritik an den großen Handelsgesellschaften und forderte in der 1520 publizierten Schrift *An den christlichen Adel deutscher Nation*, »den Fuggern und dergleichen Gesellschaften einen Zaum ins Maul« zu legen.

171

Das Geschäftsgebaren der großen Firmen erschien dem Reformator nicht mit den Prinzipien des Gemeinen Nutzens und der Gerechtigkeit vereinbar, und ihre hohen Gewinne konnten seiner Meinung nach nicht auf ehrliche Weise erwirtschaftet worden sein. Auch der Humanist und Lutheranhänger Ulrich von Hutten griff in mehreren Schriften die Geschäftspraktiken der Fugger und ihre Beziehungen zur römischen Kurie scharf an.[17]

Jakob Fugger indessen bezog frühzeitig Position gegen die neue Lehre. Verbindungen zwischen seiner Handelsgesellschaft, der Kurie in Rom und frühen Luthergegnern an der Kölner Universität sowie in Sachsen hat Götz-Rüdiger Tewes in einer detektivischen Spurensuche rekonstruiert. Als entscheidende Bindeglieder in diesem »imponierenden, engmaschigen, integrationsmächtigen und bis in die Reformationszeit fortwirkenden Netzwerk« von Gegnern des Reformators fungierten demnach der bereits erwähnte Johannes Eck sowie der Kölner Theologe Michael Schwab, ein gebürtiger Augsburger, dessen Familie über langjährige enge Beziehungen zum Hause Fugger verfügte. Für den Briefverkehr, der die Aktivitäten der Luthergegner in Köln, Augsburg, Leipzig und Rom koordinierte, bediente Schwab sich des Korrespondenznetzes der Fugger'schen Niederlassungen.[18]

Dass man in Augsburg um Fuggers Haltung wusste, bezeugen die Chronisten Clemens Sender und Wilhelm Rem. Sender schrieb, Fugger sei »ain guotter, warer, rechter crist gewessen und gantz wider die Lutherei.« Wilhelm Rem stellte einen Zusammenhang zwischen Fuggers Gegnerschaft gegen den Reformator und seinen geschäftlichen Interessen her: Luther habe beschrieben, »wie der bapst anheb seine hendel zuo versetzen und verkaffen dem Fugger zuo Augspurg, daß (sie) nu bistumb und lehen verleichen und tauschen, kaffen und handtierung geistlicher gietter treiben.« Dies habe Fugger »übel« gefallen, und als der Rat ein Mandat gegen reformatorische Schriften erließ, habe es geheißen, »der Fugger brecht es zuowegen.« Tatsächlich verkündeten Fugger und der Stadtschreiber Dr. Conrad Peutinger den Augsburger Buchdruckern 1520 den Beschluss des Rates, den Druck religiöser Streitschriften zu unterbinden. Während eines Bürgeraufstands im Jahre 1524, der durch die drohende Ausweisung des reformatorisch eingestellten Barfüßerpredigers Johannes Schilling ausgelöst wurde, verließ Jakob Fugger vorübergehend die Stadt und begab sich in seiner Herrschaft Biberbach in Sicherheit.[19] Ferner erwirkte Fugger einen kaiserlichen Schutzbrief, der ihn und seine Familie explizit von der Anwendung des Wormser Edikts gegen Luther und seine Anhänger ausnahm, und gewährte finanzielle Hilfen an den Schwäbischen Bund zur Niederschlagung des Bauernkriegs. In einem Brief an Herzog Georg von Sachsen beschuldigte Fugger Martin Luther, »dieser Aufruhr, Empörung und Blutvergießen in deutscher Nation ein Anfang und Ursächer« zu sein.[20] Angesichts des Fortschreitens der Reformation in Augsburg und der Auflösung des Karmeliterkonvents bei St. Anna sah Jakob Fugger in seinem zweiten, bereits auf seinem Sterbebett diktierten Testament von 1525 auch die Möglichkeit voraus, dass St. Anna der alten Kirche dauerhaft verloren gehen könnte. Er ließ sich zwar in der Familienkapelle begraben, für die er weder Kosten noch Mühen gescheut hatte, räumte seinen Erben aber auch die Möglichkeit ein, das liturgische Gedächtnis des Verstorbenen in einer anderen Kirche feiern zu lassen.

Tatsächlich wurden die von Jakob Fugger vorgesehenen Messen und Jahrtage in St. Anna niemals begangen. Auch Bildprogramm und Ausstattung der Fuggerkapelle wurden nun offensichtlich nicht mehr in der ursprünglich geplanten Form zu Ende geführt.[21]

Während sich mehr und mehr Mitglieder der patrizischen und kaufmännischen Oberschicht der evangelischen Bewegung anschlossen, blieben auch Jakob Fuggers Neffen der alten Kirche treu. Raymund Fugger soll zeitgenössischen Aussagen zufolge bereits 1523 die evangelischen Stadtbewohner mit Schmähreden – »er schis in das ewangelium« – öffentlich provoziert haben, ohne dass der Rat ihn dafür bestrafte. Überhaupt stand ein Großteil des »Fugger-Netzes« der Reformation ablehnend gegenüber.[22] Eine Reihe von Konflikten zwischen den Fuggern und anderen Angehörigen der Augsburger Führungsschicht, die sich in den folgenden Jahren ereigneten, wurden von diesem religiösen Gegensatz überlagert.

Als sich Jakob Fuggers Witwe Sibylla bereits sieben Wochen nach dem Tod ihres Gatten erneut verheiratete, erregte dies in Augsburg großes Aufsehen. Ihr zweiter Gatte Konrad Rehlinger war zwar ein hoch angesehener Großkaufmann und Ratsherr, doch die rasche Wiederverheiratung gab zu Gerüchten Anlass, dass Rehlinger »haimlich um die Fuggerin gebuollet« habe; Clemens Sender behauptete sogar, die beiden seien nach Jakob Fuggers Tod »bei ainander ergriffen« worden. Tatsächlich war Rehlinger ein enger Vertrauter und Geschäftspartner des Verstorbenen, der auch als Stiftungsexekutor der Fuggerei amtierte. Da Jakob Fugger seiner Frau zwar in seinem Testament ein großzügiges Legat vermacht und ihr ein Wohnrecht in einem seiner Häuser eingeräumt hatte, diese Verfügungen aber nur für die Dauer ihres Witwenstandes getroffen hatte, löste die Heirat einen Streit um Sibylla Fuggers Heirats- und Erbgut aus. Clemens Sender zufolge hatte Rehlinger – den er als »ain alts mendlin« mit acht Kindern bezeichnete – die Witwe bewogen, in aller Stille mit ihrem Heiratsgut und Erbe zu ihm zu ziehen und ihn »auff die lutherische Art« zu heiraten. Eine andere Augsburger Chronik berichtet hingegen, dass Jakob Fuggers Neffen die Witwe und ihren zweiten Mann »mit gewalt und gewaffneter handt« aus dem Haus ihres verstorbenen Gatten vertreiben ließen und Sibylla Fugger dabei einen Teil ihres Vermögens eingebüßt habe. Der Konflikt konnte zwar im Juli 1526 durch einen Vertrag beigelegt werden, in dem Jakob Fuggers Neffen der Witwe 20 000 Gulden und ihrem neuen Gatten eine »ziemliche Verehrung« zusagten, während diese auf jegliche Ansprüche an die Fuggerhäuser verzichteten. Dass die Verstimmung zwischen beiden Parteien indessen noch lange anhielt, zeigt sowohl Sibyllas Testament, das ihren ersten Mann Jakob Fugger mit keinem Wort erwähnt, als auch das Fugger'sche Ehrenbuch, in dem ihre Ehe mit Konrad Rehlinger verschwiegen wird.[23]

Die Kluft zwischen den Fuggern und dem evangelischen Teil der Augsburger Bürgerschaft vertiefte sich Ende der 1520er Jahre, als Anton Fugger als Gerichtsherr der schwäbischen Herrschaft Weißenhorn die Hinrichtung des Augsburger Patriziers Eitelhans Langenmantel billigte. Langenmantel war der Stadt verwiesen worden, weil er sich der von Altgläubigen und Evangelischen gleichermaßen gefürchteten Bewegung der Täufer angeschlossen hatte, und war später mit seinem

Knecht und seiner Magd in einem Dorf unweit von Augsburg aufgegriffen und nach Weißenhorn gebracht worden. Der den Fuggern freundlich gesonnene Mönch Clemens Sender berichtete, dass Langenmantel zuvor dem Täufertum abgeschworen und die Augsburger Ratsführung einen eigenen Boten nach Weißenhorn gesandt habe – angeblich um herauszufinden, »in was glauben der Langenmantel sterben well«, wahrscheinlich aber, um die Hinrichtung zu verhindern.[24]

Auch ein Streitfall zwischen Matthäus Ehem, einem führenden Vertreter der evangelischen Partei in Augsburg, der die Gerichtsherrschaft in dem schwäbischen Dorf Langenneufnach ausübte, und dem benachbarten Grundherrn Raymund Fugger im Jahre 1529 erregte Aufsehen und überzeugte viele Angehörige der Führungsschicht, dass die Fugger die Grenzen ihrer Autorität überschritten. Ehem hatte einen Langenneufnacher Bauern festnehmen lassen, der einen anderen Dorfbewohner mit einem Beil geschlagen hatte. Da der Bauer jedoch eine Sölde bewirtschaftete, die Raymund Fugger gehörte, rückte dieser mit Gefolge in Langenneufnach ein, befreite den Bauern und führte den Vogt des Ortes gefangen in seine eigene Herrschaft Mickhausen. Nach Ansicht kritischer Zeitgenossen legte es Fugger vor allem darauf an, »sein grossen gewalt« zu demonstrieren und den Inhaber der Nachbarherrschaft einzuschüchtern, um seine eigenen Ambitionen auf das Dorf zu unterstreichen. Der Augsburger Rat ließ daraufhin Raymund Fugger inhaftieren und gab ihn erst auf Intervention des Kaisers und des Herzogs von Bayern hin wieder frei. Siebzehn Jahre später verkaufte Matthäus Ehem Langenneufnach an die Fugger.[25]

Mit dem Voranschreiten der Reformation in der Reichsstadt geriet auch die Fugger'sche Stiftungsprädikatur in der Kirche St. Moritz zwischen die konfessionellen Fronten zwischen den altgläubigen Patronatsherren und der evangelischen Mehrheit der Pfarrgemeinde. Johannes Speiser, den Jakob Fugger und die Pfarrgemeinde gegen den hartnäckigen Widerstand des Stiftskapitels als Prediger durchgesetzt hatten, verkündete in den frühen 1520er Jahren als einer der ersten Augsburger Geistlichen evangelische Lehren. Der Augsburger Bischof verlangte 1522 die Auslieferung Speisers, doch der Rat der Reichsstadt lehnte dies ab. Im folgenden Jahr nahm der Rat die beiden evangelischen Prediger Speiser und Johann Frosch ausdrücklich in seinen Schutz. Dass Speiser 1524 eine abrupte Kehrtwendung vollzog und sich wieder zur alten Kirche bekannte, dürfte nicht zuletzt dem Druck seines Patronatsherrn Jakob Fugger zuzuschreiben sein. Da er mit diesem Sinneswandel die Pfarrgemeinde gegen sich aufbrachte, gab Speiser kurze Zeit später gegen den Widerstand Jakob Fuggers sein Predigeramt auf, behielt aber seine Einkünfte als Stiftskanoniker. 1525 verließ er Augsburg und zog nach Leipheim. Als Nachfolger Speisers setzte Jakob Fugger den humanistisch gebildeten Geistlichen Ottmar Nachtigall durch. Als Beichtvater und Testamentszeuge Jakob Fuggers verband diesen mit seinem Patronatsherrn offenbar ein enges Vertrauensverhältnis. Obwohl Nachtigall in manchen seiner Glaubensauffassungen der evangelischen Lehre durchaus nahe stand, galt er politisch als Vertreter der alten Kirche. Den Spagat zwischen altgläubiger und evangelischer Partei konnte Nachtigall auf die Dauer allerdings nicht durchhalten. Nachdem er im September 1528 in einer Predigt scharfe Kritik an evangelischen Positionen geübt hatte, wurde er vom Augsburger Rat mit Predigtverbot und Hausarrest belegt. Daraufhin mussten ihm Anton, Raymund und Hieronymus Fugger die Entlassung gewähren, um die er bereits vorher gebeten hatte. In den folgenden Jahren wurde die Kluft zwischen katholischer Minderheit und evangelischer Mehrheit durch eine doppelte Besetzung der Prädikatur notdürftig überbrückt.[26]

Am Himmelfahrtstag 1533 brach der latente Konflikt zwischen Patronatsherren und Gemeinde offen aus, und wieder erscheint ein Mitglied der Familie Ehem als Kontrahent der Fugger. Marx Ehem, Zechpfleger bei St. Moritz und ein überzeugter Zwinglianer, hatte Anfang des Jahres begonnen, die katholische Messfeier und andere Riten einzuschränken sowie Bilder und Skulpturen aus dem Kirchenraum zu entfernen. Unter anderem hatte er eine Christusfigur wegschließen lassen, die traditionell am Himmelfahrtstag mit einer Seilwinde in das Kirchengewölbe hinaufgezogen wurde, um an die Himmelfahrt Christi zu erinnern. Anton Fugger hatte jedoch heimlich und auf eigene Kosten eine neue Christusfigur anfertigen lassen, und an besagtem Feiertag begaben sich Anton und Raymund Fugger mit Verwandten, Dienern und Gleichgesinnten in die Kirche, um den Auffahrtsritus nach altem Brauch zu vollziehen. Diese Demonstration altgläubiger Frömmigkeit war dem Chronisten Jörg Breu zufolge »aim gantzen rath und gemeiner stat zuowider«. Als Marx Ehem mit Anhängern der evangelischen Partei in der Kirche erschien, kam es zu gegenseitigen Drohungen und Beschimpfungen. Nachdem die Fugger und ihre Begleiter die Kirche verlassen hatten, wurde die Christusfigur auf Anordnung Ehems hinabgestürzt und zerschellte auf dem Kirchenboden. Bei dieser dramatischen Konfrontation der konfessionellen Parteien blieb es nicht: Anton Fugger wurde vor den Rat zitiert und wegen Missachtung der städtischen Obrigkeit zu einer Turmstrafe von acht Tagen verurteilt. Obwohl diese Strafe später ermäßigt wurde – Fugger musste eine Nacht auf dem Turm verbringen und konnte die restliche Strafe in Geld abbüßen – markiert sie einen Bruch im Verhältnis zwischen den Fuggern und der Stadt. Anton Fugger, der seine Bestrafung offenbar als tiefe Kränkung seiner Ehre empfand, zog in seine Herrschaft Weißenhorn und hielt sich bis 1536 vorwiegend dort auf. Mit seinem Gang ins Exil beabsichtigte er Breu zufolge, der Gemeinde, die sich gegen ihn gestellt hatte, »ain groß laid zethun.« In Weißenhorn »wollt er warten, bis ein ander got kem.«[27]

Anton Fuggers Wegzug aus Augsburg war indessen nicht nur ein persönlicher Racheakt, sondern fiel auch zeitlich mit einer entscheidenden kirchenpolitischen Weichenstellung in der Reichsstadt zusammen. Bis Ende der 1520er Jahre hatte der Augsburger Rat in der Frage der kirchlichen Lehre eine von dem einflussreichen Stadtschreiber Dr. Conrad Peutinger konzipierte Politik des »mittleren Weges« verfolgt. Diese Politik war im Interesse des städtischen Friedens sowohl von grundsätzlicher Offenheit gegenüber reformatorischen Neuerungen als auch von Toleranz gegenüber der altgläubigen Minderheit geprägt. Aufgrund der religiösen Spaltung der Augsburger Führungsschicht, der engen Bindung an den Kaiser und der Nachbarschaft einflussreicher altgläubiger Fürsten – des Herzogs von Bayern und des Bischofs von Augsburg – erschien eine solche Kompromisslinie zunächst durchaus sinnvoll. Seit 1529/30 drohte die Politik des »mittleren

Weges« Augsburg jedoch zunehmend in die politische Isolation zu führen. Mit der Annahme des Speyerer Reichstagsabschieds von 1529 und der Nichtunterzeichnung des Augsburger Bekenntnisses entfremdete sich die Stadt vom evangelischen Lager, während sie sich mit der Duldung evangelischer Neuerungen und der Weigerung, den Reichstagsabschied von 1530 anzunehmen, von der altgläubigen Partei entfernte. Angesichts dieser Situation drängten vor allem die evangelischen Prediger, die nach 1530 aus dem reformatorischen Zentrum Straßburg Verstärkung erhielten, auf eine entschiedene Parteinahme für die neue Lehre. Auf eine Petition der Prediger vom Januar 1533 hin setzte der Rat einen Ausschuss ein, der über die Religionspolitik beraten sollte. Auf der Grundlage mehrerer Rechtsgutachten beschloss der eigens einberufene Große Rat im Juli 1534 die Einführung der Reformation. Die Predigt sollte künftig den vom Rat berufenen Prädikanten vorbehalten und der katholische Gottesdienst auf acht Kirchen beschränkt bleiben. Zwei Jahre später trat Augsburg dem Schmalkaldischen Bund bei, und im Januar 1537 wurde die Reformation vollständig durchgeführt: Sämtliche katholischen Geistlichen wurden nun entlassen, die Messe verboten, die noch bestehenden Klöster aufgelöst und das nicht unmittelbar dem Bischof unterstehende Kirchenvermögen vom Rat übernommen. Geistliche, die keine Bürger werden wollten, mussten die Stadt verlassen. Mit der Verabschiedung einer Kirchenordnung und einer Zucht- und Polizeiordnung, der Neuordnung der Feiertage sowie der Einrichtung eines Ehegerichts und einer Zensurbehörde demonstrierte der Rat unmissverständlich, dass das städtische Kirchenwesen nun seiner Autorität unterstellt war. Augsburg war damit offiziell eine evangelische Stadt geworden.[28]

Für die Glaubenspraxis katholischer Familien wie der Fugger bedeuteten die religionspolitischen Ereignisse der Jahre 1534 bis 1537 einen tiefen Einschnitt. Die Karmeliterkirche St. Anna, wo sich die Grabkapelle der Familie befand, war von 1534 bis 1548 geschlossen. Raymund und Hieronymus Fugger wurden zwar 1535 bzw. 1538 auf eigenen Wunsch in der Fuggerkapelle beigesetzt, doch musste dies in aller Stille geschehen, und die eigentlichen Trauerfeierlichkeiten wurden in Weißenhorn abgehalten.[29] Auch aus der Ratspolitik wurde das »Fugger-Netz« weitgehend verdrängt. Dennoch wurden die Brücken zwischen der Stadt und ihrer reichsten Familie auch in diesen Jahren nie ganz abgebrochen. So schloss Augsburg mit Anton, Raymund und Hieronymus Fugger 1535 ein neues Steuerabkommen.[30] Als Raymund Fugger im selben Jahr in seiner Herrschaft Mickhausen starb, würdigte ihn auch ein dezidiert evangelischer Zeitgenosse wie der Maler Jörg Breu als freigebigen und tugendhaften Mann, der Handwerker stets gut behandelt und pünktlich bezahlt habe – was bei evangelischen Kaufleuten und Patriziern offenbar nicht selbstverständlich war – und sich in großer sozialer Verantwortung um Arme und Kranke gekümmert habe.[31] Mit führenden evangelischen Politikern wie den Patriziern Hans Welser und Georg Herwart und dem Zunftbürgermeister Jakob Herbrot unterhielten die Fugger selbst auf dem Höhepunkt der Reformation rege Geschäftsbeziehungen.[32] Jakob Fuggers wichtigste soziale Stiftung, die Fuggerei, stand auch in der Reformationszeit vollkommen im Einklang mit städtischen Vorstellungen von der Förderung des Gemeinen Nutzens und von einer Armenfürsorge, die nur den »wahrhaft Bedürftigen«, d. h. den ehrlichen, sesshaften und arbeitswilligen Armen, zugute kommen sollte. Daher konnte sie nicht nur gemäß Jakob Fuggers Stifterwillen unbehelligt fortgeführt, sondern durch die Errichtung eines »Holzhauses« zur Behandlung von Syphilispatienten sogar noch ausgebaut werden. 1548 stattete Anton Fugger dieses »Holzhaus« mit einem Stiftungskapital von 20 000 Gulden aus.[33]

Mehr noch: Als das auf sieben Familien zusammengeschmolzene Augsburger Patriziat im Jahre 1538 durch die Aufnahme von 38 Familien erweitert wurde, kamen auch die Fugger und ihr enger Vertrauter Konrad Mair zum Zuge. Die Berücksichtigung führender altgläubiger Familien in in einer solchen Prestigefrage war vor allem wirtschaftspolitisch sinnvoll, denn damit kamen »die politisch dominierenden protestantischen Führungsgruppen einer möglichen Abwanderung der wichtigen Steuerzahler und Wirtschaftskräfte aus dem Fugger-Netz zuvor.«[34] Mit dem theologisch aufgeschlossenen und persönlich toleranten Hans Jakob Fugger saß seit 1542 wieder ein Mitglied der Familie im Kleinen Rat, und in den Jahren 1543 bis 1546 gehörte Fugger als Einnehmer sogar dem engsten Führungszirkel, dem Dreizehnerausschuss, an. Im Jahre 1545 bewilligte der Augsburger Rat den Fuggern »Inn ansehung gemainer stat Augspurg vilfeltiger bewisener dienst und gutthaten« eine Wasserleitung, die vom Stadtbrunnen in ihre Häuser führte. Obwohl die Fugger und die ihnen konfessionell und verwandtschaftlich nahe stehenden Familien in der städtischen Führungselite unterrepräsentiert blieben, waren die führenden Politiker der Reichsstadt offenkundig darauf bedacht, sie in der Stadt zu halten.[35] Während des Schmalkaldischen Krieges zwischen dem Kaiser und seinem protestantischen Gegnern sollte sich diese Strategie auszahlen.

Der Schmalkaldische Krieg und die Verfassungsänderung von 1548 – ein Wendepunkt?

Nach dem Scheitern der Bemühungen um einen religionspolitischen Ausgleich zwischen dem Kaiser und den evangelischen Reichsständen zu Beginn der 1540er Jahre versuchte Karl V., den Widerstand der protestantischen Fürsten und Städte mit militärischen Mitteln zu brechen. Nachdem Karl durch den Frieden von Crépy mit Frankreich (1544) die nötige militärische und politische Handlungsfreiheit gewonnen hatte, kam es im Juli 1546 zum Krieg mit dem Schmalkaldischen Bund. In diesem Konflikt verspielten die Führer des Bundes, Kurfürst Johann Friedrich von Sachsen und Landgraf Philipp von Hessen, ihre anfänglich überlegene Position im Süden des Reiches durch ihre Uneinigkeit und Unentschlossenheit, und der mit dem Papst, Herzog Wilhelm von Bayern und sogar mit mehreren protestantischen Reichsfürsten verbündete Kaiser konnte ihnen im April 1547 in der entscheidenden Schlacht bei Mühlberg an der Elbe eine Niederlage zufügen. Die Reichsstadt Augsburg, die auf der Seite des Schmalkaldischen Bundes in den Krieg eingetreten war, musste sich bereits im Januar 1547 dem Kaiser unterwerfen. Damit waren auch die Versuche der Stadt gescheitert, die Reformation durch die Besetzung von Klöstern und die Einsetzung evangelischer Prediger in ihr Umland zu exportieren und daraus territorialpolitisches Kapital zu schlagen.[36]

Ungeachtet der Aufforderung des Rates, dass sich alle Bürger an der Verteidigung der Stadt zu beteiligen hatten, verließen mehrere Vertreter der führenden kaisertreuen Familien bei Ausbruch des Konflikts die Stadt. Neben Bartholomäus Welser, dessen Schwiegersöhnen Hieronymus Sailer und Hans Paul Herwart sowie Hans Baumgartner entschlossen sich auch Anton Fugger und sein Neffe Hans Jakob, den Ausgang des Konflikts an einem sicheren Ort abzuwarten. Anton Fugger, der sich im Juni 1546 in Regensburg noch vergeblich um die Neutralität der Reichsstadt bemüht hatte, begab sich mit seiner Familie nach Schwaz in Tirol, wohin auch die Geschäftsunterlagen des Unternehmens gebracht wurden. Hans Jakob hielt sich zunächst ebenfalls in Regensburg und später in Passau auf. Auch seine Brüder Georg und Christoph verließen die Stadt. Wegen ihrer Abwesenheit leisteten die Fugger eine Zahlung von 40 000 Gulden; außerdem lieferten sie der Stadt im Sommer 1546 Getreide und Tiroler Silber. Obwohl dem Augsburger Rat bekannt war, dass die Fugger den Kaiser in dieser Zeit mit namhaften Summen unterstützten, verzichtete er auf die Konfiskation ihres Besitzes, während er Hans Baumgartners Güter beschlagnahmen ließ. Forderungen aus dem Lager des Schmalkaldischen Bundes nach einer Zwangsanleihe bei den Fuggern wurden vom Rat wiederholt abgewehrt. Außerdem hielten führende Stadtpolitiker wie Jakob Herbrot weiterhin regelmäßigen Briefkontakt mit Anton Fugger, und der Hauptmann der Bundestruppen, Sebastian Schertlin von Burtenbach, verschonte bei seinen militärischen Operationen im östlichen Schwaben die Besitzungen der Familie. Diese Rücksichtnahme sollte sich auszahlen, als die kaiserliche Seite gegen Ende des Jahres 1546 in Süddeutschland die Oberhand gewann. Anton Fugger drängte Jakob Herbrot nun zu Ausgleichsverhandlungen mit dem Kaiser, und als der Rat Mitte Januar 1547 schließlich einwilligte, erklärte er sich bereit, die Augsburger Delegation zum Kaiser selbst anzuführen. Der Fußfall vor dem Herrscher, den die sechs Delegationsmitglieder am 29. Januar 1547 vollzogen, geriet Katarina Sieh-Burens zufolge auch »zum demonstrativen Bekenntnis des Handelsherrn zur Reichsstadt Augsburg«. Durch Geschenke an wichtige Berater des Kaisers wie den Herzog von Alba und Nicolas Perrenot de Granvelle versuchte Anton Fugger Strafmaßnahmen von der Stadt abzuwenden, und als der Kaiser von Augsburg eine Strafzahlung von 150 000 Gulden forderte, sprang seine Firma mit einem Darlehen von 80 000 Gulden ein. Außerdem bereitete Anton Fugger durch ein Darlehen an den Augsburger Bischof, Kardinal Otto Truchsess von Waldburg, die Aussöhnungsverhandlungen zwischen Reichsstadt und Bischof vor. Sein Einsatz für die Reichsstadt dürfte von demselben Motiv geleitet gewesen sein, das auch seine evangelischen Gegenspieler veranlasst hatte, den Kontakt mit ihm zu halten: Es ging um die möglichst rasche Wiederherstellung der gestörten Handelsbeziehungen und die Normalisierung des Augsburger Wirtschaftslebens.[37]

Nach seinem Sieg über die evangelischen Stände setzte Karl V. auf dem »Geharnischten Reichstag«, der 1547/48 in Augsburg abgehalten wurde, einschneidende religionspolitische und konstitutionelle Änderungen durch, die für die weitere Geschichte der Reichsstadt und ihrer reichsten Familie von erheblicher Bedeutung waren. Zum einen musste die Stadt auf Druck des Kaisers einen Vertrag mit dem Augsburger Bischof schließen, der diesen in seine alten Rechte einsetzte und die Grundlage für die Rückkehr der katholischen Geistlichen in die Stadt und die Wiederherstellung der aufgehobenen Klöster und Stifte bildete. Weiterhin ließ der Kaiser in den evangelischen Reichsstädten und Territorien das Interim einführen, eine Art religionspolitischen Schwebezustand zwischen alter und neuer Lehre. Das Interim sollte nach den Vorstellungen des Kaisers bis zu einer endgültigen Regelung durch das 1545 begonnene Konzil von Trient die Grundlage der Glaubenspraxis und Gottesdienstordnung bilden. Diese Maßnahmen hatten auf die religiöse Entwicklung in Augsburg erhebliche Auswirkungen, denn der katholische Glaube konnte nun erstmals seit 1537 wieder offen praktiziert werden und die zuvor stark an Bucer und Zwingli orientierte evangelische Kirche Augsburgs richtete sich in der Folgezeit zunehmend auf das Luthertum aus. Die 1551 erfolgte Ausweisung der Prädikanten, die das Interim nicht annehmen wollten, trug dazu wesentlich bei. Der konfessionelle Dualismus von katholischer Minderheit und lutherischer Mehrheit, der sich nun herausbildete, wurde mit dem Augsburger Religionsfrieden von 1555 auch rechtlich fixiert. Schließlich ordnete der Kaiser Anfang August 1548 die Aufhebung der Zünfte und die Einführung patrizischer Ratsverfassungen in Augsburg und 26 weiteren süddeutschen Reichsstädten an. Diese Maßnahmen, die auch von den Augsburger Patriziern Hans Baumgartner und Hans Jakob Fugger empfohlen worden waren, stellten nicht nur eine Bestrafung der Zünfte für den »Ungehorsam« der maßgeblich von ihnen getragenen reformatorischen Bewegung gegenüber Kaiser und Reich dar, sondern bestätigten zugleich die schon länger in den Reichsstädten wirksamen Tendenzen zur obrigkeitlichen Verfestigung der Ratsherrschaft. Nachdem die Zünfte aufgelöst und ihre Vertreter aus dem Regiment verdrängt worden waren, regierten patrizisch dominierte Räte ihre Städte als quasi-aristokratische Obrigkeiten. Das Vorbild für diese Regimentsänderungen bildete die patrizisch regierte Reichsstadt Nürnberg.[38]

Für die Fugger bedeuteten diese Änderungen einerseits, dass sie ihre Rolle als Förderer der alten Kirche und Patronatsherren von St. Moritz wieder in vollem Umfang wahrnehmen konnten. Im Jahre 1555 gelang es erstmals, diese lange umstrittene Prädikatur im Einklang mit Jakob Fuggers Stifterwillen dauerhaft zu besetzen. Die ehemalige Karmeliterkirche St. Anna allerdings blieb nach 1548 evangelisch, so dass Jakob Fuggers Erben die liturgische Memoria ihres großen Vorfahren 1555 dem Augsburger Dominikanerkonvent übertrugen.[39] Andererseits bedeutete die Umwandlung der zünftischen in eine patrizische Ratsverfassung, dass die Fugger als Mitglieder dieser höchsten ständischen Gruppe erstmals in höchste städtische Ämter aufstiegen. Anton Fugger wurde vom Kaiser zu einem der fünf Geheimen Räte ernannt, die künftig gemeinsam mit den beiden Stadtpflegern die Spitze des Regiments bildeten. Während Anton Fugger dieses Amt bereits 1551 wieder aufgab und sich aus der Stadtpolitik zurückzog, wurden sein Neffe Hans Jakob und sein Schwager Heinrich Rehlinger, der seit 1549 das Stadtpflegeramt bekleidete, die beiden einflussreichsten Stadtpolitiker der 1550er Jahre. Hans Jakob Fugger war 1548 zum Bürgermeister ernannt worden; dieses Amt hatte gegenüber der Zunftverfassung zwar einen großen Teil seiner politischen Bedeutung verloren, aber Hans Jakob verstand es als Sprungbrett für seine Karriere zu nutzen. Bereits 1551 übernahm er den Sitz seines Onkels im Geheimen Rat. »Die Fugger,« so Katarina Sieh-Burens, wurden »auf der Grundlage ihrer wirtschaftlichen Macht und ihres über die Stadtgrenzen hinausreichenden Einflusses zum entscheidenden, das neue politische System tragenden Faktor.«[40]

Die Fugger in der bikonfessionellen Reichsstadt

Nach den turbulenten Jahren der Reformation, des Schmalkaldischen Krieges und der Abschaffung der Zunftverfassung stand die städtische Führung vor der Aufgabe, den Frieden zwischen den konfessionellen und sozialen Gruppen in der Stadt zu wahren und zugleich einen Ausgleich mit dem Kaiser und den mächtigen katholischen Nachbarn Augsburgs herbeizuführen. Aufgrund seiner irenischen, toleranten Haltung in konfessionellen Fragen, die sich in Freundschaften mit protestantischen Gelehrten niederschlug, und seiner guten Beziehungen zu den Höfen der Habsburger und Wittelsbacher schien Hans Jakob Fugger für diese Aufgaben geradezu prädestiniert. Mit den kaiserlichen Räten Georg Sigmund Seld und Johann Ulrich Zasius und dem bayerischen Kanzler Wiguleus Hundt verband ihn bereits seit seinen Studientagen eine persönliche Bekanntschaft, und sowohl der Kaiser als auch König Ferdinand bekundeten ihre Wertschätzung für Hans Jakob Fugger, indem sie ihn 1549 bzw. 1551 ehrenhalber zu ihrem Rat erhoben. Die konfessionelle Aufgeschlossenheit der Fugger in dieser Zeit, die sich in mehreren Heiratsverbindungen mit protestantischen Adelsfamilien niederschlug, und ihre gleichzeitige Pflege guter Beziehungen zu den Häusern Habsburg und Wittelsbach zahlten sich insbesondere während des Aufstands protestantischer Reichsfürsten gegen Kaiser Karl V. im Jahre 1552 aus. Zwar übernahm nochmals ein Zunftregiment unter Führung der evangelischen Großkaufleute Jakob Herbrot und Georg Österreicher vorübergehend die Macht in der Stadt, doch Hans Jakob Fugger behielt bezeichnenderweise seinen Sitz im Rat und lavierte geschickt zwischen städtischen und kaiserlichen Interessen. Nach dem Ende des Fürstenaufstands setzte er sich erfolgreich für die Wiederherstellung des patrizischen Regiments und einen Ausgleich der Konfessionen ein. Fugger und sein Schwager Heinrich Rehlinger betrieben aber auch den Beitritt Augsburgs zum Landsberger Bund, einem Bündnis kaisertreuer Reichsstände unter der Führung Bayerns, im Jahre 1556 und stellten damit die Weichen für eine pro-habsburgische Außenpolitik.[41]

Nach 1560 vollzog sich jedoch ein Wandel in der konfessionellen Einstellung der Fugger, der sich auch auf ihre Stellung in der bikonfessionellen Stadt auswirkte. Während Hans Jakob Fugger und sein Bruder Ulrich, ein bekennender Protestant, Augsburg wegen ihrer privaten Schulden verließen,[42] wandten sich ihre in der Stadt verbliebenen Brüder und Vettern unter dem Einfluss des Jesuitenordens entschieden gegenreformatorischen Positionen zu und entwickelten sich zu führenden Vertretern und Förderern der katholischen Konfessionalisierung in der Reichsstadt. Die Predigten, die der Jesuitenpater Petrus Canisius seit Sommer 1559 im Augsburger Dom hielt, belebten nicht nur die Frömmigkeit der um diese Zeit nur noch rund 7000 Katholiken in der Stadt, sondern führten auch zu zahlreichen Konversionen. Zu den prominentesten Konvertiten gehörten die protestantischen Ehepartner von Mitgliedern der Familie Fugger: 1560

Abb. 18: Das Jesuitenkolleg St. Salvator in Augsburg, Kupferstich von Simon Grimm, ohne Datum

traten Marx Fuggers Gemahlin Sibylla von Eberstein und Georg Fuggers Frau Ursula von Liechtenstein zum Katholizismus über, und 1561 taten Hans Fuggers Gattin Elisabeth Nothafft von Weißenstein sowie Katharina Fugger und ihr Gatte Graf Jakob von Montfort denselben Schritt. Das katholische Bekenntnis wurde für die Fugger und ihr Umfeld nun zu einer verbindlichen Norm. Im letzten Drittel des 16. Jahrhunderts wurde in den Heiratsbriefen von Familienangehörigen regelmäßig festgelegt, dass Hochzeiten nach katholischem Ritus zu feiern waren. Ebenso ordneten die Fugger in ihren Testamenten explizit katholische Bestattungen an, und die Brüder Hans und Marx Fugger legten zunehmend Wert auf den »richtigen« Glauben ihrer Bediensteten und der Erzieher ihrer Kinder. So erfuhr Philipp Eduard Fugger während seines Aufenthalts in Antwerpen 1569 von dem Angestellten Hans Bechler, »daz Herr Hans (Fugger) kain lutherischen meer Jm haus haben will.« Außerdem unterstützten Georg, Marx und Hans Fugger tatkräftig die Augsburger Jesuiten und ließen sogar ihre Bibliotheken von reformatorischen Schriften »säubern«. Georg Fuggers Söhne Octavian Secundus und Philipp Eduard besuchten das Collegium Germanicum in Rom, und Octavian Secundus trug sich zeitweilig ernsthaft mit dem Gedanken, in die Gesellschaft Jesu einzutreten. Ihre Mutter Ursula ließ den Jesuiten Geschenke und finanzielle Zuwendungen zukommen. Mehrere Exorzismen, die Jesuiten 1568/69 bei Fugger'schen Dienstmägden durchführten, erregten in der Augsburger Bevölkerung großes Aufsehen. Ursula Fugger unternahm in Begleitung ihres Schwagers Hans sogar eine Wallfahrt nach Rom, weil sie der Auffassung war, dass ihrer vermeintlich besessenen Magd nur dort geholfen werden konnte.

Eine Teufelsaustreibung, die Petrus Canisius 1570 in Altötting bei einem adeligen Kammerfräulein der Sibylla Fugger durchführte, trug erheblich zu dem Aufschwung bei, den die dortige Wallfahrt im späten 16. Jahrhundert erlebte.[43]

Zum wichtigsten Projekt der Konfessionalisierungspolitik der Augsburger Jesuiten und ihrer Förderer entwickelte sich die Gründung eines Jesuitenkollegs in der Reichsstadt. Mitglieder der Familie Fugger setzten sich seit den 1560er Jahren für dieses Vorhaben ein. Um 1576 wurde das Verhältnis zwischen dem Orden und der Familie jedoch durch die Tatsache belastet, dass ausgerechnet die Jesuiten das alte Problem des kanonischen Zinsverbots wieder aufgriffen und die Praxis des fünfprozentigen Darlehenszinses für sündhaft erklärten. Zeitweilig verweigerten sie den in der Handelsgesellschaft tätigen Familienmitgliedern deswegen sogar die Absolution. Dass die Fugger die Gründung des Kollegs St. Salvator durch besonders großzügige Schenkungen und Legate ermöglichten, könnte vor diesem Hintergrund als Versöhnungsangebot an den Orden, vielleicht auch als Ausdruck ihres schlechten Gewissens interpretiert werden. Eine Summe von 30 000 Gulden kam aus dem Nachlass Christoph Fuggers, und die Brüder Octavian Secundus und Philipp Eduard Fugger überließen den Jesuiten acht Häuser »auf unser Frauen Graben« im Wert von 12 000 Gulden. Auf diesem Gelände wurde das Kolleg errichtet, das 1582 den Lehrbetrieb aufnahm. Die Gattinnen der Fugger spendeten Geld und kostbare Geräte für die Ausstattung der Kirche von St. Salvator. Im Jahre 1586 erhielt das Kolleg von der Familie Fugger weitere 16 000 Gulden, und Hans Fuggers Sohn Christoph stiftete zwölf Jahre später für dessen Unterhalt nochmals 40 000 Gulden. Später setzten sich die Fugger auch für eine Niederlassung des Kapuzinerordens in Augsburg ein und stellten diesem 1602 ein Grundstück für den Bau von Kirche und Kloster St. Sebastian zur Verfügung. Die von der Ratsführung unterstützte Gründung von St. Salvator und die Tatsache, dass die Jesuiten den Schülern kostenlosen Unterricht erteilten, spornte auch die Augsburger Protestanten zu einer neuen Initiative im höheren Schulwesen an. 1581 wurde mit finanziellen Beiträgen zahlreicher Patrizier- und Kaufmannsfamilien das evangelische Kolleg bei St. Anna gegründet. Die Gründung zweier konkurrierender höherer Schulen war ihrerseits Ausdruck einer zunehmenden Verhärtung der konfessionellen Fronten, die sich um 1580 abzeichnete.[44]

In dieser Phase der konfessionellen Polarisierung, in der sich die Fugger auch durch die Teilnahme an Prozessionen demonstrativ zum katholischen Glauben bekannten,[45] stand Marx Fugger neben Anton Christoph Rehlinger, einem weiteren überzeugten Katholiken, als Stadtpfleger an der Spitze des Regiments. Marx Fugger hatte sich 1576 allerdings nur nach einem dringenden Appell an seine Pflichten als Augsburger Bürger zur Annahme des hohen Amtes bereit gefunden und bat 1581 erfolglos um seine Entlassung. Drei Jahre später wurde er auf eine kaiserliche Intervention hin von seinen Pflichten entbunden.[46] Zu dieser Zeit war die konfessionelle Polarisierung in der Reichsstadt wegen der Einführung des Gregorianischen Kalenders bereits in einem offenen Aufstand eskaliert.

Den Ausgangspunkt dieses Konflikts bildete die Entscheidung der Augsburger Ratsführung vom Januar 1583, den im Vorjahr von Papst Gregor XIII. eingeführten neuen Kalender zu übernehmen. Der Rat begründete diesen Beschluss mit der Gefahr wirtschaftlicher Einbußen, die der Stadt entstünden, wenn Augsburgs Feiertage von denjenigen der umliegenden katholischen Territorien abwichen. Diese Territorien – das Herzogtum Bayern und das Hochstift Augsburg – hatten den neuen Kalender bereits eingeführt. Während die große Mehrheit der Augsburger Bevölkerung protestantisch war, hatten die Katholiken im Rat ein leichtes Übergewicht. Neben dem Stadtpfleger Marx Fugger saß seit 1580 auch ein Sohn seines Vetters Georg, Octavian Secundus Fugger, im Kleinen Rat. Von 1594 bis 1600 sollte Octavian Secundus, den der protestantische Chronist Jörg Siedeler als »ein Hauptsaul der Römischen Kirchen« bezeichnete, selbst das Amt des Stadtpflegers bekleiden.[47] Zwar stimmten auch einige protestantische Ratsmitglieder der Umstellung auf den neuen Kalender zu, doch eine Gruppe evangelischer Ratsherrn und Kirchenpfleger sah in dieser Reform einen Verstoß gegen die Gewissensfreiheit und den Augsburger Religionsfrieden und appellierte an das Reichskammergericht. Als der Rat die Reform in Kraft setzte, reagierte die evangelische Mehrheit der Bürgerschaft darauf mit demonstrativer Missachtung der neuen Sonn- und Feiertagstermine. Zahlreiche Handwerker wurden wegen Sonn- und Feiertagsarbeit bestraft. In anonymen Schmähschriften wurde dem Rat vorgeworfen, mit Hilfe des »erlogenen« päpstlichen Kalenders aus Augsburg eine »Pfaffenstadt« machen zu wollen. Falls der neue Kalender nicht zurückgenommen werde, werde die Gemeinde zur Selbsthilfe greifen. An die Spitze des Widerstands stellten sich die evangelischen Prädikanten. Insbesondere der Superintendent der evangelischen Kirche Augsburgs, Dr. Georg Müller, schlug einen scharfen Ton an und beschimpfte die Ratsherren als Heuchler und Tyrannen. Stadtpfleger Marx Fugger wiederum betrachtete die evangelischen Prediger als Unruhestifter, deren man sich am besten entledigen sollte. Bereits 1580 hatte er an seinen Amtskollegen Anton Christoph Rehlinger geschrieben: »Wan man Inen alles also last hingeen, werden sy je lenger je unflettiger werden, biß es zu letzt zu ainer aufruer wird geratten sollich aufruerische predicanten seindt besser aus der statt dann darinnen.«[48]

Um die Jahreswende 1583/84 verschärften weitere Maßnahmen des Rates die Lage: Zu seinem eigenen Schutz heuerte er fremde Söldner an. Außerdem nahm er für sich in Anspruch, zwei frei gewordene evangelische Pfarrerstellen selbst zu besetzen. Bislang war dieses Recht traditionell dem Gremium der evangelischen Pfarrer, dem Ministerium, zugestanden, doch ein entsprechender Vorschlag des Ministeriums wurde vom Rat verworfen. Nachdem ein Urteil des Reichskammergerichts die Rechtmäßigkeit der Einführung des neuen Kalenders bestätigt hatte, griff der Rat durch und entließ die Wortführer des evangelischen Widerstands aus ihren Ämtern. Die Prädikanten riefen hingegen weiterhin zum Ungehorsam auf. Ihre Position wurde durch ein juristisches Gutachten der Universität Tübingen gestützt, das den Anspruch der Evangelischen auf Gleichberechtigung formulierte. Von den Kanzeln herab riefen die Prädikanten ihre Gemeinden Anfang Juni 1584 auf, das bevorstehende Fest der Himmelfahrt Christi nach dem alten Kalender zu feiern. Der Rat erließ daraufhin ein Verbot, an diesem Tag die Läden zu schließen, und verwies den Superintendenten Dr. Müller aus der Stadt. Dieser Versuch, den führenden evangelischen Prädikanten auszuweisen, gab das Signal zum offenen Aufruhr. Die Kutsche, die Müller und seine Familie aus der Stadt bringen sollte, wurde von einer aufgebrachten Menschenmenge angehalten und der Prädikant befreit. In der Jakober Vorstadt, wo vor allem ärmere Handwerker und Tagelöhner lebten, liefen mehrere Tausend Menschen zusammen. Obwohl der Rat die Schließung der inneren Stadttore angeordnet hatte, bahnte sich die Menge einen Weg in die Oberstadt, stürmte das Zeughaus und bewaffnete sich. Vor dem Rathaus, wo die vom Rat angeheuerten Söldner Stellung bezogen hatten, fielen einzelne Schüsse, doch konnten die Prädikanten die aufgebrachte Menge beruhigen und so vermutlich ein Blutbad verhindern.

Während der Rat daraufhin versuchte, den Kalenderstreit durch Verhandlungen mit der Bürgerschaft beizulegen, gingen die Auseinandersetzungen um das Recht zur Berufung der Prediger weiter. Eine im Juli 1584 eingesetzte kaiserliche Kommission, der mit Graf Wilhelm von Oettingen und Ottheinrich von Schwarzenberg auch Personen aus dem verwandtschaftlichen Umfeld der Fugger angehörten, befragte über einhundert Augsburger Bürger, in deren Aussagen sich ein hohes Maß an Unzufriedenheit mit dem Ratsregiment äußerte. Hans Fugger, der als einer der ersten befragt wurde, war der Ansicht, dass es nicht primär um die Religion gegangen sei: »Hallt dafür die ursachen (sei) etlicher muetwill unnd armuet, so gern gesechen, das es alles uber und uber gangen.« Die Aussagen der meisten Befragten zeigen, dass sich der Widerstand gegen den »päpstlichen« Kalender mit sozialen und politischen Anliegen vermischte. In Augsburg herrschte eine tiefe Kluft zwischen schwerreichen Patriziern und Kaufleuten auf der einen, armen Handwerkern auf der anderen Seite. Die ärmeren Einwohner klagten über steigende Lebensmittelpreise und die Verschlechterung der wirtschaftlichen Lage (vor allem auf dem für Augsburg besonders wichtigen Textilsektor). Wesentliche Kritikpunkte waren das Zahlenverhältnis von Katholiken und Protestanten im Rat, die verwandtschaftliche Verflechtung der Ratsmitglieder, die ungerechte Wahlordnung, Eingriffe der Obrigkeit in das evangelische Kirchenwesen, die Aktivitäten der Jesuiten sowie die steuerliche Begünstigung reicher Patrizierfamilien, insbesondere der Fugger. Der evangelische Kaufmann David Weiß, selbst ein Angehöriger der Oberschicht, berichtete, der »gemein mann« würde sich beschweren, dass sämtliche Fugger gemeinsam nur 2000 Goldgulden an Vermögenssteuer zahlen würden, obwohl jedes Familienmitglied alleine diese Summe aufbringen könne. Der Stadtpfleger Marx Fugger blieb unterdessen auffällig im Hintergrund. Dass er hinter den Kulissen die Fäden zog, um Bündnispartner zu gewinnen und die Herrschaft des Patriziats zu sichern, ist aber mehr als wahrscheinlich.[49]

Aufschlussreiche Einblicke in die Wahrnehmung des Konflikts durch einen Vertreter der katholischen Elite der Reichsstadt geben die Briefe Hans Fuggers, des Bruders des Stadtpflegers. Obwohl er mit evangelischen Patriziern wie Hans Honold und Hans Sigmund Stammler persönlich befreundet war, vertrat Fugger in seiner Korrespondenz durchweg die Sichtweise des Augsburger Rates. Die Aktivitäten der Kalendergegner erweckten bei ihm den Eindruck, dass »man under dem Schein der Religion alle Schelmereien bedöckhen will«. Als Verursacher der Unruhen sah er die evangelischen Prediger und insbesondere den Superintendenten Dr. Müller an. Diese hätten das gemeine Volk so aufgehetzt, dass es bewaffnet »inn der Statt wie unsinnig umbgeloffen« sei. Gegenüber seinem Neffen Jörg von Montfort drückte Hans Fugger sogar die Hoffnung aus, der Kaiser werde Müller nach Wien bringen und dort hinrichten lassen, wie es Ferdinand I. einst mit Silvester Raid getan habe, denn »sonst haben wir zu ewigen Zeiten bös Pratiken und khein Rhue.« In diesem Zitat kommt nicht nur Hans Fuggers harte Haltung gegenüber »Aufwieglern« zum Ausdruck, die die legitime Herrschaft des patrizischen Rates bedrohten, sondern es zeigt auch, dass die Erinnerung an den einstigen Fuggerangestellten und politischen Intriganten Silvester Raid auch ein Vierteljahrhundert nach dessen Tod noch sehr lebendig war. Fuggers harte Haltung lag offensichtlich in einer tiefen Sorge um die Zukunft des Katholizismus und der Patriziatsherrschaft in der Stadt begründet. Wenn »wir nun alhie einmal die catholisch Religion verlieren,« schrieb er im August 1584 an Dr. Johann Tonner nach Prag, dann sei »wol zusorgen, khein Kaiser Carl (V.) würde die so bald mer restauriren und zuletst diese Statt auch darob zu Grund geen und eher lang das Gras uff dem Weinmarkht wachsen.« Mit dem Schicksal des patrizischen Regiments sah Fugger also auch die Zukunft seiner eigenen Familie eng verknüpft. Der Streit um das Berufungsrecht der evangelischen Prediger hielt diese Sorge auch im folgenden Jahr wach; Fugger bezeichnete die Prädikanten nun als »Geschmeiß«, das »uß dieser herrlichen Statt ein spelunca« machen wolle. Sollten die Prediger sich tatsächlich durchsetzen, dann wolle er lieber an der ungarischen Grenze als in Augsburg leben. Fugger versuchte während des Konflikts seine Beziehungen nach München, Speyer, Wien und Prag spielen zu lassen, um Unterstützung für den Augsburger Rat zu mobilisieren, trat allerdings auch als Vermittler gegenüber einem benachbarten lutherischen Fürsten, Philipp Ludwig von Pfalz-Neuburg, in Erscheinung.[50]

Nachdem die Kommissionsverhandlungen keine Einigung zwischen den konfessionellen Fraktionen im Rat herbeiführen konnten, griff die Ratsmehrheit im August 1585 zu Zwangsmaßnahmen. Eine 18-köpfige protestantische Oppositionsgruppe, unter der sich Angehörige prominenter Familien der Oberschicht befanden, wurde verhört und zehn von ihnen der Stadt verwiesen. Weitere Kalendergegner gingen freiwillig ins Exil. 1586 wurden sämtliche evangelischen Prädikanten der Stadt verwiesen und durch neue ersetzt. Die vom Rat berufenen Nachfolger wurden aber von der protestantischen Bürgerschaft boykottiert, der Gottesdienstbesuch und das Spendenaufkommen in den evangelischen Kirchen gingen dramatisch zurück. Protestantische Bürger versammelten sich in privaten Bibelkreisen, die der Rat wiederum aufzulösen versuchte. Erst 1591 konnte mit Hilfe anderer Reichsstädte in der Frage des Berufungsrechts der Prediger ein Kompromiss gefunden werden: Die künftig sechs evangelischen Kirchenpfleger erhielten ein Vorschlagsrecht für freie Predigerstellen, während die Berufung der Prediger durch den Rat erfolgte. Insgesamt verstärkte dieser Kalenderstreit die konfessionelle Polarisierung der Reichsstadt und prägte die religiösen Mentalitäten. In den Forderungen der evangelischen Opposition war allerdings auch ein möglicher Lösungsansatz für konfessionelle Konflikte in einer Stadt wie Augsburg deutlich geworden: die Gleichberechtigung bei der Besetzung der Ratsämter sowie innere Autonomie und »Gewissensfreiheit« für jede der beiden Glaubensgemeinschaften. Dieser Lösungsansatz der konfessionellen Parität wurde im Westfälischen Frieden von 1648 für Augsburg und einige andere bikonfessionelle Reichsstädte verfassungsrechtlich verankert.[51]

Kapitel 8

Zwischen Bürgertum und Adel: Investitionsstrategien, Karrieremuster und Lebensstile

Vom Stadtbürgertum zum Landadel?

In der Geschichte des spätmittelalterlichen und frühneuzeitlichen Stadtbürgertums begegnet immer wieder das Phänomen, dass reich gewordene Patrizier- und Kaufmannsfamilien einen Teil ihres Vermögens in ländlichen Grundbesitz anlegen. Für die Oberschichten der großen süddeutschen Reichsstädte ist dieser Prozess ebenso beobachtet worden wie für städtische Eliten in Italien, England, Frankreich und den Niederlanden.[1] Bisweilen ging der Erwerb von Landbesitz mit der Verleihung von Adelstiteln, Heiratsverbindungen mit dem Landadel und einem Rückzug aus dem städtischen Leben einher. Diese Phänomene sind häufig als »Feudalisierung« des Bürgertums beschrieben worden. Nicht wirtschaftlicher und sozialer Erfolg in der städtischen Gesellschaft, sondern der Aufstieg in den Adel bildete demnach das Leitbild des Bürgertums.[2]

Auf den ersten Blick scheint die Geschichte der Fugger diesen Prozess der »Feudalisierung« in geradezu idealtypischer Weise zu illustrieren. Die im 14. Jahrhundert nach Augsburg eingewanderten Weber stiegen zunächst zu angesehenen Kaufleuten und dann zu internationalen Unternehmern und Bankiers auf. Im Laufe des 16. Jahrhunderts investierten sie immer größere Summen in Landbesitz und besaßen im frühen 17. Jahrhundert allein im östlichen Schwaben mehr als 100 Dörfer. Sie wurden 1530 in den erblichen Reichsgrafenstand erhoben und erhielten zusätzliche Privilegien wie eigene gerichtsherrliche Rechte und die teilweise Befreiung von der Augsburger Gerichtsbarkeit zugesprochen. Seitdem schlossen die Fugger fast nur noch Heiratsverbindungen mit Familien des Landadels. Um die Mitte des 17. Jahrhunderts gaben sie dann das Handels- und Bankgeschäft, das einst die Grundlage ihres wirtschaftlichen und sozialen Aufstiegs gebildet hatte, ganz auf und lebten fortan von ihren Renteneinkommen bzw. wirkten als hohe Geistliche, Offiziere und fürstliche Beamte.[3]

Aus den vorangegangenen Kapiteln sollte allerdings bereits deutlich geworden sein, dass diese schematische Darstellung eines linearen Aufstiegs vom Bürgertum in den Adel zu kurz greift. Obwohl die Fugger bereits seit 1507 beträchtliche Summen in Landbesitz investierten und seit 1511 in den Genuss kaiserlicher Standeserhebungen kamen, hielten sie noch fast eineinhalb Jahrhunderte lang an der Handelsgesellschaft fest. Obwohl sie Heiratsverbindungen mit dem Landadel eingingen und ihre ländlichen Herrschaftssitze zu prachtvollen Repräsentationsbauten ausgestalten ließen, blieben die Augsburger Fuggerhäuser bis in die Zeit des Dreißigjährigen Krieges hinein der Lebensmittelpunkt der meisten Familienangehörigen. Ferner engagierten sich Mitglieder der Familie in hohen städtischen Ämtern und nahmen am urbanen Leben teil. Mäzenatentum und Sammeltätigkeit der Fugger, Bildung und Studienreisen, Repräsentation und Kulturkonsum verschafften ihnen bei reichsstädtischen Mitbürgern und auswärtigen Gelehrten, beim Landadel und an mitteleuropäischen Fürstenhöfen gleichermaßen Ansehen und begründeten sowohl ihre herausgehobene Stellung in der Stadtgesellschaft als auch die Anerkennung ihres adeligen Standes. Das ganze 16. und frühe 17. Jahrhundert hindurch waren die Fugger gleichermaßen Kaufleute und Landadelige und nahmen damit eine gesellschaftliche Stellung ein, die sich einfachen ständischen Kategorisierungen entzieht. Wenn sich Mitglieder der Familie 1592 als »Burger zu Augspurg und Stend des römischen Reichs« bezeichneten, brachten sie diese Sonderstellung treffend zum Ausdruck.[4] Ein Vergleich mit anderen reichsstädtischen Familien zeigt zudem, dass die Verbindung stadtbürgerlicher und landadeliger Werte, Verhaltensweisen und Lebensstile kein Spezifikum der Fugger war, sondern auch bei Familien wie den Vöhlin, Langenmantel, Imhof, Rehlinger und Stetten zu beobachten ist. Vom Grundbesitz anderer Augsburger Familien unterscheidet sich derjenige der Fugger vor allem durch seine Größe und Stabilität. Während andere Familien ihre Ländereien häufig wieder verkauften, war für die Fugger »der Grundbesitz ein unveräußerlicher Bestandteil des Familienvermögens«.[5]

Der Wandel der Lebensformen und des Selbstverständnisses reichsstädtischer Familien im 16. und 17. Jahrhundert sollte daher nicht als »Feudalisierung« beschrieben werden, sondern als Ausdruck eines Pluralismus an Normen und Karrieremöglichkeiten. Die Grundlage für Vermögen, Ansehen und Status dieser Familien bildete zwar der Handel, doch konnten Ansehen und Besitz auf verschiedenen Feldern bewahrt und gemehrt werden: Durch Fortführung der Handels- und Finanzgeschäfte, die Übernahme städtischer Ämter, ein »standesgemäßes« Leben als Rentenempfänger und Karrieren in der Kirche, im Militär, an Fürstenhöfen oder in der Verwaltung frühmoderner Staaten.[6] Alle genannten Karrierewege wurden im 16. und 17. Jahrhundert von Mitgliedern der Familie Fugger eingeschlagen. Männer wie Marx und Octavian Secundus Fugger waren *gleichzeitig* Leiter einer Handelsgesellschaft, hochrangige Stadtpolitiker und adelige Grundherren. Ott Heinrich Fugger bekleidete alle diese Funktionen und war außerdem noch Militärunternehmer und herzoglich-bayerischer Beamter.[7] Dieses Kapitel möchte diesen Pluralismus an familiären Strategien, Karrierewegen und Lebensstilen verdeutlichen, indem es einerseits den Aufbau und die Funktionen des Fugger'schen Grundbesitzes beschreibt, andererseits auf die Karrieren von Familienmitgliedern in der Kirche und im frühneuzeitlichen Fürstenstaat eingeht.

Die Fugger als Grundbesitzer in Schwaben

Obwohl die Fugger auch außerhalb Schwabens über Landbesitz verfügten – genannt seien nur die 1535 erworbene Herrschaft Biberburg in der heutigen Slowakei und Besitzungen im südlichen Elsass, im Thurgau sowie in Niederösterreich[8] – bildete das östliche Schwaben, also der Raum zwischen Donau, Iller, Lech und Bodensee, den Schwerpunkt ihrer Grunderwerbungen. Der französische Historiker Robert Mandrou hat in diesem Gebiet zwischen dem beginnenden 16. Jahrhundert und dem Ausbruch des Dreißigjährigen Krieges nicht weniger als 633 größere und kleinere Käufe von Grundherrschaften, Höfen, Sölden und liegenden Gütern gezählt, für die die Fugger insgesamt 2,6 Millionen Gulden ausgaben. Im Jahre 1618 waren die Fugger Eigentümer und Grundherren von rund 100 Dörfern. Dieser grundherrliche Besitz umfasste nach Mandrous Berechnungen 230 bis 250 Quadratkilometer.[9]

Den Grundstein des späteren Fugger'schen Territorialkomplexes legte Jakob »der Reiche« durch den Pfandkauf der Grafschaft Kirchberg mit den Herrschaften Wullenstetten, Weißenhorn und Pfaffenhofen, der auf dem Konstanzer Reichstag des Jahres 1507 erfolgte. Dem hoch bei ihm verschuldeten König Maximilian, der damals dringend Geld für seinen geplanten Romzug zur Kaiserkrönung benötigte, bezahlte er dafür 50 000 Gulden. Zwei Jahre später kaufte Jakob Fugger von Maximilian für 8000 Gulden die Hofmark Schmiechen, wo bis 1512 weitere 3000 Gulden für den Neubau des Schlosses ausgegeben wurden. Schließlich erwarb er 1514 für 20 000 Gulden und ein Darlehen von 12 000 Gulden an den Kaiser die Herrschaft Biberbach, die aus dem Besitz der Marschälle von Pappenheim an Maximilian gelangt war. Am Ende seines Lebens war Jakob Fugger bereits Grundherr in über 50 Dörfern.[10]

Von einer systematischen Umschichtung von Handelskapital in Grundbesitz wird man für diese Zeit dennoch nur bedingt sprechen können. Die Investitionen in den Tiroler und den Ungarischen Handel fielen deutlich höher aus, und Jakob Fugger legte vergleichbare Summen auch in anderen Sachwerten an. Wenige Jahre vor dem Erwerb Kirchbergs hatten die Fugger der Stadt Basel für 40 000 Gulden Juwelen aus dem burgundischen Schatz Karls des Kühnen abgekauft, und 1508 erwarben sie für 20 000 Dukaten einen Diamanten aus dem Besitz eines insolventen venezianischen Kaufmanns.[11] Die Erhebung Jakob Fuggers und seiner Neffen in den Reichsfreiherrenstand 1511 und in den Grafenstand 1514, die seinen Erben 1526 bestätigt wurde, hatte zunächst rein lehensrechtliche Hintergründe. Da der schwäbische Landadel die Vergabe von Lehen durch den Augsburger Großkaufmann nicht anerkannte, sicherte die Standeserhebung Jakob Fuggers volle Verfügungsgewalt über seinen Grundbesitz. In der Reichsstadt Augsburg war Bürgern das Führen von Adelstiteln untersagt, und es gibt keinen Hinweis darauf, dass Jakob Fugger sie dort je verwendete.[12]

Dass die Gütererwerbungen und Standeserhebungen Jakob Fuggers nicht nur der Absicherung von Familienvermögen dienten, sondern langfristig auch mit dem Ziel eines sozialen Aufstiegs verknüpft waren, deuten vor allem erste Heiratsverbindungen mit dem schwäbischen Adel an, die im frühen 16. Jahrhundert geknüpft wurden. Die Eheschließung von Ulrich Fuggers Tochter Ursula mit dem Ritter Philipp von Stain im Jahre 1503 ging mit einer auffällig hohen Mitgift an den Bräutigam einher, und die Hochzeit wurde mit großem Aufwand in Anwesenheit zahlreicher Landadeliger gefeiert. Auch die Hochzeit Sibylla Fuggers mit dem Ritter Hans Marx von Bubenhofen im Jahre 1512 wurde besonders festlich begangen. Als der Bräutigam nach Augsburg kam, zogen ihm Augsburger Ratsherren und Bürger der familiären Überlieferung zufolge »mit zwaien der Stat fendlein in seinem einreiten fur die Stat zu eeren entgegen«. Die meisten Ehen von Mitgliedern der Familie Fugger wurden im zweiten und dritten Jahrzehnt des 16. Jahrhunderts indessen noch mit Mitgliedern Augsburger Bürgerfamilien wie den Stetten, Gassner, Baumgartner und Rehlinger geschlossen.[13]

Jakob Fuggers Neffen Anton und Raymund bauten den Grundbesitz der Familie zielstrebig aus. Zunächst war Raymund in dieser Hinsicht der aktivere der Brüder: 1527 kaufte er dem Ritter Sebastian von Knöringen für 13 200 Gulden das unweit von Augsburg gelegene Dorf Gablingen ab, und im folgenden Jahr erwarb er von König Ferdinand I. die ostschwäbische Herrschaft Mickhausen und ließ dort ein neues Schloss errichten – »allain aus pauenlust und dass die armen ein ergetzligkait und behelf irer narung haben mögen«, wie es im Fugger'schen Ehrenbuch heißt. Nach dem Bankrott der Höchstetter-Gesellschaft war Ambrosius Höchstetters Herrschaft Burgwalden seit 1529 vorübergehend an die Fugger verpfändet. Vier Jahre später kamen das unweit von Biberbach gelegene Oberndorf sowie Dürrlauingen in Fugger'schen Besitz. Anton Fugger kaufte zwischen 1536 und 1539 die Herrschaften Glött und Babenhausen, Dorndorf sowie die Reichspflege Donauwörth. Für die bedeutendste dieser Erwerbungen, Babenhausen samt der Herrschaft Brandenburg, bezahlte er den Erben Veit von Rechbergs insgesamt 68 000 Gulden. Um die Mitte der 1540er Jahre erfolgte der Er-

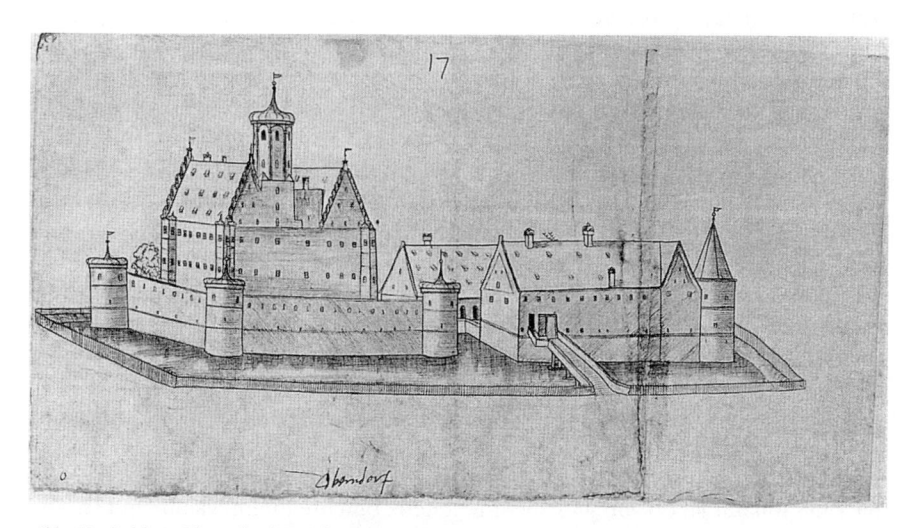

Abb. 19: Schloss Oberndorf, Zeichnung von Jost Amman

werb von Pless und Rettenbach sowie des im Gebiet der Reichsstadt Biberach gelegenen Dorfes Roth. Eine weitere Welle von Güterkäufen setzte nach 1550 ein, als Anton Fugger die Auflösung der Handelsgesellschaft plante und offenbar gezielt Kapital in Immobilienbesitz umschichtete. Zwischen 1550 und 1557 erfolgten der Ankauf der Herrschaften Kirchheim an der Mindel, Boos und Kettershausen sowie der Dörfer und Weiler Untersulmentingen, Druisheim, Ehingen und Ortlfingen. Allein der Erwerb Kirchheims mit den Dörfern Eppishausen, Duttenstein, Niederalfingen und Stettenfels von dem kaiserlichen Rat Hans Walter von Hirnheim im Januar 1551 kostete 250 000 Gulden. Die nördlich der Reichsstadt Memmingen gelegene Herrschaft Boos kaufte Anton Fugger im selben Jahr von dem Memminger Ludwig Stebenhaber für 29 000 Gulden. Daneben wurden beträchtliche Summen in den Ausbau der bestehenden Besitzungen investiert und zahlreiche kleinere Güter angekauft. In der 1533 für 21 000 Gulden erworbenen Herrschaft Oberndorf bei Rain am Lech beispielsweise wurde zwischen 1535 und 1546 eine vierflügelige Schlossanlage errichtet, die nochmals 75 000 Gulden kostete. Auch in der Herrschaft Glött entstand seit 1550 ein neues Schloss. Die Separation der Interessen Anton Fuggers und der Erben seines Bruders Raymund, die in den individuellen Grunderwerbungen der Brüder bereits zum Ausdruck kam, wurde 1548 mit einer Güterteilung besiegelt. Die Anton- und die Raymundslinie der Familie erhielten dabei liegende Güter und Rechte im Wert von jeweils 379 000 Gulden zugesprochen. Sowohl Anton Fugger als auch die Söhne Raymunds verpflichteten sich, diesen Besitz zu erhalten und den männlichen Nachkommen der Familie zu vererben. Im Falle von Grundstücksveräußerungen hatten die männlichen Familienmitglieder ein Vorkaufsrecht. Die Bildung eines Familienfideikommisses, die sich bereits in den Gesellschaftsverträgen von 1502 erstmals abgezeichnet hatte, war damit zum Abschluss gelangt.[14]

Mit den umfangreichen Güterkäufen korrespondierten die Verleihung des erblichen Reichsgrafenstandes an Anton, Raymund und Hieronymus Fugger im Jahre 1530 sowie die Vermehrung des Familienwappens der Fugger von der Lilie um Wappen und Titel der ausgestorbenen Grafen von Kirchberg. Mit dem Standesprivileg von 1530 waren unter anderem die Freiheit von bürgerlichen Lasten und Ämtern sowie die Befreiung vom Rottweiler Hofgericht und anderen fremden Gerichten verbunden. Besondere Bedeutung hatte zudem das 1534 den Fuggern verliehene Münzrecht.[15] Wie sein Onkel Jakob verzichtete Anton Fugger auf die Führung des ihm verliehenen Grafentitels, den die Familie erst nach 1620 offiziell verwendete.[16] Dafür verfolgte er seit den 1530er Jahren eine Heiratspolitik, die systematisch auf Verbindungen mit dem süddeutschen und österreichischen Adel, d.h. mit Angehörigen der Reichsritterschaft, des Freiherrn- und Grafenstandes abzielte. Zwischen 1538 und 1549 gingen sieben Kinder Raymund Fuggers Ehen mit Angehörigen des Landadels ein, und zwischen 1553 und 1570 heirateten acht Kinder Anton Fuggers Angehörige des Freiherren- und Grafenstandes. Vor allem die Eheschließungen der Töchter wurden mit erheblichem finanziellen Aufwand gefördert: Raymund Fuggers Tochter Regina, die 1538 Johann Jakob von Mörsberg heiratete, brachte ihrem Mann ein Heiratsgut von 30 000 Gulden mit in die Ehe. Denselben Betrag erhielt Joachim Graf von Ortenburg anlässlich seiner Hochzeit mit Ursula Fugger im Jahre 1549; die Widerlegung und Morgengabe des Bräutigams beliefen sich hingegen auf lediglich 13 000 Gulden. Die für die damalige Zeit und den Stand der Brautleute ungewöhnliche Höhe der Mitgiften wird allerdings dadurch relativiert, dass die Frauen keinen Anteil an der Handelsgesellschaft hatten und die Mitgiften damit auch den Charakter von Abfindungen annahmen. Dass diese Eheschließungen mit großem Aufwand begangen wurden und auf die Mehrung des Ansehens der Fugger abzielten, unterstreicht ein Eintrag im Ehrenbuch der Familie zur Vermählung von Raymund Fuggers Tochter Barbara mit Fedinand von Vels. Das Brautpaar habe während des Augsburger Reichstags von 1547/48 »gantz kostlich vnd herrlich hochtzeit gehalten, Graf Haug von Montfort, vnd Graf Carl von Zollern haben die praut gefuert, vnd haben die fursten vnd hohen Potentaten grosse freud gehabt.« Die Nachkommen Raymund und Anton Fuggers setzten diese Heiratspolitik im späten 16. und frühen 17. Jahrhundert konsequent fort: bis 1600 wurden unter anderem Verbindungen mit den gräflichen Familien Ortenburg (1549, 1585), Helffenstein (1578, 1593, 1590), Montfort (1553, 1587), Oettingen-Wallerstein (1589) und Hohenzollern (1589) geschlossen. Die seit dem letzten Drittel des 16. Jahrhunderts häufiger belegte Titulatur »wohlgeboren« belegt die Anerkennung der Fugger durch ihre adeligen Standesgenossen.[17]

Zum Zeitpunkt des Todes Anton Fuggers im Jahre 1560 wies der Grundbesitz der Familie eine klare räumliche Struktur auf. Er erstreckte sich »in einem Trapez zwischen Ulm, Donauwörth, Augsburg und Babenhausen.« Schwerpunkte bildeten die Gegend südlich der Donau zwischen Günzburg und Ulm mit den Flusstälern von Iller, Kammel und Mindel sowie der Raum zwischen Augsburg und Donauwörth.[18] In den 1560er Jahren übernahmen Anton Fuggers Söhne Marx, Hans und Jakob die 1528 von Raymund Fugger erworbene Herrschaft Mickhausen von dessen bankrottem Sohn Ulrich, hielten sich ansonsten aber mit Gütererwerbungen zurück. Dies änderte sich 1573, als sie die bayerische Pfandherrschaft Mering östlich von Augsburg sowie von der Familie von Pappenheim die ostschwäbischen Dörfer Ellgau, Lauterbrunn und Waltershofen kauften. Für diese Erwerbungen gaben sie insgesamt 132 000 Gulden aus. Einen wichtigen Einschnitt markiert ferner die Güterteilung, die Marx, Hans und Jakob Fugger im Jahre 1575 vornahmen. Marx erhielt dabei die Gruppe von Gütern und Herrschaften, die sich nördlich von Augsburg und westlich des Lechs erstreckte: Gablingen, Biberbach, Druisheim, die Reichspflege Donauwörth, Oberndorf, Lauterbrunn, Ehingen, Ellgau, Duttenstein und Niederalfingen. In diesen Bereich fielen auch die Hochgerichtsbarkeit zu Biberbach und Zollrechte, die an einer Zollstation zwischen Gablingen und Biberbach wahrgenommen wurden. An Hans fielen die Herrschaft Kirchheim, Dürrlauingen, Glött, Schmiechen, Mickhausen und die Pfandherrschaft Mering. Jakob wurde mit der Güterteilung von 1575 Grundherr und Eigentümer von Babenhausen mit Kettershausen, Pless, Boos, Waltenhausen und Rettenbach. Jeder der drei Güterkomplexe wurde auf rund 415 000 Gulden veranschlagt.[19]

Diese Güterteilung bildete gleichsam den Startschuss zu einer ganzen Serie weiterer Güterkäufe. Der Zeitraum zwischen 1575 und dem Tod der drei Brüder in den Jahren 1597/98 war eine der aktivsten Phasen Fugger'scher Erwerbspoli-

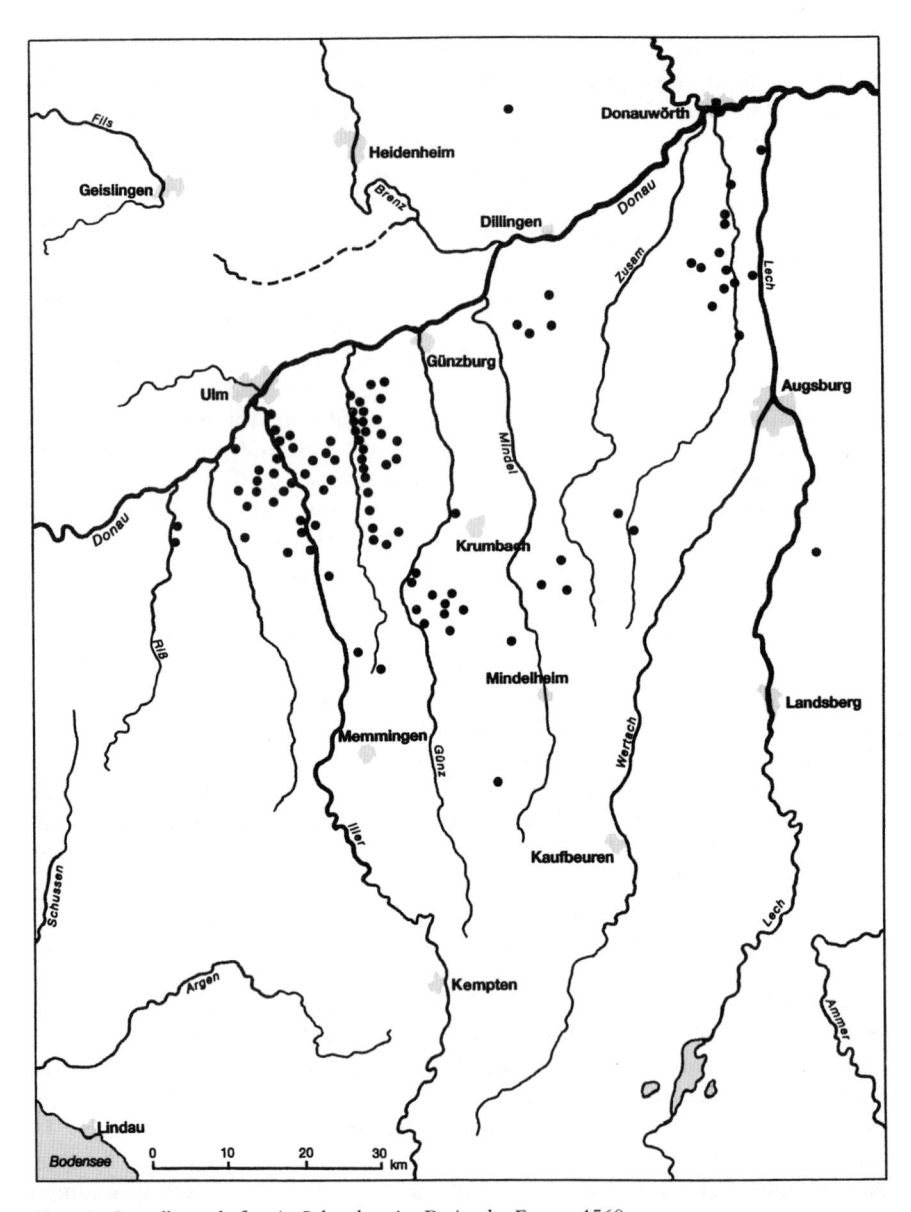

Karte 5: Grundherrschaften in Schwaben im Besitz der Fugger 1560

tik. Marx kaufte 1580 für 30 000 Gulden das seiner Herrschaft Biberbach benachbarte Nordendorf mit der Veste Donnersberg, im folgenden Jahr die nordwestlich von Augsburg gelegenen Dörfer Hirblingen und Täfertingen, 1585 Meitingen und 1597 Welden. Hans erwarb 1587 die östlich seiner Herrschaft

Kirchheim liegenden Güter Hardt und Reinhartshausen und 1598 Pestenacker südlich des Gutes Schmiechen. Sein Sohn Christoph investierte nach dem Tod des Vaters 116 000 Gulden in die Herrschaften Mattsies und Rammingen, und Christophs Bruder Marx erwarb 1598 die bayerische Hofmark Türkenfeld. Ihre Ambitionen auf die bedeutende Herrschaft Mindelheim konnten Hans und Christoph Fugger allerdings nicht realisieren. Die größte geographische Reichweite hatten die Erwerbungen Jakob Fuggers: Sie umfassten die im Memminger Raum gelegenen Herrschaften Gottenau (1584) und Heimertingen (1589), Wasserburg am Bodensee (1592), Leeder bei Landsberg am Lech (1595) und das vor den Toren Augsburg gelegene Wellenburg (1595). Für den Ankauf Heimertingens von der Familie Ettlinstett wandte Jakob Fugger 131 000 Gulden, für den Erwerb Wasserburgs von den Grafen von Montfort 62 000 Gulden und für den Kauf Wellenburgs 70 000 Gulden auf. Neben diesen größeren Grundherrschaften kauften die Fugger gerade in dieser Phase zahlreiche Einzelgüter, darunter auffallend viele direkt von Bauern und Söldnern. In den zwei Jahrzehnten vor dem Dreißigjährigen Krieg konzentrierten sich die Erwerbungen der Familie auf kleinere Eigengüter.[20]

Im Jahre 1589 nahmen auch die Söhne Georg Fuggers eine Aufteilung ihres Grundbesitzes vor. Philipp Eduard erhielt dabei die Herrschaften Weißenhorn und Pfaffenhofen sowie die Grafschaft Marstetten, sein jüngerer Bruder Octavian Secundus die Grafschaft Kirchberg und die Herrschaft Wellenstetten und Raymund die Herrschaft Brandenburg sowie das Gut Obenhausen. Der Gesamtwert dieser Herrschaften wurde auf 304 000 Gulden veranschlagt. Eine Sonderrolle nimmt ihr Bruder Anton (1552–1616) ein, der nach seiner Auslösung aus der Handelsgesellschaft der »Georg Fuggerischen Erben« einen ambitionierten Versuch zur Bildung eines neuen Güterkomplexes im unmittelbaren Umland von Augsburg unternahm. Nach dem Erwerb Hainhofens (1580) und Aystettens versuchte er sich auch die Dörfer Neusäß, Schlipsheim, Biburg und Ottmarshausen zu sichern, überschuldete sich dabei aber und konnte seine Güter nicht halten. Aufgrund von Schulden in Höhe von fast 224 000 Gulden ließ der Augsburger Rat 1594 seinen Besitz versiegeln und inventarisieren. Diese Maßnahme und verbale Angriffe Anton Fuggers auf den Rat lösten eine langwierige Kontroverse aus, die schließlich das Reichskammergericht und eine kaiserliche Kommission beschäftigten. Im Gegensatz zu Antons Bestrebungen, binnen weniger Jahre einen neuen grundherrschaftlichen Komplex zu bilden, war die Erwerbspolitik der anderen Familienmitglieder auf langfristige Arrondierung und Sicherung des Besitzes hin angelegt.[21]

Welche Funktionen erfüllte nun dieser ausgedehnte Grundbesitz, den die Fugger im Laufe eines Jahrhunderts akkumulierten? Die Forschung hat auf diese Frage sehr unterschiedliche Antworten gegeben. Götz Freiherr von Pölnitz vertrat die These, dass Anton Fugger »durch seine konsequente, kostspielige Liegenschaftspolitik nicht mehr noch weniger angestrebt« habe »als die Errichtung eines lockeren territorialpolitischen Verbandes zwischen Iller, Lech, Donau und Bodensee.« Auch Hermann Kellenbenz war der Auffassung, dass Anton Fugger »angesichts seines sich weitenden Landbesitzes davon träumen konnte, dem Hause Medici nachzustreben und aus seinen Herrschaften ein Fürstentum zu machen.«

Robert Mandrou hat diese Annahme einer territorialpolitischen Gesamtkonzeption hingegen verworfen: Zum einen fehlten die Quellenbelege für die Existenz einer solchen Konzeption, zum anderen spräche auch die Struktur der tatsächlichen Grunderwerbungen dagegen, da die Fugger zahlreiche Herrschaften, Höfe und Einzelgüter kauften, die niemals eine geographische Einheit bildeten. Auch Peter Blickle sieht in der Fugger'schen Erwerbspolitik eine gewisse Beliebigkeit: »Der wahllose Ankauf von Herrschaften war von Seiten der Fugger, so will es scheinen, in erster Linie eine Kapitalanlage.« Pankraz Fried hat demgegenüber das von Mandrou und Blicke bestrittene Element der »Herrschaftsplanung« in der Struktur der Fugger'schen Gütererwerbungen deutlich betont: »Die Erwerbung von herrschaftlichen Stützpunkten zwischen Lech und Iller, Alpen und Donau war nicht rein zufällig, nicht allein von der Akkumulation von Grundrenten und Herrschaftsgefällen bestimmt.« Die Bewertung der Fugger'schen Erwerbspolitik hängt zu einem gewissen Grade sicherlich davon ab, welches Gewicht man den Plänen beimisst, die letztlich *nicht* realisiert werden konnten. Hätte Anton Fugger von seinem Schuldner Ferdinand I. die Markgrafschaft Burgau und während des Schmalkaldischen Krieges das Herzogtum Pfalz-Neuburg übernehmen können, wäre seinem Sohn Hans überdies die Übernahme der Herrschaft Mindelheim gelungen, dann hätte auch die Fugger'sche Herrschaftsbildung eine neue Qualität erreicht. Aber dazu kam es nicht.[22]

Ein wichtiges Motiv für den Erwerb von Grundbesitz waren zweifellos die Einkünfte in Form von Geld- und Naturalabgaben, die Bauern und Söldner von ihren Gütern zu entrichten hatten und die den Empfängern ein Renteneinkommen sicherten, sowie die Möglichkeit zur Produktion und Vermarktung agrarischer Überschüsse. Obwohl die Fugger grundsätzlich an den überlieferten Rechtsverhältnissen und agrarischen Wirtschaftsformen festhielten, zeichnete sich die Verwaltung ihrer Güter durch große methodische Sorgfalt aus. Sie folgte Mandrou zufolge »den ehernen Gesetzen des Hauses: Erfassung sämtlicher Geschäftsvorgänge, Berechnung aller Einzelkonten, jährliche Rechenschaft bezüglich der erzielten Einnahmen.«[23] Diese sorgfältige Güterverwaltung warf beträchtlichen wirtschaftlichen Nutzen ab: Nach Mandrous Berechnungen erbrachten die Güter der Fugger im späten 16. Jahrhundert durchschnittlich fünf bis sechs Prozent Rendite auf das investierte Kapital und waren damit eine signifikante Einkommensquelle. Einen wichtigen Posten bildeten dabei auch die Kredite, die die Fugger an ihre Grunduntertanen vergaben. Als die Brüder Marx, Hans und Jakob Fugger 1575 ihren Grundbesitz teilten, hatten sie offene Forderungen an Bauern und Söldner in Höhe von annähernd 45 000 Gulden, von denen 21 000 Gulden verzinst waren. Als Hans Fugger seinen Grundbesitz im Jahre 1596 erneut taxieren ließ, schuldeten ihm schwäbische Dorfbewohner fast 33 000 Gulden, darunter 24 000 Gulden verzinste Kredite. »Langfristige Planung, ständige Wachsamkeit und eine untadelige Verwaltung« waren Mandrou zufolge »für die Fugger die drei entscheidenden Elemente jeder erfolgreichen Geschäftsführung, im Handel wie auch im Umgang mit ihrem Grundbesitz.«[24]

Auf ein anderes Motiv verweist die Bemerkung im Fugger'schen Ehrenbuch, die Erwerbungen Raymunds und Antons seien zu »ern und nutz« der Familie erfolgt. Die Arrondierung des Güterbesitzes und der Ausbau der Landsitze zu

Abb. 20: Kassettendecke des großen Festsaals in Schloss Kirchheim

prächtigen Schlössern mehrten das Ansehen der Familie und transferierten ökonomisches in soziales Kapital.[25] Wie kein anderer Fugger'scher Schlossbau des 16. Jahrhunderts demonstriert der Neubau von Kirchheim, den Hans Fugger zwischen 1578 und 1585 unter der Leitung des Augsburger Stadtbaumeisters Jakob Eschay durchführen ließ, dieses Prestigedenken und Repräsentationsbedürfnis. Für die Errichtung und Ausstattung dieses vierflügeligen Renaissanceschlosses scheute Hans Fugger weder Kosten noch Mühen: Bis 1585 beliefen sich die Ausgaben auf über 150 000 Gulden. Für diese enormen Aufwendungen sicherte sich Hans Fugger höchste Qualität: Die plastischen Arbeiten ließ er von dem Niederländer Hubert Gerhard und dem Italiener Carlo Pallago ausführen, die hölzernen Türen und Decken der Repräsentationsräume von dem Augsburger Kunstschreiner Wendel Dietrich. Die reich gegliederte und ornamentierte, mit Einlegearbeiten verzierte Decke des großen Festsaals mit einer Fläche von 375 Quadratmetern gilt als ein Spitzenwerk süddeutschen Kunsthandwerks im späten 16. Jahrhundert.[26]

Das heißt aber nicht, dass die Grunderwerbungen ausschließlich von dem Streben nach Sozialprestige oder dem Wunsch geleitet waren, Kapital risikoarm und krisensicher anzulegen. Georg Lutz zufolge könnten die verstärkten Gütererwerbungen im letzten Viertel des 16. Jahrhunderts auch eine ethisch-moralische Komponente gehabt haben: Die Fugger sahen sich wiederholt mit dem Vorwurf konfrontiert, dass ihre Geschäftspolitik gegen das kanonische Zinsverbot verstoße. Dieser Vorwurf, der bereits am Beginn des 16. Jahrhunderts die Gelehrten beschäftigt hatte, wurde in den 1570er Jahren ausgerechnet von den Augsburger Jesuiten wieder reaktiviert, deren Niederlassung die Fugger aktiv unterstützt hatten. Während die Zinsnahme bei Handels- und Geldgeschäften also ethisch umstritten blieb, erhob die Kirche gegen Grundrenten aus Landbesitz keine Einwände.[27]

Funktion und Bedeutung des Fugger'schen Grundbesitzes sowie die Strategien des Herrschaftsausbaus lassen sich am Beispiel der im oberen Tal der Schmutter südwestlich von Augsburg liegenden Herrschaft Mickhausen exemplarisch veranschaulichen. Das ehemals im Besitz der Freiherren von Freiberg befindliche Adelsgut gehörte zum Gebiet der habsburgischen Markgrafschaft Burgau und wurde 1528 von Erzherzog Ferdinand von Österreich für 4000 Gulden an Raymund Fugger verkauft. Das Gut umfasste damals den Ort Mickhausen, zwei Weiler und Streubesitz in zwei Dörfern der Nachbarschaft sowie in zwei weiter entfernten Orten. Dieser Besitz wurde von Raymund Fugger planmäßig erweitert und arrondiert, 1531 beispielsweise durch den Kauf des Nachbarortes Münster, für den er dem Augsburger Stift St. Moritz 3000 Gulden bezahlte. Im folgenden Jahr erließ Raymund Fugger eine Gerichtsordnung für Mickhausen und setzte dort einen Vogt ein. Außerdem konnte er die beiden Orte Mickhausen und Münster zu einer einzigen Pfarrei vereinen, für die er das Präsentationsrecht, also das Recht zur Einsetzung des Seelsorgers, innehatte und eine große Pfarrkirche plante. Dieser Kirchenbau wurde nach Raymunds Tod von seinem Bruder Anton, der die Herrschaft übernahm, ausgeführt und 1538 vollendet. Gemeinsam mit dem Schloss bildete die Mickhauser Pfarrkirche fortan den Mittelpunkt der Herrschaft. Anton Fugger setzte auch die Arrondierungen fort und kaufte unter anderem 1546 für 18 500 Gulden von dem Augsburger Bürger Matthäus Ehem das obere Dorf Langenneufnach. Bei der Güterteilung im Jahre 1548 fiel die Herrschaft, deren Wert nun auf rund 54 000 Gulden veranschlagt wurde, Raymund Fuggers Sohn Ulrich zu. Fünfzehn Jahre später verkaufte sie der hoch verschuldete Ulrich für 100 000 Gulden an die Söhne Antons. Bei der Güterteilung von 1575 fiel Mickhausen an Hans Fugger und ging von diesem an seinen Sohn Christoph und seinen Enkel Ott Heinrich über.

Am Vorabend des Dreißigjährigen Krieges schloss die Herrschaft Besitzungen in 23 Orten und wichtige Herrschaftsrechte einschließlich der Niedergerichtsbarkeit und der hohen Jagdgerechtigkeit ein. Die Mickhauser Untertanen leisteten umfangreiche Naturallieferungen – Getreide, Geflügel, Wildbret, Heu, Stroh, Bau- und Brennholz – an den herrschaftlichen Haushalt. Der Wert der Herrschaft wurde 1617 auf 191 000 Gulden, die durchschnittlichen Jahreseinkünfte auf 5700 Gulden zuzüglich 2200 Gulden aus Getreideverkäufen beziffert. Ott Heinrich Fugger, der Mickhausen zu dieser Zeit innehatte, hielt sich dort mehrmals im Jahr auf, doch dauerten diese Aufenthalte in der Regel nur wenige Tage. Für die Kontinuität der Herrschaft und Verwaltung sorgte der langjährige Pfleger Hans Stotz, der regelmäßig mit seinem Herrn, dessen Vertretern und dem Augsburger Hauptbuchhalter korrespondierte. Während des Dreißigjährigen Krieges kam die gut funktionierende und einträgliche Verwaltung aller-

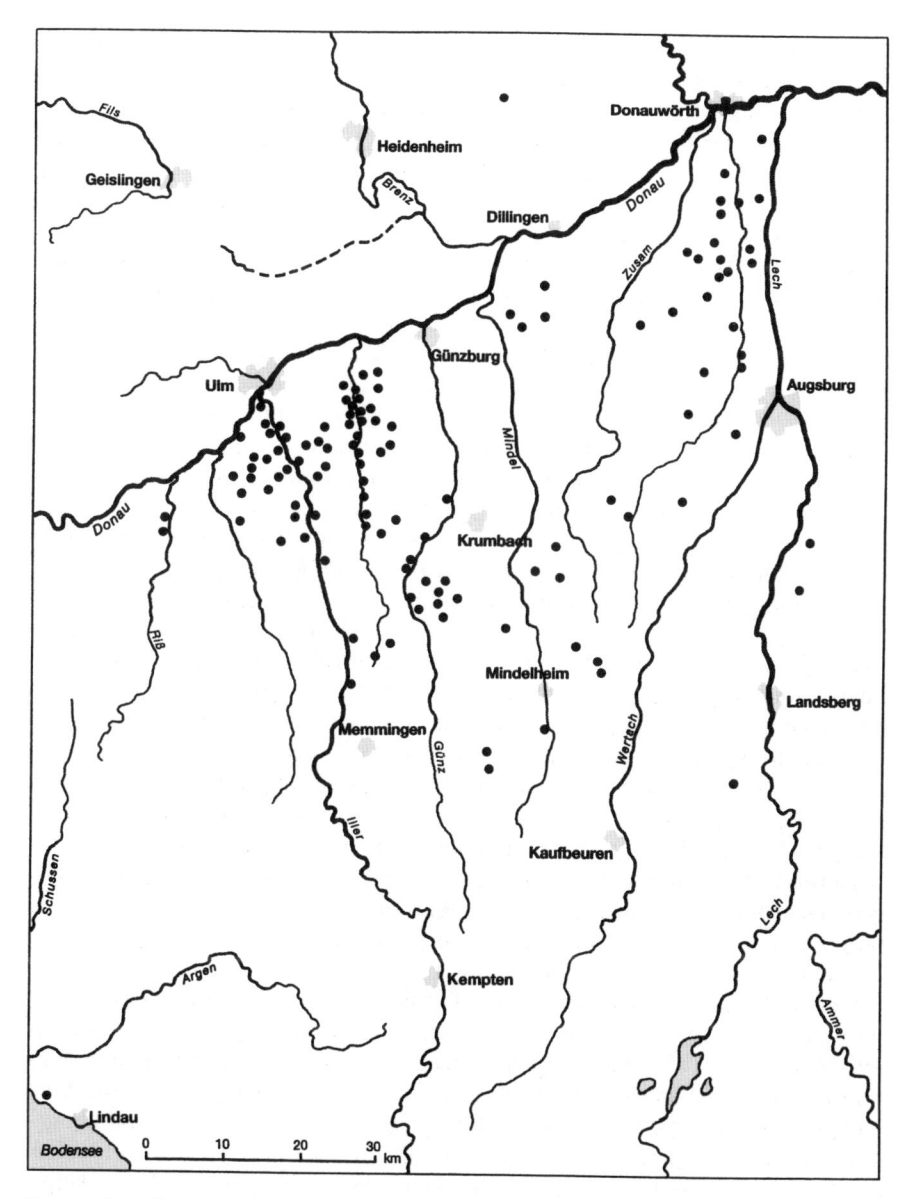

Karte 6: Grundherrschaften in Schwaben im Besitz der Fugger 1618

dings zum Erliegen: Seit 1628 war Mickhausen von Truppeneinquartierungen schwer belastet, und nach einem Ausbruch der Pest gingen seit 1630 praktisch keine Einnahmen mehr ein. Zehn Jahre später klagte Ott Heinrich Fugger, dass der Ort Mickhausen fast völlig entvölkert sei. Nach seinem Tod wurde der Wert der Herrschaft nur noch auf 111 000 Gulden beziffert. Die jährlichen Einkünfte waren auf unter 1400 Gulden gefallen.[28]

Die Einnahmen der Fugger aus ihren Grundherrschaften beschränkten sich aber nicht auf Geld- und Naturalabgaben. Einige Familienmitglieder betrieben darüber hinaus eine zielgerichtete Wirtschaftspolitik und förderten in ihren Herrschaften die Barchentweberei. Die Anfänge der exportorientierten Barchentherstellung in den Fuggerherrschaften fallen in die Zeit Jakob Fuggers: Er belieferte die Weber in der Grafschaft Kirchberg mit Baumwolle und unterstützte 1517 die Einrichtung einer Barchentschau in der kleinen Stadt Weißenhorn. Diese Schau sollte einerseits der Qualitätskontrolle dienen, andererseits die Weber in Weißenhorn und Umgebung von der Ulmer Schau fernhalten.[29] Jakob Fuggers Neffe Anton förderte die Weißenhorner Barchentherstellung besonders in den 1530er Jahren, als er sich wegen der religiösen und politischen Entwicklung in Augsburg längere Zeit in seinen Herrschaften aufhielt. In dieser Zeit wurden eine Waage und zwei Flachsbleichen eingerichtet, und die Baumwolleinkäufe der Gesellschaft in Venedig stiegen merklich an. Um 1535 beliefen sich die Investitionen der Fugger in die Barchentproduktion auf rund 30 000 Gulden, und im Zeitraum von Ende November 1538 bis Ende Dezember 1539 tätigte die Augsburger Zentrale Ausgaben in Höhe von 63 741 Gulden für den Barchenthandel. Weißenhorner Barchent wurde vor allem in die Niederlande, nach England und nach Spanien exportiert: Die Antwerpener Faktoreirechnung der Fugger von 1539/40 verzeichnete insgesamt 11 125 Barchenttuche in den Lagerbeständen. Die kastilischen Messen dienten als Distributionszentren für die Iberische Halbinsel, und über die Niederlassung in Sevilla wurden Weißenhorner Tuche bis in die Neue Welt verkauft. Im Jahre 1552 produzierten 295 Weber in Weißenhorn und Umgebung im Verlagssystem für den Fugger'schen Barchenthandel. Der Aufschwung der Weißenhorner Textilproduktion rief jedoch den Widerstand der Reichsstadt Ulm hervor, die in der Barchentweberei in den Fuggerherrschaften eine unerwünschte Konkurrenz sah. Während die Stadt Augsburg, die um die Garnversorgung der reichsstädtischen Weber besorgt war, die Ulmer Position unterstützte, suchten die Fugger die Protektion der Habsburger. König Ferdinand I. erneuerte 1538 das Privileg für die Weißenhorner Barchentschau. Die militärischen Ereignisse des Schmalkaldischen Krieges und des Fürstenaufstands von 1552 brachten jedoch massive Behinderungen der Tuchproduktion mit sich, und angesichts der permanenten Auseinandersetzungen mit Ulm willigte Anton Fugger 1555 schließlich ein, dass aller in Weißenhorn und Umgebung hergestellte Barchent an Ulmer Kaufleute abgesetzt wurde. Außerdem überließ er Ulm für 11 000 Gulden die Weißenhorner Lagerbestände an Baumwolle.[30]

Auch in der Folgezeit behielten die Fugger das mit der ländlichen Textilproduktion verbundene ökonomische Potential im Blick. Anton Fuggers Sohn Jakob stellte 1583 Überlegungen zur Gründung einer Schau im Marktort Babenhausen an, und seine Söhne nahmen diese Pläne wieder auf. Einer Ulmer Quelle von 1604 zufolge war in Babenhausen »ein newe barchatschaw« errichtet worden, und seit 1613 lässt sich diese Einrichtung auch in den Amtsrechnungen der Fuggerherrschaft Babenhausen fassen. In den folgenden Jahren wurde die Babenhausener Schau stark frequentiert: In den Jahren 1620 und 1621 wurden dort über 18 000 Barchent- und fast 15 000 Leinentuche geprüft. Die Initiative zur Förderung der Babenhauser Textilproduktion ging offenbar von Maximilian Fugger aus, der sich bei einer 1620 durchgeführten Erbteilung die Herrschaft sicherte und im folgenden Jahr mit seinem Hofmeister Hans Sigmund Jäcklin von Hohenrealt, dem Babenhausener Pfleger Hans Verckh und Julius Cesar Scazuola einen eigenen Spanienhandel begründete. Ziel dieser Gesellschaft war die Organisation eines Barchentverlags durch Rohstofflieferungen an die Babenhauser Weber und der Absatz ihrer Produktion auf der Iberischen Halbinsel. Maximilian Fugger, dem die Qualitätskontrolle der produzierten Tücher oblag, investierte 80 000 Gulden in das Unternehmen. Nach viel versprechenden Anfängen bereitete ein spanisches Importverbot für fremde Textilien diesem Handel ein abruptes Ende. Auf Anraten seiner Partner investierte Maximilian Fugger die im Textilhandel investierten Gewinne in die Pacht einer königlichen Einnahme, der *Cruzada*, was sich als Fehlentscheidung erwies. Infolge des Importverbots und des Dreißigjährigen Krieges ging die Tuchproduktion dramatisch zurück, und nach 1640 wurden zeitweilig überhaupt keine Tücher mehr geschaut. Während die Barchentproduktion nach dem Westfälischen Frieden nicht mehr in Gang kam, bestand die Schau als Leinwandschau bis ins 18. Jahrhundert weiter.[31]

Das Beispiel der Textilproduktion unterstreicht nochmals, dass der Erwerb von Grundbesitz nicht einfach als Ausdruck einer konservativen Wirtschaftsmentalität gesehen werden darf. Landbesitz war – zumindest vor dem Dreißigjährigen Krieg – sicherlich eine vergleichsweise risikoarme Anlageform für Kapital und diente der Mehrung des Sozialprestiges der Familie, die auch über ihre Eheschließungen und Standeserhöhungen den Aufstieg in den Adel anstrebte. Durch die Vermarktung von Überschüssen, die Vergabe von Krediten und den Handel mit auf dem Lande produzierten Textilien ergaben sich jedoch auch ökonomische Perspektiven, die über die reine Eintreibung von Grundrenten hinausweisen. Auch in ihrer Funktion als Grundbesitzer entziehen sich die Fugger also einer einfachen Kategorisierung, denn sie waren gleichzeitig Herrschaftsträger, Rentiers und Unternehmer.

Geistliche, Fürstendiener und Offiziere:
Karrierewege im späten 16. und frühen 17. Jahrhundert

Schon im Spätmittelalter war es gang und gäbe, dass Söhne und Töchter reichsstädtischer Patrizier und Großkaufleute in den geistlichen Stand traten. Klöster und geistliche Pfründen fungierten als wichtige Versorgungsinstitute für Nachkommen, für welche weder eine Heirat noch eine Verwendung im Handelsgeschäft vorgesehen war. Mit Jakob Fuggers Bruder, dem 1478 verstorbenen Marx, und dessen gleichnamigem Neffen haben wir bereits zwei Vertreter der Familie kennen gelernt, die in jungen Jahren zahlreiche geistliche Pfründen akkumulierten, deren sozialer Aufstieg aber durch ihren frühen Tod beendet wurde.[32] Mit dem wachsenden Reichtum und sozialen Ansehen der Familie vergrößerten sich im Laufe des 16. Jahrhunderts auch die Möglichkeiten, Angehörige auf Domherrenstellen oder Propsteien zu platzieren. In der zweiten Hälfte des

16. Jahrhunderts gewannen kirchliche Laufbahnen auch insofern eine neue Qualität, als sich im Zuge der konfessionellen Polarisierung zwischen Katholiken und Protestanten die Bemühungen beider Glaubensrichtungen um eine Stärkung ihrer Position und die Disziplinierung ihrer jeweiligen Anhängerschaft intensivierten. Auf die Unterstützung der Jesuiten durch die Fugger ist in anderem Zusammenhang schon hingewiesen worden. Auch die Zahl der Fugger'schen Familienmitglieder, die in den geistlichen Stand traten, nahm in der zweiten Hälfte des 16. Jahrhunderts gegenüber der ersten Jahrhunderthälfte deutlich zu.

Mit dem Ausbau frühmoderner Staatlichkeit und der Verfestigung bürokratischer Institutionen und Strukturen wuchs auch der Bedarf der Territorialstaaten an qualifiziertem Verwaltungspersonal, und reichsstädtische Patriziersöhne, die im Verlauf des 16. Jahrhunderts immer häufiger eine akademische Ausbildung genossen und deren Familien als fürstliche Kreditgeber fungierten, bildeten eine wichtige Gruppe innerhalb der entstehenden landesherrlichen Beamtenschaft. Aufgrund ihrer jahrzehntelangen Finanzbeziehungen zu den Habsburgern und Wittelsbachern, ihrer Heiratsverbindungen mit dem bayerischen und österreichischen Adel und ihrer konfessionellen Überzeugungen war der Hofdienst in München, Innsbruck und Wien bzw. eine Tätigkeit in der bayerischen oder österreichischen Verwaltung für Angehörige der Familie Fugger eine nahe liegende Karriereoption. In der zweiten Hälfte des 16. Jahrhunderts lässt sich eine ganze Reihe von Familienmitgliedern in Hofstaat und Verwaltung der Habsburger und Wittelsbacher nachweisen; allein am bayerischen Herzogshof finden sich zwischen den 1540er und den 1620er Jahren 14 Fugger als besoldete Diener, darunter vier Hofräte.[33]

Der bekannteste Vertreter der Familie im Dienst eines Landesfürsten war zweifellos Hans Jakob Fugger, der Neffe Antons und glücklose Regierer der Familienfirma in den Jahren 1560 bis 1564. Nachdem sich Hans Jakob Fugger aufgrund seiner privaten Schulden nach München abgesetzt hatte, ermöglichten ihm seine langjährigen freundschaftlichen Beziehungen zu den Herzögen Albrecht V. und Wilhelm V. und die Wertschätzung, die er als politischer und künstlerischer Berater genoss, eine Karriere in der Verwaltung des Herzogtums. Nachdem er einige Jahre die italienische Korrespondenz Herzog Albrechts geführt, als Intendant der Hofmusik fungiert und 1565 einen Sohn des Herzogs auf einer Reise nach Florenz begleitet hatte, wurde er 1570 mit einem Jahresgehalt von 1000 Gulden zum Mitglied des Hofrats ernannt. Zwei Jahre später avancierte er zum Präsidenten der neu formierten Hofkammer. Dass ein Bankrotteur wie Hans Jakob Fugger in eine solch einflussreiche Position gelangte, ist von Maximilian Lanzinner als Indiz dafür gewertet worden, dass die Bayernherzöge persönlicher Vertrautheit, weit reichenden Verbindungen, Sprachkenntnissen, künstlerischem Sachverstand und gemeinsamen politischen Überzeugungen größeres Gewicht beimaßen als Kompetenz in Finanzfragen. Darüber hinaus weist die von Hans Jakob Fugger entworfene Hofkammerinstruktion des Jahres 1572 ihren Autor als versierten Verwaltungsfachmann aus, der einen gewichtigen Beitrag zum Aufbau einer zentralen Staatsgewalt im Bayern des 16. Jahrhunderts zu leisten vermochte. Die Bayernherzöge unterstützten ihren zeitweilig in Zahlungsschwierigkeiten steckenden Vertrauten mit Darlehen – eine bemerkenswerte Umkehrung des üblichen Verhältnisses zwischen Fürsten und Kaufleuten in der Frühen Neuzeit! – und übernahmen Patenschaften für mehrere seiner Kinder. Herzog Albrecht V. griff Hans Jakob Fugger 1562 mit einem Kredit von 65 000 Gulden unter die Arme und schenkte ihm 1567 ein Haus am Münchner Rindermarkt. In seinem Testament verfügte er 1573, dass die Schulden Hans Jakob Fuggers bei der Münchner Hofkammer, die sich mittlerweile auf 80 000 Gulden beliefen, nach seinem Tod nicht zurückgefordert werden sollten. Nach dem Tod Hans Jakobs fungierten hochrangige Mitglieder des Hofes und der Regierung als Präzeptoren und Vormünder seiner Kinder und wickelten die offenen Schuldforderungen und Prozesse des verstorbenen Hofkammerpräsidenten ab. Als Inhaber der Güter Taufkirchen, Altenerding und Helfenbrunn gehörte Hans Jakob Fugger überdies zu den großen Grundbesitzern im Herzogtum.[34]

Von den dreizehn Söhnen Hans Jakob Fuggers aus seinen beiden Ehen mit Ursula von Harrach (1540) und Sidonia von Colaus (1560) schlugen die meisten geistliche, höfische oder militärische Laufbahnen ein. Vier Söhne aus erster Ehe wurden Geistliche: Der 1542 geborene Sigmund Friedrich wurde Bischof von Regensburg, sein jüngerer Bruder Alexander Secundus Dompropst zu Freising und Propst zu St. Viktor bei Mainz, und Viktor Augustus Dompropst zu Regensburg, Domherr in Passau und Präsident des geistlichen Rates Kaiser Maximilians II. in Wien. Ihr 1550 geborener Bruder Maximilian stieg als Deutschordensritter zum Komtur von Sterzing auf, resignierte diese Stelle aber und heiratete. In der bayerischen Verwaltung waren Severin Fugger (1551–1601) als Pfleger zu Friedberg, dessen 1563 geborener Halbbruder Joachim als Kämmerer Herzog Wilhelms V. und Vizedom (Richter und Militärkommandant) zu Burghausen sowie Konstantin Fugger als Vizedom zu Landshut tätig. Joachim wurde 1593 Mitglied des Hofrats und stieg um 1595 zum Präsidenten dieses Gremiums auf; ferner war er Obersthofmeister Albrechts, des Bruders von Herzog Maximilian I. Auch Hans Jakob Fuggers Sohn Alexius gehörte als Mundschenk dem herzoglichen Hofstaat an. Enge Beziehungen zur habsburgischen Hof- und Verwaltungselite bestanden über die Ehen ihrer Schwestern Aemilia mit dem kaiserlichen Hofrat und niederösterreichischen Statthalter Alexander von Sprinzenstein und Constantia mit dem Oberststallmeister Erzherzog Ferdinands, Bernhard Freiherr von Herberstein. Zwei Söhne aus erster Ehe wurden Offiziere: Der 1543 geborene Carl Fugger diente zunächst als Mundschenk am Hofe Philipps II. und befehligte später als Obrist ein spanisches Regiment in den Niederlanden. Auch Carls jüngerer Bruder Ferdinand stand als Obrist in spanischen Diensten.[35]

Aus der Linie der Erben Georg Fuggers wurde Octavian Secundus Fuggers Sohn Ferdinand (1587–1644) Domherr in Brixen und sein Vetter Carl (1587–1642), ein Sohn Philipp Eduards, Domherr in Konstanz und Domdechant in Salzburg. Von den Söhnen Marx Fuggers erlangte Anton (1563–1616) die Ämter eines herzoglich-bayerischen Oberstallmeisters und Hofrats und fungierte seit 1611 als Pfleger zu Rain am Lech. Antons Bruder Georg (1560–1634) war unter Kaiser Rudolf II. Vizepräsident des Reichshofrats. Ihr gleichnamiger Vetter Georg Fugger (1577–1643), ein Sohn Jakob Fuggers und der Anna Ilsung, war seit 1597 Inhaber der habsburgischen Landvogtei Schwaben und bekleidete am Innsbrucker Hof das Amt eines Kämmerers. Hans Fuggers Sohn Marx (1564–1614) wurde Kämmerer des Erzherzogs Ernst, herzoglich-bayerischer Rat und Pfleger zu Landsberg sowie Präsident des Reichskammergerichts. Dieselbe ehrenvolle Funktion bekleidete Hans Ernst Fugger (1590–1639), der später an die Spitze des Reichshofrats in Wien wechselte. Hans Ernsts Bruder Ott Heinrich war seit 1611 Kämmerer am Hof des Erzherzogs von Innerösterreich und späteren Kaisers Ferdinand II. (1578–1637) in Graz und diente seit 1626 Maximilian I. von Bayern als Hofmarschall. Zwei Jahre später wurde er Oberstkämmerer am Münchner Hof. Außerdem fungierte er seit 1627 als Pfleger von Landsberg. Nicht weniger als fünf Söhne Ott Heinrich Fuggers traten wiederum in bayerische und habsburgische Dienste.[36]

Als Offizier und Militärunternehmer verfolgte Ott Heinrich seiner Biographin zufolge überdies eine »konsequente Handlungsperspektive für einen jungen Adligen in einer Epoche zunehmender Kriegsverdichtung«. Er stellte 1617 für den Krieg Spaniens gegen Savoyen ein eigenes Regiment auf, das nach Ausbruch des Dreißigjährigen Kriegs gegen die böhmischen Rebellen und 1624 in den Niederlanden kämpfte. Nach einer mehrjährigen Unterbrechung war Ott Heinrich seit 1631 auf dem süddeutschen Kriegsschauplatz aktiv und stieg dort vorübergehend sogar zum Oberkommandierenden der Truppen der katholischen Liga auf. Nach der Einnahme Augsburgs durch kaiserliche Truppen wurde Ott Heinrich Fugger 1635 Statthalter in der Stadt, in der sich der Aufstieg seiner Vorfahren vollzogen hatte. Die kaiserliche Statthalterschaft übernahm er nicht als Mitglied der etablierten reichsstädtischen Führungsschicht, sondern als Repräsentant einer militärischen Besatzungsherrschaft in der Absicht, »die abtrünnige Reichsstadt wieder zum Gehorsam zurückzuführen und Recht und Ordnung durchzusetzen.« Mit Repressalien gegen die evangelische Bürgerschaft, Verhaftungen, Bespitzelungen und Einmischungen in die städtische Justiz machte er sich jedoch zahlreiche Feinde, und der Augsburger Rat erreichte, dass der Kaiser seine Befugnisse bis 1639 auf das Kommando über die Stadtgarde beschränkte. In einer Zeit, in der andere Einkommensquellen versiegten, weil die Handelsgesellschaft Verluste machte und die vom Dreißigjährigen Krieg verwüsteten Grundherrschaften keine Erträge mehr abwarfen, waren die Einkünfte aus der Offiziersbesoldung für die Sicherung des Lebensunterhalts von essentieller Bedeutung. Zudem konnte Ott Heinrich Fugger hoffen, als »Kriegsgewinnler« konfiszierte Ländereien zugesprochen zu bekommen, und stellte mehrfach entsprechende Anträge, doch erfüllten sich diese Erwartungen letztlich nicht. Nicht weniger wichtig als der konkrete materielle Gewinn dürften indessen der militärische Ruhm und die damit verbundene Aussicht auf kaiserliche Standeserhöhungen und andere Gnadenerweise gewesen sein. Dass König Philipp IV. von Spanien Ott Heinrich Fugger 1627 in den Ritterorden vom Goldenen Vlies aufnahm, dürfte vor allem auf dessen Kriegsdienst und die Fürsprache des Führers der Liga, Maximilian I. von Bayern, zurückzuführen sein.[37]

Wie andere Mitglieder der Familie setzte Hans Fugger seine guten Beziehungen zu den Höfen der Wittelsbacher und Habsburger sowie zur Kurie gezielt ein, um die Karrieren seiner Söhne, aber auch die seiner Neffen aus dem Hause Montfort, zu fördern.[38] Hervorzuheben ist vor allem sein Sohn Jakob

(1567–1626), der bis in den Rang eines geistlichen Reichsfürsten aufstieg. Nach dem Studium in Ingolstadt (1577) hielt sich Jakob Fugger seit 1583 in Italien auf und wurde in Rom zum päpstlichen Geheimkämmerer ernannt. Dank seiner guten Beziehungen zur Kurie erhielt er Kanonikate in Regensburg und Konstanz. Nach der Beendigung seines Romaufenthalts 1590 und einem Abstecher an die spanische Universität Alcalá wurde er 1592 zum Priester geweiht und erhielt bereits im folgenden Jahr die Konstanzer Dompropstei. Im Jahre 1604 wurde er zum Fürstbischof von Konstanz gewählt und stand damit an der Spitze eines bedeutenden geistlichen Territoriums. Während seiner 22jährigen Amtszeit setzte sich Jakob Fugger energisch für Reformen im Geist des Konzils von Trient ein: Wie seine Augsburger Verwandten förderte er die Orden der Jesuiten, die zwischen 1607 und 1610 in Konstanz ein Kolleg errichteten, und der Kapuziner. Ferner unterstützte er die Bemühungen des Weingartener Abtes Georg Wegelin um eine Reform der Benediktinerkonvente, ließ Kirchenvisitationen durchführen und stellte mit der Einrichtung eines bischöflichen Kommissariats in Luzern die Beziehungen seines Bistums zu den katholischen Orten der Schweiz auf eine neue Grundlage. Die auf einer Diözesansynode im Jahre 1609 beschlossenen Statuten regelten die Spendung der Sakramente, die Feier der Messe, Aufgaben und Verhalten des Klerus, Verwaltung und Disziplin der Klöster sowie die geistliche Gerichtsbarkeit im Sinne des Konzils von Trient. In der Auseinandersetzung mit dem Protestantismus schlug er sowohl in seiner eigenen Diözese als auch in seiner Bündnispolitik einen offensiven Kurs ein: Das Fürstbistum Konstanz gehörte zu den Gründungsmitgliedern der katholischen Liga.[39]

Dieser Überblick über Karrieren und Tätigkeitsfelder von Angehörigen der Familie im späten 16. und frühen 17. Jahrhundert zeigt, dass eine wirtschafts- und sozialgeschichtliche Perspektive, die die Fugger lediglich als Kaufleute, Bankiers und Grundherren sieht, zu kurz greift. In einer Epoche, die den Erkenntnissen der modernen Geschichtswissenschaft zufolge besonders durch die Prozesse der Konfessions- und Staatsbildung geprägt wurde,[40] finden wir Vertreter der Familie Fugger an der Spitze von geistlichen Territorien, zentralen Regierungsbehörden und Reichsgerichten. Diese Ämter waren sowohl mit hoher Reputation als auch mit stattlichen Einkünften und politischem Einfluss verbunden. Während die Handels- und Finanzgeschäfte mit zunehmenden Schwierigkeiten konfrontiert waren, stellte der umfangreiche Grund- und Herrschaftsbesitz eine solide ökonomische Grundlage für die Zukunft der Familie dar, und Tätigkeiten in Kirche, staatlicher Verwaltung und Militär eröffneten den Fuggern wie anderen führenden reichsstädtischen Familien – etwa den Herwart, Welser oder Rehlinger[41] – viel versprechende neue Handlungsfelder und Karriereoptionen.

Schlussbemerkung

Gegenüber älteren Darstellungen der Geschichte der Fugger hat sich dieses Buch um einige neue Akzentsetzungen bemüht. Der Aufstieg des Unternehmens unter Jakob und Anton Fugger wurde nicht nur als Werk einzelner Persönlichkeiten, sondern vielmehr im Kontext eines allgemeinen Aufschwungs der europäischen Wirtschaft gesehen, in dem eine steigende Nachfrage nach Edelmetall sowie der Kreditbedarf der entstehenden neuzeitlichen Staaten neue geschäftliche Perspektiven eröffneten und die Firma auf eine große Zahl an Maklern und Experten angewiesen war. Die Geschichte der Fuggerfirmen nach 1560 wurde weniger als Niedergang denn als strukturelle Anpassung an veränderte wirtschaftliche und politische Rahmenbedingungen interpretiert. Die Fugger'sche Handelsgesellschaft wurde nicht als singuläres Phänomen, sondern als spezifische Ausprägung der süddeutschen Familienhandelsgesellschaft im langen 16. Jahrhundert betrachtet. Kunstpatronage und Stiftungen wurden in enger Verknüpfung mit der wirtschaftlichen Leistungsfähigkeit der Familie und ihren weit reichenden Geschäftsbeziehungen gesehen und ihr Beitrag zur Mehrung von Status und Ansehen der Familie betont. Die umfangreichen Gütererwerbungen wurden nicht als bloßer Rückzug auf das Land interpretiert, sondern als Investitionsstrategie, die gleichermaßen wirtschaftlichen Profit und gesellschaftliche Anerkennung versprach. Der Eintritt von Familienmitgliedern in Hofdienste, fürstliche Verwaltungen, kirchliche Laufbahnen und Offizierskarrieren schließlich erschien vor dem Hintergrund der frühneuzeitlichen Staats- und Konfessionsbildung als konsequente Handlungsperspektive. Die Geschichte der Fugger vom späten 14. bis zur Mitte des 17. Jahrhunderts, mit der sich dieses Buch beschäftigt hat, stellt keinen linearen Aufstiegsprozess vom Stadtbürgertum in den Reichsadel dar, sondern einen vielschichtigen und spannungsreichen Zeitraum, in dem sich Mitglieder der Familie gleichzeitig in unterschiedlichen ökonomischen, sozialen und politischen Feldern und Handlungszusammenhängen bewegten. Wenn die Mitglieder der Familie nach dem Dreißigjährigen Krieg vor allem von ihrem Grund- und Herrschaftsbesitz lebten sowie Karrieren an Fürstenhöfen, in Kirche und Militär anstrebten, so spiegeln sich darin veränderte politische und wirtschaftliche Rahmenbedingungen ebenso wider wie langfristige Wandlungen familiärer und gesellschaftlicher Leitbilder.

Nimmt man abschließend noch einmal die in der Einleitung gestellte Frage nach den Normen und Motiven auf, die das Handeln der Fugger im hier betrachteten Zeitraum bestimmten, so stößt man in Quellenzeugnissen immer wieder auf das Begriffspaar »Ehre« und »Nutzen«. In seinen Verfügungen über die Zukunft des Ungarischen Handels und der liegenden Güter berief sich Jakob Fugger 1512 auf »eren nutz und aufnemen« des Fugger'schen »nammens und stammens«.[1] In Schreiben, die er wenige Wochen vor seinem Tod wegen der Krise des Ungarischen Handels verfasste, betonte Fugger, dass es ihm in diesem Konflikt nicht nur um ein lukratives Geschäftsfeld, sondern auch um die Rettung seiner Ehre ging.[2] In einem Privileg, das er der Fuggerfirma am 26. Oktober 1525 gewährte, hob Kaiser Karl V. hervor, dass die Firma »Ehre, Wohlfahrt, Nutzen und Aufnehmen« des Hauses Habsburg mit ihren Krediten und anderen »nützlichem und ersprießlichen untertänigen Erzeigungen« wesentlich gefördert habe.[3] Zu den Güterkäufen seiner Familie bemerkte Anton Fugger im Jahre 1531: »denn wir tun es nicht um des Nutzens willen, sondern um der Ehre willen.«[4] Im Gesellschaftsvertrag, den sie im folgenden Jahr schlossen, betonten Raymund, Anton und Hieronymus Fugger die von ihrem Onkel übernommene Verpflichtung, den »stamen und namen« der Familie »noch ferrer in erlichem und gutem wesen zu underhalten«.[5] Als Anton Fugger 1538 von Plänen erfuhr, die schwäbischen Pfandherrschaften Kirchberg und Weißenhorn an die Reichsstadt Ulm zu verkaufen, erinnerte er König Ferdinand daran, was seine Familie zu »höchsten Ehren, Nutzen, Wohlfahrt und Erhebung des Hauses Österreich« geleistet habe.[6] Fuggers Schwazer Faktor und enger Vertrauter Georg Hörmann ermahnte Hans Jakob Fugger im selben Jahr, »dass Ihr dasjenige so Euer Selbst, des Hauses und Namens Fugger Ehr und Nutzen seid, wohl bedenkt.«[7] Das von Hans Jakob Fugger angelegte Ehrenbuch der Familie diente explizit dem Zweck, dass »die fuggerisch Eer, vber lange Jar vnd kunftig zeit, Jnn guter gedechtnus beleibe«. In der Darstellung der Person Jakob Fuggers betonte das Ehrenbuch dessen Einsatz für den Gemeinen Nutzen der Stadt sowie für »Ehre und Nutzen« des Kaiserhauses. Durch seine enge Beziehung zu Kaiser Maximilian sei »der gantz fuggerisch Nam vnd handel in ein hohe Reputation vnd Reichtumb geraten, Also das Sie hernacher vilen Königen, fuersten vnd Herren Jnen zu hohen Eern vnd nutz raichende mercklich hilff vnnd furstreckung bewisen haben.«[8]

Was an diesen Quellenzitaten auffällt, ist zunächst die Tatsache, dass sie mit den Grundwerten der frühneuzeitlichen Gesellschaft vollkommen in Einklang stehen. Der Nutzen der Familie wird nicht als Streben nach Gewinn um seiner selbst willen verstanden, sondern als legitimes Bemühen um die Mehrung von Prestige und Wohlstand. Außerdem werden die Kompatibilität des Reichtums und Ansehens der Fugger, des Gemeinwohls der Stadt Augsburg und der Interessen von Kaiser und Reich betont. Zweifellos hatten diese Legitimationsformeln einen defensiven Charakter, denn Kritiker stellten die Ehre der Fugger und die Vereinbarkeit ihrer Geschäfte mit dem Gemeinen Nutzen immer wieder in Frage. »Was ist das für ein Adel,« fragte beispielsweise der Humanist Ulrich von Hutten, »der durch ehrlosen Geldreichtum erworben wird und den Mangel an Tugend durch Güter ersetzt? Wenn das Geld zu Ehren kommt, dann ist jeder Maßstab für den wahren Wert der Dinge dahin.«[9] Andere Kritiker scheuten sich nicht, die Fugger als »Juden« zu bezeichnen, und rückten sie damit semantisch in die Nähe einer diskriminierten religiösen Minderheit, die stets mit Vorwürfen des Wuchers und Betrugs konfrontiert war.[10] Und die Räte des Herzogs von Württemberg zogen noch 1553 die ständische Ehre der Familie in Zweifel, wenn sie Anton Fugger als den »parchatweber von Augsburg« bezeichneten.[11]

Trotz der verbreiteten Kritik an ihren Geschäftspraktiken und ihrem Auftreten kann man konstatieren, dass die Bemühungen der Fugger um die Mehrung ihrer Standes- und Familienehre bemerkenswert erfolgreich waren. Am Ende des 16. Jahrhunderts waren sie fest in den Reihen des süddeutschen Reichsadels verankert und hatten ihre Anerkennung als Reichsstand weitgehend durchgesetzt. Dieser Erfolg ist zu einem nicht geringen Teil darauf zurückzuführen, dass sich der Aufstieg der Fugger – wiederum ganz im Einklang mit ständischen Normen – als ein allmählicher, mehrere Generation umspannender Prozess vollzog.[12] Der Übertritt der Familie vom Bürgertum in den Adel lässt sich nicht an einem bestimmten Zeitpunkt festmachen, er lässt sich nicht mit einem spezifischen kaiserlichen Privileg oder einem Projekt wie der Errichtung der Grabkapelle bei St. Anna identifizieren. Erst die Summe der kaiserlichen Standeserhebungen und Gnadenerweise, der prächtigen Feste und der Hochzeiten mit Mitgliedern des Adels, der gemeinnützigen Stiftungen und der Kredite an Könige und Fürsten brachte die gewünschte soziale Anerkennung und ebnete den Weg in den Reichsadel. Unterdessen blieben die Fugger weiterhin Bürger von Augsburg, bekleideten dort hohe Ämter, leiteten eine der wichtigsten süddeutschen Handelsgesellschaften und nahmen an den innerstädtischen politischen und religiösen Auseinandersetzungen des 16. Jahrhunderts regen Anteil. Somit ist die Familie sowohl für die normative Kraft ständischer Wertvorstellungen am Beginn der Neuzeit als auch für die Dynamik, die der ständischen Gesellschaftsordnung innewohnte, ein überaus aufschlussreiches Beispiel.

Anmerkungen

Einleitung

1 Karg, Herstellung einer Geschichte.
2 Jansen, Anfänge, S. 7.
3 Strieder, Jakob Fugger der Reiche, S. VIIf., 2f., 29, 41.
4 Strieder, Jakob Fugger der Reiche, S. 15–17; vgl. Pölnitz, Jakob Fugger, Bd. 1, S. 465, 476f.; Maschke, Berufsbewusstsein, S. 308; Wurm, Johannes Eck, S. 42; Böhm, Reichsstadt Augsburg, S. 106; Roeck, Geschichte Augsburgs, S. 100.
5 Ogger, Kauf' dir einen Kaiser.
6 Pölnitz, Jakob Fugger, Bd. 1, S. 231, 266.
7 Pölnitz, Jakob Fugger, Bd. 1, S. 81, 131, 477.
8 Pölnitz, Fugger und Medici. Vgl. besonders den letzten Absatz (S. 23)!
9 Pölnitz, Die Fugger, Zitat S. 310.
10 Vgl. vor allem Kellenbenz, Fugger in Spanien.
11 Mandrou, Fugger; Hildebrandt, Georg Fuggerische Erben; Sieh-Burens, Oligarchie.
12 Bourdieu, Die feinen Unterschiede; ders., Kapital.
13 Scheller, Memoria; Rohmann, Ehrenbuch; Haberer, Ott Heinrich Fugger; Dauser, Informationskultur.
14 Grundlegend: Dinges, Ehre; speziell für die Fuggerforschung: Rohmann, Ehrenbuch.

Kapitel 1
Die Fugger im spätmittelalterlichen Augsburg

1 Jansen, Anfänge, S. 8–10; Pölnitz, Jakob Fugger, Bd. 1, S. 7; Bd. 2, S. 1; Stromer, Gründung, S. 32f.; Kalesse, Bürger in Augsburg, S. 88; Rohmann, Ehrenbuch, S. 208f.; Abbildung: Roeck, Geschichte Augsburgs, S. 85.
2 Jansen, Anfänge, S. 20 f.
3 Kießling, Stadt und Land im Textilgewerbe, S. 117; ders., Die Stadt und ihr Land, S. 722f.
4 Jansen, Anfänge, S. 14–16, 89 f., 95 f.; Pölnitz, Jakob Fugger, Bd. 1, S. 8; Bd. 2, S. 2; Lieb, Fugger und die Kunst, I, S. 5–7; Schad, Frauen, S. 9f.; Rohmann, Ehrenbuch, Bd. 1, S. 208.
5 Peter Geffcken, Steuer(n), in: Augsburger Stadtlexikon, S. 854–857.
6 Rohmann, Ehrenbuch, Bd. 1, S. 78, 208.
7 Geffcken, Soziale Schichtung, Anhang, S. 6 f. (Tabelle I). Da Geffcken mit dem Anschlagvermögen eine Vergleichsgröße errechnet hat, sind seine Angaben denjenigen bei Strieder, Genesis, S. 163–172 vorzuziehen. Vgl. auch Jansen, Anfänge, S. 16–20; Pölnitz, Jakob Fugger, Bd. 2, S. 2.
8 Strieder, Genesis, S. 165–167; Pölnitz, Jakob Fugger, Bd. 1, S. 7f.
9 Geffcken, Soziale Schichtung, Anhang, S. 14 (Tabelle II), 21 (Tabelle III), 29 (Tabelle IV), 36 (Tabelle V).
10 Aloys Schulte, zitiert bei Strieder, Genesis, S. 167.

11 Schad, Frauen, S. 11–15; Wunder, Er ist die Sonn', sie ist der Mond, S. 125f.
12 Zahlen nach Geffcken, Soziale Schichtung, S. 42 (Tabelle VI), 49 (Tabelle VII), 57 (Tabelle VIII), 66 (Tabelle IX), 73 (Tabelle X). Vgl. zu ihr auch Jansen, Anfänge, S. 21–23; Pölnitz, Jakob Fugger, Bd. 1, S. 8.
13 Vgl. Jansen, Anfänge, S. 23 f., 30, 172 f.
14 Jansen, Anfänge, S. 23, 31, 33; Strieder, Genesis, S. 170; Lieb, Fugger und die Kunst, I, S. 8–10; Pölnitz, Jakob Fugger, Bd. 1, S. 9; Geffcken, Soziale Schichtung, Anhang, S. 102 f. (Tabelle XIII); Peter Geffcken u. a., Fugger, in: Augsburger Stadtlexikon, S. 420; Rohmann, Ehrenbuch, Bd. 1, S. 265f.
15 1462 versteuerte sie 4908 Gulden, 1466 4462 Gulden. Geffcken, Soziale Schichtung, S. 111 (Tabelle XIV), 121 (Tabelle XV). Vgl. Jansen, Anfänge, S. 25, 33; Strieder, Genesis, S. 164. Zu den Stammlern siehe Peter Geffcken, Stammler, in: Augsburger Stadtlexikon, S. 843 f..
16 Peter Geffcken, Grander, in: Augsburger Stadtlexikon, S. 452 (Geffcken korrigiert damit zum Teil die Angaben bei Strieder, Genesis, S. 181–183); Rohmann, Ehrenbuch, Bd. 1, S. 96, 267.
17 Vgl. auch Jansen, Anfänge, S. 43; Rohmann, Ehrenbuch, Bd. 1, S. 95.
18 Rohmann, Ehrenbuch, Bd. 1, S. 268.
19 Jansen, Anfänge, S. 36f., 44, 104–107, 176f.; Schulte, Geschichte, Bd. 2, S. 55 (Nr. 62, 66), 89 (Nr. 169).
20 Jansen, Anfänge, 37, 44f., 109, 182f.; Pölnitz, Jakob Fugger, Bd. 2, S. 14, 27.
21 Jansen, Anfänge, S. 38, 105. Zu den Beziehungen der Fugger zu Gastel Haug vgl. Peter Geffcken, Haug, in: Augsburger Stadtlexikon, S. 478; Rohmann, Ehrenbuch, Bd. 1, S. 269.
22 Simonsfeld, Fondaco, Bd. 1, S. 315 (Nr. 583); Jansen, Anfänge, S. 184f.; Pölnitz, Jakob Fugger, Bd. 2, S. 15.
23 Jansen, Anfänge, S. 36f.
24 Jansen, Anfänge, S. 38–41, 102, 121, 189 f.; Pölnitz, Jakob Fugger, Bd. 2, S. 70f.; Trauchburg-Kuhnle, Kooperation und Konkurrenz, S. 214f.
25 Jansen, Anfänge, S. 41 f., 110–113, 188f.; Simonsfeld, Fondaco, Bd. 1, S. 323 (Nr. 594), 328f. (Nr. 603–604, 606); Bd. 2, S. 61.
26 Rohmann, Ehrenbuch, Bd. 1, S. 268f.
27 Häberlein, Brüder, Freunde und Betrüger, S. 261–274, 280f., 324–327, 331–336.
28 Rohmann, Ehrenbuch, Bd. 1, S. 271.
29 Pölnitz, Jakob Fugger, Bd. 2, S. 70.
30 Vgl. Häberlein, Brüder, Freunde und Betrüger.
31 Chroniken, Bd. 5, S. 99–101; Jansen, Anfänge, S. 26 f., 173; Pölnitz, Jakob Fugger, Bd. 1, S. 9f.; Jahn, Augsburgs Sozialstruktur, S. 188.
32 Rohmann, Ehrenbuch, Bd. 1, S. 213.
33 Jansen, Anfänge, S. 31 f.; Rohmann, Ehrenbuch, Bd. 1, S. 89.
34 Geffcken, Soziale Schichtung, Anhang, S. 149 (Tabelle XVIII), 157 (Tabelle XIX), 166f. (Tabelle XX); vgl. Jansen, Anfänge, S. 63.
35 Rohmann, Ehrenbuch, Bd. 1, S. 92, 269.
36 Jansen, Anfänge, S. 47, 64f., 90–95, 175f.; Strieder, Jakob Fugger der Reiche, S. 57f.; Lieb, Fugger und die Kunst, I, S. 27, 32f.; Pölnitz, Jakob Fugger, Bd. 1, S. 13f.
37 Strieder, Jakob Fugger der Reiche, S. 55f., 64f.; Schad, Frauen, S. 12f.; Rohmann, Ehrenbuch, Bd. 1, S. 88f.
38 Rohmann, Ehrenbuch, Bd. 1, S. 168; Jansen, Anfänge, S. 48, 104–107; Pölnitz, Anfänge, S. 199.
39 Jansen, Anfänge, S. 48–50, 60, 181, 184, 186f.; ders., Jakob Fugger, Bd. 6–8; Strieder, Jakob Fugger der Reiche, S. 59. Zu den Beziehungen nach Italien vgl. Simonsfeld, Fondaco, Bd. 1, S. 309 (Nr. 568), 315 (Nr. 582); Bd. 2, S. 15, 61; Schulte, Geschichte, Bd. 2, S. 56 (Nr. 74).
40 Jansen, Anfänge, S. 65f.
41 Jansen, Anfänge, S. 48–50; Schulte, Fugger in Rom, S. 11f.; Pölnitz, Jakob Fugger, Bd. 2, S. 62.
42 Jansen, Anfänge, S. 50f., 174; Kießling, Bürgerliche Gesellschaft, S. 324f.; Rohmann, Ehrenbuch, Bd. 1, S. 82.
43 Jansen, Anfänge, S. 52f., 102f.; Pölnitz, Jakob Fugger, Bd. 2, S. 62f.

44 Die angesehene Zunft der Salzfertiger umfasste ursprünglich die städtischen Salzhändler, nahm seit dem späten 15. Jahrhundert aber auch zahlreiche Personen aus anderen Handels- und Gewerbezweigen auf. Vgl. Peter Geffcken, Salzfertiger, in: Augsburger Stadtlexikon, S. 773.
45 Jansen, Anfänge, S. 28–30, 47, 61, 65f.; Nebinger, Standesverhältnisse, S. 262; Rohmann, Ehrenbuch, Bd. 1, S. 213–218; Schad, Frauen, S. 17–20; Peter Geffcken, Lauginger II, in: Stadtlexikon, S. 602; ders., Imhof II, in: ebd., S. 527; ders., Fugger, in: ebd., S. 420.
46 Georg Kreuzer, Mülich, Hektor, in: Augsburger Stadtlexikon, S. 666f. (mit Literaturhinweisen).
47 Jahn, Augsburger Sozialstruktur, S. 188; Kießling, Die Stadt und ihr Land, S. 715–717.
48 Kießling, Augsburgs Wirtschaft, S. 175; ders., Die Stadt und ihr Land, S. 721, 723–725; Stromer, Gründung, S. 31.
49 Kießling, Stadt-Land-Beziehungen, 121f.; ders., Die Stadt und ihr Land, S. 725; ders., Augsburgs Wirtschaft, S. 174, 176; Jahn, Augsburger Sozialstruktur, S. 188f.; Rogge, Für den Gemeinen Nutzen, S. 30–41.
50 Kalesse, Bürger, S. 226–229.
51 Kießling, Stadt-Land-Beziehungen, S. 117–119; ders., Augsburgs Wirtschaft, S. 175f.; ders., Die Stadt und ihr Land, S. 725; Stromer, Gründung, S. 31f.
52 Kießling, Stadt-Land-Beziehungen, 123f.; ders., Die Stadt und ihr Land, S. 726–729; ders., Augsburgs Wirtschaft, S. 176f.; Rogge, Für den Gemeinen Nutzen, S. 107–118.
53 Kießling, Augsburgs Wirtschaft, S. 177; Jahn, Augsburger Sozialstruktur, S. 188.
54 Steinmeyer, Nördlinger Pfingstmesse, S. 84–89.
55 Pölnitz, Anfänge, S. 197.
56 Kießling, Die Stadt und ihr Land, S. 731f.; ders., Augsburgs Wirtschaft, S. 176.
57 Ehrenberg, Zeitalter, Bd. 1, S. 187f.; Strieder, Jakob Fugger der Reiche, S. 42f.; Hildebrandt, Kupferhandel, S. 206f.; Kießling, Augsburgs Wirtschaft, S. 177.
58 Jahn, Augsburger Sozialstruktur, S. 190; Kießling, Augsburgs Wirtschaft, S. 178; Rogge, Für den Gemeinen Nutzen, S. 33, 101–103.
59 Kießling, Augsburg zwischen Mittelalter u. Neuzeit, 241f.; Rogge, Für den Gemeinen Nutzen, 12–16, 299–301 (Zitat S. 13).
60 Jahn, Augsburger Sozialstruktur, S. 191; Rogge, Für den Gemeinen Nutzen, S. 16–27; zum Charakter reichsstädtischer Wahlen vgl. ders., Ir freye Wale.
61 Geffcken, Soziale Schichtung, S. 192.
62 Jansen, Anfänge, S. 23; Pölnitz, Jakob Fugger, Bd. 1, S. 9.
63 Jansen, Anfänge, S. 34f.; Pölnitz, Jakob Fugger, Bd. 2, S. 69; Geffcken, Soziale Schichtung, S. 188, 191, 193, 196; Rohmann, Ehrenbuch, Bd. 1, S. 95.
64 Vgl. die Tabelle bei Geffcken, Soziale Schichtung, S. 205f.
65 Rogge, Für den Gemeinen Nutzen, S. 184–191.
66 Jahn, Augsburgs Sozialstruktur, S. 191; Kießling, Augsburg zwischen Mittelalter und Neuzeit, S. 244.
67 Jansen, Anfänge, S. 43f.
68 Rohmann, Ehrenbuch, Bd. 1, S. 175.
69 Jansen, Anfänge, S. 66f., 178–182, 185f., 190f.; Lieb, Fugger und die Kunst I, S. 47–50.
70 Jansen, Anfänge, S. 47.
71 Strieder, Jakob Fugger der Reiche, S. 56; Pölnitz, Jakob Fugger, Bd. 1, S. 11f.
72 Jansen, Anfänge, S. 47f.; ders., Jakob Fugger, S. 3–6; Rohmann, Ehrenbuch, Bd. 1, S. 213–218.
73 Rohmann, Ehrenbuch, Bd. 1, S. 174.
74 Pölnitz, Jakob Fugger, Bd. 1, S. 12.
75 Geffcken, Jakob Fugger, S. 15. Vgl. Simonsfeld, Fondaco, Bd. 2, S. 61; Ehrenberg, Zeitalter, Bd. 1, S. 87f.

Kapitel 2
Jakob Fugger der Reiche: Der Aufbau eines Großunternehmens 1485–1525

1 Text: Jansen, Jakob Fugger, S. 263–270; vgl. dazu ebd., S. 30–32; Strieder, Jakob Fugger der Reiche, S. 66f., 72f.; ders., Geschäfts- und Familienpolitik, S. 194–196.
2 So Pölnitz, Jakob Fugger, Bd. 1, S. 58.

3 Vgl. dazu die Studie von Lutz, Struktur, sowie Häberlein, Brüder, Freunde und Betrüger, S. 341–343, 377–379.
4 Nach Jansen, Jakob Fugger, S. 14f. sprechen die Tiroler Quellen bereits vor 1490 von Jakob Fuggers Gesellschaft.
5 Pölnitz, Jakob Fugger, Bd. 1, S. 347; Bd. 2, S. 369.
6 Jansen, Jakob Fugger, S. 32–35; Texte: ebd., S. 268–286; vgl. Strieder, Jakob Fugger der Reiche, S. 73–77; ders., Geschäfts- und Familienpolitik, S. 196–199; Pölnitz, Jakob Fugger, Bd. 1, S. 137f.; Bd. 2, S. 122f.
7 Jansen, Jakob Fugger, Bd. 1, S. 36–38; Texte: ebd., S. 286–306 (Zitat S. 291); vgl. Strieder, Jakob Fugger der Reiche, S. 78–83; ders., Geschäfts- und Familienpolitik, S. 200f.; Pölnitz, Jakob Fugger, Bd. 1, S. 285–288, Bd. 2, S. 244–246, 270.
8 Jansen, Jakob Fugger, S. 272, 298.
9 Jansen, Anfänge, S. 54f.; Pölnitz, Jakob Fugger, Bd. 1, S. 30f.; Bd. 2, S. 9f.; Unger, Fugger in Hall, S. 32f.; Kellenbenz, Jakob Fugger, S. 39; zu Cavalli vgl. Noflatscher, Räte und Herrscher, S. 43f.
10 Ehrenberg, Zeitalter, Bd. 1, S. 89f.; Jansen, Anfänge, S. 55f.; ders., Jakob Fugger, S. 10–19; Strieder, Jakob Fugger der Reiche, S. 105–107; Pölnitz, Jakob Fugger, Bd. 1, S. 34–37; Schick, Jacob Fugger, S. 21–26; Unger, Fugger in Hall, S. 33–35; Kellenbenz, Jakob Fugger, S. 39f.; Palme, Fugger in Tirol, S. 300f.
11 Jansen, Anfänge, S. 124–126; ders., Jakob Fugger, S. 19–21; Pölnitz, Jakob Fugger, Bd. 1, S. 39–42; Bd. 2, S. 12f., 16f.; Schick, Jacob Fugger, S. 33–37; Unger, Fugger in Hall, S. 35f.; Kellenbenz, Jakob Fugger, S. 40f.
12 Ehrenberg, Zeitalter, Bd. 1, S. 90f.; Jansen, Anfänge, S. 57, 131–134; ders., Jakob Fugger, S. 24f., 27, 79–81, 195–197; Pölnitz, Jakob Fugger, Bd. 1, S. 45–49, 63; Bd. 2, S. 17f., 29–33, 58; Schick, Jacob Fugger, S. 37–41; Unger, Fugger in Hall, S. 36–38.
13 Jansen, Jakob Fugger, S. 23f.; Pölnitz, Jakob Fugger, Bd. 1, S. 44, 60f.; Bd. 2, S. 16; Pickl, Kupfererzeugung, S. 136.
14 Jansen, Anfänge, S. 58f.; ders., Jakob Fugger, S. 26f.; Pölnitz, Jakob Fugger, Bd. 1, S. 29f., Bd. 2, S. 20f., 73, 111f., 147; Gruber/Ludwig, Gold- und Silberbergbau, S. 100, 135–141; Kellenbenz, Gold Mining, S. 197.
15 Jansen, Jakob Fugger, S. 197–225; Pölnitz, Jakob Fugger, Bd. 1, S. 91–96, 134–144, 149–152 und passim; Bd. 2, S. 60, 71f., 78–90, 187f. und passim; Hollegger, Maximilian I., S. 185; Böhm, Reichsstadt Augsburg, S. 289f.
16 Jansen, Jakob Fugger, S. 79–131; Ehrenberg, Zeitalter, Bd. 1, S. 91–93; Pölnitz, Jakob Fugger, Bd. 2, S. 124–126, 159, 164, 179, 183, 194f., 223; Schick, Jacob Fugger, S. 62–74, 83–85; Kellenbenz, Jakob Fugger, S. 45f., 51f.
17 Westermann (Hg.), Brandsilberproduktion, S. 60–94; ders., Silber- und Kupferproduktion, S. 206.
18 Vgl. Westermann, Silber- und Kupferproduktion, S. 193f.; Kellenbenz, Schwäbische Kaufherren, S. 209.
19 Kellenbenz, Schwäbische Kaufherren, S. 209f.; ders., Kapitalverflechtung, S. 24–27; ders., Wirtschaftsleben der Blütezeit, 265.
20 Noflatscher, Räte und Herrscher, S. 60, 68, 74, 84, 144, 148f., 184, 209, 224, 250, 252, 278, 291, 374, 402; Hollegger, Maximilian I., S. 147f.
21 Ehrenberg, Zeitalter, Bd. 1, S. 91; Jansen, Jakob Fugger, S. 80–84, 88, 195–203; Pölnitz, Jakob Fugger, Bd. 1, S. 66, 68, 83–85; Bd. 2, S. 17–19, 29f., 33, 39, 58–60, 68, 72, 87f.; Rolf Kießling, Gossembrot, in: Augsburger Stadtlexikon, S. 449f.; Böhm, Reichsstadt Augsburg, S. 286.
22 Pölnitz, Jakob Fugger, Bd. 2, S. 19, 28, 31, 87, 160; vgl. zu ihm Noflatscher, Räte und Herrscher, S. 144, 148f., 197, 224, 250, 252, 257, 281, 408.
23 Pölnitz, Jakob Fugger, Bd. 2, S. 24f., 57.
24 Vgl. Kießling, Bürgerliche Gesellschaft, S. 187; Fuhrmann, »Öffentliches« Kreditwesen, S. 14; Wurm, Johannes Eck, S. 47, 52.
25 Jansen, Jakob Fugger, S. 133–137; Pölnitz, Jakob Fugger, Bd. 1, 52–54, 77; Bd. 2, S. 22f., 33f., 53; Schick, Jacob Fugger, S. 47–55; Kellenbenz, Jakob Fugger, S. 43f.; Kalus, Fugger in der Slowakei, S. 43–46, 51–54.

²⁶ Jansen, Jakob Fugger, S. 137f., 152f.; Strieder, Jakob Fugger der Reiche, S. 114f.; Pölnitz, Jakob Fugger, Bd. 1, S. 69–77 (Zahlen S. 71, 77); Bd. 2, S. 35–38, 46–50, 53–56, 76f., 99–101; Vlachović, Kupfererzeugung, S. 150; Kalus, Fugger in der Slowakei, S. 54–58, 65f., 72f.
²⁷ Pölnitz, Jakob Fugger, Bd. 1, S. 73f.; Bd. 2, S. 39f.; Kalus, Fugger in der Slowakei, S. 37–39, 59.
²⁸ Jansen, Jakob Fugger, S. 68–72; 138–144, 150f., 191–193; Strieder, Jakob Fugger der Reiche, S. 115–117; Pölnitz, Jakob Fugger, Bd. 1, S. 129f., 186; Bd. 2, S. 40–44, 53–55, 74–77, 104–119, 319f.; Kellenbenz, Gold Mining, S. 186; Kalus, Fugger in der Slowakei, S. 58f., 65f.
²⁹ Schick, Jacob Fugger, S. 117, 160; vgl. Vlachović, Kupfererzeugung, S. 150; Jansen, Jakob Fugger, S. 158f.; Kalus, S. 58. Die Rechnungen des ungarischen Handels in diesem Zeitraum referiert Pölnitz, Jakob Fugger, Bd. 2, S. 224–231, 252–254, 282–299, 352–368, 430–435, 447–450, 455–462, 580–588.
³⁰ Hildebrandt, Kupferhandel, S. 193; Kalus, Fugger in der Slowakei, S. 62–64.
³¹ Jansen, Jakob Fugger, S. 155f.; Strieder, Jakob Fugger der Reiche, S. 117f.; Hildebrandt, Kupferhandel, S. 208; Kalus, Fugger in der Slowakei, S. 64.
³² Jansen, Jakob Fugger, S. 52f.; Strieder, Jakob Fugger der Reiche, S. 118f.; Pölnitz, Jakob Fugger, Bd. 1, S. 96–108, 126–128, 133f.; Bd. 2, S. 78, 81, 83f., 98f.; Schick, Jacob Fugger, S. 61f.; Kellenbenz, Jakob Fugger, S. 45; Pickl, Kupfererzeugung, S. 137.
³³ Lutz, Peutinger, S. 39–41.
³⁴ Jansen, Jakob Fugger, S. 59f.; 144–147; Pölnitz, Jakob Fugger, Bd. 1, S. 289–297; Bd. 2, S. 278–281.
³⁵ Kalus, Fugger in der Slowakei, S. 66–99; vgl. Jansen, Jakob Fugger, S. 160–178; Pölnitz, Jakob Fugger, Bd. 1, S. 540–542, 602–605; Schick, Jacob Fugger, S. 103–107.
³⁶ Schulte, Fugger in Rom, Bd. 1, S. 6–18; Pölnitz, Jakob Fugger, Bd. 1, S. 87–90; Bd. 2, S. 34, 62–67, 74f., 80; Schick, Jacob Fugger, S. 119–125; Kellenbenz, Jakob Fugger, S. 46f.; Tewes, Luthergegner, S. 288f.
³⁷ Vgl. zu ihm Tewes, Luthergegner, S. 282–295.
³⁸ Schulte, Fugger in Rom, Bd. 1, S. 22–32, 109–111, 279–289; Pölnitz, Jakob Fugger, Bd. 1, S. 121–123; Bd. 2, S. 90–96, 129f.
³⁹ Pölnitz, Jakob Fugger, Bd. 1, S. 263f.
⁴⁰ Schulte, Fugger in Rom, Bd. 1, S. 27–29; Pölnitz, Jakob Fugger, Bd. 1, S. 275–277; Bd. 2, S. 130f., 153f.; Lutz, Peutinger, S. 102; Kellenbenz, Jakob Fugger, S. 47.
⁴¹ Schulte, Fugger in Rom, Bd. 1, S. 33–54, 207f.; Strieder, Jakob Fugger der Reiche, S. 144–151; Pölnitz, Jakob Fugger, Bd. 1, S. 146, 163–166, 171, 184f., 211, 222; Bd., 2, S. 130f., 146, 152f., 155–157, 169f., 196f., 204, 254–256, 268f.; Schick, Jacob Fugger, S. 134f.; Kellenbenz, Jakob Fugger, S. 47f., 56.
⁴² Schulte, Fugger in Rom, Bd. 1, S. 55–92, 155–165; Pölnitz, Jakob Fugger, Bd. 1, S. 298f.; Schick, Jacob Fugger, S. 125–133; Tewes, Luthergegner, S. 330 und passim.
⁴³ Ehrenberg, Zeitalter, Bd. 1, S. 98f.; Schulte, Fugger in Rom, Bd. 1, S. 93–145; Pölnitz, Jakob Fugger, Bd. 1, S. 306–311, 320; Bd. 2, S. 321–327; Kellenbenz, Jakob Fugger, S. 54f.
⁴⁴ Reinhard, Reichsreform und Reformation, S. 268f.; Burkhardt, Reformationsjahrhundert, S. 33f.
⁴⁵ Schulte, Fugger in Rom, Bd. 1, S. 188–192, 207–210, 226–228, 235; Pölnitz, Jakob Fugger, Bd. 1, S. 502f.; Bd. 2, S. 412, 475f., 498f., 542f., 545–547, 569, 573f.; Kellenbenz, Jakob Fugger, S. 56.
⁴⁶ Vgl. Knittler, Wirtschafts- und Handelsräume.
⁴⁷ Jansen, Jakob Fugger, Bd. 1, S. 13; Strieder, Jakob Fugger, S. 99f.; Pölnitz, Jakob Fugger, Bd. 2, S. 15, 79f., 134; Simonsfeld, Fondaco, Bd. 1, S. 315 (Nr. 582); Bd. 2, S. 15, 61; Braunstein, Le marché du cuivre, S. 92f.
⁴⁸ Simonsfeld, Fondaco, Bd. 1, S. 360 (Nr. 653), 364 (Nr. 658); Bd. 2, S. 177; Jansen, Jakob Fugger, S. 60f., 208; Weitnauer, Venezianischer Handel, S. 48–51; Pölnitz, Jakob Fugger, Bd. 1, S. 162f., 205–215, 302; Bd. 2, S. 199f.; Lutz, Peutinger, S. 77–96; Schick, Jacob Fugger, S. 86–88; Pickl, Kupfererzeugung, S. 137f.; Böhm, Reichsstadt Augsburg, S. 52, 64f.
⁴⁹ Simonsfeld, Fondaco, Bd. 2, S. 61f.; Ehrenberg, Zeitalter, Bd. 1, S. 98; Schulte, Fugger in Rom, Bd. 1, S. 193; Pölnitz, Jakob Fugger, Bd. 2, S. 210f.; Lieb, Fugger und die Kunst, II, S. 81.
⁵⁰ Weitnauer, Venezianischer Handel, S. 40f.

51 Weitnauer, Venezianischer Handel, S. 65–106.
52 Kellenbenz, Neues zum Ostindienhandel, S. 82–85; Mathew, Indo-Portuguese Trade, S. 154.
53 Pölnitz, Jakob Fugger, Bd. 1, S. 147–149; Bd. 2, S. 133–135; Lutz, Peutinger, S. 154–157; Mathew, Indo-Portuguese Trade, S. 155–157.
54 Vgl. Kellenbenz, Neues zum Ostindienhandel, S. 86f.; ders., Fugger in Spanien, Bd. 1, S. 49.
55 Pölnitz, Jakob Fugger, Bd. 2, S. 179; Schaper, Hirschvogel, S. 219f., 230f.; Kellenbenz, Neues zum Ostindienhandel, S. 88.
56 Pölnitz, Jakob Fugger, Bd. 2, S. 233f.; Kellenbenz, Fugger in Spanien, Bd. 1, S. 52f.
57 Kellenbenz, Fugger in Spanien, Bd. 1, S. 54–61; ders., Jakob Fugger, S. 63; Mathew, Indo-Portuguese Trade, S. 162–167.
58 Van der Wee/Materné, Antwerp; Limberger, Economies of Agglomeration. Zu den deutschen Kaufleuten vgl. Trauchburg, Auf den Spuren; Harreld, High Germans.
59 Jansen, Jakob Fugger, S. 68, 200; Pölnitz, Jakob Fugger, Bd. 2, S. 14, 30; Kellenbenz, Jakob Fugger, S. 41.
60 Jansen, Jakob Fugger, S. 156–158; Pölnitz, Jakob Fugger, Bd. 1, S. 161f., 211; Bd. 2, S. 108, 195, 233, 275, 283f.; Vlachović, Kupfererzeugung, S. 154; Kalus, Fugger in der Slowakei, S. 65; Harreld, High Germans, S. 131.
61 Doehaerd, Etudes anversoises, Bd. 3, S. 199 (Nr. 3586–3587); Strieder, Jakob Fugger der Reiche, S. 98f.; Pölnitz, Jakob Fugger, Bd. 2, S. 149f.; Lieb, Fugger und die Kunst I, S. 69 (Dürer-Zitat); Kellenbenz, Fugger in Spanien, Bd. 1, S. 437; Trauchburg, Auf den Spuren, S. 268; dies., Kooperation und Konkurrenz, S. 216.
62 Doehaerd, Etudes anversoises, Bd. 2, S. 256–259 (Nr. 1780); Bd. 3, S. 192f. (Nr. 3531); Jansen, Jakob Fugger, S. 147; Lutz, Peutinger, S. 62–64; Häberlein, Handelsgesellschaften, S. 305f.
63 Doehaerd, Etudes anversoises, Bd. 3, S. 207 (Nr. 3642), 233 (Nr. 3813), 239 (Nr. 3861), 241 (Nr. 3874); vgl. Kellenbenz, Fugger in Spanien, Bd. 1, S. 437f.; Harreld, High Germans, S. 140.
64 Strieder, Notariatsarchive, S. 3–11, 13; Pölnitz, Jakob Fugger, Bd. 2, S. 502f.
65 Ehrenberg, Zeitalter, Bd. 1, S. 96f.; Jansen, Jakob Fugger, S. 44f., 213–225, Weitnauer, Venezianischer Handel, S. 71f.; Pölnitz, Jakob Fugger, Bd. 1, S. 297, 343f., 365, 378; Bd. 2, S. 308f., 361f., 376f.; Kellenbenz, Fugger in Spanien, Bd. 1, S. 63, 438; Tracy, Emperor Charles V, S. 92.
66 Geffcken, Welser, S. 145–157; Kießling, Strukturwandel in der Region.
67 Häberlein, Welser-Vöhlin-Gesellschaft, S. 20–22; ders., Handelsgesellschaften, S. 313f.
68 Häberlein, Welser-Vöhlin-Gesellschaft, S. 23–29; ders., Handelsgesellschaften, S. 315–322.
69 Vgl. Häberlein, Fugger und Welser, S. 225–228.
70 Katarina Sieh-Burens, Adler, in: Augsburger Stadtlexikon, S. 223f.; Pölnitz, Jakob Fugger, Bd. 1, S. 253, 300; Bd. 2, S. 218, 223, 241, 278, 307f., 385, 393; Noflatscher, Räte und Herrscher, S. 79, 148f.
71 Ehrenberg, Zeitalter, Bd. 1, S. 212–218; Kern, Studien, S. 164–173; Westermann, Brass-works; Burschel/Häberlein, Familie, Geld und Eigennutz, S. 57–59.
72 Ehrenberg, Zeitalter, Bd. 1, S. 95; Jansen, Jakob Fugger, S. 54, 56, 104f., 108f., 112, 115f., 121f.; Strieder, Jakob Fugger der Reiche, S. 120f., 124f.; Pölnitz, Jakob Fugger, Bd. 1, S. 257, 272f., 300, 335f.; Bd. 2, S. 163, 246f., 270, 278, 316, 345, 349f., 428; Schick, Jacob Fugger, S. 150–155; Unger, Fugger in Hall, S. 54f., 66f., 72; Pickl, Kupfererzeugung, S. 138; Westermann, Brass-works, S. 165; Palme, Fugger in Tirol, S. 301; Böhm, Reichsstadt Augsburg, S. 103–107.
73 Häberlein, Brüder, Freunde und Betrüger, S. 282–287.
74 Strieder, Jakob Fugger der Reiche, S. 68; Pölnitz, Jakob Fugger, Bd. 2, S. 97f., 111; Böhm, Reichsstadt Augsburg, S. 319.
75 Jansen, Jakob Fugger, S. 65f.; Pölnitz, Jakob Fugger, Bd. 2, S. 116, 224, 252, 282.
76 Vgl. Davis, Die schenkende Gesellschaft; Groebner, Gefährliche Geschenke.
77 Jansen, Jakob Fugger, S. 225–230 (Quellenzitat S. 229); Strieder, Jakob Fugger der Reiche, S. 134f.; Pölnitz, Jakob Fugger, Bd. 1, S. 105f., 127, 255f., 329–331; Bd. 2, S. 82, 117, 127, 346; Kellenbenz, Jakob Fugger, S. 52f.; Böhm, Reichsstadt Augsburg, S. 95, 200; Kalus, Fugger in der Slowakei, S. 77.

78 Jansen, Jakob Fugger, S. 40f., 43, 51, 105, 126; Pölnitz, Jakob Fugger, Bd. 1, S. 59f., 64, 84, 140f., 292, 301; Bd. 2, S. 78, 126, 149, 159, 192, 231, 236f., 406, 453 und passim.; Weitnauer, Venezianischer Handel, S. 53; Lieb, Fugger und die Kunst, I, S. 78–80; Kellenbenz, Jakob Fugger, S. 49; Böhm, Reichsstadt Augsburg, S. 199.
79 Pölnitz, Jakob Fugger, Bd. 2, S. 248, 384.
80 Jansen, Jakob Fugger, S. 41f., 206, 209; Pölnitz, Jakob Fugger, Bd. 1, S. 43, 85, 182, 205f., 252, 265; Bd. 2, S. 38, 189, 240, 277; Kellenbenz, Jakob Fugger, S. 49, 52.
81 Vgl. Pieper, Informationszentren.
82 Schulte, Fugger in Rom, Bd. 1, S. 193; Jansen, Jakob Fugger, S. 47–51; Pölnitz, Jakob Fugger, Bd. 1, S. 46, 144; Bd. 2, S. 128f.; Weitnauer, Venezianischer Handel, S. 117–120.
83 Pölnitz, Jakob Fuggers Zeitungen; ders. Jakob Fugger, Bd. 1, S. 543; Bd. 2, S. 438, 452, 455, 476.
84 Schulte, Fugger in Rom, Bd. 1, S. 32, 51, 194; Pölnitz, Jakob Fugger, Bd. 1, S. 102f., 112, 221, 251, 331; Bd. 2, S. 80, 203; Kellenbenz, Jakob Fugger, S. 55f.; Kalus, Fugger in der Slowakei, S. 82.
85 Noflatscher, Räte und Herrscher, S. 38–41 (Zitat S. 40), 60, 69f., 154, 220, 335, 404; vgl. Schick, Jacob Fugger, S. 44–46.
86 Pölnitz, Jakob Fugger, Bd. 1, S. 59, 61, 79f.; Bd. 2, S. 17–19, 28, 57, 72; Kellenbenz, Jakob Fugger, S. 42f.; Noflatscher, Räte und Herrscher, S. 74.
87 Pölnitz, Jakob Fugger, Bd. 1, S. 218–223; Bd. 2, S. 178, 200–202, 205, 220; Schick, Jacob Fugger, S. 89–96; Kellenbenz, Jakob Fugger, S. 46, 49f.
88 Noflatscher, Räte und Herrscher, S. 50–52, 60, 62, 78f., 182, 200, 245, 273f., 279f., 351, 371, 404.
89 Jansen, Jakob Fugger, S. 100–107, 206, 209; Pölnitz, Jakob Fugger, Bd. 1, S. 134–138, 172, 189, 199, 210, 253, 273, 292f., 300; Bd. 2, S. 86f., 126, 306f. und passim; Böhm, Reichsstadt Augsburg, S. 54, 65f., 170f.; Noflatscher, Räte und Herrscher, S. 256, 316.
90 Pölnitz, Jakob Fugger, Bd. 2, S. 220f.
91 Pölnitz, Jakob Fugger, Bd. 1, S. 223–229, 238–240. Vgl. auch ders., Streit um den Nachlass; Kellenbenz, Jakob Fugger, S. 50f.
92 Ehrenberg, Zeitalter, Bd. 1, S. 94; Schulte, Fugger in Rom, Bd. 1, S. 53f.; Pölnitz, Jakob Fugger, Bd. 1, S. 267–271; Hollegger, Maximilian I., S. 212–214.
93 Jansen, Jakob Fugger, S. 132f.; Strieder, Jakob Fugger der Reiche, S. 108–112; Pölnitz, Jakob Fugger, Bd. 1, S. 51–53, 255; Bd. 2, S. 19–22, 26, 102–107; Kalus, Fugger in der Slowakei, S. 40–46.
94 Jansen, Jakob Fugger, S. 149f.; Pölnitz, Jakob Fugger, Bd. 1, S. 77f., 101, 120; Bd. 2, S. 56, 78f., 90, 96f.; Kellenbenz, Gold Mining, S. 188; ders., Jakob Fugger, S. 52f.; Kalus, Fugger in der Slowakei, S. 60–62.
95 Schulte, Fugger in Rom, Bd. 1, S. 19f., 25, 47; Pölnitz, Jakob Fugger, Bd. 1, S. 122, 322; Bd. 2, S. 94, 256; Kalus, Fugger in der Slowakei, S. 42, 77, 82.
96 Pölnitz, Jakob Fugger, Bd. 1, S. 55; Bd. 2, S. 23; Lieb, Fugger und die Kunst, II, S. 23; Kalus, Fugger in der Slowakei, S. 42.
97 Rohmann, Ehrenbuch, Bd. 1, S. 37, 174.
98 Pölnitz, Jakob Fugger, Bd. 2, S. 477f.; Kalus, Fugger in der Slowakei, S. 89.
99 Pölnitz, Jakob Fugger, Bd. 1, S. 386, 410; Bd. 2, S. 391; Kellenbenz, Jakob Fugger, S. 57.
100 Ehrenberg, Zeitalter, Bd. 1, S. 100; Pölnitz, Jakob Fugger, Bd. 1, S. 362, 364; Bd. 2, S. 362; Kellenbenz, Fugger in Spanien, Bd. 1, S. 62f.
101 Aus der Perspektive Jakob Fuggers werden die Ereignisse von 1518/19 ausführlich dargestellt bei Jansen, Jakob Fugger, S. 232–248; Pölnitz, Jakob Fugger, Bd. 1, S. 365–441, Bd. 2, S. 416–423; ders., Die Fugger, S. 117–135; Schick, Jacob Fugger, S. 161–179; vgl. auch Strieder, Jakob Fugger der Reiche, S. 136–140; Ehrenberg, Zeitalter, Bd. 1, S. 100–110; Kellenbenz, Jakob Fugger, S. 58–60; ders., Fugger in Spanien, Bd. 1, S. 64f.; Kohler, Karl V., S. 72–74; Tracy, Emperor Charles V, S. 99.
102 Pölnitz, Jakob Fugger, Bd. 1, S. 437–439; Bd. 2, S. 429; Lutz, Peutinger, S. 150.
103 Jansen, Jakob Fugger, S. 127f.; Pölnitz, Jakob Fugger, Bd. 1, S. 458f., 496–501; Kellenbenz, Jakob Fugger, S. 61; vgl. auch Kohler, Ferdinand I., S. 72–76.

104 Jansen, Jakob Fugger, S. 128f.; Pölnitz, Jakob Fugger, Bd. 1, S. 522f., 532; Bd. 2, S. 516–519, 533f., 554–556, 590f.; Strieder, Jakob Fugger der Reiche, S. 104f.; Kellenbenz, Jakob Fugger, S. 61f.; Pickl, Kupfererzeugung, S. 138f.; Palme, Fugger in Tirol, S. 298.

105 Pölnitz, Jakob Fugger, Bd. 1, S. 479–481, 515f., 523–526, 540, 545f., 550, 53; Bd. 2, S. 466, 472, 526, 528f., 537, 551–553, 565f., 569f., 580f., 586; Lutz, Peutinger, S. 248; Kellenbenz, Jakob Fugger, S. 63, 66f.

106 Ehrenberg, Zeitalter, Bd. 1, S. 111–115; Pölnitz, Jakob Fugger, Bd. 1, S. 518f., 549f., 553; Kellenbenz, Jakob Fugger, S. 62; Kellenbenz, Fugger in Spanien, Bd. 1, S. 65–67.

107 Haebler, Geschichte, S. 45–55; Pölnitz, Jakob Fugger, Bd. 1, S. 519f.; Bd. 2, S. 507f., 569; Kellenbenz, Fugger in Spanien, Bd. 1, S. 153–155, 169.

108 Jansen, Jakob Fugger, S. 54–56, 259–262; Strieder, Jakob Fugger der Reiche, S. 121–124; Pölnitz, Jakob Fugger, Bd. 1, S. 504–517, 527–530, 532–539, 544–547, 555–565; Schick, Jacob Fugger, S. 187–207; Kellenbenz, Jakob Fugger, S. 64–66. Vgl. auch Lutz, Peutinger, S. 184–186, 214–222, 269f. und allgemein, mit einigen Akzentverschiebungen gegenüber der älteren Literatur, Mertens, Im Kampf gegen die Monopole.

109 Jansen, Jakob Fugger, S. 38f.; Strieder, Jakob Fugger der Reiche, S. 83f.; ders., Geschäfts- und Familienpolitik, S. 202f.; Pölnitz, Jakob Fugger, Bd. 1, S. 471–476, 642; Lieb, Fugger und die Kunst, II, S. 24; Kellenbenz, Jakob Fugger, S. 71; Simnacher, Fuggertestamente, S. 77f., 104–117; Druck der Testamente: Preysing, Fuggertestamente, S. 51–97 (Zitate S. 88, 91).

110 Chroniken, Bd. 23, S. 167; Pölnitz, Jakob Fugger, Bd. 1, S. 649–657.

Kapitel 3
Anton Fugger, das Haus Habsburg und die europäische Weltwirtschaft 1525–1560

1 Burkhardt, Jubiläumsvortrag Anton Fugger, S. 138–143; vgl. auch ders., Reformationsjahrhundert, S. 149–152.

2 Vgl. Kapitel 7.

3 Pölnitz, Anton Fugger, Bd. 1, S. 27–63; Pölnitz/Kellenbenz, Anton Fugger, Bd. 3/2, S. 304–309; Lieb, Fugger und die Kunst, II, S. 67f.; Simnacher, Fuggertestamente, S. 102–104; Kellenbenz, Anton Fugger, S. 48–56.

4 Zu diesem und dem folgenden Abschnitt vgl. Pölnitz, Jakob Fugger, Bd. 1, S. 602–625; Schick, Jacob Fugger, S. 207–223; Kalus, Fugger in der Slowakei, S. 100–154.

5 Pölnitz, Jakob Fugger, Bd. 1, S. 613–640.

6 Pölnitz, Anton Fugger, Bd. 1, S. 66–73; Kellenbenz, Anton Fugger, S. 59f.

7 Pölnitz, Jakob Fugger, Bd. 1, S. 590–598; Zitat S. 595; ders., Anton Fugger, Bd. 1, S. 74–80; vgl. Blickle, Revolution, S. 18f., 188f.; Kohler, Ferdinand I., S. 84–86.

8 Fischer, Bergbeschau.

9 Schulte, Fugger in Rom, Bd. 1, S. 236–244; Strieder, Inventur, S. 10; Pölnitz, Anton Fugger, Bd. 1, S. 96f.; Pölnitz/Kellenbenz, Anton Fugger, Bd. 3/2, S. 310; Kellenbenz, Anton Fugger, S. 64; Scheller, Memoria, S. 182.

10 Ehrenberg, Zeitalter, Bd. 1, S. 215–218; Pölnitz, Anton Fugger, Bd. 1, S. 102–104, 113f., 118, 128–135, 143–146, 156–163, 234; Kellenbenz, Anton Fugger, S. 65, 68f.; Westermann, Brass-works, S. 170f.; Burschel/Häberlein, Familie, Geld und Eigennutz, S. 58–61; Trauchburg-Kuhnle, Kooperation und Konkurrenz, S. 221f.

11 Ehrenberg, Zeitalter, Bd. 1, S. 118f., 122–125; Jansen, Jakob Fugger, S. 73–76; Strieder, Inventur; ders., Jakob Fugger der Reiche, S. 87–89.

12 Text: Lutz, Struktur, Bd. 2, S. 84'–103' (Zitate S. 84', 85', 91'); vgl. Pölnitz, Anton Fugger, Bd. 1, S. 252–257; Kellenbenz, Anton Fugger, S. 57–59.

13 Ehrenberg, Zeitalter, Bd. 1, S. 132–135; Pölnitz, Anton Fugger, Bd. 2/1, S. 33–35, 331–333; Pölnitz/Kellenbenz, Anton Fugger, Bd. 3/2, S. 373; Kellenbenz, Anton Fugger, S. 85.

14 Text: Lutz, Struktur, Bd. 2, S. 104'–115' (Zitate S. 107', 108', 112'). Vgl. Ehrenberg, Zeitalter, Bd. 1, S. 139; Pölnitz, Anton Fugger, Bd. 2/1, S. 51, 54, 69f.; Kellenbenz, Hans Jakob Fugger, S. 52f.

15 Tracy, Emperor Charles V, S. 100f. Leicht abweichende Zahlenangaben bei Carande, Carlos V, Bd. 3, S. 28–33. Vgl. auch Kellenbenz, Fugger in Spanien, Bd. 1, S. 397–409; Kohler, Karl V., S. 145–147.
16 Ehrenberg, Zeitalter, Bd. 1, S. 139–144; Kirch, Fugger und der Schmalkaldische Krieg, S. 7–19, 67–72, 86–91, 100–110; Carande, Carlos V, Bd. 3, S. 124–141, 226–239, 324–351; Kellenbenz, Fugger in Spanien, Bd. 1, S. 67–116, 479f.; ders., Anton Fugger, S. 91f. und passim. Zur Zusammenarbeit der Fugger mit den Welsern vgl. Großhaupt, Welser als Bankiers; Häberlein, Fugger und Welser, S. 228–233. Zum Villacher Asiento vgl. Ehrenberg, Zeitalter, Bd. 1, S. 152–155; Pölnitz, Anton Fugger, Bd. 3/1, S. 292–296; Kellenbenz, Anton Fugger, S. 99f.; Kohler, Karl V., S. 148.
17 Kellenbenz, Fugger in Spanien, Bd. 1, S. 28–35, 123–149, 337f., 342, 445f.
18 Kellenbenz, Maestrazgopacht; ders., Fugger in Spanien, Bd. 1, S. 245–317, 378–382, 485f.
19 Lieb, Fugger und die Kunst, II, S. 278–282; Kellenbenz, Fugger in Spanien, Bd. 1, S. 317.
20 Pölnitz, Anton Fugger, Bd. 1, S. 222–233; Kellenbenz, Fugger in Spanien, Bd. 1, S. 157–162, 170; ders., Anton Fugger, S. 73–75, 84. Zu den Welsern in Amerika vgl. Otte, Welser in Santo Domingo; Simmer, Gold und Sklaven; Denzer, Konquista.
21 Kellenbenz, Fugger in Spanien, Bd. 1, S. 323–360, 374–378, 442. Zahlreiche Dokumente zu den Handels- und Bankgeschäften der Fugger in Sevilla finden sich in Kellenbenz/Walter (Hg.), Oberdeutsche Kaufleute.
22 Strieder, Deutscher Metallwarenexport; ders., Notariatsarchive, S. 451–454; Pölnitz, Anton Fugger, Bd. 2/2, S. 561–563; Kellenbenz, Fugger in Spanien, Bd. 1, S. 439, 444.
23 Kellenbenz, Fugger in Spanien, Bd. 1, S. 391–393; Scheller, Memoria, S. 225–230.
24 Ehrenberg, Zeitalter, Bd. 1, S. 129f.; Strieder, Inventur, S. 18–21; Pölnitz, Anton Fugger, Bd. 1, S. 110, 207–209, 532f. (Anm. 132); Kellenbenz, Fugger in Spanien, Bd. 1, S. 72; ders., Anton Fugger, S. 72; Pölnitz/Kellenbenz, Anton Fugger, Bd. 3/2, S. 340.
25 Ehrenberg, Zeitalter, Bd. 1, S. 130, 134, 137; Müller (Hg.), Quellen, S. 188f. (Nr. 450), 192f. (Nr. 462); Pölnitz, Anton Fugger, Bd. 2/1, S. 208–210, 223, 251; Kellenbenz, Anton Fugger, S. 81, 89.
26 Ehrenberg, Zeitalter, Bd. 1, S. 147; Pölnitz, Anton Fugger, Bd. 2/2, S. 341; Bd. 3/1, S. 550; Pölnitz/Kellenbenz, Anton Fugger, Bd. 3/2, S. 343; Kellenbenz, Anton Fugger, S. 107.
27 Strieder, Inventur, S. 24f., 42–46, 69; Hipper, Beziehungen, S. 8f.; Pölnitz, Anton Fugger, Bd. 1, S. 64f., 425 (Anm. 10); Unger, Fugger in Hall, S. 80; Kellenbenz, Anton Fugger, S. 59; ders., Kapitalverflechtung, S. 23f.
28 Westermann (Hg.), Brandsilberproduktion, S. 100–109; zu den genannten Firmen vgl. Häberlein, Brüder, Freunde und Betrüger, S. 123–132, 172–177; Müller (Hg.), Quellen, passim; Kellenbenz, Kapitalverflechtung, S. 32–39.
29 Vgl. Westermann, Silber- und Kupferproduktion, S. 196, 206.
30 Vgl. Pölnitz, Anton Fugger, Bd. 1, S. 168, 249, 309, 336; Bd. 2/1, S. 57f., 76, 136f., 204, 399f. (Anm. 95), 518 (Anm. 156).
31 Müller (Hg.), Quellen, S. 188f. (Nr. 450), 191 (Nr. 457), 195 (Nr. 469); Scheuermann, Fugger als Montanindustrielle, S. 28–32, 412–418; Pölnitz, Anton Fugger, Bd. 2/1, S. 226f., 281, 284, 538f. (Anm. 319, 320); Bd. 2/2, S. 65, 75f.; Bd. 3/1, S. 14, 358; Häberlein, Brüder, Freunde und Betrüger, S. 125f.
32 Strieder, Inventur, S. 53–56, 68–70; Pölnitz, Anton Fugger, Bd. 1, S. 389 (Anm. 5), 424f. (Anm. 9); 431f. (Anm. 36), 451f. (Anm. 135), 480–484 (Anm. 41), 575–577 (Anm. 116); Bd. 2/1, S. 118, 313 (Anm. 95), 362–370 (Anm. 111), 447f. (Anm. 148); Pölnitz/Kellenbenz, Anton Fugger, Bd. 3/2, S. 319f., 335f., 379f.; Pickl, Kupfererzeugung, S. 139f.; Palme, Fugger in Tirol, S. 303f. Vgl. zur Faktorei Hall die Studie von Unger, Fugger in Hall, bes. S. 76–128, 231–237.
33 Pölnitz/Kellenbenz, Anton Fugger, Bd. 3/2, S. 320–324. Zur Auslösung des Tiroler Geschäfts aus dem Gemeinen Handel vgl. Scheuermann, Fugger als Montanindustrielle, S. 5–47, bes. S. 10–12, 17–19. Zur Entwicklung des Betriebskapitals und der Gewinne vgl. ebd., S. 50f., 55f. und mit etwas abweichenden Zahlen Pölnitz, Anton Fugger, Bd. 3/1, S. 435, 553f.
34 Scheuermann, Fugger als Montanindustrielle, S. 68–73, 77f., 108–117; Pölnitz, Anton Fugger, Bd. 3/1, S. 97, 108, 131, 142, 187f., 215, 226f., 238, 241, 381; Pölnitz/Kellenbenz, Bd. 3/2,

S. 26, 34f., 45f., 51f., 54–56, 72f., 90f., 102f., 138–141, 197f., 221f., 247–250; Kellenbenz, Anton Fugger, S. 113f.
35 Pölnitz, Anton Fugger, Bd. 1, S. 65, 108, 384 (Anm. 142), 388f. (Anm. 4), 445 (Anm. 118); Kellenbenz, Konto Neapel, S. 365–367.
36 Ehrenberg, Zeitalter, Bd. 1, S. 138; Kirch, Fugger und der Schmalkaldische Krieg, S. 91–96, 161f.; Pölnitz, Anton Fugger, Bd. 1, S. 209, 230, 237, 534 (Anm. 138), 536 (Anm. 142), 567–569 (Anm. 86), 611 (Anm. 132), 619 (Anm. 148); Bd. 2/1, S. 26, 50, 58, 62, 71, 137, 145–148, 151–154, 293f. (Anm. 3), 306 (Anm. 39), 313f. (Anm. 97), 337 (Anm. 16), 353 (Anm. 77), 414 (Anm. 140), 522 (Anm. 79); Bd. 2/2, S. 70, 75, 123, 221, 279, 294, 345; Bd. 3/1, S. 54–56, 154f., 199, 425; Pölnitz/Kellenbenz, Anton Fugger, Bd. 3/2, S. 390; Kellenbenz, Konto Neapel, S. 367–372; ders., Fugger in Spanien, Bd. 1, S. 460f., 477.
37 Strieder, Inventur, S. 46–52; Pölnitz/Kellenbenz, Anton Fugger, Bd. 3/2, S. 312–318; Kalus, Fugger in der Slowakei, S. 163–166, 185–188.
38 Pölnitz, Anton Fugger, Bd. 1, 84f., 88, 92, 106f. 169–173, 176–199, 202–205, 214–225, 233–238, 243f., 335–341, 422 (Anm. 156), 427f. (Anm. 13), 444 (Anm. 105), 464f. (Anm. 186); Kellenbenz, Anton Fugger, S. 62f., 65f., 69–71, 75–77, 83f.; Kalus, Fugger in der Slowakei, S. 166–169, 179–184, 194.
39 Strieder, Inventur, S. 46; Hildebrandt, Kupferhandel, S. 193, 197; Pölnitz/Kellenbenz, Anton Fugger, Bd. 3/2, S. 314.
40 Pölnitz, Anton Fugger, Bd. 1, S. 606f. (Anm. 113); Bd. 2/1, S. 98f., 166–173, 181–183, 192–202, 321–323 (Anm. 146), 540–542 (Anm. 333); Kalus, Fugger in der Slowakei, S. 184f., 196–212.
41 Pölnitz, Anton Fugger, Bd. 2/2, S. 103f., 126–129, 237–240, 263f., 298–301, 311–314, 419–423, 433f., 440–451, 457–461, 480–488, 494–497, 501–504, 509–512, 565–567; Pölnitz/Kellenbenz, Anton Fugger, Bd. 3/2, S. 315; Seibold, Manlich, S. 74–79; Kalus, Fugger in der Slowakei, S. 213–226; vgl. Pickl, Kupfererzeugung, S. 141; Hildebrandt, Kupferhandel, S. 197.
42 Strieder, Inventur, S. 44f.; Pölnitz/Kellenbenz, Anton Fugger, Bd. 3/2, S. 315–318.
43 Pölnitz, Anton Fugger, Bd. 3/1, S. 22f., 36f., 43, 78f. und passim; Pölnitz/Kellenbenz, Anton Fugger, Bd. 3/2, S. 325–328; Kellenbenz, Gold Mining.
44 Strieder, Bericht Dernschwams; Pölnitz, Anton Fugger, Bd. 1, S. 119f., 135–143, 146–151, 178f., 187–190; Pölnitz/Kellenbenz, Anton Fugger, Bd. 3/2, S. 328f.; Kellenbenz, Anton Fugger, S. 67.
45 Vgl. Kapitel 2.
46 Ehrenberg, Zeitalter, Bd. 1, S. 134, 140, 147; Bd. 2, S. 53f.; Pölnitz, Anton Fugger, Bd. 1, S. 619 (Anm. 148); Bd. 2/1, S. 470 (Anm. 254); Bd. 2/2, S. 340; Pölnitz/Kellenbenz, Anton Fugger, Bd. 3/2, S. 340, 345; Kellenbenz, Fugger in Spanien, Bd. 1, S. 440–443.
47 Ehrenberg, Zeitalter, Bd. 1, S. 148, 150f., 166; Bd. 2, S. 53, 57–59; Pölnitz, Anton Fugger, Bd. 2/2, S. 74, 97–101, 109f., 113–117, 150f., 173, 201, 214, 219f., 250, 340, 561; Bd. 3/1, S. 47f., 85, 138f., 150f., 181, 193f., 203, 253f., 263f., 282, 286, 301, 315, 323, 329f., 366f., 396, 409f., 419, 520f.; Pölnitz/Kellenbenz, Anton Fugger, Bd. 3/2, S. 26, 64, 225f., 338, 342; Kellenbenz, Anton Fugger, S. 90f., 95, 97.
48 Pölnitz, Anton Fugger, Bd. 2/1, S. 112, 115, 166f., 188; Pölnitz/Kellenbenz, Anton Fugger, Bd. 3/2, S. 343.
49 Ehrenberg, Zeitalter, Bd. 1, S. 156, 159; Lieb, Fugger und die Kunst, II, S. 137; Pölnitz, Anton Fugger, Bd. 2/2, S. 515f.; Bd. 3/1, S. 70f., 161, 199, 303, 309f., 342, 373, 400, 425, 465, 540f.; Pölnitz/Kellenbenz, Anton Fugger, Bd. 3/2, S. 3, 46, 263, 338, 343f.; Kellenbenz, Anton Fugger, S. 97, 101–103, 108f.
50 Ehrenberg, Zeitalter, Bd. 1, S. 145–149; Pölnitz, Anton Fugger, Bd. 2/2, S. 329–345; Pölnitz/Kellenbenz, Anton Fugger, Bd. 3/2, S. 373; Kellenbenz, Anton Fugger, S. 95.
51 Ehrenberg, Zeitalter, Bd. 1, S. 157f.; Pölnitz, Anton Fugger, Bd. 3/1, S. 481–483; Kellenbenz, Anton Fugger, S. 105–107.
52 Ehrenberg, Zeitalter, Bd. 1, S. 148; Bd. 2, S. 53f.; Kirch, Fugger und der Schmalkaldische Krieg, S. 31, 105f.; Pölnitz, Anton Fugger, Bd. 2/2, S. 340f.; Kellenbenz, Fugger in Spanien, Bd. 1, S. 481.

53 Blendinger, Unterkaufbücher; vgl. Kellenbenz, Fugger in Spanien, Bd. 1, S. 101.
54 Ehrenberg, Zeitalter, Bd. 1, S. 157.
55 Ehrenberg, Zeitalter, Bd. 1, S. 155–162; Strieder, Notariatsarchive, S. 432–444; Pölnitz/Kellenbenz, Anton Fugger, Bd. 3/2, S. 9–12, 25f., 36, 40, 50, 60–63, 74f.. 94f., 98–100, 123–134; Kellenbenz, Fugger in Spanien, Bd. 1, S. 101–116, 444; ders., Anton Fugger, S. 98f., 101, 108, 110f.
56 Ehrenberg, Zeitalter, Bd. 1, S. 162–166; Bd. 2, S. 153–159; Maasen, Hans Jakob Fugger, S. 33; Pölnitz/Kellenbenz, Anton Fugger, Bd. 3/2, S. 118–134, 158–162; Kellenbenz, Anton Fugger, S. 111f., 114; ders., Fugger in Spanien, Bd. 1, S. 116–122, 446–448.
57 Pölnitz/Kellenbenz, Anton Fugger, Bd. 3/2, S. 251–254.
58 Ehrenberg, Zeitalter, Bd. 1, S. 166; Scheuermann, Fugger als Montanindustrielle, S. 106f.; Pölnitz/Kellenbenz, Anton Fugger, Bd. 3/2, S. 88, 101, 164–166, 190–197, 209–221, 239–247, 249f., 252, 282f.; Kellenbenz, Anton Fugger, S. 113–116.
59 Texte: Preysing, Fuggertestamente, S. 114–165 (Zitate S. 125, 152f.). Vgl. Ehrenberg, Zeitalter, Bd. 1, S. 144, 167; Maasen, Hans Jakob Fugger, S. 31f.; Pölnitz, Anton Fugger, Bd. 3/1, S. 123–125; Pölnitz/Kellenbenz, Anton Fugger, Bd. 3/2, S. 292; Simnacher, Fuggertestamente, S. 79–83; Kellenbenz, Anton Fugger, S. 97, 116; ders., Hans Jakob Fugger, S. 76.
60 Rabe, Deutsche Geschichte, S. 65.
61 Vgl. Landsteiner, Kein Zeitalter der Fugger, S. 97–101.
62 Vgl. Pölnitz/Kellenbenz, Anton Fugger, Bd. 3/2, S. 141, 262f. und passim; Palme, Fugger in Tirol, S. 298f., 306f.
63 Vgl. Hildebrandt, Kupferhandel, S. 209–216; Kellenbenz, Kapitalverflechtung; ders., Wirtschaftsleben, S. 265, 275f.
64 Überblick: Kellenbenz, Wirtschaftsleben, S. 265; Häberlein, Wirtschaftsgeschichte, S. 149.
65 Blendinger, Unterkaufbücher; Häberlein, Wirtschaftsgeschichte, S. 150.
66 Häberlein, Brüder, Freunde und Betrüger, S. 79–97, 120–147. Vgl. Kellenbenz, Wirtschaftsleben, S. 275, 287.
67 Kellenbenz, Wirtschaftsleben, S. 271–274; vgl. das Beispiel der Firma Böcklin bei Häberlein, Familiäre Beziehungen.
68 Kellenbenz, Wirtschaftsleben, S. 276f., 280f.; Häberlein, Jakob Herbrot.
69 Kellenbenz, Wirtschaft im Zeitalter der Reformation; Peters, Nürnberger Handel.
70 Gute Zusammenfassung dieser Prozesse bei Landsteiner, Kein Zeitalter der Fugger, S. 101–118.
71 Kellenbenz, Wirtschaftsleben, S. 282f.; Häberlein, Brüder, Freunde und Betrüger, S. 341–343, 377–379.
72 Vgl. dazu Hildebrandt, Effects of Empire; Kellenbenz, Wirtschaftsleben.
73 Landsteiner, Kein Zeitalter der Fugger, S. 97–106.

Kapitel 4
Niedergang oder Neuorientierung? Die Fuggerfirmen von 1560 bis 1650

1 Ehrenberg, Zeitalter, Bd. 1, S. 170–186; Pölnitz, Generationenproblem.
2 Hildebrandt, Georg Fuggerische Erben, S. 53.
3 Lieb, Fugger und die Kunst, II, S. 309f.; Simnacher, Fuggertestamente, S. 123–125; Lutz, Marx Fugger, S. 432–435, 442f.; Pölnitz, Anton Fugger, Bd. 3/1, 248f., 314, 412; Pölnitz/Kellenbenz, Anton Fugger, Bd. 3/2, S. 293f.; Karnehm (Bearb.), Korrespondenz Hans Fuggers, I, S. 4*-8*; Karnehm, Korrespondenznetz, S. 303f.
4 Maasen, Hans Jakob Fugger, S. 4–26; Lehmann, Fuggerbibliotheken, Bd. 1, S. 42–44; Hildebrandt, Georg Fuggerische Erben, S. 22f.; Kellenbenz, Hans Jakob Fugger, S. 49–57; Rohmann, Ehrenbuch, Bd. 1, S. 18f.
5 Ehrenberg, Zeitalter, Bd. 1, S. 166; Edelmayer (Hg.)/Strohmeyer (Bearb.), Korrespondenz der Kaiser, S. 111f., 149f. (Zitat), 186f., 197, 234 (Zitat), 248, 322, 335, 346, 405, 445. Vgl. Haebler, Geschichte, S. 129–136.
6 Ehrenberg, Zeitalter, Bd. 1, S. 173–176; Hildebrandt, Georg Fuggerische Erben, S. 53f.; Pölnitz Generalrechnung; ders., Die Fugger, S. 307.

7 Hildebrandt, Effects of Empire, S. 62–74; Häberlein, Brüder, Freunde und Betrüger, S. 37–40 und passim.
8 Chroniken, Bd. 33, S. 161, 164f., 174, 183, 210, 379; Ehrenberg, Zeitalter, Bd. 1, S. 176; Lutz, Marx Fugger, S. 451; Maasen, Hans Jakob Fugger, S. 33–36; Kellenbenz, Hans Jakob Fugger, S. 76–79; Rohmann, Ehrenbuch, Bd. 1, S. 20.
9 Maasen, Hans Jakob Fugger, S. 38–42; Kellenbenz, Hans Jakob Fugger, S. 79–81.
10 Karnehm (Bearb.), Korrespondenz Hans Fuggers, I, Nr. 128, 544. Vgl. Lietzmann, Briefwechsel, S. 440.
11 Ehrenberg, Zeitalter, Bd. 1, S. 183; Hildebrandt, Georg Fuggerische Erben, S. 23f., 57–76; Lutz, Marx Fugger, S. 451f.; Bastl, Tagebuch, S. 325f.; Sieh-Burens, Oligarchie, S. 103.
12 Die Mitwirkung Hans Fuggers in der Geschäftsführung wird aus dessen Briefen klar ersichtlich: Karnehm (Bearb.), Korrespondenz Hans Fuggers, I, Nr. 337, 338, 1065a und passim; Karnehm, Korrespondenznetz, S. 305; Dauser, Informationskultur, Teil 2, II.A.2; vgl. auch Ehrenberg, Zeitalter, Bd. 1, S. 176f.; Lill, Hans Fugger, S. 7f.
13 Karnehm (Bearb.), Korrespondenz Hans Fuggers, I, Nr. 356.
14 Ehrenberg, Zeitalter, Bd. 2, S. 30, 32; Hassler, Ausgang, S. 31f.; Hildebrandt, Wirtschaftsentwicklung, S. 43; Reinhard (Hg.), Augsburger Eliten, Nr. 246.
15 Karnehm (Bearb.), Korrespondenz Hans Fuggers, I, Nr. 3, 314.
16 Karnehm (Bearb.), Korrespondenz Hans Fuggers, I, Nr. 411, 494, 1116; vgl. auch ebd. Nr. 681, 901, 1033.
17 Karnehm (Bearb.), Korrespondenz Hans Fuggers, I, S. 60*f. und Nr. 971; II, Nr. 1001, 1011; vgl. Ehrenberg, Zeitalter, Bd. 1, S. 181f.; Zorn, Augsburg, S. 236; Harreld, High Germans, S. 181; Dauser, Informationskultur, Teil 3, IV.A.1.
18 Lutz, Marx Fugger, S. 453–456 (Zitate S. 454f.). Vgl. auch Ehrenberg, Zeitalter, Bd. 1, S. 182f.; Hildebrandt, Georg Fuggerische Erben, S. 57.
19 Vgl. zuletzt Behringer, Fugger und Taxis ; Schilling, Zwischen Mündlichkeit und Druck, und Pieper, Vermittlung einer neuen Welt.
20 Karnehm, Korrespondenznetz, S. 305–309 und ausführlich Dauser, Informationskultur, Teil 3.
21 Karnehm (Bearb.), Korrespondenz Hans Fuggers, I, S. 26*-30*. Zu den venezianischen Beziehungen vgl. Backmann, Kunstagenten oder Kaufleute?, S. 176, 182–184.
22 Hildebrandt, Georg Fuggerische Erben. S. 56.
23 Haebler, Geschichte, S. 132, 136, 138–144; Kellenbenz, Los Fugger.
24 Haebler, Geschichte, S. 144–156.
25 Haebler, Geschichte, S. 151, 168.
26 Haebler, Geschichte, S. 158–64, 166, 169; Ehrenberg, Zeitalter, Bd. 1, S. 178–181; Bd. 2, S. 205–221; Strieder, Notariatsarchive, S. 445–451; Hildebrandt, Georg Fuggerische Erben, S. 56; Zorn, Augsburg, S. 235f.
27 Karnehm (Bearb.), Korrespondenz Hans Fuggers, II/1, Nr. 940, 1468.
28 Haebler, Geschichte, S. 170f., 176f., 190f., 193f.
29 Hildebrandt (Hg.), Quellen und Regesten, Bd. 1, S. 66f. (Nr. 26)
30 Karnehm (Bearb.), Korrespondenz Hans Fuggers, I, Nr. 356, 821.
31 Hildebrandt (Hg.), Quellen und Regesten, S. 90 (Nr. 44), 92–94 (Nr. 45–47), 101–104 (Nr. 56–60), 105–109 (Nr. 62–66), 114f. (Nr. 71–73), 121–125 (Nr. 77–79), 126 (Nr. 82), 127 (Nr. 84–85); Rauscher, Zwischen Ständen und Gläubigern, S. 170 mit Anm. 269, 232f. Vgl. auch Karnehm (Bearb.), Korrespondenz Hans Fuggers, I, Nr. 591, 976.
32 Hildebrandt (Hg.), Quellen und Regesten, S. 143 (Nr. 104); ders., Der Kaiser und seine Bankiers, S. 240; Edelmayer, Söldner und Pensionäre, S. 166, 168. Vgl. auch Bastl, Tagebuch, S. 233, 235.
33 Lill, Hans Fugger, S. 35f.; Karnehm (Hg.), Korrespondenz Hans Fuggers, II/2, Nr. 2309.
34 Dauser, Informationskultur, Teil 1, I.C und Teil 3, IV.B.2.
35 Hildebrandt, Georg Fuggerische Erben, S. 104f. mit Anm. 103, S. 108; Karnehm (Bearb.), Korrespondenz Hans Fuggers, I, S. 48*f.; Lietzmann, Briefwechsel, S. 438f., 445, 448–459; Dauser, Informationskultur, Teil 3, IV.C.1.
36 Karnehm (Bearb.), Korrespondenz Hans Fuggers, passim (zu den »Mohren« siehe ebd., I, Nr. 752, 762, 1088, 1107); Dauser, Informationskultur, Teil 2, II.A.3 und Teil 4, I.D.

37 Harreld, High Germans, S. 177.
38 Backmann, Kunstagenten oder Kaufleute?, S. 184–186.
39 Karnehm (Bearb.), Korrespondenz Hans Fuggers, I, S. 44*–46*.
40 Edelmayer, Söldner und Pensionäre, S. 239; Karnehm (Bearb.), Korrespondenz Hans Fuggers, I, Nr. 89, 108, 109, 111, 123, 127, 131, 134, 145, 159, 220.
41 Karnehm (Bearb.), Korrespondenz Hans Fuggers, I, Nr. 188, 208, 210.
42 Karnehm (Bearb.), Korrespondenz Hans Fuggers, I, Nr. 648, 656, 663, 673, 677, 682, 692, 704, 770.
43 Karnehm (Bearb.), Korrespondenz Hans Fuggers, I, Nr. 1051, 1052, 1081, 1082, 1092, 1109, 1220, 1221, 1240.
44 Karnehm (Bearb.), Korrespondenz Hans Fuggers, II/1, Nr. 8, 9, 969–971, 1008, 1065, 1396; vgl. Dauser, Informationskultur, Teil 2, I.B. und II.A.2.
45 Scheuermann, Fugger als Montanindustrielle, S. 132–167; Kellenbenz, Kapitalverflechtung, S. 39–41; Seibold, Manlich, S. 118–122; Spranger, Metall- und Versorgungshandel, S. 181f.
46 Noch immer wichtig: Scheuermann, Fugger als Montanindustrielle, S. 168–323, bes. S. 180–182, 204–207, 223–225, 260–295, 302f., 317–322; vgl. außerdem Seibold, Manlich, S. 122–124; Kellenbenz, Kapitalverflechtung, S. 41; Pickl, Kupfererzeugung, 143–145; Spranger, Metall- und Versorgungshandel, S. 186–198; Daten zur Silberproduktion am Falkenstein bei Westermann, Brandsilberproduktion, S. 113–115.
47 Simnacher, Fuggertestamente, S. 83f.; Preysing, Fuggertestamente, S. 245f.
48 Haebler, Geschichte, S. 180–190; Haberer, Ott Heinrich Fugger, S. 112f.
49 Grundlegend zum Folgenden: Hildebrandt, Georg Fuggerische Erben.
50 Hildebrandt, Georg Fuggerische Erben, S. 24–30, 42–44 (Zitat S. 43); Bastl, Tagebuch, S. 300–313 und passim.
51 Hildebrandt, Georg Fuggerische Erben, S. 71–74, 76, 81–85.
52 Hildebrandt, Georg Fuggerische Erben, S. 39, 86–121.
53 Hildebrandt, Georg Fuggerische Erben, S. 131–139.
54 Hildebrandt, Wirtschaftsentwicklung und Konzentration, S. 33–37; Warnemünde, Augsburger Handel, S. 148–150.
55 Hildebrandt, Wirtschaftsentwicklung und Konzentration, S. 37–46; Warnemünde, Augsburger Handel, S. 150f.; Reinhard (Hg.), Eliten, S. 713–715.
56 Hildebrandt, Georg Fuggerische Erben, S. 144f.; Mathew, Indo-Portuguese Trade, S. 172f.
57 Hildebrandt, Georg Fuggerische Erben, S. 145–172; Mathew, Indo-Portuguese Trade, S. 173–183, 186–188.
58 Vgl. Haberer, Ott Heinrich Fugger, S. 102f., 105, 114f., 124–127.
59 Haberer, Ott Heinrich Fugger, S. 114.
60 Haebler, Geschichte, S. 197–222; Ehrenberg, Zeitalter, S. 184f.; Haberer, Handelsdiener, S. 137, 140–145, 152; dies., Ott Heinrich Fugger, S. 106f., 128–130, 133–138.
61 Backmann, Kunstagenten oder Kaufleute?, S. 186.
62 Scheuermann, Fugger, S. 326–365; Pickl, Kupfererzeugung, S. 144–146; Haberer, Ott Heinrich Fugger, S. 110f., 130f.
63 Haberer, Ott Heinrich Fugger, S. 116–123 (Zitat S. 119).
64 Scheuermann, Fugger, S. 345–355; Haberer, Ott Heinrich Fugger, S. 117 (Zitat), 136, 141–146.
65 Haberer, Ottheinrich Fugger, S. 101.

Kapitel 5
Diener und Herren: Das Personal der Fugger'schen Handelsgesellschaften

1 So Sieh-Burens, Oligarchie, S. 68.
2 Hildebrandt, Diener und Herren, S. 152; Denzel, Professionalisierung, S. 417.
3 Hildebrandt, Diener und Herren, S. 154–156; zur Verwaltung des ländlichen Grundbesitzes vgl. Mandrou, Fugger, S. 94–99.
4 Jansen, Jakob Fugger, S. 148f.; Pölnitz, Jakob Fugger, Bd. 2, S. 48, 50–52, 458–462; Schick, Jacob Fugger, S. 242f. Zu testamentarischen Legaten: Simnacher, Fuggertestamente, S. 108,

127, 153; Preysing, Fuggertestamente, S. 75, 163–165; Pölnitz/Kellenbenz, Anton Fugger, Bd. 3/2, S. 298f. Zu Depositeneinlagen der Angestellten vgl. Strieder, Inventur, S. 65–67. Den Ausnahmecharakter der Altersversorgung betont Hildebrandt, Diener und Herren, S. 168.

5 Pölnitz, Jakob Fugger, Bd. 2, S. 55, 117f., 237f.
6 Hildebrandt, Diener und Herren, S. 166.
7 Pölnitz, Jakob Fugger, Bd. 2, S. 44, 238, 460.
8 Kirch, Fugger und der Schmalkaldische Krieg, S. 152f. und passim; Lieb, Fugger und die Kunst, II, S. 84f.; Kellenbenz, Sebastian Kurz; ders., Fugger in Spanien, Bd. 1, S. 172f.
9 Vgl. Hildebrandt, Georg Fuggerische Erben, S. 45–50.
10 Pölnitz, Jakob Fugger, Bd. 1, S. 164; Bd. 2, S. 144f.; Kellenbenz, Fugger in Spanien, Bd. 1, S. 449; Karnehm (Bearb.), Korrespondenz Hans Fuggers, I, Nr. 668, 851, 911, 945, 950, 992, 1203; zahlreiche Erwähnungen in Pölnitz, Anton Fugger, Bd. 1–3/2 (vgl. Register). Siehe auch Fuchs, Prechter.
11 Strieder, Inventur, S. 105; Häberlein, Brüder, Freunde und Betrüger, S. 81, 84f.
12 Karnehm (Bearb.), Korrespondenz Hans Fuggers, I, S. 26* und passim (vgl. Register). Siehe auch Kapitel 4.
13 Schulte, Fugger in Rom, Bd. 1, S. 197–206; Pölnitz, Jakob Fugger, Bd. 1, S. 278; ders., Anton Fugger, Bd. 1, S. 53.
14 Pölnitz, Anton Fugger, Bd. 1, S. 628f. (Anm. 148); Bd. 2/2, S. 335–337; Lieb, Fugger und die Kunst, II, S. 90–124; Kellenbenz, Fugger in Spanien, Bd. 1, S. 445; Koutná-Karg, Ehre der Fugger, S. 95f.
15 Kellenbenz, Fugger in Spanien, Bd. 1, S. 174–177; vgl. Kranz, Christoph Amberger, S. 312.
16 Jansen, Jakob Fugger, S. 67; Pölnitz, Jakob Fugger, Bd. 2, S. 36, 48, 50, 76, 111; ders., Anton Fugger, Bd. 1, S. 343 und passim (siehe Register); Rohmann, Ehrenbuch, Bd. 1, S. 96–100, 271, 278, 280, 285.
17 Pölnitz, Jakob Fugger, Bd. 2, S. 36, 76, 190, 461; Rohmann, Ehrenbuch, Bd. 1, S. 279.
18 Jansen, Jakob Fugger, S. 50, 67f.; Pölnitz, Jakob Fugger, Bd. 2, S. 14, 20, 30f., 195, 218, 248, 311; Unger, Fugger, S. 43f.; Rohmann, Ehrenbuch, Bd. 1, S. 217.
19 Jansen, Jakob Fugger, S. 68; Pölnitz, Jakob Fugger, Bd. 2, S. 18; Reinhard (Hg.), Eliten, Nr. 1054; Rohmann, Ehrenbuch, Bd. 1, S. 95, 217.
20 Kellenbenz, Fugger in Spanien, Bd. 1, S. 168f.; Reinhard, Eliten, S. 673f. (Nr. 1030).
21 Jansen, Jakob Fugger, S. 67; Pölnitz, Jakob Fugger, Bd. 1, S. 128, 150, 237, 69, 136f.; Schick, Jacob Fugger, S. 242; Unger, Fugger in Hall, S. 44f.
22 Sommerlad, Faktorei; Pölnitz, Jakob Fugger, Bd. 2, S. 43, 51, 460.
23 Hildebrandt, Diener und Herren, S. 161–163.
24 Das Amt hatte nach der Regimentsänderung seine ursprüngliche Funktion als höchstes städtisches Amt verloren, doch waren mit ihm wichtige Polizei- und Ordnungsaufgaben verbunden.
25 Hildebrandt, Wirtschaftsentwicklung und soziale Mobilität, S. 44–46; Pölnitz, Jakob Fugger, Bd. 2, S. 516; Unger, Fugger, S. 227 und passim; Sieh-Burens, Oligarchie, S. 54, 92, 104f., 154–156, 171, 188, 348; Reinhard (Hg.), Eliten, S. 494f. (Nr. 752); Denzel, Professionalisierung, S. 422.
26 Pölnitz, Anton Fugger, Bd. 3/1, S. 80–85 und passim; Hildebrandt, Wirtschaftsentwicklung und soziale Mobilität, S. 46–51.
27 Kellenbenz, Fugger in Spanien und Portugal, Bd. 1, S. 174, 226f.
28 Hildebrandt, Wirtschaftsentwicklung und soziale Mobilität; ders., Georg Fuggerische Erben, S. 86f., 90, 93; Sieh-Burens, Oligarchie, S. 54, 92f., 104f., 188, 347; Reinhard, Eliten, S. 30 (Nr. 42); Denzel, Professionalisierung, S. 429, 431.
29 Vgl. Hildebrandt, Diener und Herren, S. 166f.
30 Kellenbenz, Fugger in Spanien, Bd. 1, S. 174, 232f.; Haebler, Geschichte, S. 132f.
31 Haebler, Geschichte, S. 177f.; Kellenbenz, Fugger in Spanien, Bd. 1, S. 270; Pölnitz/Kellenbenz, Anton Fugger, Bd. 3/2, S. 387; Karnehm (Bearb.), Korrespondenz Hans Fuggers, II/2, Nr. 2357.
32 Hildebrandt, Georg Fuggerische Erben, S. 90–92. Vgl. Haebler, Geschichte, S. 149.
33 Reinhard (Hg.), Eliten, S. 436 (Nr. 647); vgl. Hildebrandt, Georg Fuggerische Erben, S. 89.

34 Hipper, Beziehungen, S. 2–19; Lieb, Fugger und die Kunst, II, S. 81–84; Pölnitz/Kellenbenz, Anton Fugger, Bd. 3/2, S. 379f.; Sieh-Burens, Oligarchie, S. 98–100; Safley, Fuggerfaktoren, S. 120; Denzel, Professionalisierung, S. 429; Kranz, Christoph Amberger, S. 244f. Zahlreiche Informationen zu seiner Tätigkeit für Fugger finden sich in Pölnitz, Anton Fugger, Bd. 1–3/1 (siehe Register).
35 Pölnitz, Anton Fugger, Bd. 1, S. 499, Anm. 158; Bd. 2/1, S. 465.
36 Hipper, Beziehungen, S. 19–29; Haebler, Geschichte, S. 134f., 147; Kellenbenz, Fugger in Spanien, Bd. 1, S. 173f., 232–243; Denzel, Professionalisierung, S. 431.
37 Pölnitz, Anton Fugger, Bd. 2/1, S. 137, 145, 151f., 187 und passim; Kellenbenz, Konto Neapel, S. 371, 375; Reinhard, Eliten, S. 320 (Nr. 459).
38 Hipper, Beziehungen, S. 29f.; Mandrou, Fugger, S. 96, 98; Scheuermann, Fugger, S. 475.
39 Pölnitz, Anton Fugger, Bd. 3/1, S. 434.
40 Preysing, Fuggertestamente, S. 180f., 254, 256f.; Reinhard (Hg.), Eliten, S. 987f. (Nr. 1506, 1508). Vgl. auch die Beispiele bei Hildebrandt, Diener und Herren, S. 173.
41 Preysing, Fuggertestamente, S. 180f.; Reinhard (Hg.), Eliten, S. 790 (Nr. 1233).
42 Reinhard (Hg.), Eliten, S. 826 (Nr. 1287), 894 (Nr. 1385).
43 Reinhard (Hg.), Eliten, S. 502 (Nr. 766); Karnehm (Bearb.), Korrespondenz Hans Fuggers, I, Nr. 95.
44 Sieh-Burens, Oligarchie, S. 101, 104.
45 Vgl. Hildebrandt, Diener und Herren, S. 164; Sieh-Burens, Oligarchie, S. 189.
46 Zu seiner Biographie vgl. Bechtel, Matthäus Schwarz; Fink, Trachtenbücher, bes. S. 11–19; Pölnitz, Jakob Fugger, Bd. 1, S. 356–359; Lieb, Fugger und die Kunst, II, S. 86f.; Kranz, Christoph Amberger, S. 318f.
47 Fink, Trachtenbücher, S. 17f., 43f., 206–224; Hildebrandt, Georg Fuggerische Erben, S. 67; Reinhard (Hg.), Eliten, S. 760–762 (Nr. 1176, 1177, 1180).
48 Weitnauer, Venezianischer Handel.
49 Vgl. Denzel, Professionalisierung, S. 435–439; ders., Handelspraktik; Westermann, Gewichtsverhältnisse.
50 Die grundlegende Untersuchung von August Fink reproduziert das gesamte Trachtenbuch in Schwarz-Weiß. Ein Teil der Abbildungen ist auch reproduziert bei Grüber (Hg.), »Kurzweil viel«. Dem Farbbildband von Braunstein (Hg.), Un banquier mis à nu liegt eine Kopie der Originalhandschrift zugrunde, die Anfang des 18. Jahrhunderts angefertigt wurde und heute in der Bibliothèque Nationale in Paris aufbewahrt wird.
51 Vgl. Grüber (Hg.), »Kurzweil viel«, S. 112f., 132f.
52 Vgl. Groebner, Kleider des Körpers; Arnold, *Da het ich die gestalt*; Mentges, Fashion, Time and Consumption.
53 Groebner, Kleider des Körpers.
54 Habich, Gebetbuch; Lieb, Fugger und die Kunst, II, S. 88; Fink, Trachtenbücher, S. 25–30; Grüber (Hg.), »Kurzweil viel«, S. 139–144.
55 Habich, Geschlechtertanz; Fink, Trachtenbücher, S. 31–34; Grüber (Hg.), Kurzweil viel, S. 78f.
56 Fink, Trachtenbücher, S. 10 und passim; Lieb, Fugger und die Kunst, II, S. 88f.; Kranz, Christoph Amberger, S. 317–325 und passim.
57 Grundlegend: Babinger (Hg.), Dernschwam's Tagebuch, Einführung, S. XIII–XXX. Beispiele für Dernschwams Lageberichte bei Strieder, Bericht; Pölnitz, Anton Fugger, Bd. 1, S. 135–143, 146–151, 195–201, 214–219, 221–225, 234–236; Bd. 2/1, S. 127f., 131–135; Bd. 3/1, S. 392–396. Vgl. ferner Lieb, Fugger und die Kunst, II, S. 79f.; Birnbaum, The Fuggers; Kalus, Fugger in der Slowakei, S. 179, 182f., 216f., 283f.; Jeggle, Die fremde Welt.
58 Babinger, Einführung, S. XVIII, XXVII–XXIX; Birnbaum, The Fuggers, S. 124, 127, 143; Jeggle, Die fremde Welt, S. 416.
59 Jeggle, Die fremde Welt, S. 418–426 (Zitate S. 424, 426).
60 Birnbaum, The Fuggers, S. 131–143.
61 Dieser und die beiden folgenden Absätze basieren vor allem auf Nübel, Pompejus Occo. Vgl. ferner Pölnitz, Fugger und Hanse, S. 29, 33, 40, 44f., 57, 138–141, 146; ders., Jakob Fugger, Bd. 2, S. 383f.; ders., Anton Fugger, Bd. 2/1, S. 372–379 (Anm. 115). Zur seiner Familie vgl. Nübel, Das Geschlecht Occo.

62 Roper, Ödipus und der Teufel; Zitat S. 133.
63 Pölnitz, Anton Fugger, Bd. 2/1, S. 53, 87f.; Häberlein, Brüder, Freunde und Betrüger, S. 207f.
64 Pölnitz, Anton Fugger, Bd. 2/1, S. 100–102, 112, 124, 128, 144, 149, 157, 168, 177f., 185f., 216f., 226 (Zitat); Häberlein, Brüder, Freunde und Betrüger, S. 208f., 211.
65 Dieser Abschnitt fasst Häberlein, Brüder, Freunde und Betrüger, S. 209–215, 257–259 zusammen.
66 Schulte, Fugger in Rom, Bd. 1, S. 238; Pölnitz, Anton Fugger, Bd. 1, S. 97, 433 (Anm. 44).
67 Pölnitz, Anton Fugger, Bd. 2/1, S. 61, 106, 112, 178, 206, 249, 294, 355f.; Bd. 2/2, S. 14, 178; Kellenbenz, Fugger in Spanien, Bd. 1, S. 173.
68 Pölnitz, Anton Fugger, Bd. 3/1, S. 45, 104, 140, 170, 210, 263, 337f., 369, 409, 412, 426f., 521f., 534f.; Pölnitz/Kellenbenz, Anton Fugger, Bd. 3/2, S. 60–63, 74f.. 94f., 98, 123–34, 158f., Zitate S. 129, 159. Vgl. auch Kellenbenz, Fugger in Spanien, Bd. 1, S. 99–122, 446f.
69 Pölnitz/Kellenbenz, Anton Fugger, Bd. 3/2, S. 134, 183f.; Kellenbenz, Fugger in Spanien, Bd. 1, S. 447f.
70 Haberer, Handelsdiener, S. 139.
71 Hildebrandt, Diener und Herren, S. 154f.
72 Haberer, Ott Heinrich Fugger, S. 121–123.
73 Haberer, Handelsdiener, S. 144–147; vgl. auch Denzel, Professionalisierung, S. 424f.
74 Haberer, Handelsdiener, S. 147–149.
75 Haberer, Handelsdiener, S. 149–154.
76 Scheuermann, Fugger als Montanindustrielle, S. 324–364 (Zitate S. 324, 363); vgl. Haberer, Ott Heinrich, Fugger, S. 132f.

Kapitel 6
Mäzenatentum und Repräsentation

1 Montaigne, Tagebuch, S. 79f. Vgl. Lieb, Fugger und die Kunst, II, S. 204f.; Karg, Anton Fugger, S. 128; Trauchburg, Häuser und Gärten, S. 34f., 132f.
2 Wüst, Bild der Fugger, S. 76–81.
3 Rohmann, Ehrenbuch, Bd. 1, S. 16.
4 Vgl. die Ausstellungskataloge: Fugger und Welser; Welt im Umbruch; Eikelmann (Hg.), Die Fugger und die Musik.
5 Vgl. Burkhardt, Handelsgeist, S. 31–33 sowie die Beiträge in Bergdolt/Brüning (Hg.), Kunst und ihre Auftraggeber.
6 Lieb, Fugger und die Kunst, I, S. 88; II, S. 16–18, 34–39, 202f.
7 Pölnitz, Jakob Fugger, Bd. 1, S. 261f.; Bd. 2, S. 158, 250f.; Lieb, Fugger und die Kunst, I, S. 92–100; II, S. 71–73, 155f., 158–196, 204f.; vgl. Diemer, Sammlungskabinette, S. 21; Trauchburg, Häuser und Gärten, S. 32–35; Kranz, Christoph Amberger, S. 79f.; Roeck, Geschichte Augsburgs, S. 101.
8 Lill, Hans Fugger, S. 41–80 (Zitat S. 66), 128–174; Diemer, Sammlungskabinette; Kellenbenz, Augsburger Sammlungen, S. 83f.; Bushart, Kunst und Stadtbild, S. 372; Kuhoff, Augsburger Handelshäuser, S. 265f.; Trauchburg, Häuser und Gärten, S. 36f. Zahlreiche Quellen zu Ausstattung und Sammlungen finden sich in Karnehm (Bearb.), Korrespondenz Hans Fuggers, I, passim. Vgl. auch die Einleitung ebd., S. 78*–101*.
9 Lieb, Octavian Secundus Fugger, S. 7–18 (Zitat S. 18); vgl. Garas, Fugger, S. 128; Trauchburg, Häuser und Gärten, S. 40–42.
10 Haberer, Ott Heinrich Fugger, S. 379–393, 411–429.
11 Chroniken, Bd. 32, S. 332f.; Bd. 33, S. 44 (Zitat), 59–62, 116–118, 197, 237f., 241, 407; Lutz, Marx Fugger, S. 444–450; Kellenbenz, Anton Fugger, S. 63, 101f.; Koutná, Feste, S. 100–111; Koutná-Karg, Ehre der Fugger, S. 90–94; Mauer, »Gemain Geschrey«, S. 101–108; Rohmann, Ehrenbuch, Bd. 1, S. 78.
12 Rohmann, Ehrenbuch, Bd. 1, S. 184.
13 Hildebrandt, Georg Fuggerische Erben, S. 35.
14 Koutná, Feste, S. 101–104, 108; Mauer, »Gemain Geschrey«, S. 102–104.
15 Pölnitz, Jakob Fugger, Bd. 1, S. 277; Bd. 2, S. 264.

16 Scheller, Memoria, S. 47–53.
17 Vgl. vor allem Lieb, Fugger und die Kunst, I, S. 135–249; Bushart, Fuggerkapelle (zur Rolle Dürers bes. S. 99–111); Scheller, Memoria, S. 53–90; sowie Kellenbenz/Preysing, Stiftungsbrief, S. 100, 105–107.
18 Bushart, Fuggerkapelle, S. 319–328.
19 Oexle, Adel, Memoria und kulturelles Gedächtnis, S. 345–356; kritisch dazu: Scheller, Memoria, S. 80–82, und Rohmann, Ehrenbuch, Bd. 1, S. 16f.
20 Scheller, Memoria, S. 65–90 (Zitate S. 70, 77).
21 Zu den Spital- und Schulstiftungen Hieronymus und Anton Fuggers vgl. Lieb, Fugger und die Kunst, II, S. 286–290; Simnacher, Fuggertestamente, S. 97–100; Karg, Anton Fugger, S. 130; Koutná-Karg, Ehre der Fugger, S. 102; zur Rolle der Fugger bei der Gründung des Augsburger Jesuitenkollegs siehe Kapitel 7.
22 Zur Stiftungs- und Baugeschichte der Fuggerei vgl. bes. Pölnitz, Jakob Fugger, Bd. 1, S. 348–356; Bd. 2, 380–384; Tietz-Strödel, Fuggerei, S. 20–106; Scheller, Memoria, S. 127–158 (Zitat S. 127).
23 Kellenbenz/Preysing, Stiftungsbrief, S. 99–101, 104f., 107f.; Tietz-Strödel, Fuggerei, S. 27–33, 43–96 (Zitat S. 71); Scheller, Memoria, S. 128–132.
24 Nübel, Beginen- und Sozialsiedlungen; Tietz-Strödel, Fuggerei, S. 107–217.
25 Scheller, Memoria, S. 132–145.
26 Scheller, Memoria, S. 145–151; vgl. Tietz-Strödel, Fuggerei, S. 36–38, 71, 77, 230f.
27 Pölnitz, Jakob Fugger, Bd. 1, S. 466–471; Kießling, Bürgerliche Gesellschaft, S. 237; Tietz-Strödel, Fuggerei, S. 27–35 und passim; Simnacher, Fuggertestamente, S. 96f.; Bushart, Fuggerkapelle, S. 34f.; Roeck, Kunstpatronage, S. 44; Scheller, Memoria, S. 13–16, 55–57, 129f., 152–158; Druck des Stiftungsbriefs von 1521: Kellenbenz/Preysing, Stiftungsbrief, S. 103–116.
28 Zitat: Kranz, Christoph Amberger, S. 78; vgl. allgemein North, Kunst und bürgerliche Repräsentation; Roeck, Kunstpatronage; sowie die Beiträge in Bergdolt/Brüning (Hg.), Kunst und ihre Auftraggeber.
29 Lieb, Fugger und die Kunst, II, S. 42–51, 61–63; Kellenbenz, Augsburger Sammlungen, S. 77f.; Kuhoff, Augsburger Handelshäuser, S. 261–265; North, Kunst und bürgerliche Repräsentation, S. 38, 41; Rohmann, Ehrenbuch, Bd. 1, S. 183.
30 Vgl. die Überlegungen von Lieb, Octavian Secundus Fugger, S. 150–160; Kellenbenz, Augsburger Sammlungen, S. 81f.; und North, Kunst und bürgerliche Repräsentation, S. 44f.
31 Lieb, Fugger und die Kunst, I, S. 268–277; II, S. 4f., 53–59, 291–300; Welt im Umbruch, Bd. 2, S. 165, 181, 187; Bushart, Fuggerkapelle, S. 24; Eikelmann (Hg.), Fugger und die Musik, S. 114–121, 128–139; Garas, Fugger, S. 123f.; Koutná-Karg, Ehre der Fugger, S. 101; Kranz, Christoph Amberger, S. 15, 84–86, 117, 138f.
32 Kranz, Christoph Amberger, S. 11 (Zitat), 48f. (Herkunft), 117, 124–127.
33 Kranz, Christoph Amberger, S. 27, 44–46, 54–62, 166, 233–238, 243–247.
34 Lieb, Fugger und die Kunst, II, S. 33, 43, 122, 134, 150, 302, 341f.; Pölnitz, Anton Fugger, Bd. 2/1, S. 26; Kranz, Christoph Amberger, S. 37, 39, 456f.
35 Kranz, Christoph Amberger, S. 13, 53 (Zitat), 88, 93f., 120, 130–135, 140f., 151f., 156–160, 168, 175f. (Zitat 176), 307–314, 317–327. Vgl. auch Welt im Umbruch, Bd. 2, S. 106f., 129.
36 Lill, Hans Fugger, S. 32, 132–135; Welt im Umbruch, Bd. 1, S. 317f.; Bd. 2, S. 96 f., 120–122; Bushart, Kunst und Stadtbild, S. 372; Karnehm (Bearb.), Korrespondenz Hans Fuggers, I, S. 98*-101*; Eikelmann (Hg.), Fugger und die Musik, S. 122–125.
37 Kellenbenz, Hans Jakob Fugger, S. 85, 89f.; Küster, Beziehungen, S. 83–89; Eikelmann (Hg.), Fugger und die Musik, S. 41–48, 61–68, 142–171; vgl. auch Huber, Musikpflege.
38 Eikelmann (Hg.), Fugger und die Musik, S. 47, 146f., 158f.; Krautwurst, Melchior Neusidler.
39 Bourdieu, Ökonomisches Kapital; vgl. Haberer, Ott Heinrich Fugger, S. 11, 410f.
40 Lehmann, Fuggerbibliotheken, Bd. 1, S. 1–9.
41 Lehmann, Fuggerbibliotheken, Bd. 1, S. 10–19; Lieb, Fugger und die Kunst, II, S. 142f., 309 und passim. Vgl. Pölnitz, Anton Fugger, Bd. 1, S. 153, 157, 163, 177, 241, 572 (Anm. 104); Kellenbenz, Anton Fugger, S. 70f., 76; ders., Augsburger Sammlungen, S. 76–78; Burkhardt, Handelsgeist und Kunstinteresse, S. 28; Kuhoff, Augsburger Handelshäuser, S. 264–267.

42 Lehmann, Fuggerbibliotheken, Bd. 1, S. 20–40; Pölnitz, Anton Fugger, Bd. 3/1, S. 166f., 217; Pölnitz/Kellenbenz, Anton Fugger, Bd. 3/2, S. 13f., 84–86, 109f., 145f., 171f., 201f., 208, 234; Kellenbenz, Augsburger Sammlungen, S. 78; Bellot, Humanismus, S. 347f.; Karg, Anton Fugger, S. 135.
43 Hartig, Gründung; Maasen, Hans Jakob Fugger, S. 74–80; Lehmann, Fuggerbibliotheken, Bd. 1, S. 41–73; Kellenbenz, Augsburger Sammlungen, S. 78f.; ders., Hans Jakob Fugger, S. 86–93; Mondrain, Copistes et collectionneurs; Kuhoff, Augsburger Handelshäuser, S. 266, 268; Backmann, Kunstagenten oder Kaufleute?, S. 178, 182; Meadow, Merchants and Marvels. Zu den Augsburger Kopisten vgl. Lehmann, Fuggerbibliotheken, Bd. 1, S. 65, 114.
44 Lehmann, Fuggerbibliotheken, Bd. 1, S. 73–195; Kellenbenz, Augsburger Sammlungen, S. 79f.; Kuhoff, Augsburger Handelshäuser, S. 269.
45 Lehmann, Fuggerbibliotheken, Bd. 1, S. 195–224; vgl. Simnacher, Fuggertestamente, S. 139; Preysing, Fuggertestamente, S. 175; Hildebrandt, Georg Fuggerische Erben, S. 23, 30f.; Kellenbenz, Augsburger Sammlungen, S. 80f.; Bastl, Tagebuch, S. 359–367.
46 Lehmann, Fuggerbibliotheken, Bd. 1, S. 238–249; Kellenbenz, Augsburger Sammlungen, S. 82f.; Lutz, Marx Fugger, S. 425–442, 461–475, 495–508 (Zitat S. 473); Kuhoff, Augsburger Handelshäuser, S. 271.
47 Lehmann, Fuggerbibliotheken, Bd. 1, S. 166.
48 Rohmann, Ehrenbuch, Bd. 1, Zitate S. 40f., 205; vgl. auch Koutná-Karg, Ehre der Fugger, S. 96–98.
49 Rohmann, Ehrenbuch, Bd. 1, S. 31–43.
50 Rohmann, Ehrenbuch, Bd. 1, S. 47–51, 54–63.
51 Rohmann, Ehrenbuch, Bd. 1, S. 71–89 (Zitate S. 77, 81).
52 Welt im Umbruch, Bd. 1, S. 370f.; Burkhardt, Handelsgeist und Kunstinteresse, S. 25f.; Koutná-Karg, Ehre der Fugger, S. 100; Rohmann, Ehrenbuch, Bd. 1, S. 41f.

Kapitel 7
Die Fugger in der reichsstädtischen Gesellschaft des 16. Jahrhunderts

1 Chroniken, Bd. 23, S. 166f.
2 Mörke, Fugger, Zitate S. 146, 152. Vgl. auch Wüst, Bild der Fugger, S. 70f.; Scheller, Memoria, S. 38–42; Rohmann, Ehrenbuch, Bd. 1, S. 13f., 19.
3 Sieh-Burens, Oligarchie, S. 74–132. Zitate S. 127, 129.
4 Sieh-Burens, Oligarchie, S. 133–213.
5 Vgl. Mörke, Fugger, S. 146–152; Wüst, Bild der Fugger, S. 71–76.
6 Chroniken, Bd. 23, S. 115f.
7 Chroniken, Bd. 23, S. 165–170. Vgl. Rohmann, Ehrenbuch, Bd. 1, S. 15.
8 Chroniken, Bd. 25, S. 272.
9 Chroniken, Bd. 25, S. 48, 66.
10 Chroniken, Bd. 25, S. 82f. Vgl. Bushart, Fuggerkapelle, S. 25; Scheller, Memoria, S. 63f.
11 Chroniken, Bd. 25, S. 83f., 109f., 157. Vgl. Rohmann, Ehrenbuch, Bd. 1, S. 57f.; Noflatscher, Räte und Herrscher, S. 241.
12 Rublack, Grundwerte; Schulze, Gemeinnutz; Rohmann, Ehrenbuch, Bd. 1, S. 15, 71–73.
13 Pölnitz, Jakob Fugger, Bd. 1, S. 279–281; Kießling, Bürgerliche Gesellschaft, S. 111–113; Scheller, Memoria, S. 104–106.
14 Grundlegend: Scheller, Memoria, S. 101–125 (Zitat S. 113); vgl. daneben Pölnitz, Jakob Fugger, Bd. 1, S. 368–374, 380–384; Kießling, Bürgerliche Gesellschaft, S. 302–305, 356f.; Kellenbenz/Preysing, Stiftungsbrief, S. 101, 108f.; Tewes, Luthergegner, S. 334f.
15 Eine ausführliche, die ältere Literatur teilweise korrigierende Darstellung findet sich bei Wurm, Johannes Eck, S. 66–220; vgl. daneben Pölnitz, Jakob Fugger, Bd. 1, S. 312–319; Lutz, Peutinger, S. 106–109; Oberman, Werden und Wertung, S. 161–200 (Zitat S. 175; zu den Beziehungen Fugger – Lamparter S. 181–183); Kießling, Bürgerliche Gesellschaft, S. 192f.
16 Einen guten Überblick über die Reformation in Augsburg gibt Kießling, Augsburg in der Reformationszeit, hier S. 22–24; vgl. Scheller, Memoria, S. 175f., 179, und speziell zur Rolle des Buchdrucks Künast, »Getruckt zu Augspurg«, S. 200–205, 225f., 231–234, 295–298.

[17] Pölnitz, Jakob Fugger, Bd. 1, S. 484–495; vgl. Burkhardt, Luther und die Augsburger Handelsgesellschaften; Tewes, Luthergegner, S. 339f.
[18] Tewes, Luthergegner (Zitat S. 364); vgl. Scheller, Memoria, S. 179f.
[19] Chroniken, Bd. 23, S. 169; Bd. 25, S. 137, 172, 206; Pölnitz, Jakob Fugger, Bd. 1, S. 570–572; Lutz, Peutinger, S. 235; Tewes, Luthergegner, S. 337f.; Künast, »Getruckt zu Augspurg«, S. 201; Gößner, Weltliche Kirchenhoheit, S. 35f.; Scheller, Memoria, S. 180. Zum Schilling-Aufstand vgl. Rogge, Für den Gemeinen Nutzen, S. 249–284; Kießling, Augsburg in der Reformationszeit, S. 24f.
[20] Pölnitz, Jakob Fugger, Bd. 1, S. 576f., 599; Lutz, Peutinger, S. 248.
[21] Preysing, Fuggertestamente, S. 75, 78; Pölnitz, Jakob Fugger, Bd. 1, S. 642f.; Simnacher, Fuggertestamente, S. 105f.; Scheller, Memoria, S. 185–198.
[22] Chroniken, Bd. 25, S. 204; Schad, Frauen, S. 173; Sieh-Burens, Oligarchie, S. 135–139.
[23] Chroniken, Bd. 23, S. 169; Pölnitz, Jakob Fugger, Bd. 2, S. 271–273; Simnacher, Fuggertestamente, S. 111–114; Schad, Frauen, S. 172–175; Burschel/Häberlein, Familie, Geld und Eigennutz, S. 52; Rohmann, Ehrenbuch, Bd. 1, S. 82.
[24] Chroniken, Bd. 23, S. 189, 201f.; Pölnitz, Anton Fugger, Bd. 1, S. 125–127; Kellenbenz, Anton Fugger, S. 67f.
[25] Chroniken, Bd. 23, S. 237–244; Pölnitz, Anton Fugger, Bd. 1, S. 164–166; Lutz, Peutinger, S. 302–304; Bauer, Schwabmünchen, S. 258f., 272, 366; Häberlein, Brüder, Freunde und Betrüger, S. 185; Hoffmann, Delinquenz und Strafverfolgung, S. 378f.
[26] Pölnitz, Anton Fugger, Bd. 1, S. 114–116; Scheller, Memoria, S. 205–217.
[27] Chroniken, Bd. 29, S. 53f., 59f.; Chroniken, Bd. 23, S. 340–342; Pölnitz, Anton Fugger, Bd. 1, S. 265–274, 277, 283–286; Mörke, Fugger, S. 148f.; Kellenbenz, Anton Fugger, S. 78f.; Hoffmann, Delinquenz und Strafverfolgung, S. 374f.; Scheller, Memoria, S. 181, 217–224.
[28] Kießling, Augsburg in der Reformationszeit, S. 28–32; Gößner, Weltliche Kirchenhoheit, S. 46–61, 92–212; Scheller, Memoria, S. 186.
[29] Simnacher, Fuggertestamente, S. 117; Bushart, Fuggerkapelle, S. 41; Scheller, Memoria, S. 186f.
[30] Sieh-Burens, Oligarchie, S. 209; Kellenbenz, Anton Fugger, S. 84.
[31] Chroniken, Bd. 29, S. 60; vgl. Wüst, Bild der Fugger, S. 73.
[32] Sieh-Burens, Oligarchie, S. 155, 168; Häberlein, Fugger und Welser, S. 232f.; ders., Jakob Herbrot, S. 73f.
[33] Scheller, Memoria, S. 225–234, 271–275.
[34] Sieh-Burens, Oligarchie, S. 143–145, 148–155 (Zitat S. 154f.). Vgl. Nebinger, Standesverhältnisse, S. 263, 269; Mörke/Sieh, Führungsgruppen, S. 303, 307; Kellenbenz, Anton Fugger, S. 85.
[35] Maasen, Hans Jakob Fugger, S. 12f.; Kellenbenz, Hans Jakob Fugger, S. 55–57; Sieh-Burens, Oligarchie, S. 156, 168; Rohmann, Ehrenbuch, Bd. 1, S. 19.
[36] Kießling, Augsburg in der Reformationszeit, S. 33–37; Sieh-Burens, Oligarchie, S. 155–169.
[37] Chroniken, Bd. 33, S. 323–325; Ehrenberg, Zeitalter, Bd. 1, S. 142, 144; Kirch, Fugger und der Schmalkaldische Krieg, S. 36–61, 113–138, 142–150, 157, 165–171; Maasen, Hans Jakob Fugger, S. 14–16; Pölnitz, Die Fugger, S. 205–221; ders., Anton Fugger, Bd. 2/1, S. 198–462; Kellenbenz, Anton Fugger, S. 91–94; ders., Hans Jakob Fugger, S. 58–62; Sieh-Burens, Oligarchie, S. 168f.
[38] Warmbrunn, Zwei Konfessionen, S. 106–114; Kellenbenz, Hans Jakob Fugger, S. 63–67; Sieh-Burens, Oligarchie, S. 169–187; Kießling, Augsburg in der Reformationszeit, S. 37–39.
[39] Scheller, Memoria, S. 257–269.
[40] Sieh-Burens, Oligarchie, S. 170–173 (Zitat S. 171); vgl. Maasen, Hans Jakob Fugger, S. 17f.; Kellenbenz, Hans Jakob Fugger, S. 65, 71; Mörke, Fugger, S. 145f.; Mörke/Sieh, Führungsgruppen, S. 303; Kießling, Augsburg in der Reformationszeit, S. 38; Kranz, Christoph Amberger, S. 308.
[41] Maasen, Hans Jakob Fugger, S. 19–26, 53–56; Pölnitz, Anton Fugger, Bd. 3/1, S. 216–218, 271f., 321; Pölnitz/Kellenbenz, Anton Fugger, Bd. 3/2, S. 68–71, 83f., 110f., 148–150, 176f., 204, 237; Kellenbenz, Hans Jakob Fugger, S. 67–74; Sieh-Burens, Oligarchie, S. 171, 178f., 183–186, 210; Warmbrunn, Zwei Konfessionen, S. 146f., 150; Rohmann, Ehrenbuch, Bd. 1, S. 19f.

42 Vgl. Kapitel 4.
43 Simnacher, Fuggertestamente, S. 123f., 140f., 144, 146, 149, 152; Hildebrandt, Georg Fuggerische Erben, S. 37–40; Lutz, Marx Fugger, S. 475–480; Warmbrunn, Zwei Konfessionen, S. 240f., 244f.; Sieh-Burens, Oligarchie, S. 188f., 208; Bastl, Tagebuch, S. 231. (Zitat), 303, 330f.; Schad, Frauen, S. 25–39, 49–70; Wallenta, Konfessionalisierung, S. 191–198.
44 Hildebrandt, Georg Fuggerische Erben, S. 37f.; Warmbrunn, Zwei Konfessionen, S. 248f., 285; Sieh-Burens, Oligarchie, S. 195f., 200f.; Lieb, Octavian Secundus Fugger, S. 30f.; Lutz, Marx Fugger, S. 480–492; Bastl, Tagebuch, S. 331–333; Schad, Frauen, S. 35f., 62f.; Wallenta, Konfessionalisierung, S. 194–196, 199–203; Haberer, Ott Heinrich Fugger, S. 51–53.
45 Mauer, »Gemain Geschrey«, S. 118.
46 Lutz, Marx Fugger, S. 456–461; Sieh-Burens, Oligarchie, S. 91, 187f. 347.
47 Vgl. Hildebrandt, Georg Fuggerische Erben, S. 34; Bastl, Tagebuch, S. 323; Mauer, »Gemain Geschrey«, S. 157f.
48 Zitat: Sieh-Burens, Oligarchie, S. 197. Zum Verlauf des Kalenderstreits vgl. ebd., S. 203–207; Steuer, Außenverflechtung, S. 147–185; Roeck, Stadt in Krieg und Frieden, Bd. 1, S. 125–188 (mit ausführlicher Strukturanalyse); Warmbrunn, Zwei Konfessionen, S. 360–375; Wallenta, Konfessionalisierung, S. 102–116.
49 Roeck, Stadt in Krieg und Frieden, Bd. 1, S. 133–137 (Hans-Fugger-Zitat S. 134). Vgl. Lutz, Marx Fugger, S. 498–504; Sieh-Burens, Oligarchie, S. 205; Wallenta, Konfessionalisierung, S. 115.
50 Karnehm (Bearb.), Korrespondenz, II/2, Nr. 2308 (Zitat), 2435, 2448, 2459, 2508, 2509, 2511, 2515, 2518, 2519 (Zitat), 2521, 2523, 2524, 2532, 2538, 2544, 2561, 2582 (Zitat), 2611 (Zitat), 2612, 2613, 2615, 2617, 2862 (Zitat), 2876. Eine ausführliche Analyse von Hans Fuggers Haltung zum Kalenderstreit bietet Dauser, Informationskultur, Teil 3, IV.D. Zur Person Silvester Raids vgl. Kap. 5.
51 Lutz, Marx Fugger, S. 502f., 505–508; Roeck, Stadt in Krieg und Frieden, Bd. 1, S. 169–188; Wallenta, Konfessionalisierung, S. 117–122.

Kapitel 8
Zwischen Bürgertum und Adel: Investitionsstrategien, Karrieremuster und Lebensstile

1 Für den schwäbischen Raum vgl. vor allem Kießling, Bürgerlicher Besitz; ders., Die Stadt und ihr Land; ders., Patrizier und Kaufleute. Aus europäischer Perspektive behandeln das Phänomen u. a. Burke, Venedig und Amsterdam; Soly, Bourgeoisie.
2 Vgl. Press, Führungsgruppen, S. 57f.; Endres, Adel und Patriziat, S. 230f.; Brady, Patricians, Nobles, Merchants, S. 239–244.
3 Einen knappen Überblick über diese Entwicklung ermöglichen Nebinger, Standesverhältnisse, und Karg, Bemerkungen.
4 Vgl. Mandrou, Fugger, S. 25; Lutz, Marx Fugger, S. 446–450; Mörke, Fugger, S. 153f.; Hildebrandt, Georg Fuggerische Erben, S. 189; Koutná-Karg, Ehre der Fugger, S. 89 (Zitat).
5 Mandrou, Fugger, S. 73–78 (Zitat S. 77); Kießling, Patrizier und Kaufleute, S. 220–230.
6 Vgl. hierzu Häberlein, Sozialer Wandel.
7 Vgl. Lutz, Marx Fugger; Hildebrandt, Georg Fuggerische Erben; Haberer, Ott Heinrich Fugger.
8 Zur Herrschaft Biberspurg vgl. Kalus, Fugger in der Slowakei, S. 230–268. Zu den Besitzungen im Elsass und im Thurgau: Deininger, Gütererwerbungen, II, S. 86–110; Lieb, Fugger und die Kunst, II, S. 262–265; Maasen, Hans Jakob Fugger, S. 34f. Zum Besitz der Fugger in Niederösterreich: Haberer, Ott Heinrich Fugger, S. 162–166.
9 Mandrou, Fugger, S. 36f., 68–70.
10 Düvel, Gütererwerbungen, S. 14–89; Jansen, Jakob Fugger, S. 301f.; Strieder, Jakob Fugger der Reiche, S. 89; Deininger, Gütererwerbungen, S. 3–6; Pölnitz, Jakob Fugger, Bd. 1, S. 177–182, 196f., 200f., 234f., 240, 303f.; Bd. 2, S. 165–167, 179–182, 184–186, 216f., 221f., 274, 312–315; Mandrou, Fugger, S. 48–50; Kellenbenz, Jakob Fugger, S. 48; Karg, Bemerkungen, S. 239.
11 Pölnitz, Jakob Fugger, Bd. 1, S. 155–158, 229; Lieb, Fugger und die Kunst, I, S. 81–86; Schick, Jacob Fugger, S. 74–76; Kellenbenz, Jakob Fugger, S. 48f.

12 Düvel, Gütererwerbungen, S. 97–131, 200–210; Strieder, Jakob Fugger der Reiche, S. 92; Pölnitz, Jakob Fugger, Bd. 1, S. 260f.; Bd. 2, S. 249, 540; Nebinger, Standesverhältnisse, S. 265–268; Mandrou, Fugger, S. 24; Rohmann, Ehrenbuch, Bd. 1, S. 15; Karg, Bemerkungen, S. 245.
13 Pölnitz, Jakob Fugger, Bd. 1, S. 142, 347; Bd. 2, S. 369f.; Nebinger, Standesverhältnisse, S. 263f.; Sieh-Burens, Oligarchie, S. 94; Rohmann, Ehrenbuch, Bd. 1, S. 66, 78, 221–229.
14 Grundlegend: Deininger, Gütererwerbungen, sowie Lieb, Fugger und die Kunst, II, S. 27–33, 207–260; vgl. Pölnitz, Anton Fugger, Bd. 1–3/2, passim; Mandrou, Fugger, S. 35, 37, 50, 54, 67; Blickle, Memmingen, S. 336, 341, 357; Fried, Fugger, S. 13f.; Kießling, Die Stadt und ihr Land, S. 444, 487f., 670f., 739f.; Jahn, Augsburg-Land, S. 436f., 465; Merten, Landschlösser, S. 66–71; Simnacher, Fuggertestamente, S. 68–74; Karg, Anton Fugger, S. 123–128; ders., Bemerkungen, S. 239–241; Rohmann, Ehrenbuch, Bd. 1, S. 37f.
15 Deininger, Gütererwerbungen, II, S. 268–278; Pölnitz, Anton Fugger, Bd. 1, S. 76, 209f., 262f., 333; Lieb, Fugger und die Kunst, II, S. 25f., 68f.; Scheller, Memoria, S. 183f.; Kellenbenz, Anton Fugger, S. 61, 73, 78, 83; Karg, Bemerkungen, S. 245.
16 Vgl. Nebinger, Standesverhältnisse, S. 266, 268f.; Karg, Anton Fugger, S. 123; Haberer, Ott Heinrich Fugger, S. 347–354; Rohmann, Ehrenbuch, Bd. 1, S. 16.
17 Nebinger/Rieber, Genealogie, Nr. 5; Nebinger, Standesverhältnisse, S. 270–274; Lieb, Fugger und die Kunst, II, S. 52f., 73–75; Sieh-Burens, Oligarchie, S. 93–98; Bastl, Tagebuch, S. 340–353; Schad, Frauen, S. 74–81; Koutná-Karg, Ehre der Fugger, S. 88f.; Völkel, Der alte und der neue Adel; Rohmann, Ehrenbuch, Bd. 1, S. 12f., 16, 66f., 78, 230–243.
18 Mandrou, Fugger, S. 52, 54.
19 Simnacher, Fuggertestamente, S. 132–135; Mandrou, Fugger, S. 47, 54f., 67–72; Fehn, Wertingen, S. 32–34; Karg, Bemerkungen, S. 240f., 245.
20 Mandrou, Fugger, S. 54–58; Blickle, Memmingen, S. 347, 357, 362; Fried, Fugger, S. 14f.; Kießling, Die Stadt und ihr Land, S. 383; Jahn, Augsburg-Land, S. 449, 453f., 463; Karg, Bemerkungen, S. 241.
21 Hildebrandt, Georg Fuggerische Erben, S. 72f., 83; Hoffmann, Delinquenz und Strafverfolgung, S. 377f.; Karg, Bemerkungen, S. 244.
22 Pölnitz, Die Fugger, S. 225f., 306 (Zitat); ders., Anton Fugger, Bd. 2/1, S. 20, 75; Kellenbenz, Anton Fugger, S. 47; Mandrou, Fugger, S. 25, 35; Blickle, Memmingen, S. 333f.; Fried, Fugger, S. 20f.
23 Mandrou, Fugger, S. 87–94, 99–113 (Zitat S. 112).
24 Mandrou, Fugger, S. 134–188, 192 (Zitat).
25 Rohmann, Ehrenbuch, Bd. 1, S. 37, 183.
26 Lill, Hans Fugger, S. 86–127; Merten, Landschlösser, S. 75–80; Karnehm (Bearb.), Korrespondenz Hans Fuggers, I, S. 101*–110*. Zur Ausstattung von Schloss Kirchheim vgl. auch Lutz, Gegenreformation und Kunst.
27 Lutz, Marx Fugger, S. 488f.
28 Lieb, Fugger und die Kunst, II, S. 29–33, 51, 218; Bauer, Schwabmünchen, S. 254–283; Jahn, Augsburg-Land, S. 467–469; Haberer, Ott Heinrich Fugger, S. 158–160, 170–173, 177f., 183f., 211–213, 219f.
29 Pölnitz, Anfänge, S. 206–219; Kellenbenz, Fustian Industry, S. 264.
30 Pölnitz, Anton Fugger, Bd. 2/1, S. 4–7, 89f., 99, 193, 303–305 (Anm. 27, 28), 330 (Anm. 189), 420f. (Anm. 169, 170); Bd. 2/2, S. 21, 51, 71, 119, 130, 141, 149–151, 246f., 265f., 276f., 302–305, 344, 360; Bd. 3/1, S. 420–425, 482f., 531; Pölnitz/Kellenbenz, Anton Fugger, Bd. 3/2, S. 32f., 331–333; Kellenbenz, Fustian Industry, S. 264–269; ders., Fugger in Spanien, Bd. 1, S. 375.
31 Sczesny, Kontinuität, S. 108–112, 137–140.
32 Pölnitz, Jakob Fugger, Bd. 1, S. 275; Bd. 2, S. 262f. Siehe Kapitel 1 und 2.
33 Grundlegend zum Folgenden: Lanzinner, Fürst, Räte und Landstände; Steuer, Außenverflechtung, S. 87–146 (Zahl der Fugger in bayerischen Diensten: ebd., S. 120, 123).
34 Maasen, Hans Jakob Fugger, S. 45–58; Kellenbenz, Hans Jakob Fugger, S. 81–85; Lanzinner, Fürst, Räte und Landstände, S. 71–73, 208, 343f.; Steuer, Außenverflechtung, S. 121, 124f., 194f.

35 Nebinger/Rieber, Genealogie, Nr. 9a; Lanzinner, Fürst, Räte und Landstände, S. 205, 208, 344; Kellenbenz, Hans Jakob Fugger, S. 95; Steuer, Außenverflechtung, S. 127–133, 189–199; Rohmann, Ehrenbuch, Bd. 1, S. 244–252. Zu Carl Fugger vgl. Edelmayer, Söldner und Pensionäre, S. 176, sowie Karnehm (Bearb.), Korrespondenz Hans Fuggers, I, Nr. 1025, 1054–1055, 1059, 1072, 1088, 1177, 1204–1205.
36 Nebinger/Rieber, Genealogie, Nr. 13a, 14; Steuer, Außenverflechtung, S. 93, 99, 102, 116–118, 189–199; Haberer, Ott Heinrich Fugger, S. 223–236.
37 Haberer, Ott Heinrich Fugger, S. 239–346 (Zitate S. 243, 322).
38 Dauser, Informationskultur, Teil 4, I.C.
39 Grundlegend ist noch immer die – konfessionell leider sehr einseitige – Biographie von Holl, Fürstbischof Jakob Fugger.
40 Vgl. Schilling, Konfessionalisierung; Burkhardt, Reformationsjahrhundert, bes. Teil 2 und 3; Reinhard, Geschichte der Staatsgewalt.
41 Lanzinnner, Johann Georg Herwarth; Häberlein, Die Welser und ihr Umfeld; ders., Sozialer Wandel.

Schlussbemerkung

1 Jansen, Jakob Fugger, S. 272, 298.
2 Pölnitz, Jakob Fugger, Bd. 1, S. 632, 645f.
3 Pölnitz, Jakob Fugger, Bd. 1, S. 625–627.
4 Pölnitz, Anton Fugger, Bd. 1, S. 573 (Anm. 107); vgl. Stollberg-Rilinger, Gut vor Ehre, S. 44.
5 Lutz, Struktur, Bd. 2, S. 84'f.
6 Pölnitz, Anton Fugger, Bd. 2/1, S. 72.
7 Kellenbenz, Hans Jakob Fugger, S. 54.
8 Rohmann, Ehrenbuch, Bd. 1, S. 40f., 71–73, 76, 174f., 205; vgl. Koutná-Karg, Ehre der Fugger, S. 96f.
9 Zitiert nach Stollberg-Rilinger, Gut vor Ehre, S. 35.
10 Staudinger, Juden am Reichshofrat, Kap. 7.1.1.
11 Rohmann, Ehrenbuch, Bd. 1, S. 16.
12 Vgl. Rohmann, Ehrenbuch, Bd. 1, S. 118.

Quellen- und Literaturverzeichnis

ARNOLD, Klaus *Da het ich die gestalt*. Bildliche Selbstzeugnisse in Mittelalter und Renaissance, in: DERS. u. a. (Hg.), Das dargestellte Ich. Studien zu Selbstzeugnissen des späteren Mittelalters und der frühen Neuzeit, Bochum 1999, S. 201–221.

BABINGER, Franz (Hg.), Hans Dernschwam's Tagebuch einer Reise nach Konstantinopel und Kleinasien (1553/55), München 1923 (ND Berlin 1986).

AUGSBURGER STADTLEXIKON. 2. Aufl., hg. von Günther GRÜNSTEUDEL u. a., Augsburg 1998.

BACKMANN, Sibylle Kunstagenten oder Kaufleute? Die Firma Ott im Kunsthandel zwischen Oberdeutschland und Venedig (1550–1650), in: BERGDOLT/BRÜNING (Hg.), Kunst und ihre Auftraggeber, S. 175–197.

BASTL, Beatrix, Das Tagebuch des Philipp Eduard Fugger (1560–1569) als Quelle zur Fuggergeschichte, Tübingen 1987.

BAUER, Hans, Schwabmünchen (Historischer Atlas von Bayern, Teil Schwaben, Bd. 15), München 1994.

BECHTEL, Heinrich, Matthäus Schwarz. Lebensbild nach der »Kostümbiographie« und dem »dreyerley buchhalten«, Frankfurt am Main 1953.

BEHRINGER, Wolfgang, Fugger und Taxis. Der Anteil Augsburger Kaufleute an der Entstehung des europäischen Kommunikationssystems, in: BURKHARDT (Hg.), Augsburger Handelshäuser, S. 241–248.

BELLOT, Josef, Humanismus – Bildungswesen – Buchdruck und Verlagsgeschichte, in: GOTTLIEB u. a. (Hg.), Geschichte der Stadt Augsburg, S. 343–357.

BERGDOLT, Klaus/BRÜNING, Jochen (Hg.), Kunst und ihre Auftraggeber im 16. Jahrhundert. Venedig und Augsburg im Vergleich, Berlin 1997.

BIRNBAUM, Marianna D., The Fuggers, Hans Dernschwam, and the Ottoman Empire, in: Südost-Forschungen 50 (1991), S. 119–144.

BLENDINGER, Friedrich (Hg.) unter Mitarbeit von Elfriede BLENDINGER, Zwei Augsburger Unterkaufbücher aus den Jahren 1551 bis 1558. Älteste Aufzeichnungen zur Vor- und Frühgeschichte der Augsburger Börse, Stuttgart 1994.

BLICKLE, Peter, Memmingen (Historischer Atlas von Bayern, Teil Schwaben, Bd. 4), München 1967.

BLICKLE, Peter, Die Revolution von 1525, 3. Aufl. München 1993.

BÖHM, Christoph, Die Reichsstadt Augsburg und Kaiser Maximilian I. Untersuchungen zum Beziehungsgeflecht zwischen Reichsstadt und Herrscher an der Wende zur Neuzeit, Sigmaringen 1998.

BOURDIEU, Pierre, Die feinen Unterschiede. Kritik der gesellschaftlichen Urteilskraft, 11. Aufl. Frankfurt am Main 1999.

BOURDIEU, Pierre, Ökonomisches Kapital, kulturelles Kapital, soziales Kapital, in: Reinhard KRECKEL (Hg.), Soziale Ungleichheiten, Göttingen 1983, S. 183–198.

BRADY, Thomas A., Patricians, Nobles, Merchants: Internal Tensions and Solidarities in South German Urban Ruling Classes at the Close of the Middle Ages, in: Miriam Usher CHRISMAN/Otto

GRÜNDLER (Hg.), Social Groups and Religious Ideas in the Sixteenth Century, Kalamazoo/Michigan 1978, S. 38–45, 159–164.

BRAUNSTEIN, Philippe, Le marché du cuivre à Venise à la fin du Moyen-Age, in: Hermann KELLENBENZ (Hg.), Schwerpunkte der Kupferproduktion und des Kupferhandels in Europa 1500–1650, Köln/Wien 1977, S. 78–94.

BRAUNSTEIN, Philippe (Hg.), Un banquier mis à nu. Autobiographie de Matthäus Schwarz, bourgeois d'Augsbourg, Paris 1992.

BURKE, Peter, Venedig und Amsterdam im 17. Jahrhundert, Göttingen 1993.

BURKHARDT, Johannes (Hg.), Anton Fugger (1493–1560). Vorträge und Dokumentation zum fünfhundertjährigen Jubiläum, Weißenhorn 1994.

BURKHARDT, Johannes, Handelsgeist und Kunstinteresse in der Fuggergeschichte, in: DERS. (Hg.), Anton Fugger, S. 19–33.

BURKHARDT, Johannes, Jubiläumsvortrag Anton Fugger, in: DERS. (Hg.), Anton Fugger, S. 137–150.

BURKHARDT, Johannes (Hg.), Augsburger Handelshäuser im Wandel des historischen Urteils, Berlin 1996.

BURKHARDT, Johannes, Luther und die Augsburger Handelsgesellschaften, in: Helmut GIER/Reinhard SCHWARZ (Hg.), Reformation und Reichsstadt. Luther in Augsburg, Augsburg 1996, S. 50–64.

BURKHARDT, Johannes, Das Reformationsjahrhundert. Deutsche Geschichte zwischen Medienrevolution und Institutionenbildung 1517–1617, Stuttgart 2002.

BURSCHEL, Peter/HÄBERLEIN, Mark, Familie, Geld und Eigennutz. Patrizier und Großkaufleute im Augsburg des 16. Jahrhunderts, in: DEUTSCHES HISTORISCHES MUSEUM BERLIN (Hg.), »Kurzweil viel ohn' Maß und Ziel«. Alltag und Festtag auf den Augsburger Monatsbildern der Renaissance, München 1994, S. 48–65.

BUSHART, Bruno, Kunst und Stadtbild, in: GOTTLIEB u. a. (Hg.), Geschichte der Stadt Augsburg, S. 363–385.

BUSHART, Bruno, Die Fuggerkapelle bei St. Anna in Augsburg, München 1994.

CARANDE, Ramón, Carlos V y sus banqueros, 3 Bde., Madrid 1942–1957.

Die CHRONIKEN der deutschen Städte vom 14. bis zum 16. Jahrhundert, Bd. 5, 23, 25, 29, 32, 33, ND Göttingen 1966.

DAUSER, Regina, Informationskultur und Beziehungswissen – Das Korrespondenznetz Hans Fuggers (1531–1598), Diss. phil., Universität Augsburg 2004.

DAVIS, Natalie Zemon, Die schenkende Gesellschaft. Zur Kultur der französischen Renaissance, München 2002.

DEININGER, Heinz, Die Gütererwerbungen unter Anton Fugger (1526–1560), seine Privilegien und Standeserhöhung, sowie Fideikommissursprung, Diss. München 1924.

DENZEL, Markus A., Professionalisierung und sozialer Aufstieg bei oberdeutschen Kaufleuten und Faktoren im 16. Jahrhundert, in: Günther SCHULZ (Hg.), Sozialer Aufstieg. Funktionseliten im Spätmittelalter und in der frühen Neuzeit. Büdinger Gespräche 2000–2001, München 2002, S. 413–442.

DENZEL, Markus A., Eine Handelspraktik aus dem Hause Fugger (erste Hälfte des 16. Jahrhunderts). Ein Werkstattbericht, in: DERS. u. a. (Hg.), Kaufmannsbücher und Handelspraktiken vom Spätmittelalter bis zum beginnenden 20. Jahrhundert, Stuttgart 2002, S. 125–152.

DENZER, Jörg, Die Konquista der Augsburger Welser-Gesellschaft in Südamerika 1528–1556. Historische Rekonstruktion, Historiografie und lokale Erinnerungskultur in Kolumbien und Venezuela, München 2005.

DIEMER, Dorothea, Hans Fuggers Sammlungskabinette, in: EIKELMANN (Hg.), Die Fugger und die Musik, S. 13–40.

DINGES, Martin, Die Ehre als Thema der Stadtgeschichte. Eine Semantik im Übergang vom Ancien Régime zur Moderne, in: Zeitschrift für Historische Forschung 16 (1989), S. 409–440.

DOEHAERD, Renée, Etudes anversoises. Documents sur le commerce international à Anvers 1488–1514, 3 Bde., Paris 1962–1963.

DÜVEL, Thea, Die Gütererwerbungen Jakob Fuggers des Reichen (1494–1525) und seine Standeserhöhung. Ein Beitrag zur Wirtschafts- und Rechtsgeschichte, München/Leipzig 1913.

EDELMAYER, Friedrich (Hg.), Die Korrespondenz der Kaiser mit ihren Gesandten in Spanien. Bd. 1: Der Briefwechsel zwischen Ferdinand I., Maximilian II. und Adam von Dietrichstein 1563–1565. Bearb. von Arno STROHMEYER, Wien/München 1997.

EDELMAYER, Friedrich, Söldner und Pensionäre. Das Netzwerk Philipps II. im Heiligen Römischen Reich, Wien/München 2002.

EHRENBERG, Richard, Das Zeitalter der Fugger. Geldkapital und Creditverkehr im 16. Jahrhundert, 2 Bde., Jena 1896.

EIKELMANN, Renate (Hg.), »lautenschlagen lernen und ieben«. Die Fugger und die Musik. Anton Fugger zum 500. Geburtstag, Augsburg 1993.

ENDRES, Rudolf, Adel und Patriziat in Oberdeutschland, in: Winfried SCHULZE (Hg.), Ständische Gesellschaft und soziale Mobilität, München 1988, S. 221–238.

FEHN, Klaus, Wertingen (Historischer Atlas von Bayern, Teil Schwaben, Heft 3), München 1967.

FINK, August, Die Schwarzschen Trachtenbücher, Berlin 1963.

FISCHER, Peter, Bergbeschau am Falkenstein, 1526. Zum Stellenwert oberdeutscher Handelshäuser, insbesondere der Fugger, bei der Versorgung des Tiroler Montansektors in der frühen Neuzeit, in: Scripta Mercaturae 33/2 (1999), S. 92–114.

FRIED, Pankraz, Die Fugger in der Herrschaftsgeschichte Schwabens, München 1976.

FUCHS, François-Joseph, Une famille de négociants banquiers du XVIe siècle: Les Prechter de Strasbourg, in: Revue d'Alsace 95 (1956), S. 146–194.

FUGGER UND WELSER. Oberdeutsche Wirtschaft, Politik und Kultur im Spiegel zweier Geschlechter (Ausstellungskatalog), Augsburg 1950.

FUHRMANN, Bernd, »Öffentliches« Kreditwesen in deutschen Städten des 15. und 16. Jahrhunderts, in: Scripta Mercaturae 37/1 (2003), S. 1–17.

GARAS, Klára, Die Fugger und die venezianische Kunst, in: Bernd ROECK u. a. (Hg.), Venedig und Oberdeutschland in der Renaissance. Beziehungen zwischen Kunst und Wirtschaft, Sigmaringen 1993, S. 123–129.

GEFFCKEN, Peter, Soziale Schichtung 1396 bis 1521. Beitrag zu einer Strukturanalyse Augsburgs im Spätmittelalter, Diss. phil., Universität München 1995.

GEFFCKEN, Peter, Die Welser und ihr Handel 1246–1496, in: Mark HÄBERLEIN/Johannes BURKHARDT (Hg.), Die Welser. Neue Forschungen zur Geschichte und Kultur des oberdeutschen Handelshauses, Berlin 2002, S. 27–167.

GEFFCKEN, Peter, Jakob Fugger der Reiche (1459–1525): »Königsmacher«, Stratege und Organisator, in: DAMALS 7/2004, S. 15–23.

GÖSSNER, Andreas, Weltliche Kirchenhoheit und reichsstädtische Reformation. Die Augsburger Ratspolitik des »milten und mitleren weges« 1520–1534, Berlin 1999.

GOTTLIEB, Gunther u. a. (Hg.), Geschichte der Stadt Augsburg von der Römerzeit bis zur Gegenwart, 2. Aufl. Stuttgart 1985.

GROEBNER, Valentin, Die Kleider des Körpers des Kaufmanns. Zum »Trachtenbuch« eines Augsburger Bürgers im 16. Jahrhundert, in: Zeitschrift für Historische Forschung 25 (1998), S. 323–358.

GROEBNER, Valentin, Gefährliche Geschenke. Ritual, Politik und die Sprache der Korruption in der Eidgenossenschaft im späten Mittelalter und am Beginn der Neuzeit, Konstanz 2000.

GROSSHAUPT, Walter, Die Welser als Bankiers der spanischen Krone, in: Scripta Mercaturae 21 (1987), S. 158–188.

GRÜBER, Pia Maria (Hg.), »Kurzweil viel ohn' Maß und Ziel«. Augsburger Patrizier und ihre Feste zwischen Mittelalter und Neuzeit (Ausstellungskatalog), München 1994.

HABERER, Stephanie, Handelsdiener und Handelsherren – Andreas Hyrus und die Fugger, in: Zeitschrift des Historischen Vereins für Schwaben 88 (1995), S. 137–155.

HABERER, Stephanie, Ott Heinrich Fugger (1592–1644). Biographische Analyse typologischer Handlungsfelder in der Epoche des Dreißigjährigen Krieges, Augsburg 2004.

HABICH, Georg, Das Gebetbuch des Matthäus Schwarz, in: Sitzungsberichte der Bayerischen Akademie der Wissenschaften, philosophisch-philologische und historische Klasse 1910, 8. Abhandlung.

HABICH, Georg, Der Augsburger Geschlechtertanz von 1522, in: Jahrbuch der Königlich Preußischen Kunstsammlungen 1911, S. 213–235.

HÄBERLEIN, Mark, Familiäre Beziehungen und geschäftliche Interessen: Die Augsburger Kaufmannsfamilie Böcklin zwischen Reformation und Dreißigjährigem Krieg, in: Zeitschrift des Historischen Vereins für Schwaben 87 (1994), S. 39–58.

HÄBERLEIN, Mark, Jakob Herbrot (1490/95–1564), Großkaufmann und Stadtpolitiker, in: Lebensbilder aus dem Bayerischen Schwaben, Bd. 15, Weißenhorn 1997, S. 69–111.

HÄBERLEIN, Mark, Brüder, Freunde und Betrüger. Soziale Beziehungen, Normen und Konflikte in der Augsburger Kaufmannschaft um die Mitte des 16. Jahrhunderts, Berlin 1998.

HÄBERLEIN, Mark, Die Welser-Vöhlin-Gesellschaft. Fernhandel, Familienbeziehungen und sozialer Status an der Wende vom Mittelalter zur Neuzeit, in: Wolfgang JAHN u. a. (Hg.), Geld und Glaube. Leben in evangelischen Reichsstädten. Katalog zur Ausstellung im Antonierhaus, Memmingen, 12. Mai bis 4. Oktober 1998, München 1998, S. 17–37.

HÄBERLEIN, Mark, Wirtschaftsgeschichte vom Mittelalter bis zur Gegenwart, in: AUGSBURGER STADTLEXIKON, S. 146–161.

HÄBERLEIN, Mark, Handelsgesellschaften, Sozialbeziehungen und Kommunikationsnetze in Oberdeutschland zwischen dem ausgehenden 15. und der Mitte des 16. Jahrhunderts, in: Carl A. HOFFMANN/Rolf KIEẞLING (Hg.), Kommunikation und Region, Konstanz 2001, S. 305–326.

HÄBERLEIN, Mark, Fugger und Welser. Kooperation und Konkurrenz 1498–1614, in: Mark HÄBERLEIN/Johannes BURKHARDT (Hg.), Die Welser. Neue Forschungen zur Geschichte und Kultur des oberdeutschen Handelshauses, Berlin 2002, S. 223–239.

Häberlein, Mark, Die Augsburger Welser und ihr Umfeld zwischen karolinischer Regimentsreform und Dreißigjährigem Krieg: Ökonomisches, kulturelles und soziales Kapital, in: Mark HÄBERLEIN/Johannes BURKHARDT (Hg.), Die Welser. Neue Forschungen zur Geschichte und Kultur des oberdeutschen Handelshauses, Berlin 2002, S. 382–406.

HÄBERLEIN, Mark, Sozialer Wandel in den Augsburger Führungsschichten des 16. und frühen 17. Jahrhunderts, in: Günther SCHULZ (Hg.), Sozialer Aufstieg. Funktionseliten in Spätmittelalter und Früher Neuzeit. Büdinger Gespräche 2000–2001, München 2002, S. 73–96.

HAEBLER, Konrad, Die Geschichte der Fugger'schen Handlung in Spanien, Weimar 1897.

HARRELD, Donald J., High Germans in the Low Countries: German Merchants and Commerce in Golden Age Antwerp, Leiden u. a. 2004.

HARTIG, Otto, Die Gründung der Münchener Hofbibliothek durch Albrecht V. und Johann Jakob Fugger, München 1917.

HAẞLER, Friedrich, Der Ausgang der Augsburger Handelsgesellschaft David Haug, Hans Langnauer und Mitverwandte (1574–1606), Augsburg 1928.

HILDEBRANDT, Reinhard, Die »Georg Fuggerischen Erben«. Kaufmännische Tätigkeit und sozialer Status 1555–1620, Berlin 1966.

HILDEBRANDT, Reinhard, Wirtschaftsentwicklung und soziale Mobilität Memmingens 1450–1618. Die Handelsdiener Konrad Mair, Hans und Friedrich Bechler, in: Memminger Geschichtsblätter 1969, S. 41–61.

HILDEBRANDT, Reinhard, Wirtschaftsentwicklung und Konzentration im 16. Jahrhundert. Konrad Rot und die Finanzierungsprobleme seines interkontinentalen Handels, in: Scripta Mercaturae 4/1 (1970), S. 25–50.

HILDEBRANDT, Reinhard, Augsburger und Nürnberger Kupferhandel 1500–1619. Produktion, Marktanteile und Finanzierung im Vergleich zweier Städte und ihrer wirtschaftlichen Führungsschicht, in: Hermann KELLENBENZ (Hg.), Schwerpunkte der Kupferproduktion und des Kupferhandels in Europa 1500–1650, Köln/Wien 1977, S. 190–224.

HILDEBRANDT, Reinhard, The Effects of Empire: Changes in the European Economy after Charles V, in: Ian BLANCHARD u. a. (Hg.), Industry and Finance in Early Modern History. Essays Presented to George Hammersley to the Occasion of his 74th Birthday, Stuttgart 1992, S. 58–76.

HILDEBRANDT, Reinhard, Diener und Herren. Zur Anatomie großer Unternehmen im Zeitalter der Fugger, in: Johannes BURKHARDT (Hg.), Augsburger Handelshäuser im Wandel des historischen Urteils, Berlin 1996, S. 149–174.

HILDEBRANDT, Reinhard (Hg.), Quellen und Regesten zu den Augsburger Handelshäusern Paler und Rehlinger 1539–1642. Wirtschaft und Politik im 16./17. Jahrhundert. Bd. 1: 1539–1623, Stuttgart 1996.

HILDEBRANDT, Reinhard, Der Kaiser und seine Bankiers. Ein Beitrag zum kaiserlichen Finanzwesen im 16. Jahrhundert, in: Friedrich EDELMAYER u. a. (Hg.), Finanzen und Herrschaft. Materielle Grundlagen fürstlicher Politik in den habsburgischen Ländern und im Heiligen Römischen Reich im 16. Jahrhundert, Wien/München 2003, S. 234–245.

HIPPER, Richard, Die Beziehungen der Faktoren Georg und Christoph Hörmann zu den Fuggern. Ein Beitrag zur Familiengeschichte der Freiherrn von Hermann auf Wain. Familiengeschichtliche Beilage der Zeitschrift des Historischen Vereins für Schwaben und Neuburg 46 (1926).

HOFFMANN, Carl A., Delinquenz und Strafverfolgung städtischer Oberschichten im Augsburg des 16. Jahrhunderts, in: Mark HÄBERLEIN/Johannes BURKHARDT (Hg.), Die Welser. Neue Forschungen zur Geschichte und Kultur des oberdeutschen Handelshauses, Berlin 2002, S. 347–381.

HOLL, Konstantin, Fürstbischof Jakob Fugger von Konstanz (1604–1626) und die katholische Reform der Diözese im ersten Viertel des 17. Jahrhunderts, Freiburg 1898.

HOLLEGGER, Manfred, Maximilian I. (1459–1519). Herrscher und Mensch einer Zeitenwende, Stuttgart 2005.

HUBER, Herbert, Musikpflege am Fuggerhof Babenhausen (1554–1836), Augsburg 2003.

JAHN, Joachim, Die Augsburger Sozialstruktur im 15. Jahrhundert, in: GOTTLIEB u. a. (Hg.), Geschichte der Stadt Augsburg, S. 187–193.

JAHN, Joachim, Augsburg Land (Historischer Atlas von Bayern, Teil Schwaben, Bd. 11), München 1984.

JANSEN, Max, Die Anfänge der Fugger, Leipzig 1907.

JANSEN, Max, Jakob Fugger der Reiche. Studien und Quellen, Leipzig 1910.

JEGGLE, Christof, Die fremde Welt des Feindes. Hans Dernschwams Bericht einer Reise nach Konstantinopel und Kleinasien 1553–1556, in: Marlene KURZ u. a. (Hg.), Das Osmanische Reich und die Habsburgermonarchie. Akten des internationalen Kongresses zum 150-jährigen Bestehen des Instituts für Österreichische Geschichtsforschung Wien, 22.-25. September 2004, München 2005, S. 413–426

KALESSE, Claudia, Bürger in Augsburg. Studien über Bürgerrecht, Neubürger und Bürgen anhand des Augsburger Bürgerbuchs I (1288–1497), Augsburg 2001.

KALUS, Peter, Die Fugger in der Slowakei, Augsburg 1999.

KARG, Franz, Anton Fugger: Kaufmann und Bauherr, Mäzen und Stifter, in: BURKHARDT (Hg.), Anton Fugger, S. 117–136.

KARG, Franz, »Betreff: Herstellung einer Geschichte des Hauses Fugger.« Die Fugger als Forschungsthema im 20. Jahrhundert, in: BURKHARDT (Hg.), Augsburger Handelshäuser, S. 308–321.

KARG, Franz, »Dem Fuggerischen namen erkauft«. Bemerkungen zum Besitz der Fugger, in: Walter PÖTZL (Hg.), Herrschaft und Politik. Vom Frühen Mittelalter bis zur Gebietsreform (Der Landkreis Augsburg, Bd. 3), Augsburg 2003, S. 239–249.

KARNEHM, Christl, Das Korrespondenznetz Hans Fuggers (1531–1598), in: Johannes BURKHARDT/ Christine WERKSTETTER (Hg.), Kommunikation und Medien in der Frühen Neuzeit, München 2005, S. 301–311.

KARNEHM, Christl (Bearb.), Die Korrespondenz Hans Fuggers von 1566 bis 1594. Regesten der Kopierbücher aus dem Fuggerarchiv, 2 Bde. in 3 Teilbänden (Bd. 1 unter Mitarbeit von Maria Gräfin von PREYSING), München 2003.

KELLENBENZ, Hermann, Die Fuggersche Maestrazgopacht (1525–1542), Tübingen 1967.

KELLENBENZ, Hermann, Jakob Fugger der Reiche (1459–1525), in: Lebensbilder aus dem Bayerischen Schwaben, Bd. 10, Weißenhorn 1973, S. 35–76.

KELLENBENZ, Hermann, Anton Fugger (1493–1560), in: Lebensbilder aus dem Bayerischen Schwaben, Bd. 11, Weißenhorn 1976, S. 46–124.

KELLENBENZ, Hermann, Die Rolle der Verbindungsplätze zwischen Spanien und Augsburg im Unternehmen Anton Fuggers, in: Vierteljahrschrift für Sozial- und Wirtschaftsgeschichte 65 (1978), S. 1–37.

KELLENBENZ, Hermann, Los Fugger en España en la época de Felipe II. ¿Fue un buen negocio el arrendamiento de los Maestrazgos después de 1562?, in: Alfonso OTAZU (Hg.), Dinero y Crédito (siglos XVI al XIX), Madrid 1978, S. 19–36.

Kellenbenz, Hermann, Das Konto Neapel in der Augsburger Rechnung der Fugger, in: Oswald Hahn/Leo Schuster (Hg.), Mut zur Kritik. Hanns Linhardt zum 80. Geburtstag, Bern/Stuttgart 1981, S. 369–387.

Kellenbenz, Hermann, Hans Jakob Fugger (1516–1575), in: Lebensbilder aus dem Bayerischen Schwaben, Bd. 12, Weißenhorn 1981, S. 48–105.

Kellenbenz, Hermann, Wirtschaft im Zeitalter der Reformation, in: Gerhard Pfeiffer (Hg.), Nürnberg – Geschichte einer europäischen Stadt, ND München 1982, S. 186–193.

Kellenbenz, Hermann, Wirtschaftsleben der Blütezeit, in: Gottlieb u. a. (Hg.), Geschichte der Stadt Augsburg, S. 258–301.

Kellenbenz, Hermann, Sebastian Kurz (um 1500–1568), Fuggerscher Faktor, in: Lebensbilder aus dem Bayerischen Schwaben, Bd. 13, Weißenhorn 1986, S. 34–60.

Kellenbenz, Hermann, Kapitalverflechtung im mittleren Alpenraum. Das Beispiel des Bunt- und Edelmetallbergbaus vom fünfzehnten bis zur Mitte des siebzehnten Jahrhunderts, in: Zeitschrift für bayerische Landesgeschichte 51 (1988), S. 13–50.

Kellenbenz, Hermann, Schwäbische Kaufherren im Tiroler Bergbau (1400–1650), in: Wolfram Baer/Pankraz Fried (Hg.), Schwaben – Tirol. Bd. 2: Beiträge, Rosenheim 1989, S. 208–218.

Kellenbenz, Hermann, Die Fugger in Spanien und Portugal bis 1560. Ein Großunternehmen des 16. Jahrhunderts, 2 Bde. und Dokumentenband, München 1990.

Kellenbenz, Hermann, The Gold Mining Activities of the Fugger and the Cementation Privilege of Kremnitz, in: Ian Blanchard u. a. (Hg.), Industry and Finance in Early Modern History. Essays Presented to George Hammersley to the Occasion of his 74th Birthday, Stuttgart 1992, S. 186–204.

Kellenbenz, Hermann, Neues zum oberdeutschen Ostindienhandel, insbesondere der Herwart in der ersten Hälfte des 16. Jahrhunderts, in: Pankraz Fried (Hg.), Forschungen zur schwäbischen Geschichte, Sigmaringen 1991, S. 81–96.

Kellenbenz, Hermann/Walter, Rolf (Hg.), Oberdeutsche Kaufleute in Sevilla und Cádiz (1525–1560). Eine Edition von Notariatsakten aus den dortigen Archiven, Stuttgart 2001.

Kern, Ernst, Studien zur Geschichte des Augsburger Kaufmannshauses der Höchstetter, in: Archiv für Kulturgeschichte 26 (1936), S. 162–198.

Kießling, Rolf, Bürgerliche Gesellschaft und Kirche im Spätmittelalter. Ein Beitrag zur Strukturanalyse der oberdeutschen Reichsstadt, Augsburg 1971.

Kießling, Bürgerlicher Besitz auf dem Land – ein Schlüssel zu den Stadt-Land-Beziehungen im Spätmittelalter, aufgezeigt am Beispiel Augsburgs und anderer ostschwäbischer Städte, in: Pankraz Fried (Hg.), Augsburger Beiträge zur Landesgeschichte Bayerisch-Schwabens, Bd. 1, Sigmaringen 1979, S. 121–140.

Kießling, Rolf, Stadt und Land im Textilgewerbe Ostschwabens vom 14. bis zur Mitte des 16. Jahrhunderts, in: Neithard Bulst u. a. (Hg.), Bevölkerung, Wirtschaft und Gesellschaft. Stadt-Land-Beziehungen in Deutschland und Frankreich, 14. bis 19. Jahrhundert, Trier 1983, S. 115–137.

Kießling, Rolf, Augsburgs Wirtschaft im 14. und 15. Jahrhundert, in: Gottlieb u. a. (Hg.), Geschichte der Stadt Augsburg, S. 171–181.

Kießling, Rolf, Augsburg zwischen Mittelalter und Neuzeit, in: Gottlieb u. a. (Hg.), Geschichte der Stadt Augsburg, S. 241–251.

Kießling, Rolf, Die Stadt und ihr Land. Umlandpolitik, Bürgerbesitz und Wirtschaftsgefüge in Ostschwaben vom 14. bis ins 16. Jahrhundert, Köln/Wien 1989.

Kießling, Rolf, Augsburg in der Reformationszeit, in: Josef Kirmeier u. a. (Hg.), »wider Laster und Sünde«. Augsburgs Weg in die Reformation, Köln 1997, S. 17–43.

Kießling, Rolf, Wirtschaftlicher Strukturwandel in der Region – Die Welser-Vöhlin-Gesellschaft im Kontext der Memminger Wirtschafts- und Sozialgeschichte des 15. und frühen 16. Jahrhunderts, in: Mark Häberlein/Johannes Burkhardt (Hg.), Die Welser. Neue Forschungen zur Geschichte und Kultur des oberdeutschen Handelshauses, Berlin 2002, S. 184–212.

Kießling, Rolf, Patrizier und Kaufleute als Herrschaftsträger auf dem Land, in: Walter Pötzl (Hg.), Herrschaft und Politik. Vom Frühen Mittelalter bis zur Gebietsreform (Der Landkreis Augsburg, Bd. 3), Augsburg 2003, S. 217–238.

Kirch, Hermann Josef, Die Fugger und der Schmalkaldische Krieg, München/Leipzig 1915.

KNITTLER, Herbert, Europas Wirtschafts- und Handelsräume am Vorabend der atlantischen Expansion, in: Friedrich EDELMAYER u. a. (Hg.), Die Geschichte des europäischen Welthandels und der wirtschaftliche Globalisierungsprozess, Wien/München 2001, S. 12–32.

KOHLER, Alfred, Karl V. 1500–1558. Eine Biographie, München 1999.

KOHLER, Alfred, Ferdinand I. 1503–1564. Fürst, König und Kaiser, München 2003.

KOUTNÁ, Dana, »Mit ainer sollichen kostlichkeit und allerley kurtzweil«. Feste und Feiern der Fugger im 16. Jahrhundert, in: BURKHARDT (Hg.), Anton Fugger, S. 99–115.

KOUTNÁ-KARG, Dana, Die Ehre der Fugger. Zum Selbstverständnis einer Familie, in: BURKHARDT (Hg.), Augsburger Handelshäuser, S. 87–106.

KRANZ, Annette, Christoph Amberger – Bildnismaler zu Augsburg. Städtische Eliten im Spiegel ihrer Porträts, Regensburg 2004.

KRAUTWURST, Franz, Melchior Neusidler und die Fugger, in: Musik in Bayern 54 (1997), S. 5–24.

KÜNAST, Hans-Jörg, »Getruckt zu Augspurg«. Buchdruck und Buchhandel in Augsburg zwischen 1468 und 1555, Tübingen 1997.

KÜSTER, Konrad, Die Beziehungen der Fugger zu Musikzentren des 16. Jahrhunderts, in: BURKHARDT (Hg.), Anton Fugger, S. 79–98.

KUHOFF, Wolfgang, Augsburger Handelshäuser und die Antike, in: BURKHARDT (Hg.), Augsburger Handelshäuser, S. 258–276.

LANDSTEINER, Erich, Kein Zeitalter der Fugger: Zentraleuropa 1450–1620, in: Friedrich EDELMAYER u. a. (Hg.), Globalgeschichte 1450–1620. Anfänge und Perspektiven, Wien 2002, S. 95–123.

LANZINNNER, Maximilian, Fürst, Räte und Landstände. Die Entstehung der Zentralbehörden in Bayern 1511–1598, Göttingen 1980.

LANZINNER, Maximilian, Johann Georg Herwarth d.Ä. (1553–1622). Territorialpolitik, späthumanistische Gelehrsamkeit und sozialer Aufstieg, in: Archiv für Kulturgeschichte 75 (1993), S. 301–334.

LEHMANN, Paul, Eine Geschichte der alten Fuggerbibliotheken, 2 Bde., Tübingen 1956/60.

LIEB, Norbert, Die Fugger und die Kunst. Bd. 1: Im Zeitalter der Spätgotik und der frühen Renaissance, München 1952.

LIEB, Norbert, Die Fugger und die Kunst. Bd. 2: Im Zeitalter der Hohen Renaissance, München 1958.

LIEB, Norbert, Octavian Secundus Fugger (1549–1600) und die Kunst, Tübingen 1980.

LIETZMANN, Hilda, Der Briefwechsel Hans Fuggers mit Wilhelm V. von Bayern, in: Zeitschrift für bayerische Landesgeschichte 66 (2003), S. 435–459.

LILL, Georg, Hans Fugger (1531–1598) und die Kunst. Ein Beitrag zur Spätrenaissance in Süddeutschland, Leipzig 1908.

LIMBERGER, Michael, »No town in the world provides more advantages«: Economies of Agglomeration and the Golden Age of Antwerp, in: Patrick O'BRIEN u. a. (Hg.), Urban Achievement in Early Modern Europe. Golden Ages in Antwerp, Amsterdam and London, Cambridge 2001, S. 39–62.

LUDWIG, Karl-Heinz/GRUBER, Fritz, Gold- und Silberbergbau im Übergang vom Mittelalter zur Neuzeit. Das Salzburger Revier von Gastein und Rauris, Köln/Wien 1987.

LUTZ, Elmar, Die rechtliche Struktur süddeutscher Handelsgesellschaften in der Zeit der Fugger, 2 Bde., Tübingen 1976.

LUTZ, Georg, Marx Fugger (1529–1597) und die *Annales Ecclesiastici* des Baronius. Eine Verdeutschung aus dem Augsburg der Gegenreformation, in: Baronio Storico e la Controriforma. Atti del Convegno internazionale di Studi, Sora 6–10 Ottobre 1979, Sora 1982, S. 421–546.

LUTZ, Georg, Gegenreformation und Kunst in Schwaben und in Oberitalien. Der Bilderzyklus des Vincenzo Campi im Fuggerschloss Kirchheim, in: Bernd ROECK u. a. (Hg.), Venedig und Oberdeutschland in der Renaissance. Beziehungen zwischen Kunst und Wirtschaft, Sigmaringen 1993, S. 131–154.

LUTZ, Heinrich, Conrad Peutinger. Beiträge zu einer politischen Biographie, Augsburg 1958.

MAASEN, Werner, Hans Jakob Fugger 1516–1575. Ein Beitrag zur Geschichte des 16. Jahrhunderts, hg. von Paul RUF, München 1922.

MANDROU, Robert, Die Fugger als Grundbesitzer in Schwaben 1560–1618. Eine Fallstudie sozioökonomischen Verhaltens am Ende des 16. Jahrhunderts, Göttingen 1997.

MASCHKE, Erich, Das Berufsbewusstsein des mittelalterlichen Fernkaufmanns, in: DERS., Städte und Menschen. Beiträge zur Geschichte der Stadt, der Wirtschaft und Gesellschaft 1959–1977, Wiesbaden 1980, S. 380–419.

MATHEW, K.S., Indo-Portuguese Trade and the Fuggers of Germany: Sixteenth Century, New Delhi 1997.

MAUER, Benedikt, «Gemain Geschrey» und «teglich Reden». Georg Kölderer – ein Augsburger Chronist des konfessionellen Zeitalters, Augsburg 2001.

MEADOW, Mark A., Merchants and Marvels: Hans Jacob Fugger and the Origins of the Wunderkammer, in: Pamela H. SMITH/Paula FINDLEN (Hg.), Merchants and Marvels. Commerce, Science, and Art in Early Modern Europe, New York 2002, S. 182–200.

MENTGES, Gabriele, Fashion, Time and the Consumption of a Renaissance Man in Germany: The Costume Book of Matthäus Schwarz of Augsburg, 1498–1564, in: Barbara BURMAN/Carole TURBIN (Hg.), Material Strategies. Dress and Gender in Historical Perspective, Oxford 2003, S. 12–32.

MERTEN, Klaus, Die Landschlösser der Familie Fugger im 16. Jahrhundert, in: WELT IM UMBRUCH, Bd. 3, S. 66–82.

MERTENS, Bernd, Im Kampf gegen die Monopole. Reichstagsverhandlungen und Monopolprozesse im frühen 16. Jahrhundert, Tübingen 1996.

MEYER, Christian (Hg.), Chronik der Familie Fugger vom Jahre 1599, München 1902.

MÖRKE, Olaf, Die Fugger im 16. Jahrhundert. Städtische Elite oder Sonderstruktur? Ein Diskussionsbeitrag, in: Archiv für Reformationsgeschichte 74 (1983), S. 141–161.

MÖRKE, Olaf/SIEH, Katarina, Gesellschaftliche Führungsgruppen, in: GOTTLIEB u. a. (Hg.), Geschichte der Stadt Augsburg, S. 301–311.

MONDRAIN, Brigitte, Copistes et collectionneurs de manuscrits grecs au milieu du XVIe siècle: le cas de Johann Jakob Fugger d'Augsbourg, in: Byzantinische Zeitschrift 84/85 (1991/92), S. 354–390.

MONTAIGNE, Michel de, Tagebuch der Reise nach Italien über die Schweiz und Deutschland von 1580 bis 1581. Übersetzt und herausgegeben von Hans Stilett, Frankfurt am Main 2002.

MÜLLER, Karl-Otto (Hg.), Quellen zur Handelsgeschichte der Paumgartner von Augsburg (1480–1570), Wiesbaden 1955.

NEBINGER, Gerhart, Die Standesverhältnisse des Hauses Fugger (von der Lilie) im 15. und 16. Jahrhundert. Ein Beitrag zur sozialgeschichtlichen Wertung von Titulaturen, in: Blätter des Bayerischen Landesvereins für Familienkunde, 49. Jg. (1986), Bd. XV, S. 263–276.

NEBINGER, Gerhart/RIEBER, Albrecht, Genealogie des Hauses Fugger von der Lilie, Tübingen 1978.

NOFLATSCHER, Heinz, Räte und Herrscher. Politische Eliten an den Habsburgerhöfen der österreichischen Länder 1480–1530, Mainz 1999.

NORTH, Michael, Kunst und bürgerliche Repräsentation in der Frühen Neuzeit, in: Historische Zeitschrift 267 (1998), S. 29–56.

NÜBEL, Otto, Mittelalterliche Beginen- und Sozialsiedlungen in den Niederlanden. Ein Beitrag zur Vorgeschichte der Fuggerei, Tübingen 1970.

NÜBEL, Otto, Pompejus Occo, 1483 bis 1537. Fuggerfaktor in Amsterdam, Tübingen 1972.

NÜBEL, Otto, Das Geschlecht Occo, in: Lebensbilder aus dem Bayerischen Schwaben, Bd. 10, Weißenhorn 1973, S. 77–113.

OBERMAN, Heiko A., Werden und Wertung der Reformation. Vom Wegestreit zum Glaubenskampf, Tübingen 1977.

OEXLE, Otto Gerhard, Adel, Memoria und kulturelles Gedächtnis. Bemerkungen zur Memorial-Kapelle der Fugger in Augsburg, in: Chantal GRELL u. a. (Hg.), Les princes et l'histoire du XIVe au XVIIIe siècle, Bonn 1998, S. 339–357.

OGGER, Günter, Kauf dir einen Kaiser. Die Geschichte der Fugger, München 1978.

OTTE, Enrique, Die Welser in Santo Domingo, in: DERS., Von Bankiers und Kaufleuten, Räten, Reedern und Piraten, Hintermännern und Strohmännern. Aufsätze zur atlantischen Expansion Spaniens, hg. von Günter VOLLMER und Horst PIETSCHMANN, Stuttgart 2004, S. 117–159.

PALME, Rudolf, Historiographische und rezeptionsgeschichtliche Aspekte der Tätigkeit der Fugger in Tirol, in: BURKHARDT (Hg.), Augsburger Handelshäuser, S. 297–307.

PETERS, Lambert F., Der Handel Nürnbergs am Anfang des Dreißigjährigen Krieges. Strukturkomponenten, Unternehmen und Unternehmer. Eine quantitative Analyse, Stuttgart 1994.

PICKL, Othmar, Kupfererzeugung und Kupferhandel in den Ostalpen, in: Hermann KELLENBENZ (Hg.), Schwerpunkte der Kupferproduktion und des Kupferhandels 1500–1650, Köln/Wien 1977, S. 117–147.

PIEPER, Renate, Informationszentren im Vergleich. Die Stellung Venedigs und Antwerpens im 16. Jahrhundert, in: Michael NORTH (Hg.), Kommunikationsrevolutionen. Die neuen Medien des 16. und 19. Jahrhunderts, Köln 1995, S. 45–60.

PIEPER, Renate, Die Vermittlung einer neuen Welt. Amerika im Nachrichtennetz des Habsburgischen Imperiums (1493–1598), Mainz 2000.

PÖLNITZ, Götz Freiherr von, Jakob Fugger und der Streit um den Nachlass des Kardinals Melchior von Brixen (1496–1515), in: Quellen und Forschungen aus italienischen Archiven und Bibliotheken 30 (1940), S. 223–294.

PÖLNITZ, Götz Freiherr von, Jakob Fuggers Zeitungen und Briefe an die Fürsten des Hauses Wettin in der Frühzeit Karls V. 1519–1525, in: Nachrichten von der Akademie der Wissenschaften in Göttingen, Philosophisch-Historische Klasse 1941, Nr. 2, S. 89–160.

PÖLNITZ, Götz Freiherr von, Fugger und Medici, in: Historische Zeitschrift 166 (1942), S. 1–23.

PÖLNITZ, Götz Freiherr von, Jakob Fugger. Kaiser, Kirche und Kapital in der oberdeutschen Renaissance, 2 Bde., Tübingen 1949/51.

PÖLNITZ, Götz Freiherr von, Fugger und Hanse. Ein hundertjähriges Ringen um Nordsee und Ostsee, Tübingen 1953.

PÖLNITZ, Götz Freiherr von, Das Generationenproblem in der Geschichte der oberdeutschen Handelshäuser, in: Karl RÜDINGER (Hg.), Unser Geschichtsbild, München 1955, S. 65–79.

PÖLNITZ, Götz Freiherr von, Anton Fugger. 3 Bde. in 5 Teilbänden (Bd. 3/2 zusammen mit Hermann KELLENBENZ), Tübingen 1958–1986.

PÖLNITZ, Götz Freiherr von, Die Anfänge der Weißenhorner Barchentweberei unter Jakob Fugger dem Reichen, in: Festschrift für Hans Liermann zum 70. Geburtstag, Erlangen 1964, S. 196–220.

PÖLNITZ, Götz Freiherr von, Die Fuggersche Generalrechnung von 1563, in: Kyklos 20 (1967), S. 355–370.

PRESS, Volker, Führungsgruppen in der deutschen Gesellschaft im Übergang zur Neuzeit um 1500, in: Hans Hubert HOFMANN/Günther FRANZ (Hg.), Deutsche Führungsschichten in der Neuzeit. Eine Zwischenbilanz. Büdinger Vorträge 1978, Boppard am Rhein 1980, S. 29–77.

PREYSING, Maria Gräfin von, Die Fuggertestamente des 16. Jahrhunderts. Bd. 2: Edition, Weißenhorn 1992.

RABE, Horst, Deutsche Geschichte 1500–1600. Das Jahrhundert der Glaubensspaltung, München 1991.

RAUSCHER, Peter, Zwischen Ständen und Gläubigern. Die kaiserlichen Finanzen unter Ferdinand I. und Maximilian II. (1556–1576), München 2004.

REINHARD, Wolfgang (Hg.), Augsburger Eliten des 16. Jahrhunderts. Prosopographie wirtschaftlicher und politischer Führungsgruppen 1500–1620. Bearb. von Mark HÄBERLEIN u. a., Berlin 1996.

REINHARD, Wolfgang, Geschichte der Staatsgewalt. Eine vergleichende Verfassungsgeschichte Europas von den Anfängen bis zur Gegenwart, München 1999.

REINHARD, Wolfgang, Probleme deutscher Geschichte 1495–1806. Reichsreform und Reformation 1495–1555 (Gebhardt Handbuch der deutschen Geschichte, 10. Aufl., Bd. 9), Stuttgart 2001.

ROECK, Bernd, Eine Stadt in Krieg und Frieden. Sudien zur Geschichte der Reichsstadt Augsburg zwischen Kalenderstreit und Parität, 2 Bde., Göttingen 1989.

ROECK, Bernd, Kunstpatronage in der Frühen Neuzeit. Studien zu Kunstmarkt, Künstlern und ihren Auftraggebern in Italien und im Heiligen Römischen Reich (15.-17. Jahrhundert), Göttingen 1998.

ROECK, Bernd, Geschichte Augsburgs, München 2005.

ROGGE, Jörg, Für den Gemeinen Nutzen. Politisches Handeln und Politikverständnis von Rat und Bürgerschaft in Augsburg im Spätmittelalter, Tübingen 1996.

ROGGE, Jörg, »Ir freye Wale zu haben«. Möglichkeiten, Probleme und Grenzen der politischen Partizipation in Augsburg zur Zeit der Zunftverfassung (1368–1548), in: Klaus SCHREINER/Ulrich MEIER (Hg.), Stadtregiment und Bürgerfreiheit. Handlungsspielräume in deutschen und italienischen Städten des Späten Mittelalters und der Frühen Neuzeit, Göttingen 1994, S. 244–277.

ROHMANN, Gregor, Das Ehrenbuch der Fugger, 2 Bde., Augsburg 2004.

ROPER, Lyndal, Ödipus und der Teufel. Körper und Psyche in der Frühen Neuzeit, Frankfurt am Main 1995.

RUBLACK, Hans-Christoph, Grundwerte im späten Mittelalter und in der Frühen Neuzeit, in: Horst BRUNNER (Hg.), Literatur in der Stadt. Bedingungen und Beispiele städtischer Literatur des 15. bis 17. Jahrhunderts, Göppingen 1982, S. 9–36.

SAFLEY, Thomas Max, Die Fuggerfaktoren Hörmann von und zu Gutenberg. Werte und Normen einer kaufmännischen Familie im Übergang zum Landadel, in: BURKHARDT (Hg.), Augsburger Handelshäuser, S. 118–129.

SCHAD, Martha, Die Frauen des Hauses Fugger von der Lilie (15.-17. Jahrhundert). Augsburg – Ortenburg – Trient, Tübingen 1989.

SCHAPER, Christa, Die Hirschvogel von Nürnberg und ihr Handelshaus, Nürnberg 1973.

SCHELLER, Benjamin, Memoria an der Zeitenwende. Die Stiftungen Jakob Fuggers des Reichen vor und während der Reformation (ca. 1505–1555), Berlin 2004

SCHEUERMANN, Ludwig, Die Fugger als Montanindustrielle in Tirol und Kärnten. Ein Beitrag zur Wirtschaftsgeschichte des 16. und 17. Jahrhunderts, München/Leipzig 1929.

SCHICK, Léon, Un grand homme d'affaires au début du XVIe siècle: Jacob Fugger, Paris 1957.

SCHILLING, Heinz, Die Konfessionalisierung im Reich. Religiöser und gesellschaftlicher Wandel in Deutschland zwischen 1555 und 1620, in: Historische Zeitschrift 246 (1988), S. 1–45.

SCHILLING, Michael, Zwischen Mündlichkeit und Druck: Die Fuggerzeitungen, in: Hans-Gert ROLOFF (Hg.), Editionsdesiderate der Frühen Neuzeit. Beiträge zur Tagung der Kommission für die Edition von Texten der Frühen Neuzeit, Bd. 2, Amsterdam/Atlanta 1997, S. 717–728.

SCHULTE, Aloys, Geschichte des mittelalterlichen Handels und Verkehrs zwischen Westdeutschland und Italien mit Ausschluss von Venedig, 2 Bde., Leipzig 1900.

SCHULTE, Aloys, Die Fugger in Rom 1495–1523, 2 Bde., Leipzig 1904.

SCHULZE, Winfried, Vom Gemeinnutz zum Eigennutz. Über den Normenwandel in der ständischen Gesellschaft der Frühen Neuzeit, in: Historische Zeitschrift 243 (1986), S. 591–626.

SCZESNY, Anke, Zwischen Kontinuität und Wandel. Ländliches Gewerbe und ländliche Gesellschaft im Ostschwaben des 17. und 18. Jahrhunderts, Tübingen 2002.

SEIBOLD, Gerhard, Die Manlich. Geschichte einer Augsburger Kaufmannsfamilie, Sigmaringen 1995.

SIEH-BURENS, Katarina, Oligarchie, Konfession und Politik im 16. Jahrhundert. Zur sozialen Verflechtung der Augsburger Bürgermeister und Stadtpfleger 1518–1618, München 1986.

SIMMER, Götz, Gold und Sklaven. Die Provinz Venezuela während der Welser-Verwaltung (1528–1556), Berlin 2000.

SIMNACHER, Georg, Die Fuggertestamente des 16. Jahrhunderts, Tübingen 1960.

SIMONSFELD, Henri, Der Fondaco dei Tedeschi in Venedig und deutsch-venetianischen Handelsbeziehungen, 2 Bde., Stuttgart 1887.

SOLY, Hugo, The »Betrayal« of the 16th-Century Bourgeoisie: A Myth?, in: Acta historiae Neerlandicae 8 (1979), S. 262–280.

SOMMERLAD, Bernhard, Die Faktorei der Fugger in Leipzig, in: Schriften des Vereins für die Geschichte Leipzigs 28 (1938), S. 39–67.

SPRANGER, Carolin, Der Metall- und Versorgungshandel der Fugger in Schwaz zwischen 1560 und 1580: Tiroler Landesherr, Montanverwaltung und Gewerken zwischen Krisen und Konflikten, in: Wolfgang INGENHAEFF/Johann BAIR (Hg.), Schwazer Silber – vergeudeter Reichtum? Verschwenderische Habsburger in Abhängigkeit vom oberdeutschen Kapital an der Zeitenwende vom Mittelalter zur Neuzeit, Innsbruck 2003, S. 181–198.

STAUDINGER, Barbara, Juden am Reichshofrat. Jüdische Rechtsstellung und Judenfeindschaft am Beispiel der österreichischen, böhmischen und mährischen Juden 1559–1670, Diss. phil., Universität Wien 2001.

STEINMEYER, Heinrich, Die Entstehung und Entwicklung der Nördlinger Pfingstmesse im Spätmittelalter, Nördlingen 1960.
STEUER, Peter, Die Außenverflechtung der Augsburger Oligarchie von 1500–1620. Studien zur sozialen Verflechtung der politischen Führungsschicht der Reichsstadt Augsburg, Augsburg 1988.
STOLLBERG-RILINGER, Barbara, Gut vor Ehre oder Ehre vor Gut? Zur sozialen Distinktion zwischen Adels- und Kaufmannsstand in der Ständeliteratur der Frühen Neuzeit, in: Burkhardt (Hg.), Augsburger Handelshäuser, S. 31–45.
STRIEDER, Jakob, Zur Genesis des modernen Kapitalismus. Forschungen zur Entstehung der großen bürgerlichen Kapitalvermögen am Ausgang des Mittelalters und zu Beginn der Neuzeit, zunächst in Augsburg, Leipzig 1904 (2. Aufl. München 1935).
STRIEDER, Jakob, Die Inventur der Firma Fugger aus dem Jahre 1527, Tübingen 1905.
STRIEDER, Jakob, Jakob Fugger der Reiche, Leipzig 1926.
STRIEDER, Jakob, Aus Antwerpener Notariatsarchiven. Quellen zur deutschen Wirtschaftsgeschichte des 16. Jahrhunderts, Stuttgart 1930.
STRIEDER, Jakob, Ein Bericht des Fuggerschen Faktors Hans Dernschwam über den Siebenbürger Salzbergbau um 1528, in: Ungarische Jahrbücher 13 (1933), S. 262–290.
STRIEDER, Jakob, Deutscher Metallwarenexport nach Westafrika im 16. Jahrhundert, in: Heinz-Friedrich Deininger (Hg.), Das Reiche Augsburg. Ausgewählte Aufsätze Jakob Strieders zur Augsburger und süddeutschen Wirtschaftsgeschichte des 15. und 16. Jahrhunderts, München 1938, S. 155–167.
STRIEDER, Jakob, Die Geschäfts- und Familienpolitik Jakob Fuggers des Reichen, in: Heinz-Friedrich Deininger (Hg.), Das Reiche Augsburg. Ausgewählte Aufsätze Jakob Strieders zur Augsburger und süddeutschen Wirtschaftsgeschichte des 15. und 16. Jahrhunderts, München 1938, S. 193–204.
STROMER, Wolfgang von, Die Gründung der Baumwollindustrie in Mitteleuropa. Wirtschaftspolitik im Spätmittelalter, Stuttgart 1978.
TEWES, Götz-Rüdiger, Luthergegner der ersten Stunde. Motive und Verflechtungen, in: Quellen und Forschungen aus italienischen Archiven und Bibliotheken 75 (1995), S. 256–365.
TIETZ-STRÖDEL, Marion, Die Fuggerei in Augsburg. Studien zur Entwicklung des sozialen Stiftungsbaus im 15. und 16. Jahrhundert, Tübingen 1982.
TRACY, James D., Emperor Charles V, Impresario of War. Campaign Strategy, International Finance, and Domestic Politics, Cambridge 2002.
TRAUCHBURG, Gabriele von, Häuser und Gärten Augsburger Patrizier, Berlin 2001.
TRAUCHBURG-KUHNLE, Gabriele von, Auf den Spuren Augsburger Kaufleute in Flandern, in: Peter Fassl u. a. (Hg.), Aus Schwaben und Altbayern. Festschrift für Pankraz Fried zum 60. Geburtstag, Sigmaringen 1991, S. 261–271.
TRAUCHBURG-KUHNLE, Gabriele von, Kooperation und Konkurrenz. Augsburger Kaufleute in Antwerpen, in: BURKHARDT (Hg.), Augsburger Handelshäuser, S. 210–223.
UNGER, Eike Eberhard, Die Fugger in Hall in Tirol, Tübingen 1967.
VAN DER WEE, Hermann/MATERNÉ, Jan, Antwerp as a World Market in the Sixteenth and Seventeenth Centuries, in: J. VAN DER STOCK (Hg.), Antwerp, Story of a Metropolis (16th – 17th centuries), Gent 1993, S. 19–32.
VLACHOVIČ, Josef, Die Kupfererzeugung und der Kupferhandel in der Slowakei vom Ende des 15. bis zur Mitte des 17. Jahrhunderts in: Hermann KELLENBENZ (Hg.), Schwerpunkte der Kupferproduktion und des Kupferhandels in Europa 1500–1650, Köln/Wien 1977, S. 148–171.
VÖLKEL, Markus, Der alte und der neue Adel. Johannes Engerds panegyrische Symbiose von Fugger und Montfort, in: BURKHARDT (Hg.), Augsburger Handelshäuser, S. 107–117.
WALLENTA, Wolfgang, Katholische Konfessionalisierung in Augsburg 1548–1648, Hamburg 2003.
WARMBRUNN, Paul, Zwei Konfessionen in einer Stadt. Das Zusammenleben von Katholiken und Protestanten in den paritätischen Reichsstädten Augsburg, Biberach, Ravensburg und Dinkelsbühl von 1548–1648, Wiesbaden 1983.
WARNEMÜNDE, Christel, Augsburger Handel in den letzten Jahrzehnten des 16. Jahrhunderts und dem beginnenden 17. Jahrhundert, Diss phil., Universität Freiburg 1956.
WEITNAUER, Alfred, Venezianischer Handel der Fugger. Nach der Musterbuchhaltung des Matthäus Schwarz, München/Leipzig 1931.

WELT IM UMBRUCH. Augsburg zwischen Renaissance und Barock (Ausstellungskatalog), 3 Bde., Augsburg 1980.

WESTERMANN, Ekkehard, Zur Silber- und Kupferproduktion Mitteleuropas vom 15. bis zum frühen 17. Jahrhundert. Über Bedeutung und Rangfolge der Reviere von Schwaz, Mansfeld und Neusohl, in: Der Anschnitt 38 (1986), S. 187–211.

WESTERMANN, Ekkehard (Hg.), Die Listen der Brandsilberproduktion des Falkenstein bei Schwaz von 1470 bis 1623, Wien 1988.

WESTERMANN, Ekkehard, The Brass-works of the Höchstetter at Pflach near Reutte in the Tirol, 1509–1529, in: Ian BLANCHARD u. a. (Hg.), Industry and Finance in Early Modern History. Essays Presented to George Hammersley to the Occasion of his 74th Birthday, Stuttgart 1992, S. 161–186.

WESTERMANN, Ekkehard, Gewichtsverhältnisse, Preise und Frachtkosten im Fuggerschen Kupfergeschäft zu Neusohl, Krakau, Breslau, Stettin, Stralsund und Danzig in der ersten Hälfte des 16. Jahrhunderts. Aus Vorarbeiten und –überlegungen zu einer möglichen Edition, in: Rainer S. ELKAR u. a. (Hg.), »Vom rechten Maß der Dinge«. Beiträge zur Wirtschafts- und Sozialgeschichte. Festschrift für Harald Witthöft zum 65. Geburtstag, St. Katharinen 1996, S. 166–181.

WÜST, Wolfgang, Das Bild der Fugger in der Reichsstadt Augsburg und in der Reiseliteratur, in: BURKHARDT (Hg.), Augsburger Handelshäuser, S. 69–86.

WUNDER, Heide, »Er ist die Sonn', sie ist der Mond«. Frauen in der frühen Neuzeit, München 1992.

WURM, Johann Peter, Johannes Eck und der oberdeutsche Zinsstreit 1513–1515, Münster 1997.

ZORN, Wolfgang, Augsburg. Geschichte einer europäischen Stadt, 3. Aufl. Augsburg 1994.

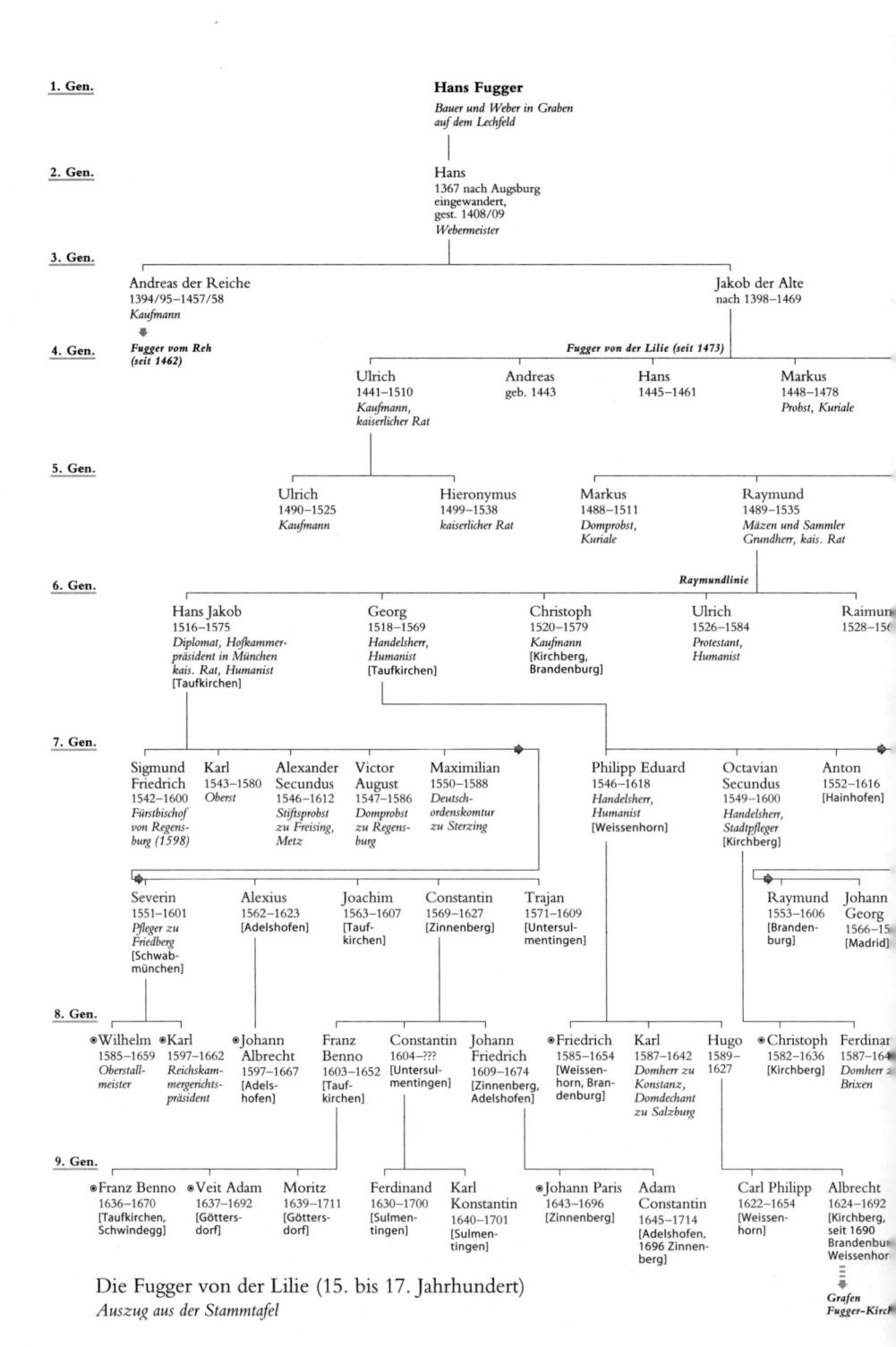

Die Fugger von der Lilie (15. bis 17. Jahrhundert)
Auszug aus der Stammtafel

1. Gen.
Hans Fugger
Bauer und Weber in Graben auf dem Lechfeld

2. Gen.
Hans
1367 nach Augsburg eingewandert, gest. 1408/09
Webermeister

3. Gen.
Andreas der Reiche
1394/95–1457/58
Kaufmann
→ **Fugger vom Reh (seit 1462)**

Jakob der Alte
nach 1398–1469

4. Gen. — *Fugger von der Lilie (seit 1473)*

- Ulrich, 1441–1510, *Kaufmann, kaiserlicher Rat*
- Andreas, geb. 1443
- Hans, 1445–1461
- Markus, 1448–1478, *Probst, Kuriale*

5. Gen.
- Ulrich, 1490–1525, *Kaufmann*
- Hieronymus, 1499–1538, *kaiserlicher Rat*
- Markus, 1488–1511, *Dompropst, Kuriale*
- Raymund, 1489–1535, *Mäzen und Sammler, Grundherr, kais. Rat*

6. Gen. — *Raymundlinie*
- Hans Jakob, 1516–1575, *Diplomat, Hofkammerpräsident in München, kais. Rat, Humanist* [Taufkirchen]
- Georg, 1518–1569, *Handelsherr, Humanist* [Taufkirchen]
- Christoph, 1520–1579, *Kaufmann* [Kirchberg, Brandenburg]
- Ulrich, 1526–1584, *Protestant, Humanist*
- Raimund, 1528–156.

7. Gen.
- Sigmund Friedrich, 1542–1600, *Fürstbischof von Regensburg (1598)*
- Karl, 1543–1580, *Oberst*
- Alexander Secundus, 1546–1612, *Stiftsprobst zu Freising, Metz*
- Victor August, 1547–1586, *Dompropst zu Regensburg*
- Maximilian, 1550–1588, *Deutschordenskomtur zu Sterzing*
- Philipp Eduard, 1546–1618, *Handelsherr, Humanist* [Weissenhorn]
- Octavian Secundus, 1549–1600, *Handelsherr, Stadtpfleger* [Kirchberg]
- Anton, 1552–1616, [Hainhofen]

- Severin, 1551–1601, *Pfleger zu Friedberg* [Schwabmünchen]
- Alexius, 1562–1623, [Adelshofen]
- Joachim, 1563–1607, [Taufkirchen]
- Constantin, 1569–1627, [Zinnenberg]
- Trajan, 1571–1609, [Untersulmentingen]
- Raymund, 1553–1606, [Brandenburg]
- Johann Georg, 1566–15.., [Madrid]

8. Gen.
- ⊛Wilhelm, 1585–1659, *Oberstallmeister*
- ⊛Karl, 1597–1662, *Reichskammergerichtspräsident*
- ⊛Johann Albrecht, 1597–1667, [Adelshofen]
- Franz Benno, 1603–1652, [Taufkirchen]
- Constantin, 1604–???, [Untersulmentingen]
- Johann Friedrich, 1609–1674, [Zinnenberg, Adelshofen]
- ⊛Friedrich, 1585–1654, [Weissenhorn, Brandenburg]
- Karl, 1587–1642, *Domherr zu Konstanz, Domdechant zu Salzburg*
- Hugo, 1589–1627
- ⊛Christoph, 1582–1636, [Kirchberg]
- Ferdinand, 1587–164., *Domherr z. Brixen*

9. Gen.
- ⊛Franz Benno, 1636–1670, [Taufkirchen, Schwindegg]
- ⊛Veit Adam, 1637–1692, [Göttersdorf]
- Moritz, 1639–1711, [Göttersdorf]
- Ferdinand, 1630–1700, [Sulmentingen]
- Karl Konstantin, 1640–1701, [Sulmentingen]
- ⊛Johann Paris, 1643–1696, [Zinnenberg]
- Adam Constantin, 1645–1714, [Adelshofen, 1696 Zinnenberg]
- Carl Philipp, 1622–1654, [Weissenhorn]
- Albrecht, 1624–1692, [Kirchberg, seit 1690 Brandenburg, Weissenhorn]
  → *Grafen Fugger-Kirch...*

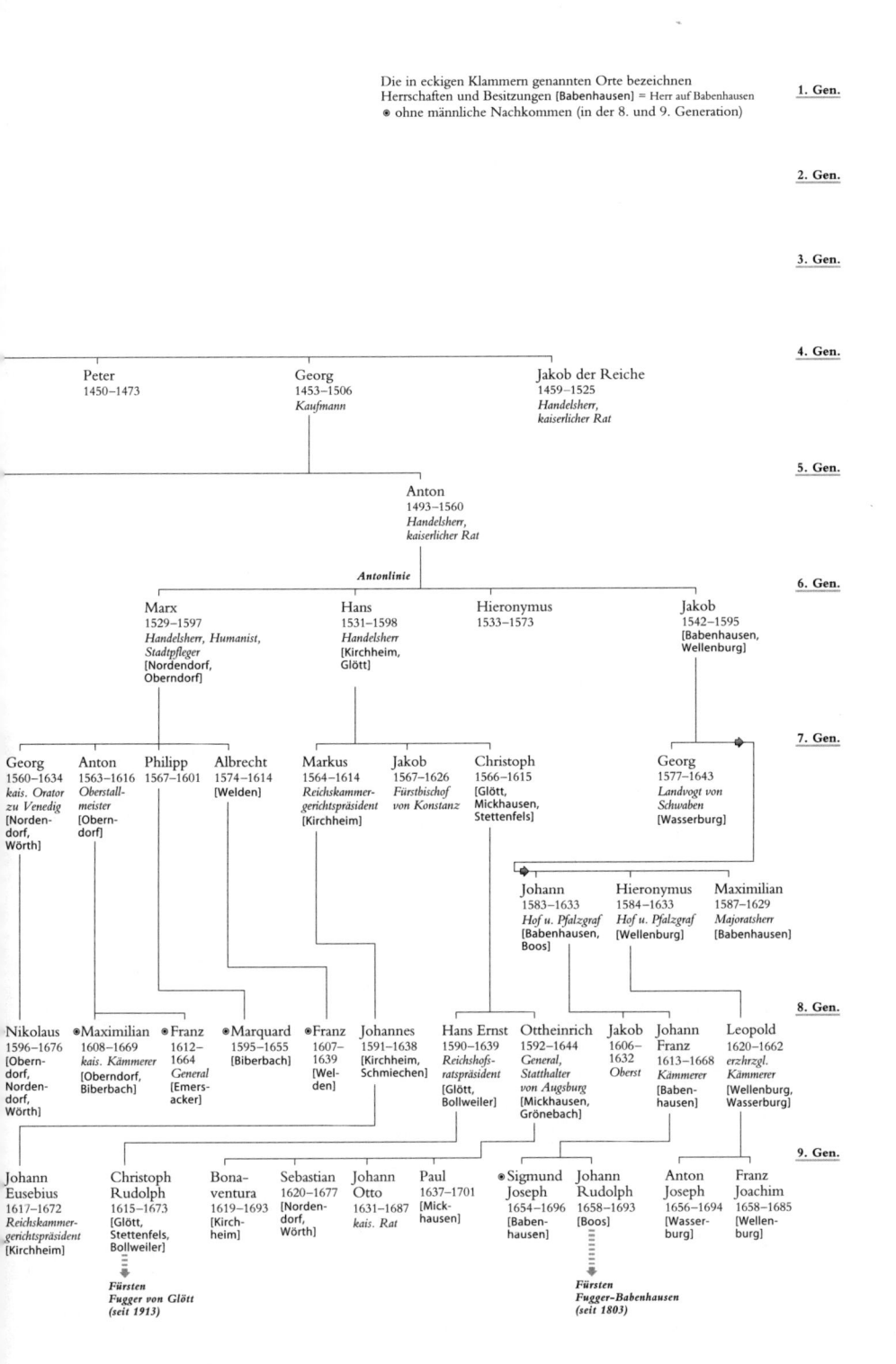

Die in eckigen Klammern genannten Orte bezeichnen
Herrschaften und Besitzungen [Babenhausen] = Herr auf Babenhausen
⊛ ohne männliche Nachkommen (in der 8. und 9. Generation)

1. Gen.

2. Gen.

3. Gen.

4. Gen.

Peter
1450–1473

Georg
1453–1506
Kaufmann

Jakob der Reiche
1459–1525
*Handelsherr,
kaiserlicher Rat*

5. Gen.

Anton
1493–1560
*Handelsherr,
kaiserlicher Rat*

Antonlinie

6. Gen.

Marx
1529–1597
*Handelsherr, Humanist,
Stadtpfleger*
[Nordendorf,
Oberndorf]

Hans
1531–1598
Handelsherr
[Kirchheim,
Glött]

Hieronymus
1533–1573

Jakob
1542–1595
[Babenhausen,
Wellenburg]

7. Gen.

Georg
1560–1634
*kais. Orator
zu Venedig*
[Norden-
dorf,
Wörth]

Anton
1563–1616
*Oberstall-
meister*
[Obern-
dorf]

Philipp
1567–1601

Albrecht
1574–1614
[Welden]

Markus
1564–1614
*Reichskammer-
gerichtspräsident*
[Kirchheim]

Jakob
1567–1626
*Fürstbischof
von Konstanz*

Christoph
1566–1615
[Glött,
Mickhausen,
Stettenfels]

Georg
1577–1643
*Landvogt von
Schwaben*
[Wasserburg]

Johann
1583–1633
Hof u. Pfalzgraf
[Babenhausen,
Boos]

Hieronymus
1584–1633
Hof u. Pfalzgraf
[Wellenburg]

Maximilian
1587–1629
Majoratsherr
[Babenhausen]

8. Gen.

Nikolaus
1596–1676
[Obern-
dorf,
Norden-
dorf,
Wörth]

⊛Maximilian
1608–1669
kais. Kämmerer
[Oberndorf,
Biberbach]

⊛Franz
1612–
1664
General
[Emers-
acker]

⊛Marquard
1595–1655
[Biberbach]

⊛Franz
1607–
1639
[Wel-
den]

Johannes
1591–1638
[Kirchheim,
Schmiechen]

Hans Ernst
1590–1639
*Reichshofs-
ratspräsident*
[Glött,
Bollweiler]

Ottheinrich
1592–1644
*General,
Statthalter
von Augsburg*
[Mickhausen,
Grönebach]

Jakob
1606–
1632
Oberst

Johann
Franz
1613–1668
Kämmerer
[Baben-
hausen]

Leopold
1620–1662
*erzhrzgl.
Kämmerer*
[Wellenburg,
Wasserburg]

9. Gen.

Johann
Eusebius
1617–1672
*Reichskammer-
gerichtspräsident*
[Kirchheim]

Christoph
Rudolph
1615–1673
[Glött,
Stettenfels,
Bollweiler]

Bona-
ventura
1619–1693
[Kirch-
heim]

Sebastian
1620–1677
[Norden-
dorf,
Wörth]

Johann
Otto
1631–1687
kais. Rat

Paul
1637–1701
[Mick-
hausen]

⊛Sigmund
Joseph
1654–1696
[Baben-
hausen]

Johann
Rudolph
1658–1693
[Boos]

Anton
Joseph
1656–1694
[Wasser-
burg]

Franz
Joachim
1658–1685
[Wellen-
burg]

*Fürsten
Fugger von Glött
(seit 1913)*

*Fürsten
Fugger-Babenhausen
(seit 1803)*

Ortsregister

A

Aachen 65
Abruzzen 86
Achenrain 110
Afrika 52, 54, 58, 77, 80
Ahrntal 58, 109
Alcalá 203
Alcántara 78
Almadén 73, 78-80, 105f., 116f.
Almagro 79, 98, 105, 125
Altenerding 201
Amasya 132
Amerika 76, 78, 80f., 91, 105, 116, 121, 138, 154, 198
Amsterdam 115, 133, 135f.
Anatolien 132
Annaberg 51
Antwerpen 22, 25, 47, 52-54, 57-60, 72-74, 76, 80, 82, 86-92, 95, 98, 101, 103, 105, 108, 111, 120, 122-124, 126, 138f., 181
Aquila 57, 86
Arnoldstein (Kärnten) 46
Arras 138
Asien 52-55, 58, 113-115
Augsburg
– Dom 180
– Dominikanerkirche 51, 157
– Heilig-Kreuz-Kirche 17
– Fuggerei 81, 143, 148-152, 176f.
– Herrentrinkstube 33f., 124, 164
– Jakober Vorstadt 148, 150, 184
– Judenberg 143
– Karmeliterkloster 170, 172
– Kleesattlergasse 18, 143
– Maximilianstraße 143
– Obstmarkt 128
– Perlach 34, 146
– Rathaus 184
– Rindermarkt 25, 143
– St. Anna 11, 68f., 143, 146-148, 152, 159, 168, 172f., 176, 182, 206
– St. Katharina 168
– St. Markus-Kapelle 151
– St. Moritz 34, 127, 152, 169f., 174f., 179
– St. Peter 146
– St. Salvator 181f.
– St. Sebastian 182
– St. Ulrich und Afra 34, 157
– Tanzhaus 168
– Weinmarkt 68, 143-145, 168
– Zeughaus 184
Aussee 91
Aystetten 193

B

Babenhausen 189, 191, 198f.
Baltikum 48
Bamberg 46, 50, 138
Banská Bystrica siehe Neusohl
Basel 89, 111, 158, 188
Bergheim 124
Biberach 28, 57, 190
Biberbach 172, 188f., 191f.
Bibersburg (Slowakei) 132, 188
Biburg 193
Bleiberg (Kärnten) 85, 88
Böhmen 50, 57f., 64, 73, 78, 95, 107, 116, 124, 202
Bologna 61, 76, 95, 98, 111, 171
Boos 190f.
Bourges 98
Bozen 84, 94, 125
Brandenburg (Herrschaft in Schwaben) 189, 193
Brandenburg (Markgrafschaft) 51
Braunschweig 130
Bregenz 122
Bremen 49
Breslau 25, 28, 44, 46, 49f., 64, 69, 86-88, 121
Brixen 44, 62f., 201
Brüssel 135
Brüx (Most) 132
Budapest siehe Ofen
Burgau 41, 194
Burghausen 201

Burgos 66, 76
Burgwalden 74, 189
Burtenbach 18, 23

C

Calatrava 78
Cambrai 57
Chile 80
Chincha (Peru) 80
Civitavecchia 50
Comer See 57
Cordoba 98
Crépy 177

D

Dänemark 49, 90, 134-137
Danzig 47f., 55, 86, 121, 133
Dôle 111
Donauwörth 31, 137f., 189, 191
Dorndorf 189
Druisheim 190f.
Dürrlauingen 189, 191
Duttenstein 190

E

Ehingen 190f.
Ehrenberg 43
Eichstätt 49
Ellgau 292
Elsass 188
England 55, 89, 91, 94, 114f., 135, 151, 186
Eppishausen 190

F

Falkenstein bei Schwaz 42, 82, 85, 93, 109f., 117
Florenz 49, 54, 95, 144, 200
Frankfurt am Main 28, 46, 52, 57, 59, 65, 95, 106, 112, 128
Frankfurt an der Oder 22
Frankreich 41, 49, 57, 65, 88f., 91, 94, 98, 101, 104, 114, 138, 142, 177, 186
Freiburg im Breisgau 158, 171
Freiburg im Uechtland 57
Freising 27, 62, 201
Freiwaldau (Schlesien) 88
Fünfkirchen (Pécs) 45, 60
Füssen 43, 59
Fuggerau (Kärnten) 46f., 86, 88, 123

G

Gablingen 189, 191

Gastein (Salzburg) 42
Genua 31, 54, 57, 76f., 93, 95, 98, 104f., 110, 121f., 128, 141
Georgenthal (Thüringen) 46, 88
Glasgow 49
Glött 189-191
Goa (Indien) 112
Goslar 46, 64
Gossensass 82, 84, 109, 117
Gottenau 193
Graben 17, 23
Gran (Ungarn) 49, 61
Grasstein (Südtirol) 84, 109
Graz 202
Günzburg 30
Gurk 50
Gutenberg 126

H

Hainhofen 193
Halberstadt 51
Hall (Tirol) 40-42, 59, 72, 74, 84f., 117, 124
Hamburg 112, 115, 121, 125
Hardt 193
Heidelberg 101, 160
Heimertingen 193
Helfenbrunn 201
Herrieden 35
Hirblingen 192
Hohenfreiberg (Herrschaft) 43
Hohenfurt 84
Hohenkirchen (Thüringen) 46f., 86, 88, 121

I

Idria (Slowenien) 73, 78, 93
Indien 52-55, 58, 112-115
Ingolstadt 98, 111, 121, 159, 170, 203
Innsbruck 22, 25, 40, 42-44, 47, 58-60, 62f., 72, 84f., 123f., 153, 158, 200, 202
Irmatzhofen 117
Italien 12f., 21, 43, 50, 59, 76, 88, 94f., 98, 104f., 112, 114-116, 121f., 127f., 131f., 151f., 157, 186, 195, 200, 203

J

Jablonka-Pass 46
Jenbach 74, 82-84, 103, 109f., 117f., 141

K

Kärnten 46, 84, 88, 90, 109, 118
Kammin (Pommern) 27
Kastilien 76-78
Kaufbeuren 28, 57, 125f., 153f.

Kettershausen 190f.
Kirchberg 188, 193, 198, 205
Kirchheim an der Mindel 190f., 193, 195
Kitzbühel 84, 109
Klausen 82-84, 109f.
Köln 28, 103, 105, 107, 112f., 125, 135, 172
Königsberg 137
Konstantinopel 132, 158
Konstanz 28, 51, 128, 170, 188, 201, 203
Krakau 28, 44, 46, 49, 64, 71, 86f.
Kremnitz 64, 71, 87f., 132
Kufstein 40, 44, 66

L

La Coruña 66
Landsberg am Lech 180, 193, 202
Landshut 59, 108, 201
Langenneufnach 174, 196
La Palma 58
Lauingen 31
Lauterbrunn 191
Lavanttal 84
Leeder bei Landsberg am Lech 193
Leipheim 174
Leipzig 26, 57, 61, 86f., 95, 121, 123, 125, 132, 172
Leutschau an der Zips 64
Libethen (Lubietová) 86
Liegnitz 50
Lienz (Pustertal) 66, 82
Lindau 121, 128
Linz 84
Lissabon 52-55, 57-59, 66, 80, 95, 112, 115, 124
Löwen 22-24, 98, 112, 126, 160
London 22, 125
Lucca 49, 95
Lübeck 47f., 115
Lüneburg 86f., 121
Lützelfelden 84, 109f., 141
Luganer See 57
Luzern 203
Lyon 53, 57f., 73, 94f.

M

Madeira 58
Madrid 77, 105f., 112, 124, 140
Mähren 57, 64
Magdeburg 51, 62
Magellanstraße 80
Mailand 21, 25, 57f., 77, 95, 107, 115, 123, 128
Mainz 27, 51, 201
Mansfeld 87
Mantua 159
Marstetten 193

Mattsies 193
Meißen 62
Meitingen 192
Memmingen 28, 30, 43, 57, 95, 124, 190
Meran 72
Mering 107, 191
Mexiko 105
Mickhausen 154, 174, 176, 189, 191, 196f.
Middelburg 125
Mindelheim 57, 193
Molukken 66
Montafon 113, 124
Moschnitz 44, 47
Mostenice siehe Moschnitz
Mühlberg 177
München 90, 95, 128, 144, 157-159, 161, 185, 200-202
Münster (Westfalen) 49
Münster (Schwaben) 196

N

Nals (Südtirol) 84, 109
Neapel 72, 74, 82, 85-87, 107, 121f., 126
Neumarkt 157
Neusäß 193
Neusohl 44-48, 59f., 64, 71f., 86, 88, 93, 121, 132
Niederalfingen 190
Niederlande 22, 50, 54, 59, 66, 77, 84, 89-93, 95, 101-104, 106, 108, 122, 124, 133-136, 139, 144, 151, 160, 186, 195, 201f.
Niederösterreich 188, 201
Nördlingen 28, 30f.
Nordendorf 192
Nowgorod 48
Nürnberg 21, 23, 25, 46, 53-55, 57f., 62, 64, 66f., 69f., 86-88, 105, 107f., 110, 121, 123, 147, 157, 160, 171, 179

O

Obenhausen 193
Oberndorf 189-191
Ofen 46, 64, 69, 86, 121, 132
Olmütz 60, 64
Ortlfingen 190
Osmanisches Reich 49f., 52, 54, 72, 87, 104, 107, 113, 132f., 159
Osnabrück 49
Ottmarshausen 193

P

Padua 64, 98, 111
Palästina 27

Palleiten 117, 141
Paris 159
Passau 50, 201
Pécs siehe Fünfkirchen
Peru 80, 105
Pfaffenhofen 188, 193
Pflach bei Reutte 58f.
Pless 190f.
Polen 44f., 49f., 60, 64, 86-88, 95
Portugal 53f., 58, 73f., 89, 101, 103, 111, 113
Potosí 105
Prag 105, 107, 121, 157, 185
Preßburg 44
Primör (Südtirol) 40

R

Rain am Lech 190, 201
Rammingen 193
Rattenberg 66, 82, 117, 141
Rauris (Salzburg) 42
Ravensburg 28, 140f.
Regensburg 27, 50, 77, 122, 157, 201, 203
Reichenstein (Schlesien) 46, 88
Reinhartshausen 193
Rettenbach 190f.
Reutte (Tirol) 58
Riga 48
Ringenwechsel (Tirol) 109, 117
Röhrerbühel (Tirol) 84, 141
Roggenburg 113
Rom 25, 31, 35, 49-51, 53, 58f., 62, 64, 69f., 72, 74, 104, 111, 120, 122, 132, 135, 138, 158, 160, 172, 181, 188, 203
Rosenberg 46
Roth bei Biberach 190
Rousillon 77
Russland 48

S

Sachsen 58, 66, 71, 88, 94
Salzburg 25, 42, 94, 201
Samland (Ostpreußen) 49
Santiago 78
Santo Domingo 79
Saragossa 57
Savoyen 202
Schattmannsdorf 132
Scheppach bei Augsburg 18
Schlackenwald 124
Schlesien 49f., 57, 64, 86, 88, 107
Schleswig 61
Schlipsheim 193
Schmiechen 188, 191, 193
Schneeberg 82, 84, 109
Schönfeld 124

Schottland 160
Schwaz (Tirol) 24, 40, 42, 59, 66, 74, 82-85, 93, 98, 109f., 117, 122, 126, 131, 141, 205
Schweden 49, 137
Schweiz 50f., 57, 138, 203
Senftenau 122
Senlis 41
Sevilla 80, 82, 98f., 106, 125, 198
Siebenbürgen 88, 108, 132
Siena 42
Skandinavien 49f., 134f., 137
Slowakei 44, 46-48, 52, 64, 71f., 74, 80, 87, 93, 95, 121, 132f.
Spanien 57, 66, 73, 75-78, 81, 88, 91-93, 95, 98, 100-102, 104-108, 111-119, 121, 123-127, 138-141, 198f., 201-203
Speyer 50, 58, 122, 185
Steinenberg (Tirol) 58
Sterzing 110, 117, 141, 201
Stettenfels 190
Stettin 47f., 133
Straßburg 95, 122, 157, 176
Stubener-Wald-Pass 46
Südtirol 72

T

Täfertingen 192
Taufers 58, 201
Terlan (Südtirol) 84, 109f., 117
Teschen 46
Thüringen 46, 94, 114
Thurgau 188
Tirol 25, 40-44, 46f., 52, 58f., 61, 66, 70, 72, 74, 80, 82, 85-87, 90, 92f., 108-110, 117-121, 123, 126, 128, 141, 153, 188
Toledo 77
Toskana 49
Toulouse 57, 125
Trient 85, 179, 203
Triest 47
Tübingen 125, 171
Türkenfeld 193

U

Ulm 28, 34, 41, 57, 74, 95, 104, 191, 198, 205
Ungarn 38f., 44, 46-50, 52, 54f., 59-61, 64f., 71f., 80, 82, 85f., 88, 90, 92f., 95, 104, 120, 123, 132, 143, 188
Untergermaringen 126
Untersulmentingen 190
Utrecht 49

V

Valladolid 77

248

Valsugana (Trentino) 22
Venedig 22f., 25, 28, 30f., 34f., 40-42, 46f., 52-55, 57f., 60, 69, 72f., 85f., 88, 91, 95, 104, 108, 110, 112, 114, 120, 122f., 126, 128, 130, 145, 159, 161, 188, 198
Venezuela 79
Verona 128
Villach 46, 77, 118

W

Waltenhausen 191
Waltershofen 191
Wasserburg am Bodensee 193
Weingarten 203
Weißenburg 30
Weißenhorn 80, 173-175, 188, 193, 197, 205
Welden 192
Wellenburg 193
Wellenstetten 193
Wiblingen 113
Wien 28, 59, 71, 84, 86, 88, 91, 98, 101, 104f., 107, 121, 124, 130, 132, 145, 158, 160, 185, 200-202
Wiener Neustadt 47, 138
Wittenberg 51, 171
Württemberg 65, 206
Würzburg 49f., 138
Wullenstetten 188

Y

Yucatán 121

Z

Zengg 47
Zirl (Tirol) 117
Zwiefalten 113

Personenregister

A

Aachen, Hans von 145, 156
Adelmann, Bernhard von Adelmannsfelden 171
Adler, Philipp 58, 168
Aelst, Pieter van 56
Agostini (Venezianisches Bankhaus) 53
Aichinger, Gregor 157
Alber, Hans 71
Albrecht V., Herzog von Bayern 102, 107, 112f., 159, 200f.
Albrecht, Herzog von Preußen 137
Albrecht von Brandenburg, Kurfürst von Mainz 51
Albrecht Alcibiades, Markgraf von Brandenburg-Kulmbach 138
Alexander VI., Papst 50
Altdorfer, Albrecht 145
Alvarez de Toledo, Fernando, Herzog von Alba 91, 138, 178
Amantius, Bartholomäus 158
Amberger, Christoph 130f., 143, 152-156
Anna von Österreich, Königin von Spanien 107
Apianus, Petrus 158
Argon, Peter von 20
Artzt (Familie) 31, 164
– Regina 103, 143
– Sibylla 39, 173
Auer, Kilian 44, 46, 49, 64
August, Kurfürst von Sachsen 114

B

Bäsinger (Augsburger Familie)
– Barbara 24-26, 34
– Franz 24
Bakosz, Thomas 61
Balbi, Hieronymus 132
Bardi (Familie) 114
Baronio, Cesare 161

Baumgartner (Kufsteiner Familie) 40, 42, 44, 47, 56, 58, 65
Baumgartner (Augsburger Familie) 53, 83, 94, 109, 189
– Hans 63, 66, 82f., 93, 178f.
Beatis, Antonio de 143
Bechler (Familie)
– Friedrich 124f.
– Hans 124f., 127, 181
– Hans Ulrich 124
Beck, Leonhard 153
Beck, Stenzel 121
Behaim (Familie) 95
Behaim, Bernhard 48, 71
Bellini, Giovanni 145, 153
Belz, Mechthild 171
Betuleius, Sixtus (Birck, Sixt) 159
Bibra, Lorenz von, Bischof von Würzburg 49
Bidermann, Anton 127, 139f.
Bimmel (Augsburger Familie)
– Anton 82f., 93
– Hans 82f., 93
Birnbaum, Marianna 133
Blickle, Peter 194
Blum (Gesellschaft in Frankfurt am Main) 52
Bourdieu, Pierre 14, 158
Breu, Jörg d.Ä. 148, 175f.
Bubenhofen, Hans Marx von 74, 189
Burgkmair, Hans d.Ä. 143, 148, 153f.
Burkhardt, Johannes 69, 89
Burkhart, Benedikt 83
Bushart, Bruno 147

C

Cajetan, Thomas de Vio (Kardinallegat) 171
Camerarius, Joachim d.Ä. 133
Canisius, Petrus 180, 182
Carande, Ramón 76, 93
Carvajal, Bernardino 167
Catena, Vicenzo 153
Cavalli, Antonio (Anton vom Ross) 40
Centurione (Genuesisches Bankhaus) 76

Christian II., König von Dänemark 135
Christian III., König von Dänemark 90, 136f.
Claes, Gerbrich 136
Clemens VII., Papst 57
Cochlaeus, Johannes 158, 171
Colaus, Sidonia von 201
Cornelisz., Jakob 135
Cosimo I. de Medici, Großherzog von Florenz 90
Cranach, Lucas d.Ä. 152
Cron, Ferdinand 115
Cuspinianus, Johannes 132
Custos, Dominicus 163

D

Dachs, Johanns Witwe 19
Daucher, Adolf 147
Daucher, Hans 147
Dauser, Regina 14
Dernschwam, Hans 71, 88, 127, 132f., 158
Dietrich, Wendel 195
Dietrichstein, Adam von 100f., 107
Dobrau, Jan von 147
Dorothea, Kurfürstin von der Pfalz 157
Dreyling (Tiroler Familie) 110
Dürer, Albrecht 56, 145, 147, 153

E

Eberlin, Hans Christoph 117
Eberstein, Sibylla von 181
Eck, Johannes 158, 170-172
Eduard VI., König von England 89
Egen, Karl 31
Ehem (Augsburger Familie)
– Marx 175
– Matthäus 174, 196
Ehrenberg, Richard 11, 13, 75, 93, 97
Elisabeth I., Königin von England 90
Erasmus von Rotterdam 125, 158
Erasso, Francisco de 91
Erhart, Michel 34
Ernst, Herzog von Bayern, Kurfürst von Köln 107, 113, 202
Eschay, Jakob 195
Etienne, Henri (Henricus Stephanus) 159f.
Ettlinstett (Familie) 193
Eyb, Gabriel von 171

F

Faber, Johannes 171
Ferdinand I., Erzherzog von Österreich (König seit 1530, Kaiser seit 1556) 66, 74, 76, 79, 82-88, 93, 98, 121, 126, 132, 143, 154, 168, 180, 185, 189, 194, 196, 198, 205
Ferdinand II., Erzherzog von Innerösterreich (Kaiser seit 1617) 202
Ferdinand, Erzherzog von Tirol 107, 109f., 113, 158
Ferdinand von Aragon, König von Spanien 85
Ferenberger, Hans 108
Fernandes, Rui 53
Franz I., König von Frankreich 65, 85
Freiberg, von (Familie) 43, 196
Freyberger, Hans 157
Frick, Hans 125
Fried, Pankraz 194
Friedrich I., König von Dänemark 135
Friedrich III., Kurfürst von der Pfalz 160
Frosch, Johann 174
Fröschel, Hieronymus 159
Fugger
– Aemilia 201
– Albrecht 106f.
– Alexander Secundus 201
– Alexius 201
– Andreas 20f., 34
– Anna 27, 31, 65, 167
– Anton I (1493-1560) 12-15, 39, 67-98, 101, 109, 121-123, 128, 130, 136f., 139, 142-144, 146, 153f., 158, 161, 165, 175f., 178f., 189-191, 194, 196, 198, 200, 204-206
– Anton II (1552-1616) 112, 193
– Anton III (1563-1616) 111
– Barbara 21, 27, 191
– Carl 201
– Christoph I (1520-1579) 75, 77, 92, 102, 112f., 125f., 139, 154, 156, 182
– Christoph II (1566-1615) 193, 196
– Constantia 201
– Felicitas 168
– Ferdinand 201
– Friedrich 141
– Gastel d.Ä. (vom Reh) 74, 123
– Gastel d.J. (vom Reh) 123
– Georg I (1453-1506) 14, 25, 27, 34-37, 39f., 64, 68, 146-148, 153, 158, 164
– Georg II (1518-1569) 75, 92, 98, 102, 111, 124f., 139, 154, 156, 160
– Georg III (1560-1634) 201
– Georg IV (1577-1643) 201f.
– Hans I (gest. 1408/09) 17-19, 31, 33
– Hans II (1445-1461) 34
– Hans III (1531-1598) 14, 91, 98, 102f., 106-108, 111f., 116, 122, 127, 139, 144f., 153, 157, 181, 184f., 191f., 194-196, 202
– Hans IV (1583-1633) 118
– Hans V (1591-1638) 118
– Hans (vom Reh) 21f., 123
– Hans Ernst 116-118, 202
– Hans Georg 112
– Hans Jakob 17, 75f., 91f., 98, 101f.,

124-126, 136, 139, 154f., 157, 159, 161, 163, 165, 177-180, 200f., 205
- Hieronymus I (1499-1538) 39, 67f., 74, 87, 92, 175f., 190, 205
- Hieronymus II (1533-1573) 98
- Hieronymus III (1584-1633) 118
- Jakob I (gest. 1469) 20, 24f., 33f.
- Jakob II »der Reiche« (1459-1525) 11-15, 23, 25, 34-69, 71, 74-76, 78, 83-86, 89, 93, 121-124, 126, 128-132, 135, 143, 146, 148, 150-153, 158, 163-165, 167-174, 176f., 188f., 204f.
- Jakob III (1542-1595) 98, 102, 111, 116, 157, 191, 193f., 198
- Jakob IV (1567-1626) 202f.
- Jakob (vom Reh) 21, 123
- Joachim 201
- Johann Eusebius 117
- Katharina 181
- Konstantin 201
- Lukas (vom Reh) 21-25, 30f., 33, 123
- Maria Jakobäa 146
- Marquard 118, 141
- Marx I (1448-1478) 25f., 34f., 199
- Marx II (1488-1511) 39, 50, 146, 199
- Marx III (1529-1597) 92, 98f., 102-109, 111f., 116, 122, 124f., 127f., 139, 145, 157, 160f., 181-183, 187, 191-194
- Marx IV (1564-1614) 111, 202
- Marx (vom Reh) 22f.
- Matthäus (vom Reh) 21-24, 33
- Maximilian 118, 199, 201
- Octavian Secundus 104, 111-114, 124, 145f., 153, 156f., 163, 181-183, 193
- Ott Heinrich 14, 117f., 145, 187, 196f., 202
- Philipp Eduard 104, 111-114, 145, 157, 160, 163, 182, 193
- Raymund I (1489-1535) 39, 65, 67f., 74, 87, 92, 97, 109, 152f., 158f., 163, 173-176, 178, 189-191, 194, 196, 205
- Raymund II (1528-1569) 92, 157
- Raymund III (1533-1606) 112
- Severin 201
- Sibylla 74, 182, 189
- Sigmund Friedrich 201
- Ulin 17f.
- Ulrich I (1441-1510) 25-27, 31, 34-37, 39f., 52, 59, 123, 146-148, 158, 164, 188
- Ulrich II (1490-1525) 39, 67f., 71, 153, 167
- Ulrich III (1526-1584) 101, 159-161, 180, 191, 196
- Ursula 157, 188, 191
- Viktor Augustus 201
- Walburga 27
Furtenbach (Familie)
- Christoph 105, 110, 116
- Paul 116

G

Gabler, Stefan 58
Gabrieli, Giovanni 157
Gama, Vasco da 53
Gasser, Achilles Pirmin 159f.
Gassner (Augsburger Familie) 189
- Lukas 167
- Veronika 167
Gefattermann, Elisabeth 18, 22
Geffcken, Peter 21, 35, 38
Geizkofler (Familie)
- Katharina 126
- Lukas 127
- Zacharias 113
Gentile (Genuesisches Bankhaus) 76
Georg, Herzog von Sachsen 61, 66, 172
Gerhard, Hubert 195
Gesner, Conrad 159
Gossembrot (Augsburger Familie) 43f., 47, 54, 56, 58
- Georg 43f., 47, 62
- Sigmund 44
Grander (Augsburger Familie)
- Georg 44
- Thoman 21
Granvelle, Nicolas Perrenot de 122, 178
Gratt, Jacob 83
Grau, Heinrich 18
Gregor XIII., Papst 182
Gresham, Thomas 89
Griesstetter, Melchior 127, 139
Grimaldi (Genuesisches Bankhaus) 76
- Giovanni Battista 78
Groebner, Valentin 131
Grumbach, Wilhelm von 138
Gryll, Lorenz 159
Gültlinger, Gumpold 34
Günzer, Marx 157

H

Haberer, Stephanie 14, 119
Hadrian VI., Papst 51
Hämmerlin (Augsburger Familie) 31
Hagenauer, Friedrich 131
Hainhofer (Augsburger Familie) 96
Haro, Cristóbal de 66
Harrach, Ursula von 124, 201
Hase, Heinrich 137
Hassler, Hans Leo 157
Haug (Augsburger Familie) 84, 90, 93-96, 109f., 126, 128, 138
- Anton 83, 126
- David 103
- Gastel 22
Heel, Carl 157
Heinrich II., König von Frankreich 94
Heinrich VIII., König von England 65, 89

Helffenstein, Grafen von 191
Herberstein, Bernhard Freiherr von 201
Herbrot (Augsburger Familie) 166
- Jakob 95, 176, 178, 180
Herwart (Augsburger Familie) 43f., 47, 58, 94, 126, 164, 203
- Christoph 66, 82f., 93
- Georg 176
- Hans Heinrich 83, 94, 109
- Hans Paul 83, 94, 103, 109, 145, 178
- Lukas Witwe 38
Hildebrandt, Reinhard 14, 47, 87, 111f., 115, 121, 123, 139
Hinderofen, Sigmund 140
Hirnheim, Hans Walter von 190
Hirschvogel (Nürnberger Familie) 54, 56, 62, 96
Höchstetter (Augsburger Familie) 54-56, 59, 67, 72f., 82, 94, 96
- Ambrosius d.Ä. 58f., 63, 73f., 93, 168, 189
- Ambrosius d.J. 73
- Georg 58
- Hans 58
- Joseph 74
- Ulrich 58
Hörl, Veit 80
Hörmann (Familie)
- Christoph I 98, 102, 107, 126f., 138
- Christoph II 126
- Georg 82, 85f., 98, 121, 125f., 154, 205
- Hans Georg 126
- Ludwig 126
Hörnlin (Augsburger Familie) 33
Hofmann, Wolfgang 25
Hohenheim, Theophrast von (Paracelsus) 80
Hohenzollern, Grafen von 191
Holbein, Hans d.Ä. 153f.
Holzapfel, Johann Jakob 117, 140
Holzschuher, Gabriel 115
Honold, Hans 184
Hünlein, Jakob 121
Hundt, Wiguleus 180
Hurter, Christoph 124
Hurter, Jobst 106
Hutten, Ulrich von 172, 205
Hyrus, Andreas 139-141

I

Illyricus, Mathias Flacius 160
Ilsung (Augsburger Familie) 19
- Anna 201
- Georg 107
- Sebastian 170f.
Imhof (Familie) 34, 44 54, 56, 95, 164, 187
- Hieronymus 94
- Jörg 66
- Peter 27

- Regina 27, 69, 146
- Veronika 123
Iphofer, Wendel 123

J

Jacobsz., Dirck 134, 136
Jäcklin, Hans Sigmund von Hohenrealt 199
Jäger, Clemens 17, 19, 136, 161, 163
Jansen, Max 11, 22, 34f., 41
Jenisch, Joachim 93
Jörger, Wolfgang 108
Johann Friedrich, Kurfürst von Sachsen 177
Johann Zápolya, (Gegen-)König von Ungarn 71f., 87f., 132
Juana »die Wahnsinnige«, Herzogin von Burgund 60
Julius II., Papst 50, 63f.
Juvenel, Nicolaus 156

K

Kag, Bernhard 21
Karl V., König von Spanien, Kaiser 13, 60, 64, 67, 75, 77, 80, 82, 85, 88, 91, 93, 121f., 124, 143, 154, 165, 168, 177-180, 185, 205
Karl VIII., König von Frankreich 41
Karl der Kühne, Herzog von Burgund 188
Kasimir, Markgraf von Brandenburg 74
Katharina von Österreich 85
Katzbeck (Familie) 109f.
- Abraham 109
- Michael 109
Kellenbenz, Hermann 13, 84, 193
Kels, Hans 131
Kilian, Lukas 163
Kilian, Wolfgang 163
Knöringen, Sebastian von 189
Konzelmann, Klara 23f., 33f., 38
Kraffter (Augsburger Familie) 94
Kramer (Augsburger Familie) 31
Kramer, Hans 25
Kranz, Annette 153
Krebs, Thomas 150
Krell (Augsburger Familie)
- Daniel 125
- Philipp 113, 125
Krumbein, Stephan 21
Kunigsperger, Georg 143
Kurz, Sebastian 91, 121f., 127

L

Lachenbeck, Matthäus 121
Lamparter, Gregor 171
Lang, Andreas 23

Lang, Matthäus (Kardinal) 63, 168
Langenmantel (Augsburger Familie) 19, 33, 164, 187
– Eitelhans 173
Langnauer (Augsburger Familie) 90, 93-96, 109f., 126, 128, 138
– Hans 83, 103, 109, 138
Lanzinner, Maximilian 200
Lasso, Orlando di 157
Lauginger (Augsburger Familie) 34, 44, 164
– Hans 20, 27
– Veronika 27
Lehmann, Paul 142, 159
Lenz, Hans 121
Leo X., Papst 50f., 74, 122, 170
Leovitius, Cyprianus 160
Lieb, Norbert 142, 145
Liechtenstein, Paul von 61, 63
Liechtenstein, Ursula von 181
Ligsalz (Münchner Familie) 90
Linck (Augsburger Familie) 90, 93-96, 109f., 126, 128, 138
– Ulrich 83
Litti, Giacomo Battista 114
Loaysa, Garcia de 66
Lodovico il Moro, Herzog von Mailand 41
Lodron, Albrecht Graf von 108
Logau, Georg von 158
Lopes, Tomé 54
Ludwig, Herzog von Bayern-Landshut 28
Ludwig II., König von Ungarn 48
Luther, Martin 51, 67, 171f.
Lutz, Georg 103, 161, 195
Lutzenberger, Magnus 125
Luython, Karel 157

M

Magellan, Fernando 66
Mair, Konrad 124f., 127, 177
Mair, Michael Leonhard 127
Mairhofer, Hans 25
Maler, Hans 153
Mandrou, Robert 14, 188, 194
Mangold, Anton 128
Mangold, Barbara 128, 155
Manlich (Augsburger Familie) 94, 96, 109f.
– Christoph 109
– Hans 66
– Matthias 82, 88, 93, 109
Manrique de Lara, Don Juan 108
Mansfeld, Gräfin von 122
Manuel I., König von Portugal 54
Margarethe von Parma, Statthalterin der Niederlande 139
Maria, Königin von Ungarn, Statthalterin der Niederlande 48, 71, 122, 143
Maria Tudor, Königin von England 89, 91

Matthias Corvinus, König von Ungarn 64
Mattstedt, Andreas 123
Maximilian I., Kaiser 12f., 22f., 41-43, 45, 47f., 52-55, 58, 60, 62f., 65, 67, 143, 168, 188, 205
Maximilian I., Herzog von Bayern 201f.
Maximilian II., Kaiser 92, 98, 100, 107, 201
Meckau, Kaspar von 157
Meckau, Melchior von, Fürstbischof von Brixen 44, 61, 63
Medici (Familie) 13, 90, 164, 193
Megerler, Anna 136
Meisterlin, Sigmund 27
Melanchthon, Philipp 125
Mendel, Marquard 31
Metzler, Hans 64, 120f.
Meuting (Augsburger Familie) 31, 44, 54, 123
– Bernhard 94
– Hans d.Ä. 20, 31
– Hans d.J. 21
– Jörg 123
– Konrad 18, 25, 27, 55, 123
– Lukas 123
– Philipp 94
– Ulrich 20
Miller, Thomas 125
Mörke, Olaf 164-166
Mörsberg, Johann Jakob von 190
Moncada, Hugo de 85
Montaigne, Michel de 142
Monte, Philippe de 157
Montfort, Grafen von 191, 193
– Barbara 146
– Haug 191
– Jakob 181
– Jörg 184
Moritz, Herzog von Sachsen 138
Mülich (Augsburger Familie) 33, 44
– Christoph 86
– Georg 23
– Hektor 27, 31
– Helena 23, 33
Müller, Christoph 22
Müller (Mylius), Georg 183-185
Münsterberg, Karl von 60
Musculus, Wolfgang 159

N

Nachtigall, Ottmar 174
Naogeorg, Thomas 159
Neidhart (Augsburger Familie) 83
– Sebastian 83, 90, 94
Neusidler, Melchior 143, 152, 157f.
Nothafft von Weißenstein, Elisabeth 181
Nübel, Otto 151

O

Oberman, Heiko A. 171
Occo (Familie)
– Adolph 135, 160
– Pompejus 127, 133-136
– Sybrant 136
Örtel, Matthäus 91, 136-139
Österreicher (Augsburger Familie) 95f.
– Georg 180
Oettingen, Wilhelm von 184
Oettingen-Wallerstein, Grafen von 191
Oexle, Otto Gerhard 148
Ogger, Günter 12
Olivares, Gaspar de Guzmán, Graf von 116
Oporin, Johannes 158
Ortenburg, Grafen von 191
– Joachim 124, 190f.
Ott (Familie)
– Christoph 105, 108, 110, 117
– David 104f., 117, 122, 159
– Hieronymus 105, 108, 110
– Pietro Paolo 117
Otto, Herzog von Bayern 20

P

Paler (Augsburger Familie) 96, 107
– Wolfgang 93
Pallago, Carlo di Cesari 144, 195
Panvinio, Onophrio 159
Pappenheim, von (Familie) 188
Peller (Nürnberger Familie) 95
Peraudi, Raymond 50
Petel, Georg 145
Peutinger, Conrad 47, 53, 67, 171f., 175
Philipp II., König von Spanien 91, 101, 106f., 113, 122, 143, 201
Philipp III., König von Spanien 107
Philipp der Schöne, Herzog von Burgund 60, 64
Philipp, Landgraf von Hessen 177
Philipp Ludwig von Pfalz-Neuburg 185
Pinicianus, Johannes 98
Pirckheimer, Willibald 171
Pius III., Papst 50
Planta, Johann 98
Ploss, Hans 71
Pölnitz, Götz Freiherr von 12f., 34f., 49, 64, 97, 103, 121, 137, 146, 193
Ponzano, Antonio 144
Portner (Augsburger Familie) 19
Prechter (Straßburger Familie) 122
Prun, Hans 31

R

Rabe, Horst 92
Raid, Silvester 136-139, 185
Rambser (Villacher Familie) 117
Rebello, João 80
Rechberg, Veit von 189
Recheisen, Matthäus 108
Rehlinger (Augsburger Familie) 33, 56, 164, 187, 189, 203
– Anna 146
– Anton Christoph 182f.
– Bernhard 22-24, 44
– Christoph 23f.
– Hans 23f.
– Heinrich 179f.
– Konrad 66, 173
Reihing (Augsburger Familie)
– Barbara 125
– Jörg 123
Rem (Augsburger Familie) 34, 44, 76
– Christoph 104, 122
– Hans 31
– Lukas 54, 59
– Sebastian 25
– Ursula 33
– Wilhelm 27, 123, 166-169, 172
Renner, Narziß 130f.
Reyff (Tiroler Familie) 83
Richterghem, Nicolaus von 56
Riedler (Augsburger Familie) 33
– Margaretha 27
Rohmann, Gregor 14, 163
Roner, Wolfgang 153f.
Roper, Lyndal 136
Ross siehe Cavalli
Roth, Konrad 103, 113f.
Rottenhammer, Johann 145
Rovalesca (Kaufmann aus Mailand) 115
Rubens, Peter Paul 145
Rudolf II., Kaiser 107, 157, 201
Ruedl, Heinrich 109
Russwurm, Otto 26
Rybisch, Heinrich 132

S

Sailer, Hieronymus 94, 178
Salamanca, Gabriel 72
Salminger, Sigmund 157
Sambucus, Johannes 133
Santori, Fazio 61
Saurzapf, Sebastian 88
Scalzi, Alessandro, gen. Paduano 144
Scazuola, Julio Cesar 140, 199
Schaffner, Martin 153
Schauer, Engelhard 51f.
Schedel (Nürnberger Familie)
– Hartmann 159
– Hermann 159
Schedler (Familie) 125
– Hans 125

Scheller, Benjamin 14, 148, 151, 170
Schemel, Jeremias 130
Schertlin von Burtenbach, Sebastian 178
Schetz (Antwerpener Bankhaus) 76
Scheuermann, Ludwig 141
Scheurl, Christoph 23f., 171
Schick, Léon 47
Schilling, Johannes 172
Schmid, Martin 74
Schneeberger, Christoph 115
Schöner, Johannes 160
Schrofenstein, Christoph von, Fürstbischof von Trient 63
Schüren, Hans von 54, 125
Schwab, Georg 49
Schwab, Michael 172
Schwarz (Augsburger Familie)
– Kaspar 128
– Lukas 128
– Matthäus 53, 59, 127-132, 135, 155
– Matthäus Ulrich 128
– Ulrich 127f.
– Veit Konrad 128, 131
Schwarzenberg, Ottheinrich von 184
Scrimger, Henricus 160
Sebastian, König von Portugal 114
Seisenegger, Jakob 154
Seitz (Augsburger Familie) 166
Seitz, Simon 54
Seld, Georg Sigmund 98, 180
Sender, Clemens 68, 164, 166-168, 172-174
Serntein, Zyprian von 63
Sforza, Bianca Maria 41
Siedeler, Jörg 183
Sieh-Burens, Katarina 14, 164, 166, 178, 180
Sifanus, Laurentius 98
Sigismund, Kaiser 28
Sigismund, Erzherzog von Tirol 31, 40-44, 62f.
Sigismund, König von Polen 87
Sombart, Werner 19
Speiser, Johannes 170, 174
Spinola (Genuesisches Bankhaus) 76
– Bartolomeo 116f., 141
– Francisco 116
Sprinzenstein, Alexander von 201
Squarcafigo, Vicento 117
Stain, Philipp von 189
Stammler (Augsburger Familie)
– Barbara 21
– Gotthard 23
– Hans Sigmund 184
– Ulrich 21f., 31
– Wolfgang 31
Stauch, Hans 21
Stebenhaber, Ludwig 190
Stecher, Bernhard 56
Stegmann, Christina 127
Stegmann, Georg 126f.
Stetten, von (Augsburger Familie) 187, 189

– Hans 44
Stöckl (Tiroler Familie) 83, 108
– Hans 66
Stoppius, Nicolaus 159
Stotz, Hans 196
Strada, Jacopo 159
Strauß, Anna 150
Strieder, Jakob 11-13, 19, 34
Strozzi (Florentiner Familie) 49
Stürtzel, Philipp 127
Suiter, Hans 25, 123
Sustris, Friedrich 144

T

Tänzl (Tiroler Familie) 83, 108
Taxis, Maffeo de 78
Tetzel, Johann 51
Tewes, Götz-Rüdiger 172
Thurzo (Familie) 47f., 60, 71f., 86
– Alexi 60, 64, 71, 74, 86
– Anna 74
– Georg 60, 64f., 132, 167
– Hans d.Ä. 38, 44, 46, 48, 61, 64, 86
– Hans d.J. 64
– Katharina 65
– Stanislaus 64
Tietz-Strödel, Marion 150
Tischler, Hieronymus 48
Tizian 143, 145
Tonner, Johannes 98, 185
Tonnstedt, Thoman 22
Trestendorffer, Adam 117
Truefer, Ulrich 117, 139f.
Tucher (Nürnberger Familie) 95
Turini, Gregorio 157

U

Ulrich, Herzog von Württemberg 65
Ulstett (Augsburger Familie) 95

V

Vaga, Perino del 122
Varnbühl, Onophrius 25, 55
Vasari, Giorgio 144
Vecchi, Orazio 157
Vels, Ferdinand von 191
Verckh, Hans 199
Viatis (Nürnberger Familie) 96
Villinger, Jakob 58, 168
Vischer, Peter 147
Vogel, Leonhard 86
Vöhlin (Familie) 43, 54, 56f., 59, 95, 187
– Hans 57
– Konrad 53, 57

W

Wägeler, Witwe 24
Waldburg, Otto Truchsess von 178
Walther (Augsburger Familie) 33
– Euphrosina 124
– Jobst 125
– Regina 124
Wanner, Philipp 127
Wegelin, Georg 203
Weiß (Augsburger Familie) 96, 107
– David 184
– Leonhard 93
Weitnauer, Alfred 53
Welser (Familie) 33, 54, 56f., 59, 65, 67, 72, 76-78, 80, 93-95, 112, 115, 125, 138, 164, 166, 203
– Anton 53, 57
– Bartholomäus 58, 79, 90, 178
– Christoph 53
– Hans 175
– Hieronymus 150
– Jakob 57
– Markus 114
– Matthäus 114
Weyer (Augsburger Familie) 138
– David 94
– Hans 94
Widolf (Augsburger Familie)
– Klara 17
– Oswald 18
Wieland (Augsburger Familie) 24, 94

Wilhelm V., Herzog von Bayern 107f., 144, 168, 174, 177, 200f.
Winter, Martin 23
Wladislaw II., König von Polen 45f., 48
Wolf, Balthasar 22
Wolf, Hieronymus 133, 158f.
Wolff, Christoph 80

X

Xylander, Guilelmus 160
Ximenes (Familie) 114f.

Z

Zangmeister (Familie) 94, 96
– David 94
– Hieronymus 94
– Sebastian 115
Zapata, Rodrigo 125
Zasius, Johann Ulrich 180
Zasius, Ulrich 171
Zech, Hieronymus 126
Zech, Sebastian 126
Zeller, Jobst 123
Ziegler, Hieronymus 159
Zink, Burkhard 24
Zink, Johann 49-51, 122
Zobel (Augsburger Familie) 96

Fachliteratur Geschichte

Verena Postel
Die Ursprünge Europas
Migration und Integration im frühen Mittelalter

2004. 296 Seiten. Kart.
€ 28,–
ISBN 3-17-018405-9

Die Autorin: *Professor Dr. Verena Postel (ehem. Epp),* lehrt Mittelalterliche Geschichte an der Universität Marburg.

Das frühe Mittelalter war eine Epoche des beschleunigten politischen und kulturellen Wandels. Das römische Großreich, das jahrhundertelang die Funktion einer politischen Ordnungsmacht wahrgenommen hatte, löste sich im Westen auf und wich einer Pluralität von Königreichen unter gotischen, burgundischen, vandalischen, fränkischen u.a. gentilen Herrschern.

Postel beschreibt, auf welche Weise es der dünnen Schicht der germanischen Zuwanderer und Eroberer gelang, das Machtvakuum zu füllen. Sie beleuchtet die tiefgreifende Kontinuität der neuen Reiche zum spätantiken Imperium, wie sie sich in Verfassung, Verwaltung, Verteidigung, Rechtsleben und kirchlicher Organisation spiegelte. Zukunftweisend für eine gemeinsame europäische Kultur wirkten vor allem die Christianisierung und die Akkulturation verschiedener Ethnien an die römische Zivilisation.

Bestellen Sie das aktuelle Fachverzeichnis Geschichte (Art.-Nr. 90976)!

www.kohlhammer.de

W. Kohlhammer GmbH · 70549 Stuttgart
Tel. 0711/7863 - 7280 · Fax 0711/7863 - 8430

Fachliteratur Geschichte

Manfred Hollegger
Maximilian I.
(1459-1519)
Herrscher und Mensch einer Zeitenwende

2005. 320 Seiten. 13 Abb.
3 Karten Kart.
€ 18,–
ISBN 978-3-17-015557-2
Urban Taschenbücher, Band 442

Der Autor: *Dr. Manfred Hollegger* ist Mitarbeiter der Forschungsstelle für Geschichte des Mittelalters bei der Österreichischen Akademie der Wissenschaften.

Die Heirat Maximilians mit Maria von Burgund (1477), die weitgehende Behauptung des burgundischen Erbes gegenüber Frankreich, die Wahl Maximilians zum Römischen König (1486) und die spanisch-habsburgische sowie die habsburgisch-ungarische Doppelhochzeit (1496/97 bzw. 1515), welche den Grundstein für das Reich Karls V. bzw. für die Donaumonarchie legten, brachten die Habsburger nach den Rückschlägen im 14. und 15. Jahrhundert wieder zurück auf die politische Bühne Europas und leiteten das Jahrhundert des Hauses Österreich ein.

Wie Maximilian als Herrscher und Mensch diesen Weg ging, welche Mittel er dafür einsetzte und welche Ziele er dabei verfolgte, ist von den Historikern durchaus kontrovers beurteilt worden.

Die facettenreiche Politik und Persönlichkeit Maximilians nachzuzeichnen, in der sich auch vielfach die Brüche des Übergangs vom Mittelalter zur Neuzeit spiegeln, ist spannender Gegenstand dieses Buches.

Bestellen Sie das aktuelle Fachverzeichnis Geschichte (Art.-Nr. 90976)!

W. Kohlhammer GmbH · 70549 Stuttgart
Tel. 0711/7863 - 7280 · Fax 0711/7863 - 8430

Fachliteratur Geschichte

Johannes Burkhardt

Das Reformationsjahrhundert

Deutsche Geschichte zwischen Medienrevolution und Institutionenbildung 1517-1617

2002. 244 Seiten. 13 Abb. Kart.

€ 22,-

ISBN 978-3-17-010824-0

Der Autor: *Prof. Dr. Johannes Burkhardt* ist Inhaber des Lehrstuhls für Geschichte der Frühen Neuzeit an der Universität Augsburg und Direktoriumsmitglied des Instituts für Europäische Kulturgeschichte.

Das Reformationsjahrhundert war eine der großen Zeiten deutscher Geschichte mit nachhaltigen Wirkungen. Die vorliegende Bilanz stellt erstmals die gesamte Reformationsgeschichte von ihrer für uns revolutionärsten Seite dar: als Medienereignis. Geschichte kommt seither auch aus der Druckerpresse.

Ebenso wichtig war die Institutionenbildung in Religion und Politik, zu der neue Forschungsergebnisse vorliegen, die das ganze Geschichtsbild verändern. Von der moderneren Konfessionalisierungsforschung ausgehend bestimmt das Buch Typen und multikulturelle Auswirkungen der Konfessionsbildung.

„Staatsbildung - aber wie?" war die andere Frage der beginnenden Neuzeit. Die glanzvolle Europapolitik Karls V. und der Aufbau der deutschen Doppelstaatlichkeit gaben Antworten mit institutioneller Zukunft. Das frühmoderne Reich war – gemessen am Entwicklungsstand von Information und Institution – nicht zurückgeblieben, sondern Europas fortgeschrittenster Staat.

„Burkhardt versucht nicht mehr und nicht weniger, als den Beginn der Neuzeit wiederzufinden – und damit fundamentale Kategorien unseres Kulturverständnisses."

FAZ

Bestellen Sie das aktuelle Fachverzeichnis Geschichte (Art.-Nr. 90976)!

www.kohlhammer.de

W. Kohlhammer GmbH · 70549 Stuttgart
Tel. 0711/7863 - 7280 · Fax 0711/7863 - 8430